Goodwillbilanzierung nach SFAS 141/142

Betriebswirtschaftliche Studien
Rechnungs- und Finanzwesen, Organisation und Institution

Herausgegeben von
Prof. Dr. Dr. h.c. Wolfgang Ballwieser, München
Prof. Dr. Christoph Kuhner, Köln
Prof. Dr. Dr. h.c. Dieter Ordelheide †, Frankfurt

Band 69

Peter Lang
Frankfurt am Main · Berlin · Bern · Bruxelles · New York · Oxford · Wien

Maik Esser

Goodwillbilanzierung nach SFAS 141/142

Eine ökonomische Analyse

Peter Lang
Europäischer Verlag der Wissenschaften

Bibliografische Information Der Deutschen Bibliothek
Die Deutsche Bibliothek verzeichnet diese Publikation in der Deutschen Nationalbibliografie; detaillierte bibliografische Daten sind im Internet über <http://dnb.ddb.de> abrufbar.

Zugl.: Bochum, Univ., Diss., 2004

D 294
ISSN 1176-716X
ISBN 3-631-52870-1

www.peterlang.de

Geleitwort

Kaum eine Regelung hat in jüngerer Zeit so viele Diskussionen ausgelöst wie die Abschaffung der planmäßigen Abschreibung auf Goodwill gemäß SFAS 141 und 142. Die vorliegende Arbeit nimmt dies zum Anlass, die Zweckmäßigkeit der amerikanischen Regelung zu untersuchen. Herr Dr. *Maik Esser* baut hierzu auf den Zielen der US-GAAP auf, entscheidungsrelevante und zugleich zuverlässige Informationen für Kapitalgeber bereitzustellen.

Die Entscheidungsrelevanz sieht er unter anderem dann als erfüllt an, wenn der aktivierte Goodwill als Ertragswertbeitrag interpretiert werden kann (Fortführungsstatik im Sinne von *Adolf Moxter*). Wie er im einzelnen begründet, ist dies im allgemeinen aber nicht der Fall. Auch trägt die Regelung nicht dazu bei, einen prognosefähigen Gewinn zu ermitteln. Schließlich ist die Zuverlässigkeit der Information angesichts der zahlreichen Ermessensspielräume, die das Management insbesondere bei der Folgebewertung des Goodwill hat, mehr als gefährdet. Der Verfasser bleibt nicht bei diesen Negativresultaten stehen, sondern diskutiert erfreulicherweise zugleich Alternativen der Rechnungslegung.

Die Arbeit ergänzt sehr schön die Analyse von *Cornelia Stanke* von Informations- und Anreizwirkungen der Methoden der Kapitalkonsolidierung, die als Bd. 64 in dieser Schriftenreihe erschienen ist, weist aber auch Bezüge zu *Bernd Hacker*s Werk zur Segmentberichterstattung auf (Bd. 62 dieser Reihe). Alle Arbeiten zusammen belegen, wie wenig zweckmäßig wichtige Rechnungslegungsregeln für börsennotierte Unternehmen in den USA derzeit sind.

Ich wünsche der gut lesbaren und sorgfältig begründeten Arbeit eine gute Aufnahme!

München, Ostern 2004 Wolfgang Ballwieser

Vorwort

Die vorliegende Arbeit wurde im Februar 2004 von der Fakultät für Wirtschaftswissenschaft der Ruhr-Universität Bochum als Dissertation angenommen. An der Entstehung dieser Schrift waren zahlreiche Personen beteiligt, denen ich an dieser Stelle für ihre vielfältige Unterstützung herzlich danke.

Mein Dank gilt in erster Linie meinem akademischen Lehrer und Doktorvater, Herrn Prof. Dr. Hannes Streim, der mir eine Promotion unter optimalen Rahmenbedingungen ermöglichte. Sein klarer Forschungsansatz, seine wertvollen Anregungen und seine konstruktive Kritik haben die vorliegende Arbeit in hohem Maße geprägt. Einen ganz erheblichen Beitrag zum Gelingen haben ferner die von ihm gewährten Freiräume sowie seine stets aufmunternden Worte geleistet.

Herrn Prof. Dr. Jochen Hundsdoerfer danke für die freundliche Übernahme des Zweitgutachtens und Herrn Prof. Dr. Dr. h. c. Ballwieser für seine Anmerkungen bei der Erstellung der Druckfassung.

Entscheidend beeinflusst wurde diese Arbeit des Weiteren durch meine ehemaligen und gegenwärtigen Lehrstuhlkollegen. Zu nennen ist vor allem Frau Dr. Britta Leippe, die nicht nur die Mühe des Korrekturlesens auf sich genommen hat, sondern auch stets ein offenes Ohr für Fragen der zweckmäßigen Goodwillbilanzierung fand. Bedanken möchte ich mich außerdem bei den Herren Dipl.-Ökonomen Marcus Bieker, Lars Schmidt und Jens Hackenberger für ihre permanente Diskussionsbereitschaft und die Entlastung in der Endphase. Nicht zu vergessen sind zudem die studentischen Hilfskräfte, denen ich Dank für ihre unermüdliche Unterstützung bei der Literaturbeschaffung schulde.

Die Höhen und Tiefen einer Promotion durchlebte meine Freundin Roberta mit mir. Für ihren uneingeschränkten Rückhalt, ihre Geduld sowie ihre tatkräftige Unterstützung während der gesamten Promotionszeit werde ich ihr immer dankbar sein.

Schließlich danke ich von ganzem Herzen meinen Eltern, die mich während meiner gesamten Ausbildung gefördert haben. Ohne sie wäre diese Arbeit nicht möglich gewesen.

Mülheim an der Ruhr, im September 2004 Maik Esser

Inhaltsverzeichnis

Abbildungsverzeichnis

Abkürzungsverzeichnis

AASB	Australien Accounting Standards Boards
abnutzb.	abnutzbar
Abs.	Absatz
ADS	Adler/Düring/Schmaltz
Afa	Absetzung für Abnutzung
AG	Aktiengesellschaft
AICPA	American Institute of Certified Public Accountants
AIN	Accounting Interpretation
Anm. d. Verf.	Anmerkung(en) des Verfassers
APB	Accounting Principles Board
APV	Adjusted Present Value
ARB	Accounting Research Bulletin
Art.	Artikel
Aufl.	Auflage
BC	Basis for Conclusions
Bd.	Band
BFH	Bundesfinanzhof
BFHE	Sammlung der Entscheidungen des Bundesfinanzhofs
BStBl.	Bundessteuerblatt
bspw.	beispielsweise
BW	Buchwert
bzw.	beziehungsweise
CAPM	Capital Asset Pricing Model
C-DAX	Composite Dax
CEO	Chief Executive Officer
COO	Chief Operating Officer
Corp.	Corporation
DAX	Deutscher Aktienindex
DCF	Discounted Cash Flow
d. h.	das heißt
DM	Deutsche Mark

DRS	Deutscher Rechnungslegungsstandard
DSR	Deutscher Standardisierungsrat
DVFA	Deutsche Vereinigung für Finanzanalyse und Asset Management (vormals Deutsche Vereinigung für Finanzanalyse und Anlageberatung)
EBIT	earnings before interest and taxes
EBITDA	earnings before interest, taxes, depreciation and amortization
ED	Exposure Draft
EDV	elektronische Datenverarbeitung
EG	Europäische Gemeinschaft
EITF	Emerging Issues Task Force
EK	Eigenkapital
EStG	Einkommensteuergesetz
EU	Europäische Union
e. V.	eingetragener Verein
EWG	Europäische Wirtschaftsgemeinschaft
f.	folgende
FASB	Financial Accounting Standards Board
FAZ	Frankfurter Allgemeine Zeitung
ff.	fortfolgende
FK	Fremdkapital
FRSB	Financial Reporting Standards Boards
FV	Fair Value
GAAP	Generally Accepted Accounting Principles
GmbH	Gesellschaft mit beschränkter Haftung
GuV	Gewinn- und Verlustrechnung
GW	Goodwill
H	Haben
h. M.	herrschende Meinung
HFA	Hauptfachausschuss
HGB	Handelsgesetzbuch
Hrsg.	Herausgeber

i. w. S.	im weiteren Sinne
i. S. d.	im Sinne der/des
IAS	International Accounting Standards
IASB	International Accounting Standards Board
IASC	International Accounting Standards Commitee
identifizierb.	identifizierbar
IDW	Institut der Wirtschaftsprüfer in Deutschland e. V.
IFAC	International Federation of Accountants
IFRS	International Financial Reporting Standards
IN	Introduction
Inc.	Incorporated
INV	identifizierbares Nettovermögen
ISA	International Standards on Auditing
Jg.	Jahrgang
KPMG	Klynveld Peat Marvick Goerdeler
KStG	Körperschaftsteuergesetz
M&A	Mergers and Acquisitions
MD&A	Management's Discussion and Analysis
m. E.	meines Erachtens
MU	Mutterunternehmen
m. w. N.	mit weiteren Nachweisen
No.	Number
Nr.	Nummer
OFCF	operativer Free Cash Flow
o. V.	ohne Verfasser
OVG	Oberverwaltungsgerichtshof
Par.	Paragraph
Plc.	Public limited corporation
R&D	Research and Development
RFH	Reichsfinanzhof

RFHE	Sammlung der Entscheidungen und Gutachten des Reichsfinanzhofs
Rn.	Randnummer
Rz.	Randziffer
S	Soll
S.	Seite, Satz
SAB	Staff Accounting Bulletin
SAS	Statement of Auditing Standards
SAV	Sachanlagevermögen
SEC	Securities and Exchange Commission
SFAC	Statement of Financial Accounting Concepts
SFAS	Statement of Financial Accounting Standards
sog.	sogenannte
SPE	Special Purposes Entities
StSenkG	Steuersenkungsgesetz
T	Tausend
TransPuG	Transparenz- und Publizitätsgesetz
TU	Tochterunternehmen
Tz.	Textziffer
u. a.	und andere, unter anderem
UK ASB	United Kingdom Accounting Standards Boards
US	Unites States
USA	United States of America
US-GAAP	United States Generally Accepted Accounting Principles
Verf.	Verfasser
vgl.	vergleiche
Vj.	Vorjahr
Vo	Verordnung
Vol.	Volume
z. B.	zum Beispiel

Erstes Kapitel

1 Einleitung

1.1 Problemstellung

> "Here is my problem: In the era we live in, a lot of the value of a company is its established position in the marketplace, its access to consumers, its ability to attract quality employees – something that's called goodwill. This is unlike the old days where you had a lot of bricks and mortar and machines, and so when one company acquired another, you had a fairly good view of the joint value of the two companies by simply adding up all those machines and counting the bricks. The problem as I see it with purchase accounting, and the reason that companies generally don't like it, is it requires you to do something that does not comport with reality and that is, it requires you to write off goodwill. ...
> With all the skill that comes from having taken two basic classes in accounting and having talked with two small businessmen – Dicky Flatt from Mexia, Texas, and Warren Buffett from Omaha – let me give you my take. It seems to me that there ought to be a way, when one company acquires another, to allow the company that is acquiring take the purchase price, whatever difference that is compared to the real physical assets that are acquired, and book that as goodwill. We should then set up a systematic review process over time where that goodwill is evaluated, and if it diminishes, force the company to write it off. It seems to me that that would be a much better window on the real world than what we're talking about here. ...
> Finally, there is nobody more committed to the independent setting of accounting standards than I am."[1]

Als *Phil Gramm*, Vorsitzender des US-amerikanischen Senatsausschusses für Bankwesen, Wohnungswirtschaft und städtische Angelegenheiten, am 2. März 2000 mit diesen Worten dem FASB die Abschaffung der planmäßigen Goodwillabschreibung nahe legte, bot sich dem Standardsetter der Ausweg aus einem Dilemma: Auf der einen Seite hatte das FASB auf Drängen der Börsenaufsichtsbehörde SEC ein grundsätzliches Verbot der in der Vergangenheit oftmals missbräuchlich angewendeten erfolgsneutralen Interessenzusammenführungsmethode vorgeschlagen. Unternehmenstransaktionen sollten nunmehr im Rechnungslegungssystem der US-GAAP stets nach der Erwerbsmethode abgebildet werden, die bis dato grundsätzlich eine Aktivierung und anschließende planmäßige Abschreibung eines entstandenen Goodwill forderte. Auf der anderen Seite sah sich das FASB mit massiven Protesten von Unternehmensvertretern konfrontiert, die nicht bereit waren, die gewinnmindernde Wirkung planmäßiger Goodwillabschreibungen zu akzeptieren und daraufhin ihren Einfluss auch in Regierungskreisen geltend machten.

Kaum verwundern mag es daher, dass mit der Abschaffung der planmäßigen Goodwillabschreibung zu Gunsten des sog. Impairment Only-Ansatzes durch die am 20. Juli 2001

---

1 *Gramm*, Statement.

veröffentlichten Standards SFAS 141 „Business Combinations“ und SFAS 142 „Goodwill and Other Intangible Assets“ schließlich der von *Gramm* vorgezeichnete Weg beschritten wurde.[2]

Spätestens zu diesem Zeitpunkt avancierte die Frage nach geeigneten Ansätzen zur Bilanzierung von Kaufpreisdifferenzen auch außerhalb der Vereinigten Staaten zu einem der zweifelsfrei bedeutendsten Themen in der Rechnungslegungsliteratur und -praxis der letzten Jahre. Die Neuregelungen weckten speziell in Deutschland nicht nur Erinnerungen an das steuerliche Verbot planmäßiger Goodwillabschreibungen bis zum Jahre 1986,[3] sondern lösten nicht zuletzt aufgrund der umstrittenen Anerkennung des Impairment Only-Ansatzes durch den Deutschen Standardisierungsrat[4] eine Debatte aus, wie sie kontroverser und emotionaler kaum hätte ausfallen können. So vertreten Befürworter der neuen Standards die Meinung, dass die planmäßige Goodwillabschreibung "not consistent with the concept of representational faithfulness"[5] sei und verweisen darauf, dass "financial statement information that will result from applying the goodwill impairment model will be both more relevant and more reliable, and thus more decision useful"[6]. Gegner sprechen demgegenüber im Kontext der reformierten Vorschriften von einem „poor substitute ... for pooling“[7] oder einer „Zeitbombe“[8], die „die Existenz eines Unternehmens nachhaltig gefährdet“[9] und bemängeln die „fehlende Objektivierbarkeit ... als Einladung an `kreative` Bilanzersteller, den Posten Goodwillabschreibung gezielt einzusetzen“[10].

Dass auch deutsche Unternehmen den reformierten US-GAAP-Vorschriften große Bedeutung beimessen, beruht im Wesentlichen auf zwei Faktoren: Einerseits entfalten die Neuregelungen ihre Wirkung unmittelbar gegenüber denjenigen Unternehmen, die sich infolge eines Listing an der New York Stock Exchange dem US-amerikanischen Rechnungslegungssystem unterwerfen. Andererseits hat das IASB mit der Veröffentlichung des Standards IFRS 3 „Business Combinations“ am 31. März 2004 seinerseits reformierte Vorschriften zur Goodwillbilanzierung vorgelegt, die sich nah an das „Vorbild“ SFAS 141/142 anleh-

---

2 Zur Entstehungsgeschichte der Neuregelungen vgl. ausführlich Gliederungspunkt 4.1.

3 Das damalige Verbot planmäßiger Goodwillabschreibungen im Steuerrecht geht auf die sog. Einheitstheorie zurück, die vom Reichsfinanzhof entwickelt und später vom Bundesfinanzhof übernommen wurde; zur steuerlichen Einheitstheorie vgl. ausführlich Gliederungspunkt 5.1.1.2.1.2.

4 Vgl. ausführlich Gliederungspunkt 5.1.1.2.1.1.

5 So das FASB im Vorwort zu SFAS 142.

6 *Johnson/Petrone*, Goodwill Amortization.

7 *Willens*, Impact of FASB`s New Rules, S. 83.

8 *Ackermann*, Vorsichtsprinzip; *Becker*, Königsweg, S. 488.

9 *Becker*, Königsweg, S. 488.

10 *Kählert*, Stellungnahme.

nen.[11] Folglich betreffen die Regelungen des FASB mittelbar ebenso den ungleich größeren Kreis kapitalmarktorientierter deutscher Unternehmen, die bereits jetzt oder nach einer EU-Verordnung spätestens ab dem 1. Januar 2005 verbindlich einen Konzernabschluss entsprechend den IFRS aufzustellen haben.[12]

Die vorliegende Arbeit ist darauf ausgerichtet, die Vorschriften zur Goodwillbilanzierung nach US-GAAP einer ökonomischen Analyse zu unterziehen. Wenngleich bereits die durch den Einfluss von Interessengruppen geprägte Entstehungsgeschichte einen Schatten auf SFAS 141/142 wirft, so wird als Beurteilungsmaßstab im Folgenden der mit der Rechnungslegung verfolgte Zweck herangezogen. Dieser konkretisiert sich im Rechnungslegungssystem der US-GAAP darin, aktuelle wie potenzielle Gesellschafter und Gläubiger ausschließlich durch die Vermittlung entscheidungsnützlicher Informationen vor einem eigennützig handelnden Management zu schützen. Das Ziel dieser Untersuchung besteht daher in der Beantwortung der Frage, inwieweit die Vorschriften zur Goodwillbilanzierung nach SFAS 141/142 die Vermittlung entscheidungsnützlicher Informationen gegenüber Kapitalgebern gewährleisten.

Um dieses Ziel zu erreichen, darf sich eine umfassende Zweckmäßigkeitsanalyse der Goodwillbilanzierung allerdings nicht nur auf die Würdigung des Impairment Only-Ansatzes als Folgebewertungskonzeption beschränken. Vielmehr sind eine ganze Reihe weiterer Einschätzungen vorzunehmen. Von hoher Bedeutung ist in diesem Zusammenhang zum einen die Frage, inwieweit dem ausgewiesenen Goodwill zum Zeitpunkt des Unternehmenserwerbs überhaupt ein Informationsgehalt zukommt. Zum anderen ist darüber hinaus auch zu überlegen, inwieweit über SFAS 141/142 hinausgehende aktuell zur Diskussion stehende Reformvorschläge zur Goodwillbilanzierung einen Beitrag zur Vermittlung entscheidungsnützlicher Informationen leisten.[13]

---

[11] Vgl. ausführlich Gliederungspunkt 4.6.1.

[12] Vgl. Verordnung (EG) Nr. 1606/2002. Für deutsche Mutterunternehmen, die derzeit einen Konzernabschluss nach US-GAAP aufstellen, verlängert sich die Frist um zwei Jahre auf Anfang 2007. Zu den Auswirkungen der IAS-Verordnung (IAS-Vo) auf das deutsche Bilanzrecht sowie das Gesellschafts- und Kapitalmarktrecht in der EU vgl. etwa *Buchheim/Gröner*, IAS-Verordnung.

[13] Zeitgleich mit der vorliegenden Untersuchung entstanden weitere Arbeiten zur reformierten Goodwillbilanzierung nach US-GAAP. Zu nennen ist beispielsweise die empirische Analyse von *Sellhorn*, Write-Offs under SFAS 142, in der der Frage nach der Ausnutzung von Ermessensspielräumen seitens des Managements nachgegangen wird. Einen normativen Weg schlägt dagegen *Richter*, Bewertung des Goodwill, ein. Er untersucht, „welche bilanzpolitischen Spielräume sich ... ergeben und welche Auswirkungen diese auf die Informationsvermittlung haben" (S. 9) und unterbreitet hierauf aufbauend den Standardsettern Handlungsempfehlungen für eine zuverlässige Berichterstattung. Die von *Richter* gewählte Vorgehensweise führt jedoch dazu, dass die Relevanz der Goodwillbilanzierung in den Hintergrund tritt, obwohl sie für die Vermittlung entscheidungsnützlicher Informationen unabdingbar ist. In einer weiteren Abhandlung will *Gall*, Bewertung des Goodwill, zwar untersuchen, „ob die Neuregelungen in SFAS 141 und 142 zu einer verbesserten Darstellung der Vermögens-, Finanz- und Ertragslage der Unternehmen beitragen" (S. 5),

1.2 Aufbau der Untersuchung

Um das angestrebte Ziel zu erreichen, liegt dieser Arbeit der nachfolgend skizzierte Aufbau zugrunde:

Das *zweite Kapitel* „Grundlegendes zum Goodwill“ beinhaltet allgemeine Überlegungen zum Goodwill, die dem Verständnis der Arbeit in ihrem weiteren Verlauf dienen. Weitestgehend losgelöst von den Bilanzierungsvorschriften der US-GAAP werden unter anderem eine Begriffsabgrenzung, eine Systematisierung der unterschiedlichen Erscheinungsformen und Einflussfaktoren sowie eine Erklärung für die derzeit hohe Bedeutung des bilanziell ausgewiesenen Goodwill geboten.

Im Rahmen des *dritten Kapitels* „Informative Rechnungslegungsvorschriften zur Vermeidung von Wohlfahrtseinbußen“ erfolgt eine Herleitung des Beurteilungsmaßstabs, der die Grundlage für die im fünften Kapitel vorzunehmende Zweckmäßigkeitsanalyse der Vorschriften zur Goodwillbilanzierung darstellt. Ausgangspunkt bilden Überlegungen zu Effizienzverlusten infolge von Agency-Problemen im Rahmen von Kapitalüberlassungsverhältnissen zwischen Gesellschaftern und Gläubigern einerseits und dem Management andererseits. Nachfolgend wird untersucht, welche Möglichkeiten zur Verringerung agency-bedingter Kapitalgeberrisiken durch informative Rechnungslegungssysteme grundsätzlich bestehen und für welche Alternative sich das FASB entschieden hat.

Gegenstand des *vierten Kapitels* „Darstellung der Goodwillbilanzierung“ bildet zunächst eine Erläuterung des Entwicklungsprozesses der einschlägigen Standards SFAS 141 und SFAS 142. Im Anschluss daran erfolgt eine detaillierte, nach der Bilanzierung zum Erwerbszeitpunkt und Folgebewertung gegliederte Beschreibung der goodwillspezifischen Vorschriften im Rechnungslegungssystem der US-GAAP.

Im *fünften Kapitel* „Ökonomische Analyse der Goodwillbilanzierung“ wird der in Kapitel drei herausgearbeitete Analysemaßstab an die im vierten Kapitel dargestellten Vorschriften zur Goodwillbilanzierung angelegt.

Das *sechste Kapitel* „Ergebnis“ schließt die Untersuchung mit einer Zusammenfassung der gewonnenen Erkenntnisse.

---

seine Ausführungen konzentrieren sich allerdings wiederum auf ein Aufzeigen von diskretionärem Handlungsspielraum.

Zweites Kapitel

2 Grundlegendes zum Goodwill

In diesem Kapitel werden – weitestgehend losgelöst von den spezifischen Bilanzierungsvorschriften des Rechnungslegungssystems der US-GAAP – wesentliche Grundlagen zum Goodwill und damit zum Verständnis der vorliegenden Arbeit in ihrem weiteren Verlauf gelegt. Dazu erfolgen zunächst eine Begriffsabgrenzung sowie eine Erläuterung des Ertragswerts und des Substanzwerts als Determinanten des Goodwill aus investitionstheoretischer Sicht. Im Anschluss werden eine Systematisierung der Faktoren, die den Auseinanderfall von Substanz- und Ertragswert auslösen sowie eine Einordnung der unterschiedlichen Erscheinungsformen des Goodwill vorgenommen. Abschließend wird auf die Ende der neunziger Jahre beobachtbare Übernahmewelle und den kontinuierlichen Bedeutungsanstieg immaterieller Werte als Ursachen für den derzeit hohen Stellenwert des bilanziell ausgewiesenen Goodwill eingegangen.

2.1 Begriffsbestimmung

Im allgemeinen Sprachgebrauch lässt sich der Begriff „Goodwill" im Sinne einer „guten Absicht", „aufrichtigen Zuneigung" oder des „Zustands des Wohlwollens gegenüber Personen oder Sachen" bis in das neunte Jahrhundert zurückverfolgen.[14] Während der Goodwill als spezifischer Terminus des Wirtschaftslebens erstmalig im sechzehnten Jahrhundert urkundlich Erwähnung findet[15], geht die älteste auf den ökonomischen Charakter abstellende Begriffsbestimmung im anglo-amerikanischen Raum auf *Lord Eldon* im Jahre 1810 zurück[16]. Im Rahmen einer gerichtlichen Auseinandersetzung um ein Fuhrunternehmen vertrat *Eldon* die Auffassung, dass es sich bei einem Goodwill um „nothing more than the probability that the old customer will resort to the old place"[17] handelt. Der Wert des Unternehmens hing in diesem Fall allein von der Gewissheit der Kunden ab, dass diese an einem bestimmten Ort

---

14 Vgl. *Russenberger*, Goodwill, S. 19.

15 Vgl. *Leake*, Commercial Goodwill, S. 1.

16 Vgl. *Hughes*, History, S. 7; *Russenberger*, Goodwill, S. 20 f.; *Dicksee/Tillyard*, Goodwill, S. 43; *Leake*, Commercial Goodwill, S. 2.

17 *Lord Eldon* in Cruttwell gegen *Lye*, 17 Ves. 335, 346; zitiert nach *Yang*, Goodwill, S. 28. Vgl. dazu auch *Take*, Geschäfts- oder Firmenwert, S. 15 f., *Russenberger*, Goodwill, S. 21; *Smith/Stanton*, Goodwill, S. 1.

zukünftig ein Fahrzeug vorfinden würden, mit dem sie ihre Waren transportieren lassen konnten.[18]

Demgegenüber liegt dem Goodwill in der heutigen Zeit ein vergleichsweise weit gefasstes, nicht nur auf die Absatzsphäre eines Unternehmens beschränktes Verständnis zugrunde:[19] Nach gegenwärtig herrschender Meinung wird der Goodwill aus investitionstheoretischer Sicht als – im Regelfall positive[20] – *Differenz aus Ertragswert und Substanzwert eines Unternehmens* definiert.[21] Vor dem Hintergrund dieser Begriffsabgrenzung kommt ihm folglich der Stellenwert einer investitionsrechnerischen Residualgröße zu, d. h. er ist als „verfahrensbedingter, also technischer Differenzbetrag"[22] anzusehen.

Obwohl das nationale Handels- und Steuerrecht sowie nach wie vor Teile der Literatur die in der Regel als bedeutungsgleich angesehenen Begriffe „Geschäfts- oder Firmenwert"[23] bzw. „Geschäftswert"[24] oder „Firmenwert"[25] gebrauchen, lässt sich in den letzten Jahren im deutschsprachigen Schrifttum eine eindeutige Tendenz hin zum international gängigen Begriff „Goodwill" erkennen.[26] In älteren Publikationen finden sich darüber hinaus eine ganze Reihe weiterer Bezeichnungen, zu denen unter anderem „Betriebsmehrwert", „Geschäftsmehrwert", „Kapitalisierungsmehrwert", „Organisationsmehrwert", „Unternehmensmehrwert", „immaterieller Wert", „Facon" oder „Fonds de Commerce" zählen.[27]

---

18 In diesem Sinne stellt *Schönwandt,* Bilanzunwahrheit, S. 97, in der deutschsprachigen Literatur im Jahre 1909 fest, dass „der Firmenwert am geringsten bei einem Geschäft [ist], ... wo die Nachbarschaft die Kundschaft stellt oder wo es sich überwiegend um Laufkundschaft handelt." Vgl. auch *Zumstein*, Unternehmensbewertung, S. 42, der den Goodwill als „Kundschaftswert der Unternehmung" ansieht.

19 Vgl. *Deubner*, Aktivierung, S. 5.

20 Vgl. z. B. *Müller-Dahl*, Bilanzierung des Goodwill, S. 274.

21 Vgl. *Ballwieser*, Geschäftswert, S. 283; *ADS*, § 255, Rz. 291; *Wöhe,* Bilanzierung, S. 89 f., *Breidert*, Abschreibungen, S. 166; *Moxter*, Geschäfts- oder Firmenwert, S. 853; *Scheiber*, Goodwill im internationalen Vergleich, S. 29; *Mandl/Rabel*, Unternehmensbewertung, S. 30, deren Begriffsabgrenzungen sich jedoch teilweise in Nuancen unterscheiden.

22 *Moxter*, Geschäftswertbilanzierung, S. 743.

23 Vgl. bspw. § 255 Abs. 4 HGB; § 301 Abs. 3 HGB; § 7 Abs. 1 EStG. Der Begriff findet ferner in der vom IASB autorisierten deutschen Fassung der IFRS Verwendung.

24 *Siegel*, Bilanzierung.

25 *Busse von Colbe*, Bilanzierung des Firmenwerts; *Lewicki*, Behandlung des Firmenwerts.

26 Vgl. stellvertretend für viele *Pfeil/Vater*, Goodwill;*Teitler-Feinberg*, Bewertung von Goodwill; *Stauber/Ketterle*, Goodwill-Bilanzierung; *Kleindiek*, Goodwill-Bilanzierung; *Küting/Weber/Wirth*, Goodwillbilanzierung; *Alvarez/Biberacher*, Goodwill-Bilanzierung; *Pellens*, Internationale Rechnungslegung, S. 497 ff. Vgl. auch *Coenenberg*, Jahresabschluss, S. 601; *Schmidt*, Bilanzierung des Goodwills, S. 19. Der Terminus findet ferner vom Deutschen Standardisierungsrat (DSR) Verwendung; vgl. bspw. DRS 4.27. Zu der teilweise in der älteren Literatur vertretenen inhaltlichen Unterscheidung zwischen „Geschäftswert" und „Firmenwert" vgl. *Schmalenbach*, Dynamische Bilanz, S. 144.

27 Vgl. *Deubner*, Aktivierung, S. 4 f.; *Ludz*, Firmenwert, S. 29.

Zu beachten ist allerdings, dass die meisten der angeführten Termini als problematisch einzustufen sind. So verleitet etwa der Ausdruck „Geschäftswert“ zu dem Missverständnis, dass es sich um den Gesamtwert eines Unternehmens handle.[28] Während „immaterieller Wert“ als zu ungenau und weitreichend gilt[29], könnte der Begriff „Goodwill“ dem allgemeinen Sprachgebrauch entsprechend fälschlicherweise als bloßer Wert der Kundenbeziehungen fehlgedeutet werden[30]. Ebenso als zu eng gefasst anzusehen ist die Bezeichnung "Firmenwert“, da diese sich dem Wortlaut nach auf den Namen einer Unternehmung bezieht.[31] Auch der Ausdruck „Facon“, der wörtlich mit Gestalt, Form oder Organisation übersetzt wird, sowie der darüber hinaus gehende „Fonds de Commerce“ betonen jeweils nur einen Teilaspekt des Goodwill.[32]

Der in der Literatur oftmals hervorgebrachte Einwand, dass die Begriffe „Kapitalisierungsmehrwert“ bzw. „Unternehmungsmehrwert“ ungeeignet seien, da sie nur auf das Berechnungskalkül, und nicht auf den Inhalt des Firmenwertes abzielen, erscheint dagegen fragwürdig.[33] Vor dem Hintergrund seiner investitionstheoretischen Definition und der Tatsache, dass sich der Goodwill aus einer Vielzahl unterschiedlichster Faktoren zusammensetzen kann, lässt sich m. E. ein auf den Restgrößencharakter bezogener Terminus durchaus als sinnvoll ansehen.[34] Trotz obiger Einwände wird im weiteren Verlauf der Arbeit auf den Begriff „Goodwill“ zurückgegriffen, da sich dieser als rechnungslegungsspezifischer Ausdruck nicht nur auf internationaler, sondern auch auf nationaler Ebene durchgesetzt hat.

2.2 Ertragswert und Substanzwert als Determinanten des Goodwill

2.2.1 Ertragswert

Der Ertragswert bildet die Ausgangsgröße zur Bestimmung des Goodwill aus investitionsrechnerischer Perspektive und ist als Zukunftserfolgswert, also als „Barwert aller künftigen Erfolge“[35] eines Unternehmens oder einer Unternehmensbeteiligung zu verstehen.[36] Dem auf

---

28 Vgl. *Gräber*, Geschäftswertbilanzierung, S. 6; *Möhrle*, Investitionstheorie, S. 31 f.

29 Vgl. *Deubner*, Aktivierung, S. 5 f.; *Ludz*, Firmenwert, S. 30.

30 Vgl. *Deubner*, Aktivierung, S. 5.

31 Vgl. *Löbel*, Geschäftswert, S. 9; *Münstermann*, Firmenwert, Spalte 1953.

32 Vgl. *Ludz*, Firmenwert, S. 30.

33 Eine begriffliche Anlehnung am Berechnungsverfahren kritisieren bspw. *Ludz*, Firmenwert, S. 30; *Gräber*, Geschäftswertbilanzierung, S. 8; *Schmidt*, Bilanzierung des Goodwills, S. 19.

34 Vgl. dazu auch *Deubner*, Aktivierung, S. 6.

35 *Busse von Colbe*, Zukunftserfolgswert, S. 11.

36 Vgl. mit weiteren Nachweisen *Ballwieser/Coenenberg/Schultze*, Unternehmensbewertung, Spalte 2417. Die hier verwendete Interpretation des Begriffs „Ertragswert“ ist in der deutschen

diese Weise ermittelten erfolgsabhängigen Unternehmensgesamtwert liegt somit eine Bewertungskonzeption zugrunde, im Rahmen derer ein Unternehmen bzw. eine Unternehmensbeteiligung als Bewertungseinheit den Betrachtungsgegenstand bildet und die dementsprechend der Gruppe der Gesamtbewertungsverfahren zugerechnet wird.[37] Der Ertragswert lässt sich auf unterschiedliche Weise ermitteln: Er kann zum einen das Bewertungsergebnis des Ertragswertverfahrens darstellen und zum anderen anhand von Discounted Cash Flow-Verfahren bestimmt werden.[38]

Das Ertragswertverfahren basiert auf der traditionellen Bewertungslehre und stellt den Deutschland vorherrschenden Bewertungsansatz dar.[39] In diesem Fall berechnet sich der Zukunftserfolgswert nach herrschender Meinung durch Abzinsung der zum Bewertungsstichtag erwarteten Ausschüttungen an die Unternehmenseigner.[40] Wenngleich aus theoretischer Sicht geboten, werden nichtfinanzielle Ertragskomponenten, etwa Ansehen, Macht oder emotionale Bindung aus Vereinfachungsgründen im Regelfall nicht in das Bewertungskalkül aufgenommen.[41] Im Hinblick auf die Diskontierung der zukünftig erwarteten Einzahlungsüberschüsse ist zu beachten, dass als Kalkulationszinsfuß der interne Zinsfuß der besten Alternativanlage des Investors herangezogen wird.[42]

Daneben erfolgt die Ertragswertermittlung in der nationalen Bewertungspraxis verstärkt durch den Rückgriff auf die im angelsächsischen Raum dominierenden Discounted Cash Flow (DCF)-Verfahren.[43] Wird aus der Gruppe der DCF-Verfahren die Variante der sog. Nettomethode (Equity-Approach) gewählt, so unterscheidet sich diese von der Ertrags-

---

Literatur vorherrschend. Teilweise wird der Terminus aber auch in einem engeren Sinne gebraucht; in diesem Fall stellt der Ertragswert ausschließlich das Bewertungsergebnis des nachfolgend erläuterten Ertragswertverfahrens dar und ist vom Zukunftserfolgswert entsprechend den Discounted Cash Flow-Verfahren abzugrenzen.

37 Zum Ertragswert grundlegend vgl. etwa *Peemöller/Kunowski*, Ertragswertverfahren; *Mandl/Rabel*, Unternehmensbewertung, S. 31 ff.; *Ballwieser*, Ertragswert, S. 237 ff.

38 Zu den Voraussetzungen, unter denen das Ertragswertverfahren und die Discounted Cash Flow-Verfahren zu identischen Bewertungsergebnissen führen vgl. *Ballwieser*, Verbindungen, S. 365 f.

39 Vgl. m. w. N. *Ballwieser*, Verbindungen, S. 363.

40 Vgl. bspw. *Ballwieser/Coenenberg/Schultze*, Unternehmensbewertung, Spalte 2417. Obwohl Literatur und Unternehmenspraxis die Orientierung an zukünftigen Zahlungsströmen einhellig als die aus theoretischer Sicht vorzugswürdige Variante der Ertragswertmethode ansehen, lassen sich der Berechnung grundsätzlich auch hiervon abweichende Ertragsbegriffe – bspw. im Sinne von Periodenerfolgen – zugrunde legen; vgl. dazu ausführlich *Mandl/Rabel*, Unternehmensbewertung, S. 32; *Mandl*, Ertragswertverfahren, S. 45; *Moxter*, Unternehmensbewertung, S. 79.

41 Vgl. *Mandl/Rabel*, Unternehmensbewertung, S. 32.

42 Vgl. etwa *Ballwieser*, Ertragswert, S. 238.

43 Zu den DCF-Verfahren grundlegend vgl. etwa *Hachmeister*, Discounted Cash Flow; *Mandl/Rabel*, Unternehmensbewertung, S. 37 ff., 285 ff.; *Nowak*, Unternehmensbewertung, S. 9 ff. Zum Verbreitungsgrad der DCF-Methoden vgl. *Peemöller/Bömelburg/Denkmann*, empirische Erhebung, S. 741 ff.; m. w. N. auch *Ballwieser*, Verbindungen, S. 363.

wertmethode insofern, als der den Eigentümern der Unternehmung zufließende Zahlungsstrom zwingend einer Diskontierung mit einem auf kapitalmarkttheoretischen Modellen, insbesondere dem Capital Asset Pricing Model (CAPM) basierenden Kalkulationszinsfuß unterliegt.[44] Die übrigen Spielarten der DCF-Verfahren – die Bruttomethode (Entity Approach) in Form des Free Cash Flow- oder Total Cash Flow-Ansatzes oder das Adjusted Present Value (APV)-Verfahren – weichen von der Nettomethode insbesondere dahingehend ab, dass sie den Marktwert des Eigenkapitals indirekt über den Abzug des Marktwerts des Fremdkapitals vom Gesamtkapital ermitteln.[45] Unter der Annahme identischer Finanzierungsmaßnahmen führen sämtliche Formen der DCF-Verfahren grundsätzlich zu übereinstimmenden Ergebnissen.[46]

2.2.2 Substanzwert

Im Gegensatz zur Ermittlung des Ertragswerts im Sinne eines Zukunftserfolgswerts erfolgt die Berechnung des *Substanzwerts* im Rahmen eines Einzelbewertungsverfahrens (Prinzip der Einzelbewertung).[47] In diesem Fall ergibt sich der Gesamtwert eines Unternehmens oder einer Beteiligung als Summe der Werte einzelner Vermögenspositionen gegebenenfalls abzüglich der Schulden.[48] Zur Ermittlung eines Substanzwerts ist grundsätzlich zunächst ein Mengen- und Wertgerüst festzulegen, d. h. es ist zu klären, welche Vermögenswerte überhaupt in die Berechnung einbezogen werden und zu welchem Wertmaßstab diese jeweils Berücksichtigung finden.[49] In Abhängigkeit von der Ausprägung des Wert- und Mengengerüsts werden in der Literatur unterschiedliche Typen von Substanzwerten unterschieden.

---

44 Vgl. *Ballwieser/Coenenberg/Schultze*, Unternehmensbewertung, Spalte 2420. Zum CAPM ausführlich vgl. *Brüggerhoff*, CAPM.

45 Einen Überblick über die unterschiedlichen Varianten der DCF-Verfahren bieten *Mandl/Rabel*, Unternehmensbewertung, S. 37 ff.

46 Vgl. *Hachmeister*, Abbildung der Finanzierung, S. 251 ff. Die Voraussetzungen für eine Überführbarkeit der unterschiedlichen Spielarten dürften in der Praxis im Normalfall allerdings nicht gegeben sein; vgl. *Ballwieser*, Aktuelle Aspekte, S. 129.

47 Vgl. *Ballwieser*, Geschäftswert, S. 283; *Mandl/Rabel*, Unternehmensbewertung, S. 46 f.; *Wöhe*, Bilanzierung, S. 89 f. Mit weiteren Nachweisen vgl. auch *Möhrle*, Investitionstheorie, S. 26. Zum Substanzwert grundlegend vgl. *Hebertinger*, Substanzwert. Im Gegensatz dazu gebraucht *Sieben* den Substanzwert auch „im Sinne ersparter Ausgaben" und ordnet ihn dementsprechend den Gesamtbewertungsverfahren zu; vgl. *Sieben*, Substanzwert, S. 79 ff.; vgl. auch *Sieben/Maltry*, Substanzwert, S. 383 ff.

48 Vgl. etwa *Sieben/Maltry*, Substanzwert, S. 377.

49 Vgl. *Sieben/Maltry*, Substanzwert, S. 377.

Den Substanzwertverfahren nach traditionellem Verständnis liegt die Fiktion einer Unternehmensrekonstruktion zugrunde.[50] Werden bei der Substanzwertermittlung sämtliche zum Nachbau des zu bewertenden Unternehmens erforderlichen Vermögenswerte, also neben materiellen insbesondere immaterielle Werte unabhängig von ihrer Aktivierung in der Bilanz, einbezogen, so handelt es sich um einen Vollrekonstruktionswert.[51] Demgegenüber zeichnet sich ein Teilrekonstruktionswert durch eine Beschränkung auf solche Vermögensbestandteile aus, die bestimmten Kriterien, beispielsweise Einzelveräußerbarkeit, genügen.[52] Diese Bedingungen entsprechen häufig den bilanziellen Ansatzkriterien für Vermögenswerte[53] und führen dazu, dass über die Teilrekonstruktion grundsätzlich kein arbeitsfähiges Unternehmen nachgebaut wird, sondern letztendlich „ein totes Skelett"[54] entsteht. Im Kontext der Festlegung des Mengengerüsts kann neben einer Unterscheidung zwischen Teil- und Vollrekonstruktionswert auch dahingehend differenziert werden, ob die Schulden einer Unternehmung Berücksichtigung finden. Ist dies der Fall, so handelt es sich um einen Nettorekonstruktionswert, anderenfalls um einen Bruttosubstanzwert.[55]

Hinsichtlich der Bewertung einzelner Vermögenspositionen spiegelt sich der fiktive Unternehmensnachbau grundsätzlich im Rückgriff auf Zeitwerte wider, die im Regelfall durch die Wiederbeschaffungs- bzw. Wiederherstellungsausgaben am Bewertungsstichtag repräsentiert werden.[56] Wird der Substanzwert auf Basis der vollen Wiederbeschaffungskosten ermittelt, so entsteht ein Rekonstruktionsneuwert.[57] Gehen die Vermögenswerte dagegen unter Berücksichtigung ihres Alters und/oder ihrer Abnutzung zu ihren fortgeführten Wiederbeschaffungskosten in die Berechnung ein, so liegt ein Substanzwert im Sinne eines Reproduktionsaltwerts vor. Von einer Bewertung zu Wiederbeschaffungskosten ausgenommen

---

50 Vgl. *Moxter*, Unternehmensbewertung, S. 41; *Mandl/Rabel*, Unternehmensbewertung, S. 46 ff. Vom traditionellen Substanzwertverfahren zu unterscheiden sind der „Substanzwert im Sinne ersparter Aufwendungen" und der Substanzwert als Liquidationswert. Da diesen Konzeptionen im Kontext der Goodwill-Bilanzierung keine Bedeutung zukommt, wird auf sie im Folgenden nicht näher eingegangen.

51 Vgl. bspw. *Sieben/Maltry*, Substanzwert, S. 378; *Mandl/Rabel*, Unternehmensbewertung, S. 47. Abweichend dagegen *Hebertinger*, Substanzwert, S. 2331, der den Vollreproduktionswert mit Verweis auf Kombinations- und Synergieeffekte nicht unter die Einzelbewertungsverfahren und damit auch nicht unter die Substanzwertverfahren subsumiert.

52 Vgl. *Möhrle*, Investitionstheorie, S. 26.

53 Vgl. *Sieben/Maltry*, Substanzwert, S. 378.

54 *Moxter*, Geschäftswertbilanzierung, S. 742.

55 Vgl. etwa *Hebertinger*, Substanzwert, S. 2330.

56 Vgl. bspw. *Moxter*, Unternehmensbewertung, S. 41; *Mandl/Rabel*, Unternehmensbewertung, S. 47 f.; *Pickhardt*, Bilanzierung des negativen Geschäfts- oder Firmenwerts, S. 1096.

57 Vgl. etwa *Hebertinger*, Substanzwert, S. 2330.

sind nicht betriebsnotwendige Positionen, die aufgrund eines gedachten Veräußerungsvorgangs ausnahmsweise zu Liquidationswerten erfasst werden.[58]

Auf der Basis der vorangehend systematisierten Mengen- und Wertgerüste lässt sich das Verständnis des Substanzwerts im Rahmen der Goodwilldefinition präzisieren: Dem Ertragswert gegenübergestellt wird nach herrschender Meinung ein Nettoteilrekonstruktionsaltwert, d. h. ein Substanzwert, der unter Berücksichtigung der Schulden die separat in der Bilanz aufführbaren Vermögenswerte zu ihren jeweiligen fortgeführten Wiederbeschaffungskosten erfasst.[59]

2.3 Wertbildende Faktoren

Der als Goodwill bezeichnete Überschuss des Ertragswerts über den Substanzwert eines Unternehmens ist vor allem als Konglomerat zahlreicher *immaterieller Werte* anzusehen, die sich nicht separat in der Bilanz und damit auch nicht in einem auf Bilanzierungsfähigkeit abstellenden Substanzwert niederschlagen, obwohl sie maßgeblich zum Unternehmenserfolg beitragen.[60]

Definiert werden immaterielle Werte, für die in der Literatur auch die Begriffe Intellectual Capital, Intellectual Assets, Intellectual Property oder Knowledge Assets gebräuchlich sind, im Allgemeinen über eine Negativabgrenzung als nichtmonetäre Werte, die sich dadurch auszeichnen, dass ihnen keine (wesentliche) körperliche Substanz zugrunde liegt.[61]
Hinsichtlich der Systematisierung immaterieller Werte finden sich im Schrifttum zahlreiche, zum Teil erheblich voneinander abweichende Ansätze.[62] Exemplarisch sei an dieser Stelle der vom *Arbeitskreis „Immaterielle Werte im Rechnungswesen" der Schmalenbach-Gesellschaft für Betriebswirtschaft e. V.* entwickelte Vorschlag zur Kategorisierung angeführt.[63] Dieser baut auf einer von *Edvinson/Malone* vorgenommenen Einteilung auf[64] und wird inzwischen vom Deutschen Standardisierungsrat (DSR) im Rahmen des am 22. Oktober 2002

---

[58] Vgl. *Sieben/Maltry*, Substanzwert, S. 379.

[59] Vgl. bspw. *Sieben/Maltry*, Substanzwert, S. 380; *Wöhe*, Bilanzierung, S. 89.

[60] Vgl. bspw. *Kahling*, § 309, Rz. 23; *Küting/Weber/Wirth*, Goodwillbilanzierung, S. 185; *Kümpel*, Bilanzierung des Goodwill, S. 16. Vgl. auch *Alvarez/Biberacher*, Goodwill-Bilanzierung, S. 349 f.; *Kahle*, Bilanzierung nach Belieben, S. 849.

[61] Vgl. m. w. N. *Haller*, Immaterielle Vermögenswerte, S. 564.

[62] Einen Überblick über unterschiedliche Klassifikationsansätze bieten etwa *Mouritsen/Bukh/Larsen*, Intellectual Capital, Spalten 770 ff.

[63] Vgl. *Arbeitskreis Immaterielle Werte*, Erfassung immaterieller Werte, S. 990 f. Auf diesem Vorschlag baut ferner der jüngst vom Arbeitskreis veröffentlichte Vorschlag zur Berichterstattung über immaterielle Werte auf; vgl. *Arbeitskreis Immaterielle Werte*, Berichterstattung.

[64] Vgl. *Edvinsson/Malone*, Intellectual Capital, S. 75 ff.

bekannt gemachten Deutschen Rechnungslegungsstandard (DRS) 12 „Immaterielle Vermögenswerte des Anlagevermögens“ als Beispiel für die empfohlene Berichterstattung über immaterielle Werte im Konzernlagebericht aufgegriffen:[65]

Kategorie	Beschreibung	Beispiele
Innovation Capital	immaterielle Werte in den Bereichen Produkt-, Dienstleistungs- und Verfahrensinnovationen eines Unternehmens	• Patente • nicht patentrechtlich geschützte Rezepturen • neue Software • Filme
Human Capital	immaterielle Werte im Personalbereich einer Unternehmung	• Mitarbeiter-Know-how • Führungsqualität • gutes Betriebsklima • Wissens-Datenbank
Customer Capital	den Absatzbereich einer Unternehmung betreffende immaterielle Werte	• Kundenlisten • Marktanteile • Kundenzufriedenheit • Marken • Abnahmeverträge
Supplier Capital	immaterielle Werte im Beschaffungsbereich einer Unternehmung	• Beschaffungsverträge • vorteilhafte nichtvertragliche Lieferantenbeziehungen
Investor Capital	immaterielle Werte im Finanzbereich einer Unternehmung	• günstige Konditionen bei der EK-Beschaffung • günstige Konditionen bei der FK-Beschaffung
Process Capital	den Organisationsbereich, insbesondere die Ablauf- und Aufbauorganisation eines Unternehmens betreffende immaterielle Werte	• ausgebautes Vertriebsnetz • hochwertige Qualitätssicherung • gutes Kommunikationsnetz
Location Capital	immaterielle Werte, die den Unternehmensstandort betreffen (Standortvorteile)	• Steuervorteile • günstige Verkehrsanbindung

Abbildung 1: Kategorisierung immaterieller Werte[66]

Zu beachten ist in diesem Zusammenhang allerdings, dass einzelne immaterielle Werte nur dann einen Bestandteil des Goodwill bilden, wenn sie nicht konkret bilanzierungsfähig sind, also den Kriterien für einen eigenständigen Ansatz in der Bilanz nicht genügen.[67] So ist im

---

65 Vgl. DRS 12.34.

66 In Anlehnung an *Arbeitskreis Immaterielle Werte*, Erfassung immaterieller Werte, S. 990 f., vgl. auch *Alvarez/Biberacher*, Goodwill-Bilanzierung, S. 350; *Schmidt*, Werttreiber, S. 297 ff.; *Weber*, Intangibles, S. 327 f.

67 Vgl. bspw. auch *Wöhe*, Bilanzierung, S. 92. Im deutschsprachigen Schrifttum wird im Kontext nicht konkret bilanzierungsfähiger immaterieller Werte auch von sog. „adjunktiven Gütern“ gesprochen; vgl. bspw. *Küppers*, Firmenwert, S. 1633 ff.; *Ludz*, Firmenwert, S. 37 sowie jüngst

deutschen Handelsrecht etwa die eigenständige Aktivierung entgeltlich erworbener Marken zulässig, während Standortvorteile mangels Einzelveräußerbarkeit grundsätzlich handelsrechtlich nicht separat bilanzierungsfähig sind. Da unterschiedlichen Rechnungslegungssystemen divergierende Aktivierungskonzeptionen zugrunde liegen können, besteht ferner die Möglichkeit, dass derselbe immaterielle Wert in einem bestimmten Rechnungslegungssystem separat aktiviert wird, während er in einem anderen einen Bestandteil des Goodwill bildet. Dies ist beispielsweise bei Entwicklungskosten der Fall, die zwar nach IFRS unter bestimmten Voraussetzungen aktivierungspflichtig sind, nach US-GAAP hingegen im Regelfall einem Aktivierungsverbot unterliegen.[68]

Die im Goodwill enthaltenen immateriellen Werte zeichnen sich dadurch aus, dass sie grundsätzlich nicht einzeln messbar sind bzw. allenfalls unter Inkaufnahme erheblicher Ermessensspielräume geschätzt werden können.[69] Der jeweilige Anteil eines spezifischen immateriellen Werts am Goodwill variiert dabei nicht nur in Abhängigkeit vom Unternehmen im Einzelfall, sondern unterliegt gleichzeitig in der Regel auch einer Veränderung im Zeitablauf.[70] Darüber hinaus ist zu berücksichtigen, dass es innerhalb des Goodwill auch zu einer Vermischung bzw. zu einem Ausgleich von immateriellen Vermögenswerten mit solchen Faktoren kommen kann, in denen sich negative zukünftige Erfolgsbeiträge widerspiegeln und die für sich betrachtet daher Ursachen einer negativen Differenzgröße darstellen.[71]

Über nicht konkret bilanzierungsfähige immaterielle Werte hinaus wird die Existenz eines Goodwill im Schrifttum auch auf einen *Kapitalisierungsmehrwert* zurückgeführt.[72] Dieser entsteht dadurch, dass bei der Bewertung der im Substanzwert enthaltenen Vermögenspositionen

---

Scheiber, Goodwill im internationalen Vergleich, S. 30. Der von *Scheiber*, Goodwill im internationalen Vergleich, S. 30, undifferenziert getroffenen Aussage *„Adjunktive Güter* ... stellen immaterielle Vermögensgegenstände dar" ist dagegen zu widersprechen, da zahlreiche immaterielle Werte, wie bspw. der Ruf der Firma oder die Leistungsfähigkeit der Mitarbeiter, mangels Einzelveräußerbarkeit keine Vermögensgegenstandseigenschaft aufweisen; zum Begriff des Vermögensgegenstands vgl. etwa *Streim*, Grundzüge, S. 49 ff., vgl. auch Gliederungspunkt 4.6.2. Sollte vom Bilanzierenden ein etwaig eingeräumtes Aktivierungswahlrecht nicht ausgeübt werden, so können ausnahmsweise auch konkret bilanzierungsfähige immaterielle Werte einen Bestandteil des Goodwill bilden; vgl. *Möhrle*, Investitionstheorie, S. 34.

68 Vgl. IAS 38.45; SFAS 2. Vgl. auch *Ballwieser*, Anforderungen des Kapitalmarkts, S. 161.

69 Vgl. etwa *Ballwieser*, Geschäftswert, S. 284; *Wöhe*, Bilanzierung, S. 92; *Möhrle*, Investitionstheorie, S. 34; *Krämling*, Goodwill, S. 41.

70 Vgl. *Scheiber*, Goodwill im internationalen Vergleich, S. 30; *Schmidt*, Bilanzierung des Goodwills, S. 24.

71 Vgl. *Auler*, Unternehmensmehr- und -minderwert, S. 657, *Krämling*, Goodwill, S. 41. Zu den Ursachen, die zur Entstehung einer negativen Kaufpreisdifferenz führen, vgl. ausführlich Gliederungspunkt 2.4.2.

72 Vgl. *Wöhe*, Bilanzierung, S. 92; *Kosiol*, Pagatorische Bilanz, S. 329, 489; *Kahle/Thiele/Kahling*, §255, Rz. 232; *Knop/Küting*, § 255, Rz. 424; *Küppers*, Firmenwert, S. 1633, *Möhrle*, Investitionstheorie, S. 34ff.; *Scheiber*, Goodwill im internationalen Vergleich, S. 30.

tionen auf Zeitwerte im Sinne von Wiederbeschaffungskosten einzelner Vermögensteile zurückgegriffen wird und dementsprechend eine höhere Ertragsfähigkeit aufgrund von Kombinationseffekten auf der Ebene der Gesamtunternehmung unberücksichtigt bleibt.[73] Denkbar sind allerdings auch Situationen, in denen der Wiederbeschaffungswert den unternehmensindividuellen Ertragswert übersteigt und somit eine Minderung des Goodwill infolge eines Kapitalisierungsminderwerts stattfindet.[74] Die Zerlegung des Goodwill in nicht bilanzierungsfähige immaterielle Vermögenswerte und einen Kapitalisierungsmehr- bzw. Minderwert erweist sich allerdings dahingehend als problematisch, als eine Trennung beider Bestandteile aufgrund einer Ursache-Wirkung-Beziehung praktisch nicht möglich ist.[75]

2.4 Erscheinungsformen

2.4.1 Originärer und derivativer Goodwill

Die Differenzierung zwischen originärem und derivativem Goodwill erfolgt hinsichtlich der Entstehungsweise. Um einen *originären (selbsterstellten) Goodwill* handelt es sich immer dann, wenn dieser vom Unternehmen selbst erschaffen und damit noch nicht im Zuge eines Unternehmenserwerbs durch einen entrichteten Kaufpreis abgegolten wurde.[76] Betragsmäßig ergibt sich der originäre Goodwill, der auch als „Geschäftswert in erster Hand" bezeichnet wird[77], entsprechend der in Gliederungspunkt 2.1 angeführten Goodwill-Definition als Unterschiedsbetrag zwischen Ertrags- und Substanzwert einer Unternehmung[78]. Innerhalb des originären Goodwill wird seitens der Literatur teilweise dahingehend unterschieden, ob es sich um einen „ohne besondere Aufwendungen geschaffenen originären Geschäftswert" oder um einen „durch besondere Aufwendungen geschaffenen originären Geschäftswert" handelt.[79] Während der ohne besondere Aufwendungen entstandene Unterschiedsbetrag infolge einer vorteilhaften Geschäftsentwicklung auftritt, ist letzterer das Ergebnis des gezielten Einsatzes bestimmter Ausgaben.[80]

---

73 Vgl. *Knop/Küting*, § 255, Rz. 424; *Wöhe*, Bilanzierung, S. 92.

74 Vgl. *Wöhe*, Bilanzierung, S. 92.

75 Aus diesem Grund lehnt etwa *Meyer*, Geschäfts- oder Firmenwert, S. 33 f. den Kapitalisierungsmehrwert als eigenständige Goodwillkomponente ab. Vgl. auch *Ludz*, Firmenwert, S. 34.

76 Vgl. etwa *Busse von Colbe*, Geschäfts- oder Firmenwert, Spalte 885.

77 Vgl. *Gräber*, Geschäftswertbilanzierung, S. 17.

78 Vgl. z. B. *Wöhe*, Bilanzierung, S. 90; *Gräber*, Geschäftswertbilanzierung, S. 17; *Kahle*, Bilanzierung nach Belieben, S. 849.

79 Vgl. bereits *Auler*, Unternehmensmehr- und -minderwert, S. 839 ff.; *Take*, Geschäfts- oder Firmenwert, S. 91 f. Vgl. auch *Ludz*, Firmenwert, S. 35; *Deubner*, Aktivierung, S. 21; *Gräber*, Geschäftswertbilanzierung, S. 18.

80 Zu den besonderen Aufwendungen zählen bspw. Ausgaben für Werbefeldzüge oder Öffentlichkeitsarbeit.

Im Gegensatz zum originären Goodwill erfolgt im Falle eines Unternehmenserwerbs die Ableitung eines *entgeltlich erworbenen Goodwill* aus der Differenz zwischen dem vom Erwerber entrichteten Entgelt und dem Reinvermögen auf Zeitwertbasis des erworbenen Unternehmens.[81] Aus diesem Grund wird insbesondere von einem *derivativen Goodwill* gesprochen.[82] Dabei muss das entrichtete Entgelt nicht unbedingt in Form einer Geldleistung bewirkt werden, vielmehr kann die Akquisition auch gegen die Hingabe anderer Vermögenswerte oder sonstiger Leistungen, beispielsweise Aktien, Umsatz- oder Gewinnbeteiligungen stattfinden.[83]

Insbesondere die voneinander abweichenden Bezugsgrößen – der Ertragswert im Rahmen des originären Goodwill einerseits und der Kaufpreis beim entgeltlich erworbenen Goodwill andererseits – führen dazu, dass der originäre Goodwill eines Unternehmens nicht zwangsläufig mit dem beim Erwerber entstehenden derivativen Goodwill im Falle des Erwerbs dieses Unternehmens übereinstimmt.[84] Während ein originär entstandener Unterschiedsbetrag auf nicht bilanzierungsfähige immaterielle Werte sowie teilweise auf einen Kapitalisierungsmehrwert zurückgeführt wird, ist die Höhe des derivativen Goodwill von weiteren Faktoren abhängig:[85] Die mit dem Unternehmenserwerb einhergehende Restrukturierungs- und Synergiepotenziale[86] sowie Zahlungen ohne Gegenwert (Zahlungen à fonds perdu)[87] aufgrund des Verfolgens nicht finanzieller Ziele seitens des Managements erhöhen beispielsweise den derivativen Goodwill; ein Verhandlungsgewinn des Erwerbers[88] oder eine Unterschätzung der zukünftigen Ertragskraft führen zu einer Verringerung der Kaufpreisdifferenz. In Abhängigkeit von den Umständen im Einzelfall kann der derivative Goodwill dabei den originären Unterschiedsbetrag übersteigen oder betragsmäßig hinter diesem zurückbleiben.[89]

---

81 Vgl. etwa *Busse von Colbe*, Geschäfts- oder Firmenwert, Spalte 885; *Ballwieser*, Geschäftswert, S. 284. Vgl. auch SFAS 141.43; IFRS 3.51(b), § 255 Abs. 4 HGB.

82 Vgl. bspw. *Wöhe*, Bilanzierung, S. 92; *Knop/Küting*, § 255, Rz. 423; *ADS*, § 255, Rz. 293; *Möhrle*, Investitionstheorie, S. 33. Ferner findet in diesem Zusammenhang auch der Terminus „abgeleiteter" Goodwill Verwendung; vgl. *Wöhe*, Bilanzierung, S. 92.

83 Vgl. *Deubner*, Aktivierung, S. 21; *Ludz*, Firmenwert, S. 35; vgl. auch Gliederungspunkt 4.3.1.3.

84 Vgl. bereits *Stapf*, Immaterielle Anlagewerte, S. 20; *Kahle/Thiele/Kahling*, § 255, Rz. 234; *Göbel*, § 255, Rz. 205.

85 Vgl. ausführlich Gliederungspunkt 5.1.1.1.2.

86 Vgl. *Kahle*, Bilanzierung nach Belieben, S. 849; *Busse von Colbe*, Geschäfts- oder Firmenwert, Spalte 885.

87 Vgl. *Wöhe*, Bilanzierung, S. 92; *Arnold/Eggington/Kirkham u. a.*, Theoretical Considerations, S. 22; *Krämling*, Goodwill, S. 42; *Ludz*, Firmenwert, S. 36 f.; *Kahle*, Bilanzierung nach Belieben, S. 849; *Alvarez/Biberacher*, Goodwill-Bilanzierung, S. 349-351; *Kahle/Thiele/Kahling*, § 255, Rz. 234.

88 Vgl. *Möhrle*, Investitionstheorie, S. 36 ff.

89 Vgl. *Busse von Colbe*, Geschäfts- oder Firmenwert, Spalte 885; *Gräber*, Geschäftswertbilanzierung, S. 18. Nach Auffassung von *Wöhe*, Bilanzierung, S. 92, handelt es sich bei dem derivativen

Vor dem Hintergrund des beschriebenen Auseinanderfalls von originärem und derivativem Goodwill wird deutlich, warum sich beispielsweise *Kolbe* dafür ausspricht, den derivativen Goodwill im Einzelfall als „abgeleiteten *abweichenden* Geschäftswert“[90] zu bezeichnen und *Möhrle* den Ausdruck Geschäftswert lediglich im Kontext eines originären Goodwill gebraucht, während er dem derivativen Goodwill mit Verweis auf den Wortlaut des § 255 Abs. 4 HGB den Terminus „bilanzieller Unterschiedsbetrag“[91] zuweist.

2.4.2 Negativer Goodwill als Sonderfall

Über eine Differenzierung zwischen originären und derivativen Unterschiedsbetrag hinaus werden in der Literatur oftmals ein positiver Goodwill und ein negativer Goodwill voneinander abgegrenzt.[92] Wenngleich die Situation eines Überschusses des Ertragswerts über den Substanzwert bzw. eine positive Kaufpreisdifferenz in der Praxis als Regelfall anzusehen ist, kann insbesondere in Zeiten ungünstiger konjunktureller Aussichten sowie in Branchen oder Regionen, die sich in einer strukturellen Krise befinden, ausnahmsweise auch die Situation eines negativen Goodwill eintreten.[93] Dieser ist dadurch gekennzeichnet, dass sich ein gegenüber dem Wert des identifizierbaren Nettovermögens niedrigerer Kaufpreis bzw. ein Ertragswert kleiner dem Substanzwert ergibt. In Deutschland ließ sich das Auftreten eines negativen Geschäfts- oder Firmenwerts beispielsweise Anfang der neunziger Jahre im Zusammenhang mit den Verkäufen der Bremer Vulkan Marine Schiffbau GmbH oder der Preussag Anthrazit zu symbolischen Kaufpreisen von jeweils 1 DM beobachten.[94] Im Kontext des negativen Goodwill wird im deutschsprachigen Schrifttum ferner von einem negativen Geschäfts- oder Firmenwert, passivischen Unterschiedsbetrag oder Unternehmensminderwert gesprochen. Auf der Ebene der internationalen Rechnungslegung scheint sich dagegen neben dem Begriff „Bargain Purchase“[95] die Umschreibung „Excess ... Over Cost“ bzw.

Goodwill lediglich um „[d]en Teil des originären Firmenwertes, der beim Kauf eines Unternehmens im Kaufpreis bezahlt wird“, so dass dieser betragsmäßig den originären Goodwill nicht übertreffen kann.

90 *Kolbe*, Theorie und Praxis, S. 99 (hervorgehoben durch den Verf.).

91 *Möhrle*, Investitionstheorie, S. 33. Zur Goodwill-Bilanzierung im deutschen Handelsrecht vgl. ausführlich Gliederungspunkt 4.6.2.

92 So im deutschsprachigen Schrifttum schon *Auler*, Unternehmensmehr- und -minderwert, S. 842 ff.; *Take*, Geschäfts- oder Firmenwert, S. 47. Mit weiteren Nachweisen vgl. auch *Ludz*, Firmenwert, S. 38.

93 Vgl. *Ernsting*, Bilanzierung eines negativen Geschäfts- oder Firmenwerts, S. 405 ff.

94 Vgl. *Ernsting*, Bilanzierung eines negativen Geschäfts- oder Firmenwerts, S. 405.

95 Vgl. etwa *Fischer/Taylor/Cheng*, Advanced Accounting, Kapitel 1, S. 25; *Pahler/Mori*, Advanced Accounting, S. 162; *Jeter/Chaney*, Advanced Accounting, S. 43. Der Begriff bargain purchase ist zwar wörtlich als „Gelegenheitskauf“ zu übersetzen, er wird jedoch in der US-amerikanischen Literatur in der Regel unabhängig vom Charakter des negativen Goodwill gebraucht. Aus diesem

„Excess“ durchzusetzen, die nunmehr nicht nur vom FASB gebraucht, sondern jüngst auch vom IASB aufgegriffen wird[96].

Ebenso wie der positive Unterschiedsbetrag kann auch der negative Goodwill auf unterschiedliche Faktoren zurückgeführt werden:

- Zum einen besteht die Möglichkeit, dass die negative Kaufpreisdifferenz aus einem sog. „Lucky Buy“ resultiert. In diesem Fall ist es dem Erwerber beispielsweise aufgrund einer geschickten Verhandlungsführung, einer starken Verhandlungsmacht, einer besonderen Marktsituation oder einer nicht nur finanzielle Ziele umfassenden Zielsetzung des Veräußerers gelungen, das Akquisitionsobjekt günstig zu erwerben.[97]

- Zum anderen kann ein negativer Unterschiedsbetrag zukünftig erwartete negative Erfolgsbeiträge zum Ausdruck bringen.[98] Diese, in der deutschsprachigen Literatur oft als Badwill bezeichnete Situation ist dadurch charakterisiert, dass es zu Abschlägen bei der Festsetzung des Kaufpreises etwa infolge einer unzureichenden Ertragskraft, konkreter Verlusterwartungen in den Folgejahren, erwarteter Sanierungsaufwendungen oder bisher nicht beschlossenen, aber erforderlichen Personalabbaus kommt.[99] Im Gegensatz zum Lucky Buy ist aus Sicht des Erwerbers daher nicht von einem günstigen, sondern von einem angemessenen Kaufpreis auszugehen.[100] Ein auf Verlusterwartungen basierender negativer Goodwill muss allerdings nicht zwangsläufig derivativ in Erscheinung treten. Vielmehr besteht auch die Möglichkeit, dass dieser originär, also ohne einen zugrunde liegenden Erwerbsvorgang entsteht.[101]

Grund liegt keine Bedeutungsgleichheit mit einer als Lucky Buy bezeichneten Situation vor. Vgl. ausführlich *Küting/Harth*, Behandlung einer negativen Aufrechnungsdifferenz, S. 490 f. Im Gegensatz dazu spricht das IASB nur im Kontext eines Lucky Buy von einer Bargain Purchase; vgl. IFRS 3.BC148.

96 Vgl. SFAS 141.44; IFRS 3.56. Die in 2002 von *Schmidt*, Bilanzierung des Goodwills, S. 28, getroffene Aussage, dass die “US-GAAP ... neuerdings von einem `Überschuss über die Anschaffungskosten`” sprechen, ist dagegen nicht nachvollziehbar, da bereits der Anfang der siebziger Jahre veröffentlichte APB 16 den negativen Goodwill mit “Excess of Acquired Net Assets Over Cost” bezeichnete; vgl. APB 16.91.

97 Vgl. *Bachem*, Schimäre, S. 1976; *Kahling*, § 309, Rz. 63; *Möhrle*, Ökonomische Interpretation, S. 1415 f.; *Pusecker/Schruff*, Negativer Geschäftswert, S. 735; *Scheiber*, Goodwill im internationalen Vergleich, S. 68 f.

98 Vgl. *Kahling*, § 309, Rz. 63; *Baetge/Kirsch/Thiele*, Konzernbilanzen, S. 240.

99 Vgl. *ADS*, § 309, Rz. 69; *Kahling*, § 309, Rz. 63. International wird der Begriff des Badwill oftmals in einem weiteren Sinne, nämlich als Synonym für einen negativen Unterschiedsbetrag, gebraucht und schließt damit auch einen Lucky Buy mit ein; vgl. *Coenenberg*, Jahresabschluss, S. 601.

100 Vgl. auch *Scheiber*, Goodwill im internationalen Vergleich, S. 68.

101 Vgl. *Stapf*, Immaterielle Anlagewerte, S. 20.

2.5 Ursachen der Bedeutungszunahme

Ein Blick in die Konzernabschlüsse in- und ausländischer Unternehmen offenbart, dass dem Goodwill als Bilanzposition inzwischen der Stellenwert einer Schlüsselgröße zukommt.[102] Diese Entwicklung sei exemplarisch anhand der Konzernbilanzen zum 31.12.2002 der im DAX-30 notierten Unternehmen verdeutlicht (vgl. Abbildung 2):[103]

Unternehmen	Branche[104]	Rechn. system	Goodwill (Mio. €)	Aktiva (Mio. €)	EK[105] (Mio. €)	Goodwill /Aktiva (%)	Goodwill /EK (%)
Adidas-Salomon	Konsumgüter	IFRS	639	4.261	1.081	15,0	59,1
Allianz	Versicherungen	IFRS	13.786	852.056	21.772	1,6	63,3
Altana	Pharma & Gesundheit	IFRS	67	2.269	1.250	3,0	5,4
BASF	Chemie	US-GAAP	2.073	35.086	16.942	5,9	12,2
Bayer	Chemie	IFRS	2.864	41.692	15.335	6,7	18,7
Bayrische Hypo-Vereinsbank	Banken	IFRS	2.957	691.157	14.230	0,4	20,8
BMW	Automobilbranche	IFRS	0	55.511	13.871	0,0	0,0
Commerzbank	Banken	IFRS	1.040	422.134	8.808	0,2	1,8
Continental	Automobilbranche	US-GAAP	1.478	8.197	1.715	18,0	86,2
DaimlerChrysler	Automobilbranche	US-GAAP	2.071	187.327	34.914	1,1	5,9
Deutsche Bank	Banken	US-GAAP	8.372	758.355	29.991	1,1	27,9
Deutsche Börse	Finanzdienst-leistungen	IFRS	1.249	2.656	2.152	47,0	58,0
Deutsche Post	Transport & Logistic	IFRS	4.374	156.701	5.353	2,8	81,7
Deutsche Telekom	Telekommuni-kation	HGB[106]	46.875	125.821	35.416	37,3	182,7
E.ON	Versorger	US-GAAP	17.661	113.065	25.653	15,6	68,8
Fresenius Medical Care[107]	Pharma & Gesundheit	US-GAAP	3.193	6.780	2.807	47,1	113,8
Henkel	Konsumgüter	IFRS	1.609	8.513	3.279	18,9	49,1
Infineon Technologies[108]	Technologie	US-GAAP	356	10.918	6.158	3,3	5,8
Linde	Industrie	IFRS	3.021	12.206	4.086	24,8	73,9
Lufthansa	Transport & Logistic	IFRS	1.522	19.137	4.125	8,0	52,6
MAN	Industrie	IFRS	479	11.692	2.891	4,1	16,6
Metro	Handel	IFRS	4.070	22.923	4.141	17,8	98,3
Münchener Rück	Versicherungen	IFRS	4.441	196.441	13.948	2,3	31,9
RWE	Versorger	IFRS	16.007	100.273	6.429	16,0	249,0
SAP	Software	US-GAAP	331	5.610	2.872	5,9	11,5
Schering	Pharma & Gesundheit	IFRS	426	5.392	2.934	7,9	14,5
Siemens[109]	Technologie	US-GAAP	6.459	77.939	23.521	8,3	27,5
Thyssen Krupp[110]	Industrie	US-GAAP	3.298	31.160	8.287	10,6	39,8
TUI	Transport & Logistic	IFRS	4.754	15.517	3.181	30,6	149,4
Volkswagen	Automobilbranche	IFRS	292	108.896	24.634	0,3	1,2

Abbildung 2: Konzernbilanzielle Bedeutung des Goodwill im DAX-30 notierter Unternehmen.

---

[102] Zum Goodwill in der deutschen Bilanzierungspraxis vgl. jüngst auch *Küting/Koch*, Goodwill.

[103] Die Zusammensetzung des DAX-30 entspricht dem Stand vom Oktober 2003.

[104] Die Brancheneinteilung erfolgt entsprechend den achtzehn Branchenindizes des Prime Standards der Deutsche Börse AG.

[105] Konzerneigenkapital nach Abzug der Anteile außenstehender Gesellschafter.

[106] Mit Überleitung zu US-GAAP.

[107] Angaben in US$.

[108] Bilanzstichtag: 30.9.2002.

[109] Bilanzstichtag: 30.9.2002.

[110] Bilanzstichtag: 30.9.2002.

Aus der Übersicht geht hervor, dass in der Regel branchenübergreifend sowie weitestgehend unabhängig vom jeweils zugrunde liegenden Rechnungslegungssystem der ausgewiesene Goodwill oftmals nicht nur im Verhältnis zum Eigenkapital, sondern auch im Verhältnis zu den gesamten Aktiva in hohem Maße ins Gewicht fällt.

Die derzeit oftmals erhebliche Bedeutung der in Konzernabschlüssen ausgewiesenen Goodwill-Positionen wirft unweigerlich die Frage nach den Ursachen dieses Phänomens auf. Sieht man von etwaigen Veränderungen goodwillspezifischer Rechnungslegungsvorschriften ab, so können insbesondere zwei Faktoren, nämlich die starke Zunahme der Fusions- und Übernahmeaktivitäten Mitte bis Ende der neunziger Jahre einerseits sowie der gleichzeitig zu beobachtende Bedeutungsgewinn immaterieller Werte andererseits, als ausschlaggebend angesehen werden.[111]

2.5.1 Entwicklung des Markts für Unternehmenstransaktionen

Der Markt für Unternehmenstransaktionen zeichnete sich in der zweiten Hälfte der neunziger Jahre sowohl auf nationaler als auch auf internationaler Ebene durch ein erhebliches Wachstum aus (vgl. Abbildung 3). Diese oftmals als „Fusionitis" oder „Fusionsfieber" bezeichnete Entwicklung gipfelte schließlich in den Jahren 2000 bzw. 2001, in denen Höchstwerte im Hinblick auf Anzahl und Wert der Zusammenschlüsse registriert wurden. So stieg die Zahl der Transaktionen unter deutscher Beteiligung zwischen 1994 und 2001 von 1.249 auf 2.173 Fälle pro Jahr und das ihnen zuzurechnende kumulative Transaktionsvolumen erhöhte sich bis zum Jahr 2000 sogar um das Neunzehnfache auf rund 478 Mrd. €. Weltweit konnte im selben Zeitraum eine Steigerung von 590 Mrd. US$ auf 3.498 Mrd. US$ beobachtet werden.

---

[111] Vgl. etwa *Hommel*, Bilanzierung von Goodwill, S. 801 ff.; *Schmidt*, Bilanzierung des Goodwills, S. 4 ff.

Unternehmenstransaktionen weltweit

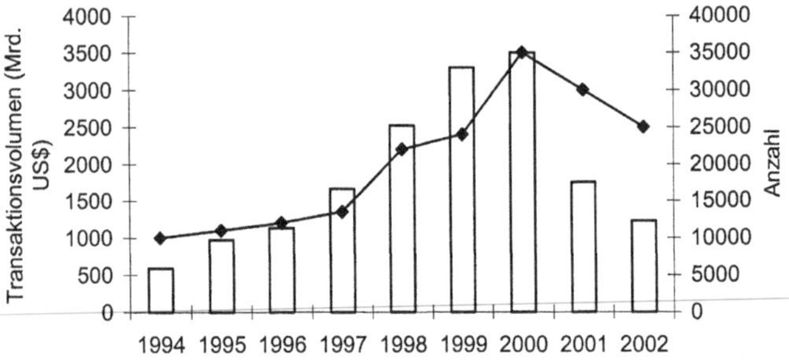

Unternehmenstransaktionen unter deutscher Beteiligung

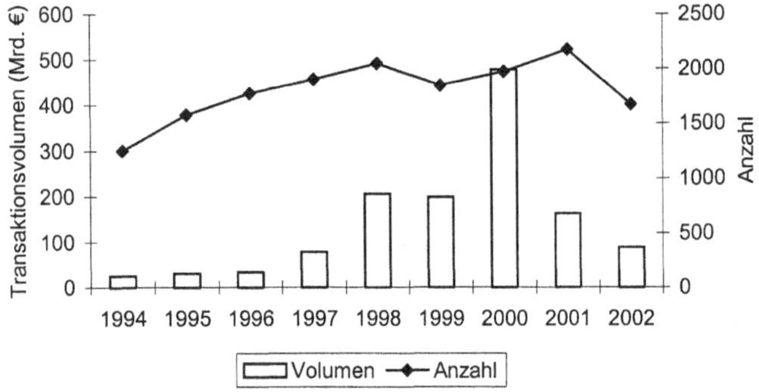

Abbildung 3: Entwicklung des Markts für Unternehmenstransaktionen[112]

Der sprunghafte Anstieg Ende der neunziger Jahre sowie der sich international abzeichnende drastische Rückgang der Transaktionsaktivitäten seit 2001 bzw. 2002 sind jedoch nicht als völlig neues Phänomen anzusehen.[113] Bezugnehmend auf die Vereinigten Staaten – die im Bereich der Unternehmenszusammenschlüsse als das mit Abstand aktivste Land gelten[114] – lässt sich die Entwicklung zwischen 1993 und 2000 vielmehr als fünfte Fusions-

---

112 Quellen: http://www.mergers-and-acquisitions.de, M&A-Fakten, Mergers & Acquisitions weltweit; http://m-a-international.de, Presse&Statistiken, Statistik (Stand: 31.08.2004). Vgl. auch *Eschen*, Mergers & Acquisitions, S. 34.

113 Zum anhaltenden Abwärtstrend im Jahr 2002 vgl. *Herde/Thiell*, M&A Markt; *Kengelbach/Grand/Roos*, M&A-Transaktionen, S. 72 f.

114 Vgl. *Müller-Stewens/Spickers/Deiss*, Mergers & Acquisitions, S. 6.

und Übernahmewelle begreifen.[115] Von den vorausgegangenen Zyklen unterscheidet sich diese fünfte Welle insbesondere hinsichtlich folgender Trends:

- Charakteristisch ist zunächst der vergleichsweise *hohe Anteil an Großtransaktionen*, die sich jeweils durch ein wertmäßiges Volumen in bisher unbekannter Größenordnung auszeichnen.[116] Zu den vor allem aus deutscher Sicht spektakulärsten „Mega-Deals" dürfte in diesem Zusammenhang zweifellos die Übernahme der Mannesmann AG durch den britischen Telekommunikationsanbieter Vodafone Air Touch Plc. im Jahre 2000 zählen. Sie stellt mit einem Volumen von rund 203 Mrd. € den bis heute wertmäßig bedeutendsten Unternehmenszusammenschluss weltweit dar und führte zu einem Goodwill in Höhe von rund 180 Mrd. €.[117] Darüber hinaus seien an dieser Stelle die Zusammenschlüsse zwischen America Online Inc. (AOL) und Time Warner Inc. sowie MCI Worldcom Inc. und Sprint Corp. in den USA angeführt, die mit einem Gesamtwert von 169,6 Mrd. € bzw. 118,2 Mrd. € ebenfalls der Gruppe der international größten Transaktionen zuzurechnen sind.[118]

- Die hohen Transaktionsvolumina läuteten damit zwangsläufig auch einen Trend im Rahmen der Finanzierung ein: Waren in der Vergangenheit Unternehmenszusammenschlüsse oftmals mit einem Barangebot verbunden, kommt nunmehr der *Aktie als Zahlungsmittel* bzw. dem *Aktientausch* ein wesentlich höherer Stellenwert zu.[119]

- Weiteres Kennzeichen des jüngsten Zyklus ist ein *Branchenwechsel*.[120] So erfasste die Fusions- und Übernahme-Welle der neunziger Jahre weniger die klassischen Produktionsunternehmen, sondern vor allem Unternehmen, die sich zum damaligen Zeitpunkt unter den Begriff der New Economy subsumieren ließen. Dazu zählen insbesondere die Bereiche Telekommunikation, Internet, Medien sowie Biotechnologie.

---

115 Vgl. *Jansen*, Integrationsmanagement, S. 506; *Müller-Stewens*, Markt für Unternehmenskontrolle, S.43 ff.; *Müller-Stewens*, Catching the right wave; *Picot*, Mergers & Aquisitions, S. 8 ff.; *Lucks/Meckl*, Mergers & Acquisitions, S. 6. Einen Überblick über die historische Entwicklung im Bereich US-amerikanischer Unternehmenszusammenschlüsse seit Beginn der ersten Merger-Welle im Jahr 1897 bietet *Gaughan*, Acquisitions, S. 23 ff.

116 Vgl. *Müller-Stewens*, Markt für Unternehmenskontrolle, S. 47; *Semler*, Unternehmensübernahmen, S. 13 f.; *Eschen*, Mergers & Acquisitions, S. 39.

117 Zum Zusammenschluss von Vodafone und Mannesmann vgl. auch *o. V.*, Merger Mania.

118 Vgl. *Picot*, Mergers & Aquisitions, S. 5.

119 Vgl. *Müller-Stewens*, Markt für Unternehmenskontrolle, S. 47; *Jansen*, Integrationsmanagement, S. 509.

120 Vgl. *Jansen*, Integrationsmanagement, S. 507; *Jansen*, Mergers & Acquisitions, S. 26 f.

- Darüber hinaus konnte eine *Zunahme der grenzüberschreitenden Transaktionen* (cross border transactions) festgestellt werden.[121] Der weltweite Anteil der Transaktionen mit Beteiligten unterschiedlicher Nationalitäten erhöhte sich ausgehend von 27% im Jahr 1995 innerhalb von fünf Jahren auf 40%.

Die Hochphase Ende der neunziger Jahre wirft unweigerlich die Frage nach den Beweggründen für die Durchführung von Unternehmenszusammenschlüssen auf. Neben zahlreichen weiteren Ursachen, die von den jeweiligen Umständen im Einzelfall abhängen und oftmals im Eigeninteresse des Managements wurzeln, werden im Kontext der fünften Transaktionswelle insbesondere folgende Faktoren genannt:[122]

- Einhergehend mit der *Schaffung des europäischen Binnenmarktes* hat in den letzten Jahren die *fortschreitende Globalisierung* im Sinne einer Zunahme der weltweiten Verflechtung der Wirtschaft zu einer beträchtlichen Verschärfung der Wettbewerbsintensität geführt. Vor dem Hintergrund einer immer weitergehenderen Annäherung von Bedürfnisstrukturen, Konsumentenverhalten und technischen Normen in den Vereinigten Staaten, Japan und den Industrieländern der EU ergibt sich für Unternehmen die Erfordernis, Größenvorteile zu nutzen, d. h. vor allem standardisierte Industrieprodukte in kostengünstiger Massenfertigung herzustellen.[123] Zum anderen wird die fortschreitende Globalisierung aber auch durch den Abbau tarifärer- und nichttarifärer Handelshemmnisse sowie die Liberalisierung bzw. Privatisierung staatlicher Infrastrukturmärkte, insbesondere in den Bereichen Telekommunikation, Energieversorgung und Verkehr begünstigt.[124]

- Der vor allem in der High-Tech-Branche beobachtbare *schnelle technologische Wandel* führt zu immer kürzeren Produktlebenszyklen bei gleichzeitiger Bedeutungszunahme fixer Kosten infolge intensivierter Forschungs- und Entwicklungsaktivitäten. Um der hieraus resultierenden Notwendigkeit hoher Absatzvolumina Rechnung zu tragen, werden Unternehmenszusammenschlüsse als geeignetes Instrument zur Beschleunigung der Markterschließung angesehen.[125]

---

121 Vgl. *Jansen*, Integrationsmanagement, S. 506. So wird die fünfte Übernahmewelle von *Black*, Merger Wave, S. 1, auch als „the first truly international takeover wave" bezeichnet.

122 Einen Überblick über die im Folgenden nicht näher erläuterten Beweggründe bietet bspw. *Semler*, Unternehmensübernahmen, S. 14 ff. Zu den persönlichen Motiven des Managements vgl. auch *Fischer/Sommer*, Schluckbeschwerden.

123 Vgl. *Lucks/Meckl*, Mergers & Acquisitions, S. 6; *Picot*, Mergers & Aquisitions, S. 3.

124 Vgl. *Semler*, Unternehmensübernahmen, S. 19; *Lucks/Meckl*, Mergers & Acquisitions, S. 6 f.

125 Vgl. *Lucks/Meckl*, Mergers & Acquisitions, S. 7; *Brühl*, Trends, S. 24.

- Im letzten Jahrzehnt hat sich das *Shareholder Value-Konzept* als strategisches Management-Instrument weitestgehend durchgesetzt.[126] Um der Forderung nach einer wertorientierten Unternehmensführung im Sinne einer Steigerung des Marktwerts des Eigenkapitals zu entsprechen, werden von der Unternehmensleitung insbesondere solche Maßnahmen durchgeführt, die sich mit hoher Wahrscheinlichkeit in einer Erhöhung des Börsenkurses niederschlagen. Wurde dieses Ziel in der Vergangenheit vorwiegend durch Strategie der Diversifizierung erreicht, besteht nunmehr der aktuelle Beurteilungstrend darin, Beteiligungsverkäufe mit dem Ziel einer Konzentration auf eine geringe Anzahl zusammenhängender Kerngeschäftsfelder als kurssteigernd zu werten.[127]

Speziell in Deutschland wird gegenwärtig auch den *steuerrechtlichen Rahmenbedingungen* eine entscheidende Rolle beigemessen. Zu nennen ist in diesem Kontext vor allem die Neufassung des § 8b Körperschaftsteuergesetz (KStG) durch das Steuersenkungsgesetz (StSenkG) vom 23. Oktober 2000. Vom Gesetzgeber mit der wirtschaftspolitischen Intention des Aufbrechens der sog. „Deutschland AG" erlassen, ermöglicht die Vorschrift Kapitalgesellschaften, nunmehr auch Gewinne aus der Anteilsveräußerung inländischer Beteiligungen ab dem 1. Januar 2002 steuerfrei zu vereinnahmen.[128]

2.5.2 Bedeutungszunahme immaterieller Werte

Der derzeit hohe Anteil des Goodwill am bilanziellen Vermögen ist nicht nur auf die Nachwirkungen der fünften Merger-Welle zurückzuführen. Vielmehr wird er auch damit begründet, dass in den letzten Jahrzehnten der Stellenwert immaterieller Werte kontinuierlich zugenommen hat und diese Werte in der externen Rechnungslegung selbst im Falle einer Unternehmensakquisition oftmals nicht separat, sondern lediglich im Goodwill als Restgröße Berücksichtigung finden.[129] Als Maß für die Bedeutung immaterieller Werte werden in der

---

[126] Zur wertorientierten Unternehmensführung vgl. grundlegend bspw. *Wagenhofer*, Share Holder Value-Konzept.

[127] Vgl. *Semler*, Unternehmensübernahmen, S. 18 f.; *o. V.*, Größenwahn oder Notwendigkeit. Kurssteigernd wirken sich des Weiteren Unternehmenszusammenschlüsse zwecks Erzielung von Skaleneffekten und frühem Technologiezugang aus; vgl. *Lucks/Meckl*, Mergers & Acquisitions, S. 9.

[128] Zur Neufassung des § 8b KStG ausführlich vgl. *Eilers*, Steuerliche Strukturierung, S. 93 ff. An das Inkrafttreten der Neuregelung knüpfte insbesondere die Fusions- und Übernahme-Branche die Hoffnung auf eine über das Jahr 2001 hinausgehende weitere Erhöhung der Anzahl der Unternehmenstransaktionen mit deutscher Beteiligung. Indes zeichnete sich bereits im ersten Halbjahr 2002 ab, dass auch die Steuerbefreiung der Veräußerungsgewinne den gegenwärtigen Abwärtstrend des Transaktionsmarkts in Deutschland nicht verhindern, sondern allenfalls abmildern konnte; *Herde/Thiell*, M&A Markt.

[129] Vgl. etwa *Haller*, Immaterielle Vermögenswerte, S. 562 ff.; *Hommel*, Bilanzierung von Goodwill, S. 802; *Pellens/Fülbier*, Immaterielle Vermögensgegenstände, S. 123.

Literatur oftmals das Marktwert-Buchwert-Verhältnis sowie das Tobinsche q angeführt, die sich seit Anfang der achtziger Jahre durch einen annähernd kontinuierlichen Zuwachs auszeichnen und dabei inzwischen Werte größer eins angenommen haben (vgl. Abbildung 4).[130]

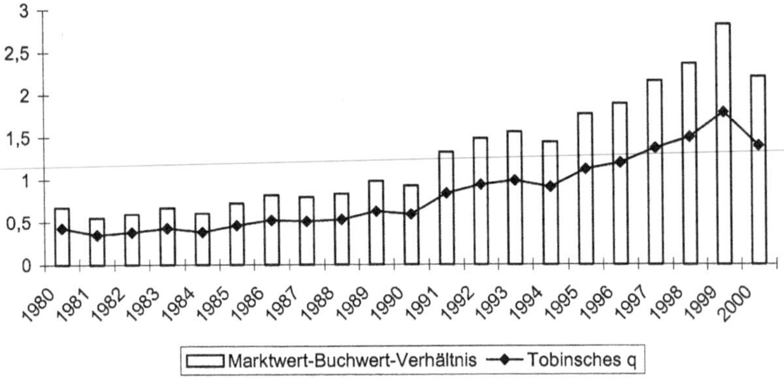

Abbildung 4: Entwicklung des Marktwert-Buchwert-Verhältnisses und des Tobinschen q in den Vereinigten Staaten[131]

Das Marktwert-Buchwert-Verhältnis als Indikator für immaterielle Vermögenswerte basiert unter anderem auf der Prämisse, dass die Differenz zwischen höherem Marktwert und niedrigerem Buchwert einer Unternehmung vollständig auf immaterielle Ressourcen zurückzuführen ist, die sich annahmegemäß nicht in der Bilanz niederschlagen.[132] Welches Ausmaß die Diskrepanz zwischen beiden Größen Ende der neunziger Jahre im Einzelfall angenommen hat, lässt sich beispielsweise anhand von Coca-Cola, Microsoft oder auch SAP verdeutlichen, deren Börsenwerte am 31.12.1999 die jeweiligen Buchwerte um das 15- bis 21fache übertrafen.[133]

Mit einer Anknüpfung an den Buchwert als Maß für das materielle Vermögen wird jedoch übersehen, dass in der Realität oftmals eine in stillen Reserven begründete Bewertung

---

130 Vgl. bspw. *Lev*, Intangibles, S. 8; *Kasperzak/Krag/Wiedenhofer*, Intellectual Capital, S. 1496 f., *Stewart*, Produktionsfaktor, S. 219 ff.; *Laphart/Volkart*, Reflektierung von immateriellen Aktiven, S. 1155.

131 Der Darstellung liegen unter *http://www.vallueingwallstreet.com, Updates and Q Data for download*, veröffentlichte Datenreihen zugrunde (Stand: 01.10.2003)

132 Vgl. *Lev*, Intangibles, S. 7 f.

133 Vgl. *Daum*, Intangible Assets, S. 19. Das deutsche Softwareunternehmen Intershop wies Ende 1999 sogar einen Marktwert auf, der mehr als das 200fache des Buchwertes betrug; vgl. *Wetzel*, Rechnungswesen.

unterhalb von Marktpreisen stattfindet.[134] Dieser Kritik kann mit dem von *Tobin* ursprünglich als Hilfe zur Vornahme von Investitionsentscheidungen konzipierten sog. „Tobin`s q" begegnet werden, welches sich vom Marktwert-Buchwert-Verhältnis dadurch unterscheidet, dass der Marktwert in Relation zu den Wiederbeschaffungskosten des bilanzierten Vermögens gesetzt wird.[135] Allerdings ist zu berücksichtigen, dass auch das Tobin`sche q allenfalls als Anhaltspunkt für das Vorhandensein immaterieller Werte zu interpretieren ist: Ebenso wie beim Marktwert-Buchwert-Verhältnis findet insbesondere eine Separation externer Einflüsse nicht statt und auch die Annahme grundsätzlich nicht bilanzierter immaterieller Werte muss als realitätsfern eingestuft werden.[136]

Obwohl immaterielle Vermögenswerte kein grundsätzlich neues Phänomen darstellen, unterscheidet sich die Situation seit Ende der neunziger Jahre von den vorangegangenen Jahrzehnten dadurch, dass „today, a firm`s intangible assets are often *the* key element in its competitiveness"[137], also immateriellen Werten nunmehr der Stellenwert einer Schlüsselgröße für den Unternehmenserfolg beigemessen wird. Der Status quo wird auch von einer Anfang 2003 von *PricewaterhouseCoopers/Günther* veröffentlichten Untersuchung bestätigt, der eine Umfrage unter den im C-DAX notierten Unternehmen zugrunde liegt.[138] Befragt nach der Einflussstärke interner Faktoren auf den Unternehmenserfolg, wurden unabhängig von der jeweiligen Branche mit Humankapital, wertschöpfenden Prozessen und Innovationskapital drei Faktoren als am wichtigsten eingestuft, die sich allesamt in die Gruppe der immateriellen Werte einordnen lassen.[139]

---

[134] Vgl. *Lev*, Intangibles, S. 8. Der Einschätzung von *Stewart*, Produktionsfaktor, S. 219, dass es sich um eine „schnelle, einfache und sinnvolle Rechnung" handle, ist daher hinsichtlich des letztgenannten Attributs entschieden zu widersprechen.

[135] Vgl. *Tobin*, Equilibrium Approach; *Tobin*, Transmission Mechanism. Vgl. auch *Smithers/Wright*, Valuing, S. 9 ff.; *Stewart*, Produktionsfaktor, S. 220 f.; jüngst *Broda*, Messung, S. 732 f.

[136] Zu den externen Einflüssen zählen vor allem Marktpreisschwankungen des Eigenkapitals; vgl. etwa *Kasperzak/Krag/Wiedenhofer*, Intellectual Capital, S. 1496 f. Die eingeschränkte Fähigkeit zur Quantifizierung immaterieller Werte bestätigt auch eine auf dem Tobin`schen q basierende Untersuchung von *Bond/Cummis*, wonach immateriellen Werten zwar eine eingeschränkte Rolle, nicht aber der Stellenwert eines Erklärungsansatzes für spektakuläre Marktwert-Buchwert-Differenzen beizumessen ist; vgl. *Bond/Cummis*, Intangible Fictions, S. 36, 43; vgl. auch *Schmidt*, Bilanzierung des Goodwill, S. 10. Die phantasieinduzierten Aktienkurse Ende der neunziger Jahre werden von *Lev* dagegen vor allem als Problem einer bisher unzureichenden Berichterstattung über immaterielle Vermögenswerte interpretiert; vgl. *Daum*, Intangible Assets, S. 279 f.

[137] *Eustace*, Intangible Economy Impact, S. 6. In diesem Sinne bspw. auch *Arbeitskreis Immaterielle Werte*, Erfassung immaterieller Werte, S. 989; *Edvinsson/Brünig*, Wissenskapital, S. 12; *Haller*, Immaterielle Vermögenswerte, S. 562; *Küting/Dürr*, Intangibles, S. 1; *Labhart/Volkart*, Reflektierung von immateriellen Aktiven, S. 1155 f.; *Lev*, Crossroads, S. 5; *Schmidt*, Werttreiber, S. 296; *Stoi*, Intangibles, S. 189; *Weber*, Intangibles, S. 324 f.

[138] Vgl. *PricewaterhouseCoopers/Günther*, Immaterielle Werte. Der Composite Dax (C-DAX) umfasst sämtliche an der Frankfurter Wertpapierbörse im amtlichen Handel notierten deutschen Aktien.

[139] Vgl. *PricewaterhouseCoopers/Günther*, Immaterielle Werte, S. 16.

Der Bedeutungsgewinn immaterieller Werte lässt sich darüber hinaus auch anhand von Forschungs- und Entwicklungsaufwendungen verdeutlichen, die als Voraussetzung für die Schaffung zahlreicher immaterieller Vermögenswerte anzusehen sind.[140] So stiegen etwa die in diesem Bereich getätigten Gesamtaufwendungen deutscher Unternehmen in den Jahren 1990 bis 2002 von umgerechnet 26.971 Mio. € auf 44.870 Mio. €.[141] Dass es sich bei Forschungs- und Entwicklungsaufwendungen um einen entscheidenden Werttreiber handelt, belegt unter anderem eine im Jahre 2001 von *Aboody/Lev* in den Vereinigten Staaten durchgeführte Studie.[142] Bezugnehmend auf 83 repräsentativ ausgewählte börsennotierte Unternehmen der chemischen Industrie – die in den USA ebenso wie in vielen anderen entwickelten Staaten zu den volkswirtschaftlich bedeutendsten Bereichen zählt – weisen die Verfasser für den Zeitraum von 1980 bis 1999 nach, dass erst durch die Tätigung von Forschungs- und Entwicklungsaufwendungen Renditen größer als der branchendurchschnittliche gewichtete Gesamtkapitalkostensatz erwirtschaftet wurden.[143]

Als Ursache für den beschriebenen Bedeutungsgewinn immaterieller Werte wird der Wandel von einer industriell geprägten Volkswirtschaft hin zu einer Dienstleistungs- bzw. Hochtechnologiegesellschaft ausgemacht.[144] Zurückzuführen ist diese Entwicklung vor allem auf die Kombination zweier tiefgreifender Entwicklungstendenzen seit Mitte der achtziger Jahre, nämlich ein wirtschaftlicher bzw. politischer Wandel einerseits sowie technologische Veränderungen andererseits.[145] Der wirtschaftliche bzw. politische Wandel – gekennzeichnet durch eine Verschärfung der Wettbewerbsintensität infolge der Globalisierung sowie der Deregulierung bedeutender Märkte – führte dazu, dass insbesondere Unternehmen des industriellen Sektors bei der Ausnutzung von Skaleneffekten an eine natürliche Grenze stießen.[146] Diese Grenze, welche häufig aus den Schwierigkeiten bei der Leitung stark vertikal integrierter Organisationsformen resultierte und die Bedeutung der Unternehmensgröße als entschei-

---

140 Vgl. etwa *Keitz*, Immaterielle Güter, S. 2.

141 Vgl. *Statistisches Bundesamt*, Jahrbuch 1991, S. 408; *Statistisches Bundesamt*, Jahrbuch 2003, S. 407. Die mit Abstand höchsten Beträge wurden in 2002 im verarbeitenden Gewerbe in den Bereichen Fahrzeugbau (16.900 Mio. €), Chemische Industrie (7.540 Mio. €) sowie EDV, Elektrotechnik, Feinmechanik und Optik (8.190 Mio. €) aufgewendet.

142 Vgl. *Aboody/Lev*, R&D Productivity. Vgl. auch *Lev*, Intangibles, S. 52 ff.; *Daum*, Intangible Assets, S. 229.

143 Vgl. *Aboody/Lev*, R&D Productivity, S. 25 ff.; *Lev*, Intangibles, S. 53. Eine den Unternehmenswert steigernde Wirkung von Investitionen in das Sachanlagevermögen konnte dagegen nicht festgestellt werden; vgl. *Aboody/Lev*, R&D Productivity, S. 18 f.; *Lev*, Intangibles, S. 54. Zu einem ähnlichen Ergebnis kommt bspw. auch eine 1998 von *Bosworth/Rogers* durchgeführte Analyse; vgl. *Bosworth/Rogers*, Research and Development, S. 2, 31 f.

144 Vgl. bspw. *Arbeitskreis Immaterielle Werte*, Erfassung immaterieller Werte, S. 989; *Daum*, Intangible Assets, S. 17; *Haller*, Immaterielle Vermögenswerte, S. 562; *Küting/Dürr*, *Intangibles*, S. 1.

145 *Lev*, Intangibles, S. 8 ff.

146 Vgl. *Shapiro/Varian*, Information Rules, S. 179; *Lev*, Intangibles, S. 11.

denden Wettbewerbsfaktor sinken ließ, zwang die betroffenen Gesellschaften zu einer strategischen Neuausrichtung.[147] Begünstigt durch die Fortschritte bei der Informationsverarbeitung gelang es den Unternehmen nun, große Teile der Produktion auszulagern und damit vor allem den Anteil materieller Vermögenswerte zu verringern, denen inzwischen oftmals der Stellenwert sog. „commodities", d. h. bestenfalls durchschnittliche Renditen erwirtschaftender Anlageformen, zukommt.[148] In den Vordergrund rückten dementsprechend Investitionen in immaterielle Werte, wie beispielsweise Ausgaben in den Bereichen Forschung, Entwicklung, Werbung, Prozessoptimierung oder Weiterbildung, die nunmehr überdurchschnittliche Renditen bzw. dominante Wettbewerbspositionen begründen.

---

[147] Vgl. *Shapiro/Varian*, Information Rules, S. 179.

[148] Vgl. *Daum*, Intangible Assets, S. 276.

Drittes Kapitel

3 Informative Rechnungslegungsvorschriften zur Vermeidung von Wohlfahrtseinbußen

Die im fünften Kapitel dieser Arbeit vorzunehmende Analyse der Rechnungslegungsvorschriften zur Goodwillbilanzierung erfordert die Existenz eines geeigneten Beurteilungsmaßstabs, der an die Regelungen anzulegen ist. Die Herleitung eines solchen Maßstabs ist Gegenstand des vorliegenden Kapitels. Ausgangspunkt bildet dabei der mit der Rechnungslegung (unter anderem) verfolgte Zweck, einen Beitrag zur gesamtwirtschaftlichen Wohlfahrt zu leisten. Vor diesem Hintergrund wird zunächst auf Überlegungen zu Effizienzverlusten infolge von Agency-Problemen im Rahmen von Kapitalüberlassungsverhältnissen zwischen Gesellschaftern und Gläubigern einerseits und dem Management andererseits eingegangen. Im Anschluss wird untersucht, welche Möglichkeiten zur Vermeidung bzw. Verringerung agency-bedingter Kapitalgeberrisiken im Rahmen ausschließlich am Subzweck der Vermittlung entscheidungsnützlicher Informationen ausgerichteter Rechnungslegungssysteme grundsätzlich bestehen und für welche Alternative sich das FASB entschieden hat.

3.1 Rechnungslegung aus Gründen der Effizenz

3.1.1 Zwecke der Rechnungslegung

Rechnungslegung stellt grundsätzlich keinen Selbstzweck dar, sondern besitzt instrumentalen Charakter.[149] Unabhängig von der konkreten Ausgestaltung des Instruments der Rechnungslegung im Einzelfall sollten von Marktteilnehmern zu beachtende Rechnungslegungsvorschriften idealerweise die gesamtwirtschaftliche Wohlfahrt steigern sowie zu einem höheren Maß an Gerechtigkeit menschlichen Zusammenlebens beitragen.[150] Als Kriterien zur Analyse der Vorteilhaftigkeit eines Rechnungslegungssystems bzw. einer bestimmten Rechnungslegungsvorschrift sind daher zunächst die Zwecke „Allokationseffizienz" und „Gerechtigkeit" in Erwägung zu ziehen.[151]

---

[149] Vgl. *Streim/Bieker/Leippe*, Anmerkungen zur theoretischen Fundierung, S. 179.

[150] Vgl. *Streim*, Vermittlung von entscheidungsnützlichen Informationen, S. 112; *Pellens/Fülbier*, Differenzierung der Rechnungslegungsregulierung, S. 577.

[151] Vgl. *Streim*, Vermittlung von entscheidungsnützlichen Informationen, S. 112; *Streim*, Internationalisierung der Gewinnermittlungsregeln, S. 326. Vgl. bspw. auch *Franken*, US-GAAP, S. 7; *Beyhs*, Impairment of Assets, S. 21 ff. Zur Notwendigkeit zweckbezogener Vorteilhaftigkeitsanalysen vgl. *Streim*, Informationsgehalt, S. 15.

Im Hinblick auf den Zweck der Gerechtigkeit muss allerdings berücksichtigt werden, dass Gerechtigkeitsvorstellungen keine ökonomischen, sondern vielmehr politische bzw. philosophische Erwägungen zugrunde liegen.[152] Solche Werturteile können beispielsweise in Form von Ausstattungs-, Utilitarismus- oder Gleichheitskriterien bestehen.[153] Da sich Gerechtigkeitsfragen folglich nicht auf Basis einer ökonomischen Analyse beantworten lassen[154], soll ihnen im Rahmen der vorliegenden Arbeit keine weitere Bedeutung beigemessen werden. Die Herleitung eines geeigneten Beurteilungsmaßstabs für Rechnungslegungsvorschriften erfolgt daher im Folgenden ausschließlich unter dem Gesichtspunkt der Allokationseffizienz.

3.1.2 Das Effizienzkriterium

3.1.2.1 Grundlagen der paretianischen Wohlfahrtsökonomik

Die Frage, ob eine bestimmte Allokation von Gütern und Faktoren unter dem Gesichtspunkt der Effizienz als „gut“ oder „schlecht“ zu beurteilen ist, lässt sich durch den Rückgriff auf die als Wohlfahrtsökonomik bezeichnete normative Theorie beantworten.[155] Gekennzeichnet ist diese durch die nachfolgend skizzierten grundlegenden Annahmen:[156]

- *Methodologischer Individualismus*: Den Ausgangspunkt der Effizienzanalyse bildet das Verhalten von Individuen; die gesamtwirtschaftliche Wohlfahrt ergibt sich als Aggregat der individuellen Nutzenniveaus.
- *Eigennütziges Handeln*: Die einzelnen Individuen treffen ihre Entscheidungen jeweils ausschließlich im Hinblick auf die Konsequenzen für das eigene Nutzenniveau.
- *Rationales Handeln*: Die Individuen wägen ihre Handlungsalternativen in irgendeiner Form gegeneinander ab. Auszugehen ist dabei nicht unbedingt von einer Nutzenmaximierung. Oftmals erweist sich auch die Unterstellung beschränkter Rationalität ausreichend, wonach sich die einzelnen Akteure als Satisfizierer verhalten, also lediglich ein bestimmtes Bedürfnisniveau anstreben.

---

[152] Vgl. etwa *Musgrave/Musgrave/Kullmer*, Theorie und Praxis, S. 110 ff.

[153] Vgl. im Detail *Musgrave/Musgrave/Kullmer*, Theorie und Praxis, S. 113 ff.

[154] Vgl. *Brotte*, Geschäftsberichte, S. 102; *Wagenhofer/Ewert*, Unternehmensrechnung, S. 166 f.; *Feldhoff*, Regulierung der Rechnungslegung, S. 17; *Leippe*, Bilanzierung von Leasinggeschäften, S. 51.

[155] Vgl. *Böventer/Illing/Bauer u. a.*, Mikroökonomie, S. 255.

[156] Vgl. *Fritsch/Wein/Ewers*, Marktversagen, S. 22 ff.

- *Tauschtheorie*: Beziehungen zwischen den einzelnen Individuen sind als Tauschverhältnisse, d. h. als ein System aus Leistungen und Gegenleistungen anzusehen. Dementsprechend gehen Akteure Beziehungen immer dann ein, wenn sie sich aus diesen einen Vorteil erhoffen.

Im Rahmen der normativen Theorie hat sich dabei mit der auf *Pareto* zurückgehenden sog. *paretianischen Wohlfahrtsökonomik* ein für sämtliche Beteiligte akzeptabler Minimalkonsens herausgebildet.[157] Folgt man dem als Pareto-Kriterium bekannten paretianischen Werturteil, so ist ein Zustand unter dem Gesichtpunkt der Allokationseffizienz einem anderem Zustand immer dann vorzuziehen, wenn es zumindest zu einer Erhöhung des Nutzenniveaus eines Individuums kommt, ohne dass eine Verringerung des Nutzenniveaus eines anderen Individuums stattfindet.[158] Formal lässt sich der Zusammenhang zwischen der Wohlfahrtsfunktion W und der individuellen Nutzenerhöhung U daher wie folgt formulieren:[159]

$$\partial W / \partial U_i > 0 \text{ für alle Individuen } i = 1, ..., m.$$

Für das soziale Optimum als Zustand der (Allokations-)Effizienz, gilt folglich, dass sich auf Basis des Pareto-Kriteriums keine bessere Situation erreichen lässt.[160] Dieser Zustand wird im Kontext der paretianischen Wohlfahrtökonomik auch als Pareto-Effizienz oder Pareto-Optimum bezeichnet.

Das Pareto-Kriterium bietet allerdings keine Entscheidungshilfe in den Situationen, in denen es zu Interessenkonflikten zwischen den Beteiligten kommt. Um – ohne sich allzu weit vom paretianischen Minimalkonsens zu entfernen[161] – auch Aussagen für die in der Realität oftmals anzutreffenden Zustände zu ermöglichen, die zu einer Nutzenmehrung bei gleichzeitiger Nutzenminderung für unterschiedliche Individuen führen, lässt sich auf das sog. *Kaldor-Hicks-Kriterium* zurückgreifen.[162] Nach dem Kaldor-Hicks-Kriterium wirkt sich der Wechsel zu einem anderen Zustand immer dann wohlfahrtssteigernd aus, wenn die Vorteile für die Gewinner aus dem Wechsel so groß sind, dass die Möglichkeit zur Entschädigung der Verlierer mindestens in Höhe des ihnen entgangenen Nutzens besteht.

---

157 Zur paretianischen Wohlfahrtsökonomik grundlegend vgl. etwa *Sohmen*, Allokationstheorie, S. 30 ff. Vgl. auch *Böventer/Illing/Bauer u. a.*, Mikroökonomie, S. 256; *Fritsch/Wein/Ewers*, Marktversagen, S. 31 ff.; *Schäfer/Ott*, Lehrbuch, S. 25 ff.

158 Vgl. bspw. *Sohmen*, Allokationstheorie, S. 30. *Fritsch/Wein/Ewers*, Marktversagen, S. 33, sprechen im Kontext des paretianischen Werturteils von einem „liberalen Vorurteil".

159 Vgl. *Sohmen*, Allokationstheorie, S. 30.

160 Vgl. etwa *Samuelson/Nordhaus*, Economics, S. 264.

161 Vgl. *Böventer/Illing/Bauer u. a.*, Mikroökonomie, S. 259.

162 Zum Kaldor-Hicks-Kriterium im Detail vgl. z. B. *Sohmen*, Allokationstheorie, S. 308 ff.

3.1.2.2 Rechnungslegungsspezifische Konkretisierung

Soll auf der Basis des Pareto-Kriteriums ein operationalisierbarer Beurteilungsmaßstab für die Allokationswirkungen alternativer Rechnungslegungsvorschriften hergeleitet werden, so erfordert dies zunächst eine Präzisierung von „Individuen“ und „Nutzen“ als zentrale Anknüpfungspunkte der paretianischen Wohlfahrtsökonomik.[163]

Die im Zusammenhang mit Rechnungslegungsvorschriften zu betrachtenden *Individuen* zeichnen sich dadurch aus, dass sie primär ein finanzielles Interesse an der Unternehmung haben.[164] Wenngleich dies grundsätzlich auf einen großen Personenkreis zutrifft, zu dem unter anderem auch Arbeitnehmer, Kunden, Lieferanten, Staat und Öffentlichkeit zählen, stehen neben der Geschäftsleitung unternehmensexterne Kapitalgeber als Rechnungslegungsadressaten im Mittelpunkt.[165]

Der *Nutzen der Kapitalgeber* kann sowohl in der Verwirklichung finanzieller als auch nichtfinanzieller Zielinhalte bestehen.[166] Beschränkt man sich vor dem Hintergrund des vorrangig finanziellen Interesses an der Unternehmung auf Ziele rein finanzieller Art, so strebt ein Kapitalgeber letztendlich nach einem aus seiner Sicht nutzenmaximalen Zahlungsstrom aus der Kapitalanlage. Da Zahlungsmittel und andere finanzielle Werte im Allgemeinen keinen unmittelbaren Nutzen stiften, ist auf die Verwendung des finanziellen Vermögens für Konsumzwecke abzustellen.[167] Im Ergebnis strebt der Kapitalgeber damit nach einem möglichst hohen Nutzen des Konsumeinkommensstroms.[168] Dieser setzt sich aus einer Reihe von Einzahlungen zusammen, die jeweils zu einem bestimmten Zeitpunkt mit einer bestimmten Wahrscheinlichkeit zufließen.[169] Aus dem Blickwinkel des Kapitalgebers weist der Konsumstrom folglich drei Dimensionen auf: Breite, zeitliche Struktur und Unsicherheit.[170]

---

[163] Vgl. auch *Leippe*, Bilanzierung von Leasinggeschäften, S. 30.

[164] Vgl. *Streim*, Grundzüge, S. 2.

[165] Vgl. *Streim*, Grundzüge, S. 2; *Schmidt/Terberger*, Finanzierungstheorie, S. 43 f. Eine strikte Abgrenzung der Kapitalgeber gegenüber den übrigen Personengruppen ist nicht immer möglich, da auch letzteren oftmals zusätzlich die Rolle eines Kapitalgebers zukommt. Leistet bspw. ein Käufer eine Kundenanzahlung, so lässt er sich ebenso als Kapitalgeber einordnen.

[166] Vgl. *Schmidt/Terberger*, Finanzierungstheorie, S. 46.

[167] Vgl. *Schmidt/Terberger*, Finanzierungstheorie, S. 48. Vgl. auch *Ballwießer*, Konzernrechnungslegung, S. 20.

[168] Vgl. etwa *Streim*, Informationsgehalt, S. 34; *Schmidt/Terberger*, Finanzierungstheorie, S. 47; *Franke/Hax*, Finanzwirtschaft, S. 150.

[169] *Schmidt/Terberger*, Finanzierungstheorie, S. 50.

[170] Vgl. bereits *Moxter*, Bilanzierung, S. 38 ff. Vgl. auch *Streim*, Internationalisierung von Gewinnermittlungsregeln, S. 338; *Schmidt/Terberger*, Finanzierungstheorie, S. 50.; *Coenenberg*, Informationssysteme, S. 737; *Kahle*, Informationsversorgung, S. 96; *Haller/Dietrich*, Informationsanforderungen, S. 301.

3.1.3 Effizienz und neoklassische Finanzierungstheorie

Nachdem im vorangegangenen Gliederungspunkt die von der Rechnungslegung betroffenen Individuen sowie der in diesem Kontext relevante Nutzen konkretisiert wurden, ist im Weiteren die Frage zu beantworten, auf welche Art und Weise die in der Regel voneinander abweichenden individuellen Präferenzen der Kapitalgeber hinsichtlich der erwünschten Struktur des Konsumeinkommensstroms mit denen der Kapitalnehmer koordiniert werden.[171]

Eine perfekte Antwort auf das Koordinationsproblem könnte die neoklassische Finanzierungstheorie bieten.[172] Zu beachten ist allerdings, dass der neoklassischen Mikroökonomik die Prämisse vollkommener Märkte zugrunde liegt. Der im Zusammenhang der Rechnungslegung relevante *vollkommene Kapitalmarkt* zeichnet sich dabei durch folgende Annahmen aus:[173]

- Die Kapitalgeber bilden die gleichen Erwartungen hinsichtlich der Renditen und Risiken der Finanzinvestitionen;
- Wertpapiere lassen sich bei beliebiger Teilbarkeit erwerben oder zumindest der Portefeuille-Theorie entsprechend zusammenstellen;
- zu einem bestimmten Zinssatz können die Marktteilnehmer beliebige Beträge anlegen oder aufnehmen;
- die Inanspruchnahme des Kapitalmarkts ist weder mit Steuern noch mit Transaktionskosten verbunden;
- Informationen stehen den Marktteilnehmern kostenlos zur Verfügung und spiegeln sich in den Preisen wider.

Die Prämissen des vollkommenen Kapitalmarkts erweisen sich allerdings als realitätsfern, so dass eine Koordination der Präferenzen im Sinne eines first best-Optimums unter tatsächlichen Bedingungen nicht zu erwarten ist.[174]

---

[171] Zu den individuellen Präferenzen der Beteiligten im Rahmen von Kapitalüberlassungsverhältnissen vgl. im Detail *Leippe*, Bilanzierung von Leasinggeschäften, S. 32 f.

[172] Vgl. ausführlich etwa *Franken*, US-GAAP, S. 11 ff.

[173] Vgl. *Süchting*, Finanzmanagement, S. 370; *Franke/Hax*, Finanzwirtschaft, S. 343 f.

[174] Vgl. z. B. *Schmidt/Terberger*, Finanzierungstheorie, S. 65.

3.1.4 Rechnungslegung als Instrument zur Verminderung von Agency-Problemen

3.1.4.1 Die Agency-Theorie als Teilbereich Neoinstitutionalistischer Ansätze

Wenngleich neoklassische Theorien unter idealisierten Voraussetzungen das Erreichen eines pareto-effizienten Zustands modellieren – einen Ansatz zur Untersuchung von Wohlfahrtseffekten unter der realen Bedingung eines unvollkommenen Markts bieten sie nicht. Dieser Mangel wird von den sog. neoinstitutionalistischen Ansätzen aufgegriffen. Diese entsprechen im Kern neo-klassischem Gedankengut und weichen – je nach neoinstitutionalistischem Ansatz im Einzelfall – im Wesentlichen durch die Variation bestimmter Prämissen von den Theorien der Neoklassik ab.[175] Dem Optimum aus neoklassischer Sicht lässt sich im Rahmen des Neoinstitutionalismus dennoch Bedeutung beimessen, wird es doch mitunter als Referenzpunkt auf der Suche nach einer second-best-Lösung auf Basis neoinstitutionalistischer Lösungsansätze herangezogen.[176]

Gegenstand der auch als „Neo-Institutionalismus" bezeichneten neoinstitutionalistischen Theorien sind Institutionen, die zu einer Verringerung bzw. Vermeidung von Reibungsverlusten auf nicht vollkommenen Märkten und damit zu positiven Wohlfahrtseffekten führen können.[177] Institutionen umfassen dabei sowohl Ordnungen, d. h. Regelsysteme, nach denen die Individuen ihre Handlungen ausrichten, als auch Organisationen als Handlungssysteme, in denen Individuen mit- oder gegeneinander tätig werden.[178] Innerhalb der neoinstitutionalistischen Theorie wird insbesondere zwischen dem Transaktionskostenansatz, der Theorie der Verfügungsrechte und der Agency-Theorie differenziert.[179] Im Kontext der Betrachtung rechnungslegungsinduzierter Wohlfahrtseffekte erweist sich nach herrschender Meinung die Agency-Theorie als geeigneter Untersuchungsansatz.[180]

---

175 Vgl. *Arrow*, Agency and the Market, S. 1184; *Terberger*, Neo-institutionalistische Ansätze, S. 21 f.

176 Vgl. *Schmidt/Terberger*, Finanzierungstheorie, S. 404; *Erlei/Leschke/Sauerland*, Institutionenökonomik, S. 44 f.; *Franken*, US-GAAP, S. 9, 16.

177 Vgl. bereits *Akerlof*, Market for „Lemons", S. 488; vgl. auch *Terberger*, Neo-institutionalistische Ansätze, S. 22.

178 Vgl. etwa *Schneider*, Theorie der Unternehmung, S. 47; *Martiensen*, Institutionenökonomik, S. 11.

179 Vgl. z. B. *Schneider*, Theorie der Unternehmung, S. 20 f.; *Terberger*, Neo-institutionalistische Ansätze, S. 2.

180 Vgl. *Ewert*, Financial Theory of Agency, *Pellens/Fülbier*, Differenzierung der Rechnungslegungsregulierung, S. 577 f.; *Hommel*, Bilanzierung immaterieller Anlagewerte, S. 18 ff.; *Elschen*, Prinzipal-Agent, S. 558 f.; in diesem Sinne auch *Franken*, US-GAAP, S. 17 ff., der neben der Agency-Theorie auch die Theorie der Verfügungsrechte sowie den Transaktionskostenansatz daraufhin untersucht, ob sie zur Herleitung eines rechnungslegungsspezifischen Beurteilungsmaßstabs geeignet sind.

3.1.4.2 Grundlagen der Agency-Theorie

Gegenstand der sog. ökonomischen Agency Theorie, d. h. der Prinzipal-Agent-Theorie im Allgemeinen, sind die Analyse und die Gestaltung von Auftragsbeziehungen zwischen einem Auftraggeber (Prinzipal) und einem Auftragnehmer (Agent).[181] Innerhalb der ökonomischen Prinzipal-Agent-Theorie hat sich dabei mit der auf *Jensen/Meckling* zurückgehenden finanziellen Agency-Theorie ein Teilbereich herausgebildet, der sich speziell mit Kapitalüberlassungsverhältnissen auseinandersetzt und dem daher bezüglich der Analyse von Rechnungslegungsvorschriften Bedeutung zukommt.[182] Schwerpunktmäßig behandelt der Zweig der finanziellen Prinzipal-Agent-Theorie unter anderem Finanzierungsbeziehungen zwischen einem Fremdkapitalgeber bzw. Eigenkapitalgeber als Auftraggeber einerseits und der Geschäftsführung als Auftragnehmer anderseits.

3.1.4.3 Kapitalgeberrisiken infolge asymmetrischer Informationsverteilung

Abweichend vom Annahmegerüst der neoklassischen Mikroökonomik liegt der Agency-Theorie die Prämisse eines ungleich verteilten Wissens zugrunde. Dieser Zustand asymmetrischer Informationsverteilung ist isoliert betrachtet unter Wohlfahrtsaspekten bzw. aus Sicht des Kapitalgebers durchaus wünschenswert, soll doch der Kapitalnehmer gerade seinen Wissensvorsprung um eine profitablere Verwendung des Kapitals zu Gunsten des Kapitalgebers nutzen.[183] Zum Problem werden Auftragsbeziehungen jedoch immer dann, wenn asymmetrische Informationsverteilung und Interessendivergenz aufeinander treffen. In diesen Fällen erscheint es für den Manager unter Umständen vorteilhaft, im Eigeninteresse liegende Handlungen entgegen den Interessen der Kapitalgeber zu realisieren.[184]

Die asymmetrische Informationsstruktur zum Vorteil des Agenten führt im Rahmen der Agency-Theorie insbesondere zu den Problemfeldern verborgener Informationen sowie ver-

---

[181] Zur ökonomischen Agency-Theorie vgl. grundlegend *Ross*, Economic Theory of Agency; *Holmström*, Moral Hazard. Vgl. auch *Gillenkirch*, Anreizverträge, S. 20 ff., *Neus*, Kapitalmarktgleichgewicht, S. 14 f. Einen Überblick über die in der Literatur teilweise unterschiedlich weit gefassten Definitionsansätze für Prinzipal-Agent-Beziehungen bietet bspw. *Meinhövel*, Prinzipal-Agent-Theorie, S. 7 ff.

[182] Zur finanziellen Agency-Theorie grundlegend vgl. *Jensen/Meckling*, Theory of the Firm. Der Begriff der finanziellen Agency-Theory geht auf *Barnea/Haugen/Senbet*, Financial Contracting, S. 25 ff., zurück; vgl. auch *Neus*, Kapitalmarktgleichgewicht, S. 15 f., *Decker*, Prinzipal-Agenten-theoretische Betrachtung, S. 11; *Gillenkirch*, Anreizverträge, S. 22 ff..

[183] Vgl. etwa *Wagner*, Informations- und Ausschüttungsbemessungsfunktion, S. 752; *Elschen*, Principal-Agent, S. 557; *Klein*, Kapitalgeberschutz, S. 68 f.

[184] Vgl. etwa *Streim*, Grundzüge, S. 11 f.; *Elschen*, Principal-Agent, S. 557.

borgener Handlungen.[185] *Verborgene Informationen* (hidden information) ergeben sich insbesondere aus Informationsasymmetrien ex ante, d. h. vor Vertragsabschluss.[186] In diesen Fällen ist der Auftragnehmer in der Lage, das Wissen um den Umfang seiner Handlungsmöglichkeiten und deren Risiken zu verschleiern.[187] Im Ergebnis können verborgene Informationen ex ante zu Marktversagen aufgrund adverser Selektion führen.[188] Demgegenüber stellen *verborgene Handlungen* (hidden action) das Ergebnis einer asymmetrischen Informationsverteilung ex post, also nach Vertragsabschluss, dar.[189] Verborgene Handlungen sind dadurch gekennzeichnet, dass der Prinzipal Handlungsalternativen wählt, die seitens des Agenten nicht bzw. nicht kostenlos beobachtet werden können, und bieten folglich einen Anreiz zur bewussten Schädigung des Auftraggebers (moral hazard).

Der Anreiz zu opportunistischem Verhalten aufgrund einer asymmetrischen Informationsstruktur konkretisiert sich im Rahmen von Kapitalüberlassungsverhältnissen in sog. *Kapitalgeberrisiken*. Im Mittelpunkt der Agency-Theorie stehen dabei solche Risiken, die aus einem absichtlichen Fehlverhalten der Geschäftsleitung resultieren.[190] Zu unterscheiden sind die Risiken aus einem absichtlichen Fehlverhalten des Managements damit zum einen vom allgemeinen Unternehmensrisiko (Geschäftsrisiko, business risk), welches sich etwa infolge einer nachteiligen konjunkturellen Entwicklung oder dem Wegfall von Absatzmärkten ergibt.[191] Zum anderen sind diese aber auch abzugrenzen von der Gefahr eines unfähigen Managements, dem das Know-how zur Unternehmensführung fehlt, indem es beispielsweise Entscheidungen losgelöst von relevanten Planungs- und Prognoseinformationen trifft.[192] In Abhängigkeit davon, welche Kapitalgebergruppe jeweils der absichtlichen Schädigung durch das Management unterliegt, ist zwischen Eigenkapitalgeberrisiken (eigenkapitalgeberbezogenen Agency-Problemen) einerseits und Fremdkapitalgeberrisken (fremdkapitalgeber-

---

185 Die Unterscheidung geht auf *Arrow*, Economics of Agency, S. 38.

186 Zur Problematik verborgener Informationen vgl. grundlegend *Akerlof*, Market for „Lemons"; vgl. bspw. auch *Meinhövel*, Prinzipal-Agent-Theorie, S. 14 f.; *Decker*, Prinzipal-Agenten-theoretische Betrachtung, S. 19 f. Zu einer weitergehenden Unterscheidung zwischen verborgenen Eigenschaften (hidden characteristic) und verborgenen Absichten (hidden intention) innerhalb der Informationsasymmetrien ex ante vgl. etwa *Fritsch/Wein/Ewers*, Marktversagen, S. 294 f.

187 Vgl. *Elschen*, Agency-Theorie, S. 1004 f.

188 Vgl. *Akerlof*, Market for „Lemons", der den Prozess der adversen Selektion anhand des Gebrauchtwagenmarkts verdeutlicht. Zu einer Übertragung auf den Arbeitsmarkt vgl. bereits *Spence*, Job Market Signaling.

189 Zur Problematik verborgener Handlungen vgl. ausführlich etwa *Meinhövel*, Prinzipal-Agent-Theorie, S. 15 f; *Decker*, Prinzipal-Agenten-theoretische Betrachtung, S. 20 ff. Zu einer Differenzierung zwischen verborgenen Handlungen und verborgenen Informationen innerhalb der Informationsasymmetrien ex post vgl. etwa *Fritsch/Wein/Ewers*, Marktversagen, S. 291 ff.

190 Vgl. *Leippe*, Bilanzierung von Leasinggeschäften, S. 38.

191 Vgl. *Streim*, Grundzüge, S. 11.

192 Vgl. *Streim*, Grundzüge, S. 14.

bezogenen Agency-Problemen) andererseits zu differenzieren.[193] Die nachfolgend skizzierten Risiken beschränken sich auf Konflikte zwischen Kapitalgebern und dem Management unverbundener Unternehmen. Im Kontext der Überlegungen zur grundsätzlichen Notwendigkeit von Rechnungslegung sei aus Vereinfachungsgründen an dieser Stelle auf eine Darstellung konzernspezifischer Probleme verzichtet.[194]

3.1.4.3.1 Eigenkapitalgeberrisiken

Innerhalb der Gruppe der eigenkapitalgeberbezogenen Agency-Probleme lässt sich zwischen investitionsbedingten und informationsbedingten Risiken unterscheiden:[195]

Investitionsbedingte Eigenkapitalgeberrisiken entstehen immer dann, wenn die Geschäftsleitung aus ihrer Sicht nutzenmaximale Investitionen durchführt, die aus dem Blickwinkel der Gesellschafter suboptimal sind. Im Einzelnen können sich in diesem Zusammenhang unter anderem folgende Risiken ergeben:

- Es besteht die Gefahr eines *übermäßigen Konsums nichtpekuniärer Vorteile* seitens der Geschäftsleitung (fringe benefits, consumption on the job). In diesen Fällen führt das zu hohe Investitionsvolumen etwa in luxuriöse Büroeinrichtungen oder nicht notwendige Dienstreisen zu einer Minderung des Unternehmenswerts.[196] Ebenfalls marktwertmindernd wirkt sich *mangelnder Arbeitseinsatz* (shirking) aus, zu dem das Management infolge des mit seiner Tätigkeit verbundenen Arbeitsleids angereizt werden kann.[197]

- Das *Überinvestitionsproblem* ist dadurch gekennzeichnet, dass Ausschüttungen an Eigenkapitalgeber verhindert werden, obwohl außerhalb der Gesellschaft rentablere Investitionsalternativen gegenüber einer Wiederanlage im Unternehmen selbst bestehen.[198] Ausgelöst werden kann das Überinvestitionsproblem durch eine Nutzenzunahme auf Seiten

---

[193] Vgl. u. a. *Ewert*, Agency-Probleme, S. 10 ff.; *Gillenkirch*, Anreizverträge, S. 22; *Neus*, Kapitalmarktgleichgewicht, S. 14 ff.

[194] Zu konzernspezifischen Kapitalgeberrisiken vgl. ausführlich insbesondere *Ballwießer*, Konzernrechnungslegung, S. 35 ff.; *Schenk*, Konzernbildung, S. 133 ff., 198 ff.; vgl. auch *Pellens*, Aktionärsschutz, S. 70 ff.

[195] Vgl. *Leippe*, Bilanzierung von Leasinggeschäften, S. 47 ff.

[196] Vgl. bereits *Jensen/Meckling*, Theory of the Firm; vgl. ferner *Ewert*, Agency-Probleme, S. 10 f.; *Schmidt/Terberger*, Finanzierungstheorie, S. 439; *Decker*, Prinzipal-Agenten-theoretische Betrachtung, S. 65 ff.

[197] Vgl. *Decker*, Prinzipal-Agenten-theoretische Betrachtung, S. 67. Vgl. kritisch hierzu *Schmidt/Terberger*, Finanzierungstheorie, S. 439.

[198] Vgl. *Decker*, Prinzipal-Agenten-theoretische Betrachtung, S. 70 ff.

der Geschäftsführung, zu der es beispielsweise infolge des Reputationsgewinns aus starkem Unternehmenswachstum kommt.[199]

- Analog zum Überinvestitionsproblem ist auch ein *Unterinvestitionsproblem* denkbar, bei dem Ausschüttungen vorgenommen werden, obwohl die Investitionen innerhalb der Gesellschaft eine höhere Rendite als unternehmensexterne Investitionen erzielen. Zurückzuführen ist das Unterinvestitionsrisiko auf die Signalwirkung von Ausschüttungen, mit denen das Management eine vermeintlich positive Unternehmenslage anzeigt und dabei eine Nichtrealisierung des effizienten Investitionsumfangs in Kauf nimmt.[200]

- Eine im Vergleich zu den Eigenkapitalgebern geringere Risikofreude der Geschäftsleitung ist Ursache des *Problems einer risikoscheuen Investitionspolitik* (differential risk preference-Problem).[201] Vor dem Hintergrund einer potenziellen Gefährdung des Bestands der Unternehmung und damit unter Umständen auch der Haupteinkommensquelle der Geschäftsführung, unterlässt diese risikoreiche Investitionen, die aus Sicht der Eigenkapitalgeber vorteilhaft sind.

Informationsbedingte Gesellschafterrisiken können vor oder nach Vertragsabschluss in folgenden Ausprägungen auftreten:

- *Fehlinformationen* sind dadurch charakterisiert, dass durch die bewusste Vorspiegelung einer zu günstigen oder auch zu negativen Unternehmenslage seitens des Managements Eigenkapitalgeber zur Vornahme aus ihrer Sicht nicht optimaler Investitionsentscheidungen veranlasst werden.[202]

- Das Risiko des *Verschweigens entscheidungsrelevanter Tatsachen* unterscheidet sich vom Problem der Fehlinformation insoweit, als Fehlentscheidungen seitens der Eigenkapitalgeber infolge des (zeitweiligen) Zurückhaltens von Informationen durch die Geschäftsführung getroffen werden.[203]

---

199 Vgl. *Schmidt/Terberger*, Finanzierungstheorie, S. 439.

200 Vgl. *Miller/Rock*, Dividend Policy.

201 Vgl. bereits *Jensen/Smith*, Stockholder, S. 103 f.; vgl. auch *Streim*, Grundzüge, S. 15; *Ballwieser/Schmidt*, Unternehmensverfassung, S. 669 f.

202 Vgl. *Streim*, Grundzüge, S. 14 f.

203 Vgl. *Streim*, Grundzüge, S. 15.

3.1.4.3.2 Fremdkapitalgeberrisiken

Im Rahmen von Fremdkapitalüberlassungsverhältnissen können nicht nur – analog zu den eigenkapitalgeberbezogenen Agency-Problemen – investitionsbedingte und informationsbedingte Risiken, sondern darüber hinaus auch ausschüttungsbedingte Risiken auftreten:[204]

Investitionsbedingte Gläubigerrisiken entstehen, wenn geschäftsführende und beschränkt haftende Gesellschafter aus ihrer Sicht vorteilhafte Investitionsentscheidungen auf Basis des residualen Zahlungsstroms treffen, die aus dem Blickwinkel der Gläubiger suboptimal sind:

- Das Risiko der *Realisation von Investitionen mit negativem Kapitalwert* (risk-incentive-Problem) ist darauf zurückzuführen, dass Gläubiger asymmetrisch am Zahlungsstrom aus einem Investitionsprojekt partizipieren.[205] Die Geschäftsleitung wird angereizt, risikoreiche Investitionen durchzuführen, an denen der Gläubiger im Gegensatz zum Management im Falle einer günstigen Umweltlage über seinen festen Zahlungsanspruch hinaus nicht partizipiert, während er im Falle einer ungünstigen Lage einen (teilweisen) Verlust seines Zahlungsanspruchs realisiert.

- Eine *Unterlassung von Investitionen mit positivem Kapitalwert* (Unterinvestitionsproblem) erscheint möglich, wenn aus vorteilhaften Investitionen Zahlungsströme resultieren, die in erster Linie zur Befriedigung von Fremdkapitalgeberansprüchen aufgewendet werden müssen.[206]

Ausschüttungsbedingte Fremdkapitalgeberrisiken (teilungsbedingte Risiken) können auftreten, wenn seitens der Geschäftsleitung bewusst gegen die zuvor mit den Gläubigern vereinbarten Regeln zur Teilung des Zahlungsstroms verstoßen wird:[207]

- Im Falle *fremdfinanzierter Ausschüttungen* wird zusätzliches Fremdkapital zur Finanzierung von Zahlungen an die Gesellschafter aufgenommen, so dass die Position der Altgläubiger verschlechtert wird.[208]

- Das Risiko *bilanzkürzender Ausschüttungen* besteht darin, dass Unternehmensteile liquidiert werden und im Anschluss eine Ausschüttung des Erlöses an die Gesellschafter

---

[204] Vgl. *Leippe*, Bilanzierung von Leasinggeschäften, S. 39 ff. Zu einer hiervon abweichenden Systematisierung vgl. bspw. *Franken*, US-GAAP, S. 38 ff.

[205] Vgl. *Schmidt/Terberger*, Finanzierungstheorie, S. 416 ff. Mit zahlreichen weiteren Nennungen vgl. auch *Franken*, US-GAAP, S. 52 f.

[206] Vgl. *Ewert*, Agency-Probleme, S. 19; vgl. ausführlich ferner *Franken*, US-GAAP, S. 53 ff.

[207] Vgl. *Franken*, US-GAAP, S. 40 f.; *Leippe*, Bilanzierung von Leasinggeschäften, S. 41.

[208] Vgl. im Detail *Ewert*, Agency-Probleme, S. 17 f.; *Streim*, Grundzüge, S. 13.

stattfindet.[209] Im Insolvenzfall besteht folglich die erhöhte Gefahr einer nicht ausreichenden Haftungsmasse.

Informationsbedingte Gläubigerrisiken veranlassen den Fremdkapitalgeber zu Entscheidungen, die er bei Kenntnis der tatsächlichen Lage nicht getroffen hätte.[210] Analog zu den Risiken der Eigenkapitalgeber können informationsbedingte Gläubigerrisiken in Gestalt von *Fehlinformationen* sowie dem *Verschweigen entscheidungsrelevanter Tatsachen* vor- oder nach Vertragsabschluss auftreten.

3.1.4.4 Agency-Theorie und Rechnungslegung

Die asymmetrische Informationsverteilung in Form verborgener Informationen bzw. verborgener Handlungen führt unter Umständen dazu, dass Transaktionen behindert oder sogar unterlassen werden, obwohl sie grundsätzlich das Nutzenniveau der Beteiligten und damit annahmegemäß auch die Gesamtwohlfahrt erhöhen.[211] Dementsprechend wird ein potentieller Kapitalgeber – sofern er den Anreiz zur bewussten Schädigung seitens des Kapitalnehmers antizipiert – in Anbetracht der drohenden Kapitalgeberrisiken möglicherweise nicht bereit sein, ein Kapitalüberlassungsverhältnis einzugehen.[212]

Vor diesem Hintergrund ist zwischen einer positiven und einer normativen Agency-Theorie zu differenzieren:[213] Die positive Agency-Theorie befasst sich überwiegend im Wege einer verbalen Beschreibung und Erklärung mit der institutionellen Ausgestaltung real existierender Auftragsbeziehungen. Demgegenüber geht die normative Agency-Theorie schwerpunktmäßig anhand mathematisch und nicht-empirisch ausgerichteter Ansätze der Frage nach, wie unvollständige Verträge zwischen Auftraggeber und Auftragnehmer zu gestalten sind, um Hindernisse für das wohlfahrtssteigernde Zustandekommen von Markttransaktionen zu beseitigen.[214] Die Trennung zwischen dem positiven und normativen Zweig ist allerdings

---

[209] Vgl. *Streim*, Grundzüge, S. 12 f.

[210] Vgl. ausführlich *Streim*, Grundzüge, S. 12; *Franken*, US-GAAP, S. 49 ff.; 56 f. Vgl. auch *Ewert*, Agency-Probleme, S. 21.

[211] Vgl. *Franke/Hax*, Finanzwirtschaft, S. 420.

[212] Vgl. *Schmidt/Terberger*, Finanzierungstheorie, S. 422 f.; *Ewert*, Anlegerschutz, S. 45 f.; *Hartmann-Wendels*, Signalling-Ansätze, S. 645.

[213] Die Unterscheidung geht auf *Jensen*, Organization Theory, S. 334 ff. zurück. Vgl. ausführlich etwa *Meinhövel*, Principal-Agent-Theorie, S. 23 ff.

[214] Im deutschsprachigen Schrifttum wird im Kontext der normativen Agency Theorie auch von der „Principal-Agent-Theorie im engeren Sinne" gesprochen; vgl. *Elschen*, Agency-Theorie, S. 1006. Unvollständige Verträge - zu denen typischerweise Arbeits- und Finanzierungsverträge zählen - zeichnen sich dadurch aus, dass Leistung und Gegenleistung nicht in allen Einzelheiten festgelegt sind; vgl. ausführlich *Schneider*, Theorie der Unternehmung, S. 23 f.; *Franken*, US-GAAP, S. 22 f.

nicht immer zweifelsfrei möglich, da sich beispielsweise auch aus der positiven Theorie Empfehlungen zur Vertragsgestaltung ableiten lassen.[215]

Die im Sinne der positiven Agency-Theorie zu konstruierenden effizienten Verträge zeichnen sich entsprechend dem Pareto-Kriterium dadurch aus, dass kein anderer Vertrag existiert, bei dem zumindest einer der Vertragspartner besser gestellt wird.[216] Im Hinblick auf den Vertragsinhalt effizienter Kontrakte lassen sich unterschiedliche Alternativen in Erwägung ziehen.[217] Eine Möglichkeit zum Abbau bestehender Informationsasymmetrien und den hieraus erwachsenden Kapitalgeberrisiken besteht in der Vereinbarung von Rechnungslegungspflichten.[218] Die durch ein Rechnungslegungssystem standardisierte externe Rechnungslegung ist damit als „gesetzlich [oder auch durch einen privaten Standardsetter, *Anm. d. Verf.*] geregelter Teil der Allgemeinen Geschäftsbedingungen von Finanzierungsverträgen"[219] zu interpretieren.[220] Aus neoinstitutioneller Sicht ist damit zu fragen, auf welche Weise Rechnungslegung als Institution im Sinne einer Ordnung zur Vermeidung von Wohlfahrtsverlusten infolge unvollkommener Kapitalmärkte beiträgt.[221]

3.2 Informative Rechnungslegungsvorschriften

3.2.1 Vermittlung entscheidungsnützlicher Informationen als Subzweck der US-GAAP

Im Hinblick auf den beschriebenen Informationsvorsprung des Kapitalnehmers und die hieraus erwachsenden Agency-Probleme stellt sich die Frage, wie ein Rechnungslegungssystem idealerweise zu gestalten ist, damit es zur Vermeidung der Risiken für Eigen- und Fremdkapitalgeber beiträgt und ob die US-GAAP konzeptionell überhaupt geeignet sind, einen solchen Beitrag zu leisten.

---

[215] Vgl. *Meinhövel*, Prinzipal-Agent-Theorie, S. 25.

[216] Vgl. *Elschen,* Agency-Theorie, S. 1006; *Franke/Hax*, Finanzwirtschaft, S. 426 f.

[217] Einen Überblick über die Möglichkeiten zur Verringerung des Informationsvorsprungs des Managements gegenüber den Fremdkapitalgebern bietet bspw. *Franken*, US-GAAP, S. 58 ff. Zu den alternativen Vertragsgestaltungen zur Reduzierung des Informationsvorteils gegenüber den Eigenkapitalgebern vgl. etwa *Decker*, Prinzipal-Agenten-theoretische Betrachtung, S. 80 ff.

[218] Vgl. *Schmidt*, Grundformen der Finanzierung, S. 192; *Franke/Hax*, Finanzwirtschaft, S. 453; *Pellens*, Internationale Rechnungslegung, S. 10; *Scott*, Accounting Theory, S. 80, *Möller/Hüfner*, Bedeutung der Rechnungslegung, S. 11.

[219] *Elschen*, Prinzipal-Agent, S. 558. Zur Diskussion um die Notwendigkeit gesetzlich regulierter Rechnungslegung gegenüber anderen Institutionen zur Minderung von Wohlfahrstverlusten vgl. etwa *Streim*, Grundzüge, S. 24; *Pellens/Gassen*, Bereitstellung von Rechnungslegungssystemen.

[220] Vgl. *Elschen*, Prinzipal-Agent, S. 558 f.

[221] Vgl. *Elschen*, Prinzipal-Agent, S. 558.

Nach Maßgabe des FASB handelt es sich bei den Rechnungslegungsvorschriften der US-GAAP um ein Instrument, mit dessen Hilfe das Ziel, „to provide information that is useful in making business and economic decisions“[222], d. h. die *Vermittlung entscheidungsnützlicher Informationen* verwirklicht werden soll. Die US-GAAP beabsichtigen folglich die Vermeidung informationsbedingter Kapitalgeberrisiken und schlagen damit einen Weg zur Beseitigung von Ineffizienzen ein, der typischerweise von angloamerikanischen Rechnungslegungssystemen beschritten wird. Informative Rechnungslegungsvorschriften sind in diesem Fall als idealer Kompromiss zwischen den Bedürfnissen der Kapitalgeber und der Kapitalnehmer anzusehen:[223] Einerseits trägt die Rechnungslegung zum Abbau des Informationsnachteils der Kapitalgeber bei und gewährleistet andererseits, dass bei den Kapitalnehmern nach wie vor ein gewisses Maß an Handlungsfreiheit sowie ein für die Verwertung des eigenen Wissens notwendiger Informationsvorsprung verbleiben. Insofern ist davon auszugehen, dass sich die Kapitalnehmer und die Kapitalgeber freiwillig auf eine Rechnungslegung als Informationsinstrument einigen. Da eine großzügige Offenlegungspolitik regelmäßig den Marktwert des Eigenkapitals steigert, wird der Anreiz der Kapitalnehmer zur Informationsvermittlung ferner in den Fällen verstärkt, in denen die Managementvergütung an den Unternehmenswert anknüpft.[224]

In Anbetracht der Informationsfunktion der US-GAAP ergibt sich ein grundlegender Unterschied gegenüber Rechnungslegungssystemen kontinentaleuropäischer Prägung, bei denen traditionell zumindest der Einzelabschluss vorrangig auf die Vermeidung ausschüttungsbedingter Risiken gerichtet ist. Aufgrund ihrer Deduktion aus dem Oberzweck des Kapitalgeberschutzes lassen sich die unterschiedlichen Ausrichtungen von Rechnungslegungssystemen als „Subzwecke“ bezeichnen.[225]

In Abhängigkeit davon, worauf die informativen Rechnungslegungsvorschriften letztendlich zielen, lassen sich unterschiedliche Formen entscheidungsnützlicher Informationen unterscheiden.

---

[222] SFAC 1.9. In diesem Sinne stellt das FASB im Vorwort zu SFAC 1 den Zusammenhang zwischen Rechnungslegung und Allokationseffizienz heraus: „The new series of Statements of Financial Accounting Concepts is intended and expected to serve the public interest within the context of the role of financial accounting and reporting in the economy – to provide evenhanded financial and other information that, together with information from other resources, facilitates efficient functioning of capital and other markets and otherwise assists in promoting efficient allocation of scare resources in the economy.“

[223] Vgl. *Elschen*, Principal-Agent, S. 558.

[224] Vgl. *Elschen*, Principal-Agent, S. 588. Die Steigerung des Marktwerts des Eigenkapitals bei einer umfassenden Informationsgewährung resultiert aus der Veringerung der Unsicherheit auf Seiten der Kapitalgeber, die sich bspw. in einem niedrigeren Risikozuschlag und damit in geringeren Fremdkapitalkosten niederschlagen.

[225] So auch *Leippe*, Bilanzierung von Leasinggeschäften, S. 54.

Im Rechnungslegungssystem der US-GAAP stehen solche Informationen im Vordergrund, die dazu geeignet sind, „to help present and potential investors and creditors and other users in assessing the amounts, timing, and uncertainty of prospective cash receipts from dividends or interest and the proceeds from the sale, redemption, or maturity of securities or loans"[226]. Eine Information gilt nach Auffassung des FASB folglich immer dann als entscheidungsnützlich, wenn sie insbesondere aktuellen wie potentiellen Gesellschaftern und Gläubigern eine Grundlage für Investitionsentscheidungen bietet, indem sie über die Fähigkeit des Unternehmens informiert, zukünftig einen Zahlungsstrom beispielsweise in Form von Ausschüttungen, Zinsen und Tilgungen zu generieren. Entscheidungsnützliche Informationen zeichnen sich folglich dadurch aus, dass sie prognosegeeignet sind.

Entscheidungsnützliche Informationen können grundsätzlich auch zur Beurteilung der Performance des Managements in der abgelaufenen Periode generiert werden.[227] Die seitens des FASB in Statement of Financial Accounting Concepts (SFAC) 1 getroffene Aussage „Financial reporting, and especially financial statements usually cannot and does not separate management performance from enterprise performance"[228] macht allerdings deutlich, dass das Rechnungslegungssystem der US-GAAP gerade nicht als geeignetes Instrument zur Performancemessung zu verstehen ist. Begründet wird die Auffassung damit, dass der Erfolg einer Unternehmung nicht ausschließlich auf der Leistung des Managements beruht, sondern im Regelfall auch auf Ereignisse und Umstände zurückzuführen ist, die nicht dem Einfluss der Geschäftsleitung unterliegen, und dass eine hinreichend exakte Trennung aufgrund der hohen Komplexität des Zusammenwirkens der unterschiedlichen Erfolgsfaktoren nicht möglich sei.[229] Insofern lässt sich auf der Basis von Rechnungslegungsinformationen die Leistung des Managements allenfalls indirekt unter der Voraussetzung ablesen, dass seitens der Kapitalgeber eine Antizipation der nicht im Einflussbereich der Geschäftsführung liegenden Faktoren erfolgt.

---

226 SFAC 1.37. Vgl. auch *Kahle*, Informationsversorgung, S. 97 f.

227 Zur Performancemessung grundlegend vgl. etwa *Ballwieser*, Wertorientierte Unternehmensführung; *Hachmeister*, Performancemaße. Wenngleich Performancemaße in erster Linie als Instrument zur Verhaltensteuerung mit dem Ziel einer Marktwertmaximierung des Eigenkapitals über Anreiz- und Vergütungssysteme zu verstehen sind, kann auf sie gleichwohl auch als Entscheidungsgrundlage zurückgegriffen werden; vgl. *Hachmeister*, Performancemaße, Spalte 1385.

228 SFAC 1.53. Die einzelnen Statements of Accounting Concepts (SFAC) enthalten die konzeptionellen Grundlagen der Rechnungslegung nach US-GAAP. Sie wurden vom Jahre 1978 an sukzessiv herausgegeben und bilden gemeinsam das sog. Conceptual Framework. Zum Einsatz kommen sollen die Leitlinien des Rahmenwerks insbesondere als Deduktionsbasis bei der Entwicklung zukünftiger Standards, aber auch im Kontext der Auslegung von Regelungslücken. Vgl. bspw. das Vorwort zu SFAC 1. Vgl. auch Gliederungspunkt 5.2.2.3.3.

229 Vgl. SFAC 1.53.

Somit bleibt festzuhalten: Der vom FASB vorgegebene Subzweck des Rechnungslegungssystems der US-GAAP besteht vorrangig darin, entscheidungsnützliche Informationen zu generieren, die eine Prognose zukünftig vom Unternehmen generierter Zahlungsströme hinsichtlich Höhe, zeitlicher Struktur und (Un-)Sicherheit ermöglichen.

3.2.2 Allgemeine Anforderungen an prognosegeeignete Rechnungslegungsinformationen

3.2.2.1 Grundlagen

Rechnungslegungsinformationen lassen sich nur dann als entscheidungsnützlich einstufen, wenn sie bestimmten Grundsätzen genügen. Zu diesen Anforderungen zählen vor allem die Kriterien Relevanz und Verlässlichkeit.[230] Relevanz und Verlässlichkeit sind jedoch nicht als spezifische Merkmale des Decision Uselfulness-Gedankens zu begreifen, sondern sind unabhängig vom verfolgten Subzweck eines Rechnungslegungssystems zu beachten.

Das Kriterium der *Relevanz* fordert, dass eine Rechnungslegungsvorschrift dazu geeignet ist, die Situation des Kapitalgebers im Hinblick auf den jeweils verfolgten Subzweck eines Rechnungslegungssystems zu verbessern.[231] Bezogen auf den im Rahmen der US-GAAP angestrebten Subzweck der Vermittlung entscheidungsnützlicher Informationen impliziert dies, dass nicht beliebige, sondern ausschließlich solche Informationen bereit gestellt werden, die einen Beitrag zur Prognose leisten, indem sie über Breite, zeitliche Struktur und Unsicherheit zukünftiger Zahlungsströme informieren.

Das Merkmal der *Verlässlichkeit* ist als erfüllt anzusehen, wenn eine Information die Eigenschaften der Objektivität und Genauigkeit aufweist.[232] Während objektive Rechnungslegungsvorschriften sich dadurch auszeichnen, dass mit ihnen keinerlei Ermessenspielräume seitens des Managements einhergehen, verlangen genaue Regelungen sowohl Mess- als auch Treffgenauigkeit. Die Messgenauigkeit ist umso höher, je geringer die Streuung der Ergebnisse bei wiederholter Messung ausfällt. Demgegenüber korreliert die Treffgenauigkeit negativ mit der Abweichung zwischen dem Messergebnis und dem wahrem Wert.

Zu beachten ist allerdings, dass Relevanz und Verlässlichkeit in einem Spannungsverhältnis zueinander stehen können. Diese Trade off-Beziehung kommt vor allem im Rahmen der

---

[230] Vgl. jüngst *Haller/Dietrich*: Informationsanforderungen, S. 301.

[231] Vgl. dazu auch *Leippe*, Bilanzierung von Leasinggeschäften, S. 58.

[232] Vgl. im Detail *Streim*, Informationsgehalt, S. 37 ff.; vgl. auch *Franken*, US-GAAP, S. 78; *Streim/Bieker/Esser*, Fair Values, S. 472 f.

Vermittlung prognosegeeigneter Informationen zum Tragen, da zukunftsorientierte Informationen auf der Basis von Prognosen des Managements zweifellos als äußerst relevant anzusehen sind, gleichzeitig jedoch zu umfangreichen Ermessensspielräumen führen.[233]

3.2.2.2 Umsetzung im Rahmen der US-GAAP

Dem Subzweck der Vermittlung entscheidungsnützlicher Informationen soll im Rechnungslegungssystem der US-GAAP dadurch entsprochen werden, dass die Rechnungslegungsinformationen den in Abbildung 5 systematisierten und nachfolgend näher erläuterten qualitativen Eigenschaften (*qualities*) gemäß SFAC 2 genügen:[234]

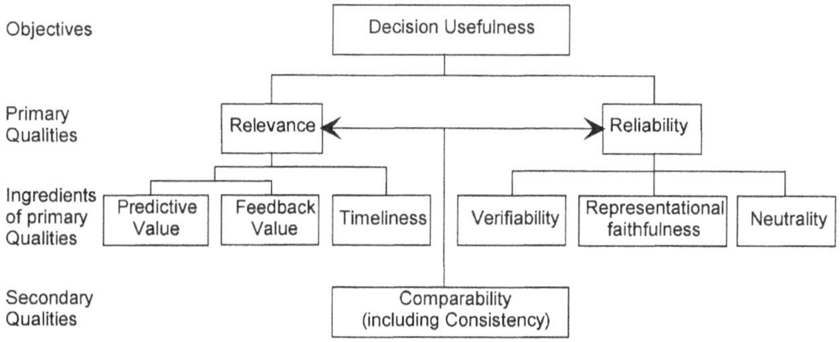

Abbildung 5: Qualitative Anforderungen des Conceptual Framework an die Rechnungslegung zur Informationsvermittlung[235]

Wie in Abbildung 5 erkennbar, werden die vom FASB geforderten Informationseigenschaften hierarchisch angeordnet. Während SFAC 2 Relevanz (relevance) sowie Verlässlichkeit (realibility) als primäre Anforderungen (primary decision-specific qualities) formuliert, stellen Vergleichbarkeit (comparability) und Stetigkeit (consistency) sekundäre Grundsätze (secondary and interactive qualities) auf einer untergeordneten Ebene dar.

Unter der Eigenschaft der *Relevanz* versteht das FASB „[t]he capacity of information to make a difference in a decision by helping users to form predictions about the outcomes of past,

233 Vgl. ausführlich *Beyhs*, Impairment of Assets, S. 60 ff.; vgl. auch *Streim/Bieker/Leippe*, Anmerkungen zur theoretischen Fundierung, S. 184.

234 Zu den vom FASB geforderten qualitativen Anforderungen an Rechnungslegungsinformationen im Einzelnen vgl. auch *Kuhlewind*, Bilanzrechtstheorie, S. 94; *Baetge/Roß*, fair presentation, S. 32 ff.

235 In Anlehnung an SFAC 2.33.

present, and future events or to confirm or correct prior expectations"[236]. Dieser Forderung nach entscheidungsbeeinflussender Wirkung wird nach SFAC 2 immer dann entsprochen, wenn die folgenden drei Unterkriterien Beachtung finden:

- Relevante Rechnungslegungsinformationen sind zum einen dadurch charakterisiert, dass sie einen *predictive value* aufweisen. Dieser verkörpert die Fähigkeit, einen Beitrag zur Prognosebildung auf Basis vergangener, gegenwärtiger und zukünftiger Ereignisse zu leisten.[237]

- Zum anderen bedingt Relevanz aber auch einen *feedback value,* durch den eine Bestätigung oder Korrektur in der Vergangenheit gebildeter Erwartungen sicher gestellt wird.[238]

- Darüber hinaus ist eine Information nur dann als relevant einzustufen, wenn sie der Nebenbedingung der *Aktualität* (timeliness) genügt, d. h. den Adressaten rechtzeitig zugeht, bevor sie die Fähigkeit zur Beeinflussung von Entscheidungen verliert.[239]

Der Grundsatz der *Verlässlichkeit* wird in SFAC 2 als „[t]he quality of information that assures that information is reasonably free from error and bias and faithfully represents what it purports to represent"[240] umschrieben. Die Anforderungen an eine verlässliche Rechnungslegungsinformation sollen nach Maßgabe des FASB durch folgende Unterkriterien konkretisiert werden:

- Die Information muss dem Prinzip der *Nachprüfbarkeit* (verifiability) genügen. Das Kriterium ist als erfüllt anzusehen, wenn unterschiedliche Personen auf der Basis identischer Messverfahren zu (annähernd) übereinstimmenden Ergebnissen kommen.[241]

- Ferner soll durch die Eigenschaft der *Abbildungstreue* (representational faithfulness) gewährleistet werden, dass eine vorgenommene Bewertung oder Beschreibung mit dem zugrunde liegenden Sachverhalt überein zu stimmen hat.[242]

---

236 SFAC 2, Glossary of Terms.

237 Vgl. SFAC 2, Glossary of Terms.

238 Vgl. SFAC 2, Glossary of Terms.

239 Vgl. SFAC 2.56 f.

240 SFAC 2, Glossary of Terms.

241 Vgl. SFAC 2.81 ff.

242 Vgl. SFAC 2.63 ff.

- Als drittes Unterkriterium wird *Neutralität* (neutrality) gefordert. Diesem Prinzip wird immer dann entsprochen, wenn Rechnungslegungsinformationen frei von solchen Verzerrungen sind, die zu einem im Voraus festgelegten Ergebnis führen oder eine beabsichtigte Verhaltensweise induzieren können.[243]

Neben Relevanz und Verlässlichkeit als primäre Anforderungen an entscheidungsnützliche Rechnungslegungsinformationen muss auf der sekundären Ebene der Grundsatz der *Vergleichbarkeit* (comparability) gewahrt bleiben. Dieses Kriterium verlangt, dass die vermittelten Informationen nicht nur vergleichbar im Hinblick auf unterschiedliche Perioden desselben Unternehmens sind, sondern auch einen innerperiodischen Vergleich mit weiteren Unternehmen ermöglichen.[244] Die Eigenschaft der Vergleichbarkeit schließt dabei die Forderung nach *Stetigkeit* (consistency) mit ein, wonach einmal gewählte Rechnungslegungsmethoden für gleichartige Sachverhalte beizubehalten und Verfahrenswechsel nur in begründeten Fällen unter Beachtung spezifischer Offenlegungspflichten zulässig sind.[245]

Darüber hinaus unterliegen die gemäß SFAC 2 geforderten Eigenschaften unter anderem einer Beschränkung durch das Kriterium der *Wesentlichkeit* (materiality). Als wesentlich ist eine Rechnungslegungsinformation demnach dann anzusehen, wenn sie aller Wahrscheinlichkeit nach zur Entscheidungsfindung beiträgt.[246]

Zutreffend erkennt das FASB, dass die geforderten qualitativen Informationseigenschaften in einem Spannungsverhältnis zueinander stehen können.[247] Abgesehen von der wenig greifbaren Aussage, dass sämtliche Eigenschaften zu einem Mindestmaß gleichzeitig zu erfüllen sind, enthält das Conceptual Framework insbesondere hinsichtlich eines möglichen Zielkonflikts zwischen Relevanz und Verlässlichkeit keine konkreten Lösungsvorschläge.[248]

Stellt man die vom FASB postulierten allgemeinen Rechnungslegungseigenschaften den im vorangegangenen Gliederungspunkt herausgearbeiteten Grundsätzen einer informativen Rechnungslegung gegenüber, so ist eine weitgehende Übereinstimmung festzustellen.[249] Zur Herleitung eines geeigneten Beurteilungsmaßstabs erweisen sich die allgemeinen Anfor-

---

243 Vgl. SFAC 2.98 ff.

244 Vgl. SFAC 2.111 ff.

245 Vgl. SFAC 2.120 ff.

246 Vgl. SFAC 2, Glossary of Terms; SFAC 2.123 ff.

247 Vgl. SFAC 2.33 ff., 42 ff., 90

248 Vgl. auch *Schildbach*, US-GAAP, S. 59 ff.; *Pellens*, Internationale Rechnungslegung, S. 140.

249 Vgl. *Franken*, US-GAAP, S. 220. Im Rahmen der Analyse der vergleichbar ausgestalteten allgemeinen Grundsätze der IFRS-Rechnungslegung kommen *Streim/Bieker/Leippe*, Anmerkungen zur theoretischen Fundierung, S. 185, zu einem identischen Ergebnis.

derungen jedoch als viel zu vage formuliert. Aus diesem Grund ergibt sich die Notwendigkeit, eine entsprechende Konkretisierung vorzunehmen.

3.2.3 Kapitalgeberschutz durch Gewinnermittlung zur Informationsvermittlung

Die Merkmale Relevanz und Verlässlichkeit beschreiben zwar die geforderten Eigenschaften entscheidungsnützlicher Informationen; eine Antwort auf die Frage, auf welche Art und Weise Rechnungslegung prognosegeeignete Informationen generiert, bieten sie allerdings nicht.

Eine Möglichkeit zur Befriedigung der Informationsbedürfnisse der Kapitalgeber könnte in der Veröffentlichung vollständiger Finanzpläne seitens des Managements bestehen. Eine solche Vorgehensweise ist unter dem Gesichtspunkt der Entscheidungsrelevanz zweifelsfrei als First best-Lösung anzusehen.[250] Aus dem Blickwinkel der Verlässlichkeit wird jedoch deutlich, dass Finanzpläne aufgrund massiver Glaubwürdigkeitsprobleme als Instrument zur Vermittlung entscheidungsnützlicher Informationen ausscheiden.[251] Auch das FASB hat sich gegen das entscheidungsrelevante Optimum entschieden.

Anstelle vollständiger Finanzpläne ist folglich nach einer Ersatzlösung zu suchen, die relevante, gleichzeitig aber auch hinreichend verlässliche Informationen über zukünftige Zahlungsströme bereitstellt. Eine solche Ersatzlösung bieten das Konzept der Gewinnermittlung zur Informationsvermittlung sowie das Konzept der sonstigen Informationsvermittlung. In den nachfolgenden Gliederungspunkten sei zunächst auf die Ermittlung eines informativen Gewinns eingegangen.[252]

3.2.3.1 Grundlagen der Gewinnermittlung

Eine Möglichkeit zur Reduzierung der Informationsasymmetrie zwischen Kapitalnehmern und Kapitalgebern bieten Gewinnermittlungsregeln (vgl. Abbildung 6).

---

[250] Vgl. *Streim*, Vermittlung von entscheidungsnützlichen Informationen, S. 120; *Franken*, US-GAAP, S. 80; *Moxter*, Rechnungslegung, S. 251.

[251] In diesem Sinne auch *Streim*, Stellenwert des Lageberichts, S. 718; *Franken*, US-GAAP, S. 80.

[252] Zur Vermittlung entscheidungsnützlicher Informationen durch die sog. „sonstige Informationsvermittlung“ vgl. Gliederungspunkt 3.2.4.

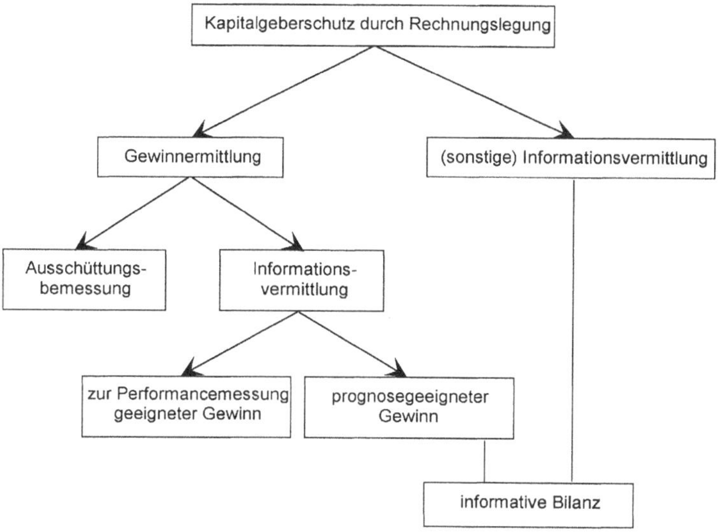

Abbildung 6: Möglichkeiten der Umsetzung kapitalgeberschützender Rechnungslegung

In Abhängigkeit davon, welche konkreten Kapitalgeberrisiken im Einzelnen durch die Berechnung der Größe „Gewinn" vermieden werden sollen, ist grundsätzlich zwischen einer Gewinnermittlung zur Ausschüttungsbemessung und Gewinnermittlung zur Informationsvermittlung zu differenzieren.

Die *Gewinnermittlung zur Ausschüttungsbemessung* ist darauf ausgerichtet, Gläubiger vor ausschüttungsbedingten Kapitalgeberrisiken zu schützen.[253] Dies soll in der Weise geschehen, dass an Eigenkapitalgeber vorab lediglich Zahlungen in einem solchen Umfang geleistet werden dürfen, in dem es nicht zu einer Gefährdung aktueller und zukünftiger Ansprüche der Fremdkapitalgeber kommt. Anwendung findet die Konzeption der Gewinnermittlung zur Ausschüttungsbemessung beispielsweise im Rahmen des handelsrechtlichen Einzelabschlusses. Diesem kommt vorrangig die Aufgabe zu, einen Periodengewinn zu ermitteln, der als Grundlage für die Berechnung eines an die Anteilseigner einer Kapitalgesellschaft ausschüttungsfähigen Betrags herangezogen wird.[254] Im Kontext der Rechnungslegung nach US-GAAP spielt die Ausschüttungsbemessung dagegen keine unmittelbare Rolle.[255]

---

253 Vgl. *Leippe*, Bilanzierung von Leasinggeschäften, S. 59. Zum Subzweck der Gewinnermittlung zur Ausschüttungsbemessung vgl. grundlegend *Leuz*, Kreditfinanzierung.

254 Vgl. etwa *Streim*, Grundzüge, S. 20; *Schildbach*, US-GAAP, S. 11.

255 Vgl. *Streim*, Grundzüge, S. 20 f.; *Haller*, Ziele, S. 10; *Pellens*, Internationale Rechnungslegung, S. 136 f. Der Schutz von Fremdkapitalgebern vor ausschüttungsbedingten Risiken soll in den

Demgegenüber strebt das FASB entsprechend der Decision Usefulness-Philosophie die Ermittlung eines entscheidungsnützlichen Gewinns an. Die *Gewinnermittlung zur Informationsvermittlung* wirft folglich die Frage nach einer informativen Gewinngröße auf, mit deren Hilfe sich informationsbedingte Kapitalgeberrisiken verringern lassen.[256] In Abhängigkeit davon, worauf der informative Gewinn letztendlich gerichtet ist, lässt sich wiederum zwischen einer zur Prognose und einer zur Performancemessung geeigneten Gewinngröße unterscheiden.[257]

Die *Gewinnermittlung zur Performancemessung* dient der Berechnung einer Gewinngröße zur Beurteilung der Managementleistung in der abgelaufenen Periode.[258] Zur Performancemessung geeignet ist ein Gewinn immer dann, wenn sich in ihm alle positiven und negativen Auswirkungen der Managemententscheidungen der Abrechnungsperiode widerspiegeln und somit letztendlich Auskunft darüber gegeben wird, ob der Unternehmenswert durch Maßnahmen der Geschäftsleitung vermindert, erhalten oder gesteigert wurde.[259] Da gemäß SFAC 1 das Rechnungslegungslegungssystem der US-GAAP aufgrund der weitestgehenden Untrennbarkeit von Erfolgsfaktoren keine geeignete Grundlage zur Performancemessung bietet und dies vom FASB auch nicht angestrebt wird, ist eine Gewinngröße im Rahmen der US-GAAP gerade nicht als Performancemaß zu verstehen.[260]

Nach SFAC 1 soll die Gewinnermittlung zur Informationsvermittlung vielmehr durch die Berechnung eines *prognosegeeigneten Gewinns* erfolgen.[261] Der prognosegeeignete Gewinn soll aktuellen wie potenziellen Gesellschaftern und Gläubigern eine Grundlage für Investitionsentscheidungen bieten, indem er über die Fähigkeit des Unternehmens informiert,

---

Vereinigten Staaten unter anderem durch umfangreiche Kreditverträge gewährleistet werden, in denen sich die Kapitalnehmer zur Einhaltung genau spezifizierter Bedingungen, sog. „covenants", verpflichten. Dazu zählen in der Regel auch rechnungslegungsgestützte Bedingungen bezüglich der Vornahme von Ausschüttungen. Die covenants zugrunde liegenden Rechnungslegungsvorschriften weichen dabei deutlich von den Regeln der US-GAAP ab. Neben zahlreichen weiteren Unterschieden wird bspw. ein Goodwill von einer Aktivierung ausgeschlossen. Ein Zusammenhang zwischen Ausschüttungsbemessung und den US-GAAP besteht lediglich insofern, als die Vorschriften der US-GAAP oftmals den Ausgangspunkt für eine covenants-spezifische Rechnungslegung bilden. Vgl. ausführlich *Schildbach*, US-GAAP, S. 12 ff.

256 Vgl. auch *Moxter*, Rechnungslegungstraditionen, S. 500, der den „Gewinn als zentrale Informationsgröße" im Rahmen der Vermittlung entscheidungsnützlicher Informationen ansieht. In diesem Sinne auch *Beaver*, Accounting Revolution, S. 71: „Earnings are an important informational source about future dividend-paying ability".

257 Vgl. auch *Streim/Bieker/Esser*, Fair Values, S. 475; *Streim/Esser*, Informationsvermittlung, S. 839.

258 Zur Performancemessung grundlegend vgl. etwa *Ballwieser*, Wertorientierte Unternehmensführung; *Hachmeister*, Performancemaße; *Ewert/Wagenhofer*, Kennzahlen.

259 Vgl. *Streim/Bieker/Esser*, Fair Values, S. 475; *Streim/Esser*, Informationsvermittlung, S. 839.

260 Vgl. Gliederungspunkt 3.2.1.

261 Vgl. Gliederungspunkt 3.2.1.

zukünftig einen Zahlungsstrom beispielsweise in Form von Ausschüttungen, Zinsen und Tilgungen zu generieren.[262] Informationen über Einzahlungs- und Auszahlungspotenziale sind allerdings nicht zwangsläufig an eine Gewinngröße gebunden. Sie können auch von den in einer *informativen Bilanz* erfassten Vermögenswerten und Schulden ausgehen[263], die im Rahmen der bestandsgrößenorientierten Gewinnkonzeption der US-GAAP in die Gewinngröße eingehen[264].

Zur Herleitung zweckmäßiger Analysemaßstäbe soll im Folgenden ausschließlich der Subzweck herangezogen werden, an dem die US-GAAP tatsächlich ausgerichtet sind. Diese Vorgehensweise erscheint insofern geboten, als voneinander abweichende Subzwecke grundsätzlich unterschiedliche Gewinnkonzeptionen bedingen[265]; gleichwohl ist allerdings nicht auszuschließen, dass Bilanzierungsvorschriften im Einzelfall mehreren Subzwecken gleichzeitig genügen können. Die im weiteren Verlauf dieser Arbeit an die Vorschriften zur Goodwillbilanzierung nach US-GAAP angelegten Beurteilungsmaßstäbe ergeben sich folglich aus dem Konzept des prognosegeeigneten Gewinns sowie dem Konzept der informativen Bilanz.

3.2.3.2 Konzept des prognosegeeigneten Gewinns

Sollen Informationen über zukünftig erwartete Zahlungsströme auf der Basis eines bestandsgrößenorientierten Gewinns vermittelt werden, so stellt sich die Frage des Ansatzes und der Bewertung der einzelnen Bilanzpositionen. Unter dem Gesichtspunkt der Entscheidungsrelevanz optimal wäre der Ansatz sämtlicher Ein- und Auszahlungspotenziale als Aktiv- bzw. Passivposten zum jeweiligen Barwert, so dass sich der Gewinn als Änderung der Cashflow-Potenziale ergeben würde.[266] Insbesondere die Tatsache, dass eine solche, letztendlich dem ökonomischen Gewinn entsprechende Form des Prognosegewinns auch den Ansatz lediglich geplanter, aber noch nicht realisierter Maßnahmen bedingt, lässt eine

---

262 Vgl. insbesondere *Streim/Bieker/Leippe*, Anmerkungen zur theoretischen Fundierung, S. 181.

263 Vgl. *Streim/Bieker/Leippe*, Anmerkungen zur theoretischen Fundierung, S. 191 f.; *Streim/Bieker/Esser*, Fair Values, S. 470.

264 Die bestandsgrößenorientierte Gewinnermittlung der US-GAAP ergibt sich aus SFAC 6, wonach Vermögenswerte bzw. Schulden als fundamentale Grundlage der Rechnungslegung eingestuft und Aufwands- und Ertragsgrößen lediglich als Ableitungen angesehen werden. Bis zur Veröffentlichung des SFAC 6 Ende des Jahres 1985 dominierte im Rechnungslegungssystem der US-GAAP dagegen ein auf Stromgrößen basierendes Gewinnkonzept. Vgl. *Dyckman/Dukes/Davis*, Intermediate Accounting, S. 46.

265 Vgl. etwa *Hauschildt*, Gewinn, S. 288.

266 Vgl. auch *Leippe*, Bilanzierung von Leasinggeschäften, S. 78. Vgl. m. w. N. ferner *Beyhs*, Impairment of Assets, S. 56, der in diesem Sinne die Änderung des Unternehmenswerts in der abgelaufenen Periode als entscheidungsrelevante Größe ansieht.

derartige Gewinnkonzeption aufgrund von Prognoseproblemen ebenso wie die Publikation vollständiger Finanzpläne als ungeeignet erscheinen.[267]

Einen Ausweg zur Gewährleistung eines hinreichenden Maßes an Verlässlichkeit bietet das Konzept des *prognosegeeigneten Gewinns* im Sinne einer second best-Lösung. Die informative Gewinngröße stellt im Rahmen dieses Ansatzes eine Ist-Größe dar, die im Wesentlichen auf der Basis verlässlicher Daten der Vergangenheit ermittelt wird und gleichzeitig einen geeigneten Indikator für zukünftige Gewinne bildet.[268] Der Bilanzansatz reduziert sich in diesem Fall ausschließlich auf Ereignisse des abgelaufenen Geschäftsjahrs oder einer früheren Periode, mit denen zukünftige Einzahlungs- oder Auszahlungserwartungen verbunden sind. Als Bewertungsmaßstab können historische Kosten, d. h. (fortgeführte) Anschaffungs- oder Herstellungskosten herangezogen werden.

Allerdings ist zu beachten, dass in eine prognosegeeignete Gewinngröße nicht sämtliche Ein- bzw. Auszahlungserwartungen auf der Basis von Ereignissen in der Vergangenheit eingehen dürfen. Vielmehr sind ausschließlich Ereignisse der ordentlichen Geschäftstätigkeit zu berücksichtigen, denen typischerweise eine relativ starke Wiederkehrvermutung zugesprochen werden kann.[269] In die Gewinngröße nicht einzubeziehen sind dagegen außerordentliche, d. h. einmalige oder seltene Ereignisse, bei denen von einer Wiederholung nicht auszugehen ist.[270] Unter Beachtung dieser Restriktionen gelingt die Ermittlung eines geglätteten Gewinns, der im Idealfall nur dann variiert, wenn es auch zu nachhaltigen Veränderungen des Ein- bzw. Auszahlungspotenzials der gewöhnlichen Geschäftstätigkeit kommt.

An seine Grenzen stößt das Konzept des prognosegeeigneten Gewinns im Sinne einer Ist-Größe jedoch immer dann, wenn unvorhersehbarer Ereignisse auftreten oder Maßnahmen geplant werden, die eine nachhaltige Änderung des Zahlungsstroms aus der gewöhnlichen

---

267 Vgl. *Schildbach*, Analyse des betrieblichen Rechnungswesens, S. 274 ff. Einer Veröffentlichung vollständiger Finanzpläne stehen auch *Haller/Dietrich*, Informationsanforderungen, S. 302, kritisch gegenüber. Zur Ablehnung des ökonomischen Gewinnkonzepts aufgrund mangelnder Verlässlichkeit vgl. bspw. *Schildbach*, Eignung des ökonomischen Gewinns, S. 40 f.; *Streim*, Generalnorm, S. 405; *Möller/Hüfner*, Bedeutung der Rechnungslegung, S. 4; *Neus*, Betriebswirtschaftslehre, S. 373. Die Ermittlung des ökonomischen Gewinns erweist sich ferner aufgrund des Bezugs zur Kapitalmarktgleichgewichtstheorie als überflüssig, da diese keine Begründung für die Existenz von Unternehmen als Institutionen und damit zwangsläufig auch von Rechnungslegungsvorschriften bietet; vgl. etwa *Kahle*, Informationsversorgung, S. 98.

268 Vgl. m. w. N. ausführlich *Leippe*, Bilanzierung von Leasinggeschäften, S. 79.

269 Vgl. *Moxter*, Rechnungslegung, S. 235. Vgl. auch *Beaver*, Accounting Revolution, S. 71; jüngst *Arbeitskreis DVFA*, Ermittlung prognosefähiger Ergebnisse.

270 In diesen Fällen sind Veränderungen des Reinvermögens im Rahmen eines außerordentlichen Ergebnisses zu erfassen oder erfolgsneutral zu verrechnen; vgl. *Streim/Leippe*, Neubewertung, S. 399 ff.

Geschäftstätigkeit nach sich ziehen.[271] In diesen Fällen kann der verringerten Prognoseeignung der Gewinngröße unter anderem mit zusätzlichen Informationen im Rahmen der sonstigen Informationsvermittlung begegnet werden.[272]

3.2.3.3 Konzept der informativen Bilanz

Sollen entscheidungsrelevante Informationen im Rahmen der Gewinnermittlung nicht auf der Basis einer prognosegeeigneten Gewinngröße an sich, sondern über die in sie eingehenden Vermögenswerte und Schulden vermittelt werden, so stellt sich die Frage nach einer *informativen Bilanz*. Eine solche Informationsbilanz zeichnet sich dadurch aus, dass sie sich aus *informativen Bilanzpositionen* zusammensetzt, die in Verbindung mit entsprechenden Gliederungs- und Ausweisvorschriften analog zum prognosegeeigneten Gewinn Informationen über künftige Cashflow-Potenziale bereitstellen.[273] In diesem Fall sind die einzelnen Bilanzpositionen als Ein- bzw. Auszahlungspotenziale zu interpretieren. Der Ansatz von Aktiva repräsentiert dementsprechend Sachverhalte, die direkt oder auch indirekt zu Einzahlungsüberschüssen innerhalb der Unternehmung führen und damit letztendlich auch einen Beitrag zur Erhöhung des Auszahlungspotenzials gegenüber den Investoren leistet. Im Gegensatz dazu impliziert der Ansatz von Passiva direkt oder indirekt einen Mittelabfluss, so dass es im Ergebnis zu einer Minderung des potentiellen Zahlungsmittelrückflusses an die Kapitalgeber kommt. Eine ideale Informationsbilanz zeichnet sich dementsprechend dadurch aus, dass ihr eine Aktivierungs- bzw. Passivierungskonzeption zugrunde liegt, die sämtliche Ein- bzw. Auszahlungspotenziale einer Unternehmung erfasst.[274] Der Höhe nach sind die einzelnen Posten im Rahmen einer informativen Bilanz jeweils zum Barwert der erwarteten zukünftigen Ein- bzw. Auszahlungsüberschüsse zu berücksichtigen.[275]

Von einer Bilanz können aber selbst dann entscheidungsrelevante Informationen ausgehen, wenn sich nicht sämtliche Ein- und Auszahlungspotenziale einer Unternehmung in entsprechenden Bilanzpositionen niederschlagen oder keine durchgängige Bewertung zum Barwert stattfindet. In diesen Fällen beschränkt sich die Informationsvermittlung auf einzelne

---

271 Vgl. *Beaver*, Accounting Revolution, S. 72; *Streim*, Vermittlung von entscheidungsnützlichen Informationen, S. 125 ff.; *Leippe*, Bilanzierung von Leasinggeschäften, S. 80 f.

272 Zum Konzept der Vermittlung entscheidungsnützlicher Informationen durch sonstige Informationsvermittlung vgl. Gliederungspunkt 3.2.4.

273 *Streim/Esser*, Informationsvermittlung, S. 837. Zur Bedeutung von Gliederungs- und Ausweisvorschriften im Rahmen des Kapitalgeberschutzes durch die sog. „sonstige Informationsvermittlung" vgl. Gliederungspunkt 3.2.4.

274 Vgl. *Streim/Esser*, Informationsvermittlung, S. 837.

275 Vgl. *Streim/Bieker/Esser*, Fair Values, S. 470.

informative Bilanzposten.[276] So könnte sich beispielsweise ein Festhalten an historischen Wertmaßstäben immer dann als sinnvoll erweisen, wenn die Höhe der Ein- und Auszahlungspotenziale nicht mit einer hinreichenden Wahrscheinlichkeit bestimmbar ist.

Selbst wenn sich die bilanzielle Informationsvermittlung nur auf einzelne informative Bilanzpositionen beschränkt, bedeutet die Bewertung zu diskontierten zukünftig zu erwartenden Zahlungen zweifellos eine Annäherung an die first best-Lösung im Sinne eines Finanzplans. Berücksichtigt werden muss allerdings, dass die Loslösung von (fortgeführten) Anschaffungs- und Herstellungskosten zu einem Spannungsverhältnis zwischen informativer Bilanz und prognosegeeignetem Gewinn als second best-Lösung führen kann.[277]

3.2.3.4 Umsetzung im Rahmen der US-GAAP

3.2.3.4.1 Ansatzkonzeption

Im Rahmen der Gewinnermittlung soll der vom FASB geforderten Entscheidungsnützlichkeit von Rechnungslegung durch eine Gewinngröße entsprochen werden, die sich aus den Bestandsgrößen der Bilanz herleitet.[278] Daher ist im Folgenden zu analysieren, welche Sachverhalte überhaupt den Ansatz entsprechender Bilanzpositionen begründen und welcher Wert den Posten jeweils beigemessen wird.

Der *Bilanzansatz* eines Sachverhalts im Rechnungslegungslegungssystem der US-GAAP erfolgt immer dann, wenn der betrachtete Vorgang den nachfolgend aufgeführten Ansatzkriterien (recognition criteria) des SFAC 5 „Recognition and Measurement in Financial Statements of Business Enterprises" genügt:[279]

1. Der Sachverhalt entspricht den definitorischen Merkmalen eines Elements (elements) i. S. d. Conceptual Framework.

2. Es besteht die Möglichkeit, das Element ausreichend verlässlich zu quantifizieren.

3. Die mit dem Element verbundenen Informationen genügen dem Grundsatz der Verlässlichkeit.

4. Die mit dem Element verbundenen Informationen erfüllen das Kriterium der Relevanz.

---

276 Vgl. *Leippe*, Bilanzierung von Leasinggeschäften, S. 81.

277 Vgl. ausführlich *Leippe*, Bilanzierung von Leasinggeschäften, S. 81.

278 Vgl. Fußnote 264.

279 Vgl. SFAC 5.63. Vgl. auch SFAC 6.23.

Es stellt sich daher zunächst die Frage, ob der betreffende Sachverhalt unter die Elemente der Bilanz zu subsumieren ist. In SFAC 6 „Elements of Financial Statements" werden insgesamt zehn Elemente aufgeführt, wovon allerdings nur drei, nämlich Vermögenswerte, Schulden sowie das Eigenkapital Bestandsgrößen darstellen, die für einen Ansatz in der Bilanz in Frage kommen:

- Ein *Vermögenswert* (asset) wird durch drei wesentliche Merkmale charakterisiert: Erstens muss der Vermögenswert einen wahrscheinlichen zukünftigen Nutzen verkörpern, der sich in der Fähigkeit konkretisiert, alleine oder in Verbindung mit weiteren Vermögenswerten direkt oder indirekt zukünftige Zahlungsströme zu generieren. Die Kontrolle über den zu erwartenden Vorteil steht zweitens dem Unternehmen zu und drittens wird vorausgesetzt, dass der Vermögenswert auf Transaktionen und Ereignissen der Vergangenheit basiert, die bereits eingetreten sind.[280]

- *Schulden* (liabilities) zeichnen sich dadurch aus, dass gegenwärtig eine Verpflichtung gegenüber Dritten besteht, die in der Zukunft aller Wahrscheinlichkeit nach mit einer Nutzenminderung verbunden ist. Darüber hinaus darf für das Unternehmen keine Möglichkeit bestehen, sich dem Ressourcenabfluss zu entziehen und die der Verpflichtung zugrunde liegenden Transaktionen oder Ereignisse müssen bereits stattgefunden haben.[281]

- Das *Eigenkapital* (equity) wird als Residualgröße definiert. Es errechnet sich als Differenzbetrag aus den Wertansätzen der Vermögensgegenstände und Schulden einer Unternehmung.[282]

Die übrigen sieben in SFAC 6 angeführten Elemente stellen Stromgrößen dar, die im Jahresabschluss in Rechenwerken außerhalb der Bilanz ausgewiesen und im Kontext einer bilanzorientierten Gewinnermittlung lediglich als Ableitungen aus Bestandsgrößen interpretiert werden.[283] Da im weiteren Verlauf dieser Arbeit auf sie zurückgegriffen wird, seien sie an dieser Stelle ebenfalls kurz erläutert:[284]

- *Erträge* (revenues) resultieren aus Wertsteigerungen der Vermögenswerte bzw. Wertminderungen der Schulden im Rahmen betriebstypischer Transaktionen.

---

[280] Vgl. SFAC 6.25 ff.

[281] Vgl. SFAC 6.35 ff.

[282] Vgl. SFAC 6.49 ff.

[283] Vgl. Fußnote 278.

[284] Vgl. SFAC 6.66 ff.

- *Einlagen* (investments by owners) kennzeichnen eine Zunahme des Eigenkapitals, die sich aus Transaktionen zwischen dem Unternehmen und seinen Eigentümern ergibt.

- *Außerordentliche Erträge* (gains) stellen Erhöhungen des Eigenkapitals dar, die aus nebensächlichen oder zufälligen bzw. allen sonstigen, weder unter die (betriebstypischen) Erträge, noch unter die Einlagen der Anteilseigner subsumierbaren Transaktionen resultieren.

- *Aufwendungen* (expenses) entstehen aus dem Abgang oder der sonstigen Minderung von Vermögenswerten bzw. der Zunahme von Schulden im Rahmen betriebstypischer Transaktionen.

- *Entnahmen* (distributions to owners) werden durch eine Abnahme des Eigenkapitals charakterisiert, die aus Transaktionen zwischen dem Unternehmen und seinen Eigentümern resultiert.

- *Außerordentliche Aufwendungen* (losses) ergeben sich infolge von Eigenkapitalminderungen, die aus nebensächlichen oder zufälligen bzw. allen sonstigen, nicht auf (betriebstypische) Aufwendungen oder Entnahmen zurückzuführenden Transaktionen resultieren.

- *Comprehensive Income* bezeichnet den Teil der Eigenkapitalveränderung einer Periode, der nicht auf Entnahmen oder Einlagen der Eigentümer der Unternehmung entfällt.

Stellt man die vom FASB gewählte Ansatzkonzeption den Anforderungen an eine prognosegeeignete Gewinngröße gegenüber, so legen die Definitionen der Vermögenswerte und Verbindlichkeiten gemäß SFAC 2 nahe, dass sich der Standardsetter für die Umsetzung einer Gewinnermittlung im Sinne der second best-Lösung des prognosegeeigneten Gewinns entschieden hat.

Während die zusätzlichen Ansatzkriterien der Relevanz und Verlässlichkeit eine bloße Wiederholung der allgemeinen Eigenschaften von Rechnungslegungsinformationen darstellen, kann das Kriterium der zuverlässigen Bewertbarkeit allerdings zur Nichtberücksichtigung relevanter Informationen im Sinne informativer Bilanzposten führen.[285] Darüber hinaus wird

---

[285] Vgl. *Streim/Bieker/Leippe*, Anmerkungen zur theoretischen Fundierung, S. 285. Dies bedeutet gleichwohl nicht, dass sich bestimmte Elemente bei Nichtvorliegen einzelner Ansatzkriterien grundsätzlich einer Abbildung in der Rechnungslegung entziehen. Sofern eine Information über einen Sachverhalt zumindest dem Kriterium der Relevanz entspricht, ergibt sich aus dem *Vollständigkeitsprinzips* (full disclosure principle) die Verpflichtung, entsprechende Erläuterungen im Anhang oder in separaten Berichtsteilen des Jahresabschlusses vorzunehmen. Vgl. *Dyck-*

die Entscheidungsrelevanz der Bilanz auch dadurch eingeschränkt, dass für den Ansatz bestimmter immaterieller Vermögenswerte zum Teil beträchtliche Hürden in Form weiterer Ansatzkriterien bestehen[286] und Rückstellungen für Innenverpflichtungen im Rahmen der US-GAAP grundsätzlich nicht passivierungsfähig sind[287].

3.2.3.4.2 Bewertungskonzeption

Dem *Bewertungskonzept* der US-GAAP liegen unter anderem folgende Prinzipien zugrunde:

- Obwohl das US-amerikanische Rechnungslegungssystem nicht über einen einheitlichen Bewertungsmaßstab für Vermögenswerte und Schulden verfügt, ist unstrittig, dass nach wie vor das *Anschaffungskostenprinzip* (historical cost principle) dominiert.[288] Neben (fortgeführten) historischen Anschaffungs- oder Herstellungskosten, auf die vor allem im Rahmen der Bewertung des Sachanlage- sowie weiter Teile des Vorratsvermögens zurückgegriffen wird, erkennt das FASB in Abhängigkeit von der Art des jeweiligen Bilanzpostens auch Wiederbeschaffungskosten (current [replacement] cost), aktuelle Marktpreise (current market values), voraussichtlich erzielbare Veräußerungserlöse (net realizable [settlement] values) sowie Barwerte (present [or discounted] values of future cash flows) als hinreichend verlässliche Wertmaßstäbe an.[289]

- Im Kontext einer bilanzorientierten Gewinnkonzeption zumindest teilweise unter die Bewertungsprinzipien subsumierbar ist der Grundsatz der *periodengerechten Gewinnermittlung* (accrual principle). Diesem Prinzip entsprechend wirkt sich ein die wirtschaftliche Lage eines Unternehmens beeinflussendes Ereignis – unabhängig vom Zahlungszeitpunkt – auf den Gewinn der Abrechnungsperiode aus, in dem das Ereignis stattgefunden hat.[290] Konkretisiert wird der Grundsatz der periodengerechten Gewinnermittlung durch das Realisationsprinzip und das Matching Principle.[291] Während das *Realisations-*

---

man/Dukes/Davis, Intermediate Accounting, S. 41; *Kieso/Weygandt/Warfield*, Intermediate Accounting, S. 42.

286 Vgl. *Franken*, US-GAAP, S. 203. Zur Bilanzierung immaterieller Vermögenswerte nach US-GAAP vgl. bspw. *Hayn/Graf Waldersee*, US-GAAP, S. 96 ff.

287 Vgl. *Leippe*, Bilanzierung von Leasinggeschäften, S. 85; *Streim/Esser*, Informationsvermittlung, S. 30.

288 Vgl. *Kieso/Weygand/Warfield*, Intermediate Accounting, S. 38; *Dyckman/Dukes/Davis*, Intermediate Accounting, S. 38 f.; *Haller*, Rechnungslegung, S. 309.

289 Vgl. SFAC 5.66 ff.; vgl. auch *Schildbach*, US-GAAP, S. 52; *Pellens*, Internationale Rechnungslegung, S. 154.

290 Vgl. SFAC 6.139 f. Vgl. auch *Dyckman/Dukes/Davis*, Intermediate Accounting, S. 33.

291 Vgl. *Dyckman/Dukes/Davis*, Intermediate Accounting, S. 39 f.

prinzip (revenue recognition principle) bestimmt, dass Erträge im Zeitpunkt der Realisation bzw. der Realisierbarkeit zu erfassen sind[292], ist hinsichtlich des Zeitpunktes der Aufwandserfassung das *Matching Principle* einschlägig. Dieser Grundsatz legt fest, dass Aufwendungen simultan zu den korrespondierenden Erträgen zu berücksichtigen sind. Für die Folgebilanzierung abnutzbarer Vermögenswerte des Anlagevermögens wird aus dem Matching Principle die planmäßige Abschreibung über die voraussichtliche Nutzungsdauer abgeleitet.[293]

- Wenngleich dem *Grundsatz der Vorsicht* (conservatism) im Rahmen der US-amerikanischen Rechnungslegung nicht ein mit dem Accrual Principle vergleichbar hoher Stellenwert zukommt, ist auch dieses Prinzip gemäß SFAC 2 zu beachten.[294] Im Hinblick auf die Bewertung des Anlagevermögens folgt aus dem Vorsichtsprinzip die Vornahme außerplanmäßiger Abschreibungen (impairments), die im Regelfall nach SFAS 144 „Accounting for the Impairment of Disposal of Long-Lived Assets" bzw. SFAS 142 erfolgswirksam in das Ergebnis aus der gewöhnlichen Geschäftstätigkeit eingehen.[295]

In Anbetracht der Dominanz des Anschaffungskostenprinzips erscheint es auch hinsichtlich der Bewertungskonzeption offensichtlich, dass sich das FASB für die second best-Lösung des prognosegeeigneten Gewinns entschieden hat. Einen Beitrag zu einem geglätteten Gewinn leistet vor allem das Accrual Principle, welches zweifelsohne zu einer Nivellierung der Gewinne im Zeitablauf führt.[296] Demgegenüber ist das Vorsichtsprinzip unter Umständen kritisch einzustufen: Geht man davon aus, dass außerplanmäßige Abschreibungen ausschließlich einmalige Ereignisse darstellen, die die Ertragslage nicht nachhaltig verschlechtern, so wäre im Gegensatz zum Status quo eine Nichtberücksichtigung im Rahmen der prognosegeeigneten Gewinngröße wünschenswert.[297] Die Tatsache, dass neben historischen Kosten ausnahmsweise Fair Values oberhalb der Anschaffungs- oder Herstellungskosten als Bewertungsmaßstäbe herangezogen werden, verdeutlicht, dass das FASB mit-

---

292 Vgl. SFAC 5.83-84. Vgl. im Detail auch *Pellens*, Internationale Rechnungslegung, S. 162 ff.

293 Vgl. SFAC 6.146-149. Vgl. auch *Kieso/Weygandt/Warfield*, Intermediate Accounting, S. 40 f.; *Pellens*, Internationale Rechnungslegung, S. 165.

294 Vgl. SFAC 2.93; vgl. im Detail bspw. *Haller*, Ziele, S. 15.

295 Vgl. SFAS 144.2. Zur Vornahme außerplanmäßiger Abschreibungen im Allgemeinen vgl. ausführlich *Hayn/Graf Waldersee*, US-GAAP, S. 82 ff. Immaterielle Vermögenswerte mit einer unbestimmbaren Nutzungsdauer werden ausnahmsweise einem Werthaltigkeitstest nach SFAS 142.17 unterzogen.

296 Vgl. *Streim*, Vermittlung von entscheidungsnützlichen Informationen, S. 125; *Franken*, US-GAAP, S. 206. Zur Diskussion um die Prognoseeignung des Accrual Accounting vgl. auch *Beaver*, Accounting Revolution, S. 5 f.

297 Vgl. auch *Leippe*, Bilanzierung von Leasinggeschäften, S. 87 f.; *Streim/Esser*, Informationsvermittlung, S. 840.

unter auch den Ausweis informativer Bilanzpositionen zu Lasten der Entscheidungsrelevanz des prognosegeeigneten Gewinns anstrebt.[298]

3.2.4 Kapitalgeberschutz durch sonstige Informationsvermittlung

3.2.4.1 Grundlagen

Einen Beitrag zum Kapitalgeberschutz durch informative Rechnungslegung soll über die Bestimmung einer zweckmäßigen Gewinngröße hinaus das *Konzept der sonstigen Informationsvermittlung* leisten.[299] Dieser Ansatz umfasst solche Rechnungslegungsvorschriften, die nicht der Gewinnermittlung dienen, sondern bestehende Informationsasymmetrien mit Hilfe weiterer Angaben verringern sollen. Die Forderung nach Entscheidungsnützlichkeit sonstiger Informationen bedingt, dass diese ebenso wie Gewinnermittlungsregeln den Kriterien der Relevanz und Verlässlichkeit genügen.

Im Rahmen der sonstigen Informationsvermittlung ist zwischen Gliederungs- und Ausweisvorschriften einerseits und Informationsvorschriften für Anhang, Lagebericht und sonstige Informationsinstrumente zu differenzieren. *Gliederungs- und Ausweisvorschriften* beziehen sich im Wesentlichen auf die Bilanz und die Gewinn- und Verlustrechnung. Während Gliederungsvorschriften die Struktur beider Rechenwerke bestimmen, legen Ausweisvorschriften insbesondere die Bezeichnungen der einzelnen Positionen fest. *Anhang, Lagebericht sowie sonstige Informationsinstrumente* können beispielsweise in verbaler und/oder qualitativer Form Ergänzungen bzw. Erläuterungen zu den Zahlenangaben in Bilanz und Gewinn- und Verlustrechnung enthalten. Sie lassen sich aber auch zur Vermittlung prognosegeeigneter Informationen heranziehen.[300] Ein derartiges Vorgehen erscheint vor allem dann notwendig, wenn Bilanz und Gewinn- und Verlustrechnung – wie beispielsweise im handelsrechtlichen Einzelabschluss – an einem von der Informationsvermittlung abweichenden Subzweck, etwa der Gewinnermittlung zur Ausschüttungsbemessung, ausgerichtet sind.[301]

---

[298] Eine grundsätzliche Fair Value-Bewertung ist gemäß SFAS 115.12 f. bspw. bei Wertpapieren der Kategorien „available-for-sale" und „trading" vorgesehen. Zur Bewertung von Wertpapieren im Detail vgl. etwa *Pellens*, Internationale Rechnungslegung, S. 184 ff.

[299] Vgl. ausführlich *Leippe*, Bilanzierung von Leasinggeschäften, S. 89 ff.

[300] Vgl. insbesondere *Streim*, Stellenwert des Lageberichts, S. 718; der angesichts des Glaubwürdigkeitsproblems dafür plädiert, die Informationsbedürfnisse der Investoren durch die Bereitstellung nachprüfbarer und normierter Indikatoren zu befriedigen, so dass eine eigenständige Prognosebildung seitens der Kapitalgeber möglich wird. Vgl. auch *Franken*, US-GAAP, S. 80 f.; *Streim/Bieker/Esser*, Fair Values, S. 478.

[301] Vgl. Fußnote 1028.

3.2.4.2 Umsetzung im Rahmen der US-GAAP

Im Hinblick auf *Gliederungs- und Ausweisvorschriften* ist zu beachten, dass die US-GAAP weder für Bilanzen noch für Gewinn- und Verlustrechnungen konkrete Gliederungsschemata vorgeben.[302] Verbindliche Regelungen zur Gliederung und Benennung einzelner Positionen beider Rechenwerke ergeben sich vielmehr aus den Securities and Exchange Commission (SEC)-Vorschriften der Regulation S-X.[303]

Für die Bilanz einschlägig ist in diesem Zusammenhang Regulation S-X, article 5 rule 5-02. Dementsprechend sind Aktiva grundsätzlich nach abnehmender Liquidität zu sortieren, während Passiva nach zunehmender Fristigkeit angeordnet werden.[304] Die Aufstellung der Bilanz erfolgt in der Regel gemäß Staffelform (report form)[305]; ein Rückgriff auf die Kontoform (account form) ist alternativ möglich.

Die Struktur der Gewinn- und Verlustrechnung wird dagegen durch rule 5-03 bestimmt. Innerhalb der stets nach dem Umsatzkostenverfahren zu erstellenden Stromgrößenrechnung ist grundlegend zwischen einem Erträge und Aufwendungen aus gewöhnlichen Sachverhalten umfassenden Bereich und einem Bereich zu differenzieren, in den sog. „Irregular Items" eingehen.[306] Gewöhnliche Sachverhalte werden im Rahmen des „Income from Continuing Operations before Extraordinary Items" beim Single-Step Format bzw. „Income from Continuing Operations" beim Multi-Step Format erfasst.[307] Diese Saldogrößen entsprechen hinsichtlich der Nichtberücksichtigung außergewöhnlicher Ereignisse den Anforderungen an einen geglätteten Gewinn.[308] Insofern wird ihnen in der Literatur zu Recht eine hohe Bedeutung bei der Prognose zukünftiger Cashflows beigemessen.[309] Um das Net Income als Gesamtergebnis der Gewinn- und Verlustrechnung zu ermitteln, sind die Salden aus den

---

302 Vgl. etwa *Schildbach*, US-GAAP, S. 133; *Brakensiek/Hütten*, Gliederung von Bilanz und GuV.

303 Vgl. ausführlich *Pellens*, Internationale Rechnungslegung, S. 83 ff. Die Regulation S-X zählt zu den bedeutendsten SEC-Verordnungen und hat die Rechnungslegung und deren Offenlegung zum Gegenstand, vgl. *Pellens*, Internationale Rechnungslegung, S. 83 f.; *Niehus/Thyll*, Konzernabschluß, S. 22 ff.

304 Zu den Bilanzpositionen im Einzelnen vgl. ausführlich etwa *Franken*, US-GAAP, S. 155 ff.

305 Vgl. *Haller*, USA, S. 717.

306 Vgl. *Schildbach*, US-GAAP, S. 137. Zur Gewinngliederung im Rahmen der US-amerikanischen Rechnungslegung vgl. ausführlich *Dexheimer*, Gewinngliederungsgrundsätze, S. 453 ff.

307 Zur Unterscheidung zwischen Single-Step und Multi-Step Format vgl. *Kieso/Weygandt/Warfield*, Intermediate Accounting, S. 127 ff.

308 Vgl. *Leippe*, Bilanzierung von Leasinggeschäften, S. 95.

309 Vgl. *Haller*, Rechnungslegung, S. 283; *Kuhlewind*, Ergebnisrechnung, S. 292 f., 295; *Dexheimer*, Gewinngliederungsgrundsätze, S. 451 f. Vgl. auch *Moxter*, Rechnungslegung, S. 305, der unter Verweis auf eine zu starke Typisierung der Gewinn- und Verlustrechnung nach US-GAAP der Prognosetauglichkeit skeptisch gegenüber steht.

gewöhnlichen Geschäftsvorfällen um Irregular Items zu korrigieren. Zu berücksichtigen sind dabei neben Aufwendungen und Erträgen aus solchen Ereignissen, die für das Unternehmen extrem untypisch und zugleich äußerst selten sind (extraordinary items), unter anderem Erfolge, die aus dem Wechsel von Rechnungslegungsvorschriften innerhalb der US-GAAP resultieren (cumulative effects of changes in accounting principles).[310] Im Rahmen der Gewinn- und Verlustrechnung ist ferner gemäß SFAS 128 „Earnings per Share" für bestimmte Positionen jeweils der Erfolg je Aktie als Kennzahl anzugeben.[311]

Bezüglich des *Anhangs sowie der sonstigen Informationsinstrumente* ist zwischen den Bestandteilen des Jahresabschlusses (financial statement) und den zusätzlichen Komponenten des Geschäftsberichts zu unterscheiden. Neben den Kernbestandteilen Bilanz (statement of financial positions [balance sheet]) und Gewinn- und Verlustrechnung (statement of earnings and comprehensive income [income statement]) setzt sich der Jahresabschluss des Weiteren zwingend aus Kapitalflussrechnung (cash flow statement), Anhang (notes) sowie Eigenkapitalspiegel (statement of owners' equity) zusammen.[312] Zu den zusätzlichen Bestandteilen des Geschäftsberichts zählen etwa die „management's discussion and analysis of financial condition and results of operations" (MD&A), welche als Pendant zum handelsrechtlichen Lagebericht anzusehen ist.[313]

3.3 Zwischenergebnis

Die vorangegangenen Ausführungen haben gezeigt, dass es infolge unterschiedlicher Kapitalgeberrisiken aus absichtlichem und unabsichtlichem Fehlverhalten des Managements zu Wohlfahrtsverlusten kommen kann. Die US-GAAP als Rechnungslegungssystem angelsächsischer Prägung sollen dem Rechnungslegungszweck der Verminderung von Effizienzeinbußen dadurch entsprechen, dass sie einen Beitrag zur Vermeidung informationsbedingter Risiken leisten. Dies soll durch die Vermittlung entscheidungsnützlicher Informationen gelingen, die aktuellen wie potenziellen Kapitalgebern eine Grundlage für Investitionsentscheidungen bieten, indem sie eine Abschätzung der zukünftig erwarteten Zahlungsströme aus der Unternehmung erlauben. Entsprochen werden soll diesem Subzweck nicht nur durch die sonstige Informationsvermittlung, sondern vor allem durch die Gewinnermittlung zur Informationsvermittlung. Umgesetzt wird die informative Gewinnermittlung im

---

310 Vgl. ausführlich *Schildbach*, US-GAAP, S. 137 f., *Franken*, US-GAAP, S. 163 ff.

311 Zur Ermittlung der Earnings per Share im Detail vgl. etwa *Kuhlewind*, Ergebnisrechnung, S. 317 ff.; *Franken*, US-GAAP, S. 168 ff.

312 Vgl. SFAC 5.8.

313 Vgl. *Coenenberg*, Jahresabschluss, S. 875.

Rahmen der US-GAAP insbesondere durch die Berechnung eines prognosegeeigneten Gewinns im Sinne einer hinreichend verlässlichen Ist-Größe, teilweise aber auch durch den Ausweis informativer Positionen innerhalb der Bilanz. Das Konzept des prognosegeeigneten Gewinns, das Konzept der informativen Bilanz sowie das Konzept der sonstigen Informationsvermittlung bilden daher die Beurteilungsmaßstäbe, die im Rahmen des fünften Kapitels an die Vorschriften zur Goodwillbilanzierung anzulegen sind.

Viertes Kapitel

4 Darstellung der Goodwillbilanzierung

Bevor im weiteren Verlauf dieses Kapitels eine nach erstmaliger Bilanzierung, Folgebewertung und Sonderproblemen gegliederte Darstellung der goodwillspezifischen Vorschriften im Rechnungslegungssystem der US-GAAP erfolgt, wird zunächst auf ihre Entstehungsgeschichte eingegangen. Diese Vorgehensweise scheint insofern geboten, als die Intentionen des FASB nur vor dem Hintergrund dieses Entwicklungsprozesses verständlich sind.

4.1 Entwicklungszusammenhang der Neuregelungen

4.1.1 Ausgangssituation

Untrennbar verbunden mit der Ausgestaltung der Normen zur Goodwillbilanzierung ist die Frage, ob Unternehmenszusammenschlüsse im Konzernabschluss über die nach US-GAAP inzwischen ausschließlich anzuwendende Erwerbsmethode (purchase method) oder die durch SFAS 141 abgeschaffte Interessenzusammenführungsmethode (pooling of interest method) abzubilden sind.[314]

Ausgangspunkt für eine Überarbeitung der Rechnungslegungsvorschriften bildet der seit Anfang der neunziger Jahre vom FASB und der SEC in den USA beobachtete Umstand, dass Unternehmenszusammenschlüsse immer häufiger entsprechend der damals gemäß APB 16 noch zulässigen Interessenzusammenführungsmethode bilanziert wurden und sich diese dementsprechend in der Praxis als Kapitalkonsolidierungsverfahren erster Wahl etablierte.[315] So wurden in den Vereinigten Staaten zwischen 1993 und 1997 361 von insgesamt 400 Unternehmenszusammenschlüssen mit einem Transaktionsvolumen von mehr als 100 Mio. US$ auf Basis der Interessenzusammenführungsmethode im Konzernabschluss abgebildet.[316] Diese Entwicklung beschränkte sich nicht nur auf die Vereinigten Staaten. Auch in Europa wurde Ende der neunziger Jahre ein „ungeahnte[r] Popularitätsaufschwung"[317] der Interessenzusammenführungsmethode registriert. Exemplarisch seien an

---

314 Zur Zweckmäßigkeit der Erwerbsmethode sowie der Interessenzusammenführungsmethode vgl. grundlegend *Stanke*, Rechnungslegung bei Unternehmenszusammenschlüssen.

315 Vgl. etwa *Johnson/Petrone*, Tale of two standards, S. 100; *Pahler/Mori*, Advanced Accounting, S. 267 f.; *Christian/Hillison*, Pooling, S. 54; *Schildbach*, Konzernabschluß, S. 219 ff.; *Coenenberg*, Jahresabschluss, S. 613.

316 Vgl. *Pahler/Mori*, Advanced Accounting, S. 268.

317 *Meyer/Hail*, Pooling of Interests, S. 183. Vgl. bspw. auch *Hail*, Alternative, S. 701 f.

dieser Stelle die Unternehmenszusammenschlüsse zwischen BP Plc. und Amoco Corp. sowie Daimler Benz AG und Chrysler Corp. genannt.[318]

Der hohe Verbreitungsgrad der Interessenzusammenführungsmethode erwies sich jedoch dahingehend als äußerst problematisch, als dass das Verfahren nach Accounting Principles Board Opinion (APB) 16 nur für solche Unternehmenszusammenschlüsse konzipiert wurde, bei denen sich die zuvor unabhängigen Anteilseigner über einen Aktientausch proportional zum Wert der jeweilig eingebrachten Unternehmen gemeinschaftlich an den Chancen und Risiken der neu entstandenen wirtschaftlichen Einheit beteiligen (sog. „pooling").[319] Entgegen ihrer Zweckbestimmung wurde die Konsolidierungsmethode jedoch nicht nur in diesen, in der Praxis vergleichsweise selten zu beobachtenden Fällen angewendet.[320] Vielmehr fand die Methode auch bei solchen Transaktionen Anwendung, die zwar aufgrund ihrer formalrechtlichen Ausgestaltung den zwölf Bedingungen des APB 16 für eine Interessenzusammenführung im Sinne der US-amerikanischen Rechnungslegung genügten, materiell jedoch als Unternehmenserwerbe einzustufen waren.[321] Die Problematik der missbräuchlichen Sachverhaltsgestaltung führte nun dazu, dass die für den Sonderfall gedachte Konsolidierungsmethode zur Regel wurde.[322] Diese Entwicklung wird auch vor dem Hintergrund der Historie der Interessenzusammenführungsmethode in den USA deutlich: Während die Konzeption des Verfahrens ursprünglich in den vierziger Jahren ausschließlich im Hinblick auf die Bilanzierung von Unternehmenszusammenschlüssen unter gleichberechtigten Partnern (mergers of equals, true mergers) erfolgte, gelang es der Unternehmenslobby im Laufe der

---

318 Vgl. *Meyer/Hail*, Pooling of Interests, S. 184; vgl. *Lachnit/Ammann/Müller/Wulf*, Konzernabschlußanalyse, S. 677. Zur Anwendung der Interessenzusammenführungsmethode im Rahmen des Zusammenschlusses zwischen Daimler Benz und Chrysler vgl. ausführlich *Bruns*, Möglichkeiten und Grenzen.

319 Vgl. APB 16.12, 28. Zu den Merkmalen einer Interessenzusammenführung vgl. bspw. auch *IASC*, Recommendations, Par. 66-71, dazu ausführlich *Küting/Weber*, Konzernabschluß, S. 275.

320 Vgl. *Schildbach*, Konzernabschluß, S. 219.

321 Vgl. *Pahler/Mori*, Advanced Accounting, S. 268. Zu den Kriterien im Einzelnen vgl. etwa *Beams/Brozovsky/Shoulders*, Advanced Accounting, S. 5 ff.; *Herring*, Business Combinations, S. 241 f.; *Schildbach*, Konzernabschluß, S. 221 ff.; *Stanke*, Rechnungslegung bei Unternehmenszusammenschlüssen, S. 5 ff. Als Beispiel sei der Zusammenschluss zwischen America Online Inc. (AOL) und Netscape Communications Corp. Ende 1998 angeführt: Netscape Communications untergliederte sich ursprünglich in die Geschäftsbereiche Internetzugangssoftware und Firmensoftware. Obwohl das Interesse seitens AOL ausschließlich an der erstgenannten Sparte bestand und Netscape Communications den zweiten Geschäftsbereich auch separat an Sun Microsystems Inc. hätte veräußern können, übernahm AOL Netscape als Ganzes. In einem zweiten Schritt vereinbarte AOL nun eine Kooperation mit SUN, die auf die Vermarktung der Firmensoftware zielte. Der auf diese Weise strukturierte Zusammenschluss konnte nun über die Interessenzusammenführungsmethode bilanziert werden, so dass zukünftige Goodwillabschreibungen in Höhe von insgesamt etwa 4,0 Mrd. US$ vermieden wurden. Vgl. *Pahler/Mori*, Advanced Accounting, S. 279.

Jahrzehnte, den Anwendungsbereich kontinuierlich auszudehnen und somit das ursprüngliche Konzept abzuwandeln.[323]

Die Attraktivität der Interessenzusammenführungsmethode aus Sicht der US-amerikanischen Wirtschaft resultierte dabei vor allem aus der Möglichkeit, den erworbenen Goodwill erfolgsneutral mit dem Eigenkapital zu verrechnen.[324] Aus Sicht der betroffenen Unternehmen bestand nun der entscheidende Vorteil gegenüber der Erwerbsmethode in der Hoffnung, vermeintlich kurzsichtige Bilanzleser mit einem doppelten Renditeeffekt täuschen zu können: Zum einen wurde das konzernbilanzielle Eigenkapital in einem geringeren Umfang ausgewiesen und zum anderen ließen sich – in der Literatur auch als „earnings 'penalty'"[325] bezeichnete – künftige Ergebnisbelastungen durch den Wegfall planmäßiger und gegebenenfalls außerplanmäßiger Abschreibungen auf den Goodwill und die aufgedeckten stillen Reserven vermeiden.[326] So ist nach einer von *Ayers/Lefanowicz/Robinson* durchgeführten Untersuchung infolge der Abschaffung der Interessenzusammenführungsmethode je nach Branche eine Minderung der Eigenkapitalrendite von bis zu 65% zu erwarten.[327] Damit dürfte die Vermeidung zukünftiger Goodwillabschreibungen im Regelfall alles andere als der von einem Vertreter der DaimlerChrysler AG behauptete bloße „nice to have", also angenehme Nebeneffekt sein.[328] Dies zeigt sich auch daran, dass akquirierende Unternehmen oftmals

---

322 Vgl. *Schildbach*, Konzernabschluß, S. 219; *Niehus/Thyll*, Konzernabschluß, S. 104. Zum Begriff der Sachverhaltsgestaltung im Kontext der Konzernrechnungslegung vgl. *Peffekoven*, Wahlrechtsproblematik, S. 19 ff.

323 Vgl. *Pahler/Mori*, Advanced Accounting, S. 268; siehe auch APB 16.13. So machte die im Jahre 1950 veröffentlichte ARB No. 40 „Business Combinations" eine Anwendung der Interessenzusammenführungsmethode unter anderem davon abhängig, dass die beteiligten Unternehmen eine vergleichbare Größe aufwiesen. Zu diesem Zeitpunkt dürfte ihre praktische Bedeutung daher als relativ niedrig einzustufen sein, da Unternehmenszusammenschlüsse unter gleichberechtigten Partnern als äußerst selten gelten, wenn nicht sogar ihre grundsätzliche Existenz in Frage gestellt wird; vgl. *Johnson/Petrone*, Tale of two standards, S. 100. Diese größenbezogene Bedingung wurde sieben Jahre später durch ARB No. 48, *Business Combinations,* aufgehoben, so dass sich die Methode nun einem wesentlich breiteren Kreis potenzieller Anwender öffnete. Zur Historie der Interessenzusammenführungsmethode ausführlich vgl. *Pahler/Mori*, Advanced Accounting, S. 287 ff.; *Hoyle/Schaefer/Doupnik*, Advanced Accounting, S. 65 ff.; *Stanke*, Rechnungslegung bei Unternehmenszusammenschlüssen, S. 8 ff.

324 Als weiterer Vorteil der Interessenzusammenführungs- gegenüber der Erwerbsmethode wird bspw. angeführt, dass eine Unterscheidung zwischen Erwerber und erworbenem Unternehmen nicht erforderlich ist.

325 *Johnson/Yorkley*, Special Report, S. 2.

326 Vgl. *Haring*, Impairment-only-Approach, S. 369; *Zwirner/Wohlgemuth*, Prognosefähigkeit, S. 85.

327 Vgl. *Ayers/Lefanowicz/Robinson,* Eliminating the Pooling-of-Interests Method, S. 12 ff., 18. Dieses Ergebnis bezieht sich auf das der Unternehmensakquisition folgende Geschäftsjahr. Aus Vereinfachungsgründen liegt ferner die Prämisse zugrunde, dass sämtliche bei der Interessenzusammenführungsmethode gegenüber der Erwerbsmethode in der Konzernbilanz unberücksichtigt gebliebenen Vermögenswerte eine durchschnittliche Nutzungsdauer von zehn Jahren aufweisen.

328 Vgl. *Zwirner/Wohlgemuth*, Prognosefähigkeit, S. 85.

bereit waren, signifikant höhere Kaufpreise im Falle einer Abbildung des Erwerbs über die Interessenzusammenführungsmethode zu zahlen.[329]

Vor dem Hintergrund der gestiegenen Anzahl von Unternehmenszusammenschlüssen wurde das Dilemma dieses zwar nicht expliziten, aber dennoch faktischen Wahlrechtes zwischen zwei Konsolidierungsverfahren mit gänzlich unterschiedlichen bilanziellen Konsequenzen Mitte der neunziger Jahre als nicht haltbar angesehen.[330] So musste das FASB einräumen, dass „both the representational faithfulness and the comparability of those financial statements suffer"[331], also die damaligen Regelungen weder dem Gesichtspunkt einer glaubwürdigen Berichterstattung noch dem Kriterium der Vergleichbarkeit genügten. Offenkundig widersprachen sie damit den Grundsätzen des Framework.[332] Einen Mangel an Vergleichbarkeit machte der Standardsetter aber nicht nur zwischen den nach US-GAAP bilanzierenden Unternehmen aus, sondern auch im Hinblick auf divergierende Standards anderer Rechnungslegungssysteme.[333] Ferner gelangte das FASB zu der Erkenntnis, dass der in der Vergangenheit von ihren Vorgängerorganisationen eingeschlagene Weg, eine klare Abgrenzung der Anwendungsfälle von Interessenzusammenführungs- und Erwerbsmethode anhand immer detaillierterer Kriterien vorzunehmen (sog. *condition-based-pooling-approach*), nicht überzeugen konnte. So gelang es auch mit Veröffentlichung des APB 16 im Jahre 1970 nicht, auf der Basis von zwölf Merkmalen den Kreis derjenigen Unternehmenszusammenschlüsse, die über die Interessenzusammenführungsmethode abgebildet wurden,

---

329 Zu diesem Ergebnis kommen unter anderem *Ayers/Lefanowicz/Robinson*, Pooling Method, S. 27 f.; vgl. auch *Walter*, Merger Mystery, S. 32 f., 43.

330 Insofern kann die Problematik als Musterbeispiel dafür gewertet werden, dass das Rechnungslegungssystem der US-GAAP relativ wenig offen eingeräumte Wahlrechte, gleichwohl allerdings zahlreiche Ermessens- und Gestaltungsspielräume aufweist. Vgl. *Schildbach*, Rechnungslegung, S. 411 f.; *Preißler*, Prinzipienbasierung, S. 2391. Vgl. dazu auch das Signaling-Modell von *Stanke*, Rechnungslegung bei Unternehmenszusammenschlüssen, S. 79 ff., 118, wonach gerade der Methodendualismus den Kapitalgebern erst die Trennung zwischen Unternehmen mit „gutem" und Unternehmen mit „schlechtem" Unternehmenszusammenschluss ermöglicht und insoweit eine Entscheidungsverbesserung bietet.

331 ED-SFAS Business Combinations, Par. B82.

332 Zu den Basiskomponenten des Framework vgl. Gliederungspunkt 3.2.2.2.

333 ED-SFAS Business Combinations, B83; *Johnson/Yokley*, Special Report, S. 3, 28. An dieser Stelle werden vor allem die Abweichungen gegenüber den Standards der übrigen Mitglieder der G4+1-Gruppe genannt. Die G4+1-Gruppe setzte sich aus Vertretern des FASB, des Australien Accounting Standards Board (AASB), des New Zealand Financial Reporting Standards Board (FRSB), des United Kingdom Accounting Standards Board (UK ASB) sowie des International Accounting Standards Committee (IASC) zusammen. Das Ziel der Organisation bestand darin, durch Analysen und Diskussionen bestimmter Bilanzierungsfragen einen Beitrag zur Harmonisierung der weltweiten Rechnungslegung zu leisten. Vgl. IASC, Recommendations, S. xi; vgl. bspw. auch *Pellens*, Internationale Rechnungslegung, S. 523. Im Zuge der Neustrukturierung des IASC beschloss die G4+1-Gruppe im Januar 2001 ihre Auflösung. Zur Notwendigkeit einer internationalen Vereinheitlichung der Kapitalkonsolidierung vgl. etwa *Peffekoven*, Reform der Kapitalkonsolidierung, S. 195 f.

langfristig zu begrenzen.[334] Auch die Tatsache, dass APB 16 seit seinem Inkrafttreten immer wieder Gegenstand ressourcenintensiver zusätzlicher Interpretationen und Anwendungshinweise seitens SEC, FASB, Emerging Issues Task Force (EITF) und American Institute of Certified Public Accountants (AICPA) war, ließen Zweifel an der Zweckmäßigkeit des damaligen Status quo aufkommen.[335]

4.1.2 Das „Business Combinations"-Projekt des FASB

Nicht zuletzt auf Drängen der SEC – immerhin waren mehr als zwei Jahrzehnte vergangen, in denen das FASB der angeführten Problematik nur eine untergeordnete Priorität beigemessen hatte[336] – beschloss der Standardsetter am 21. August 1996 die Durchführung eines "Project on (accounting for) Business Combinations" (kurz: "Business Combinations"-Projekt).[337] Ziel dieses Projekts zur Rechnungslegung von Unternehmenszusammenschlüssen war die Veröffentlichung eines oder mehrerer Standards, die APB 16 sowie APB 17 ersetzen sollten.[338] Einer der ersten Schritte des Vorhabens bestand in der

---

334 Vgl. ED-SFAS Business Combinations, Par. 3. Die Erfahrungen aus der Vergangenheit zeigen, dass sich einer Verschärfung der Anwendungsvoraussetzungen für die Interessenzusammenführungsmethode allenfalls eine kurzfristige Wirkung zusprechen lässt. So wurde im Rahmen einer Analyse 600 ausgewählter Unternehmen zwar beobachtet, dass mit der Einführung des APB 16 im Jahre 1970 die Anzahl der über die Interessenzusammenführungsmethode abgebildeten Unternehmenszusammenschlüsse vorübergehend von 144 in 1967 bzw. 184 in 1968 auf 31 in 1975 sank. Die Ende der neunziger Jahre vorherrschende Stellung des Verfahrens konnte gleichwohl nicht verhindert werden. Vgl. *Hoyle/Schaefer/Doupnik*, Advanced Accounting, S. 68. Wenngleich die in APB 16 enthaltenen Kriterien in der Literatur oftmals als unverständlich, willkürlich und unzureichend kritisiert werden, vgl. m. w. N. *Coenenberg*, Jahresabschluss, S. 613, wird jedoch vielfach ein grundsätzliches Festhalten am condition-based-pooling-approach gefordert; vgl. etwa *Peffekoven*, Reform der Kapitalkonsolidierung, S. 197 f.; *Telkamp/Bruns*, Pooling-of-interests-Methode, S. 748; *Böcking/Klein/Lopatta*, Internationale Entwicklungen, S. 24 f. In diesem Zusammenhang vertritt *Peffekoven* die Auffassung, dass sich geeignete Abgrenzungskriterien erst auf der Basis eines – wenn auch schwierigen – trial and error-Prozesses herausbilden; vgl. *Peffekoven*, Reform der Kapitalkonsolidierung, S. 197 f.

335 So wurden allein 33 AICPA-Interpretationen im Hinblick auf die Anwendbarkeit der Interessenzusammenführungsmethode veröffentlicht; vgl. *Johnson/Yokley*, Special Report, S. 1. Darüber hinaus wurde APB 16 zu einem der schlechtesten US-Rechnungslegungs-Standards gewählt; vgl. *Reither*, Worst Accounting Standards, S. 285, 288 f.

336 Vgl. *Pahler/Mori*, Advanced Accounting, S. 289. Zwar initiierte das FASB schon wenige Jahre nach Inkrafttreten des APB 16 ein Projekt zur Bilanzierung von Unternehmenszusammenschlüssen, im Jahre 1981 strich der Standardsetter dieses jedoch von seiner Agenda, um sich auf vermeintlich vorrangige Projekte zu konzentrieren. Vgl. *Johnson/Yokley*, Special Report, S. 2; *Pahler/Mori*, Advanced Accounting, S. 289.

337 Vgl. *Johnson/Yokley*, Special Report, S. 1. Zum Projekt "Business Combinations" vgl. auch *Pellens*, Internationale Rechnungslegung, S. 310 ff.

338 Vgl. *Johnson/Yokley*, Special Report, S. 1.

Veröffentlichung des Special Report „Issues Associated with the FASB Project on Business Combinations“ im Juni 1997 (vgl. Abbildung 7).[339]

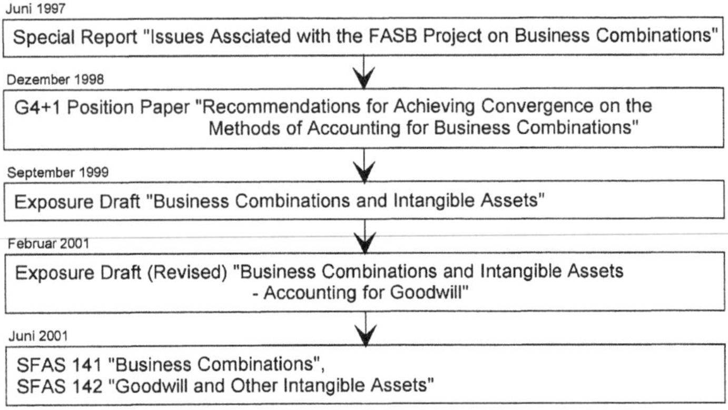

Abbildung 7: Entwicklungsprozess der SFAS 141/142

Die Publikation sollte über Umfang, Richtung und Durchführung des Projekts informieren[340] und stellte in diesem Zusammenhang auch in Frage, ob ein Festhalten an den beiden Konsolidierungsmethoden sinnvoll sei[341]. In der bis zum September 1997 andauernden Kommentierungsphase gingen insgesamt 54 Stellungnahmen ein, die zwar grundsätzlich den vom FASB eingeschlagenen Weg begrüßten, in der Mehrzahl allerdings die Beibehaltung der Methodenpluralität forderten.[342]

Im darauf folgenden Jahr wirkte das FASB im Rahmen seiner Mitgliedschaft in der G4+1-Group of standard setters (G4+1-Gruppe) an der Erstellung des Diskussionspapiers „Recommendations for achieving convergence on the methods of accounting for business combinations“ mit.[343] Ausgearbeitet wurden dabei Empfehlungen, die auf die Schaffung internationaler Konvergenz bei der Bilanzierung von Unternehmenszusammenschlüssen zielen. Schwerpunktmäßig geht die Analyse der bereits im Special Report aufgeworfenen Frage nach, ob sämtliche Unternehmenszusammenschlüsse einheitlich anhand einer

339 Vgl. *Johnson/Yokley*, Special Report.

340 Vgl. *Johnson/Yokley*, Special Report, S. iii; ED-SFAS Business Combinations, Par. B.87.

341 Vgl. *Johnson/Yokley*, Special Report, S. 22.

342 Vgl. ED-SFAS Business Combinations, Par. B.88.

343 Vgl. *IASC*, Recommendations.

bestimmten Konsolidierungsmethode im Konzernabschluss abgebildet werden sollten.[344] Abschließend kommt die Studie zu dem Ergebnis, „that the use of one method is preferable to two, subject to determining whether one method can be appropriately applied to all business combinations“[345], und stuft die Erwerbsmethode als „the only method that might be appropiate for all business combinations“[346] ein. Die G4+1-Gruppe empfiehlt somit die Anwendung der Erwerbsmethode bei sämtlichen Unternehmenszusammenschlüssen.[347] Die im Anschluss an die Veröffentlichung beim FASB eingegangenen 148 Stellungnahmen offenbarten, dass die meisten Kommentatoren zwar grundsätzlich einer Abschaffung der Interessenzusammenführungsmethode zustimmten, ihre Meinung aber teilweise auch von der zukünftigen Ausgestaltung der Goodwillbilanzierung im Rahmen der Erwerbsmethode abhängig machten.[348]

Die Empfehlungen der G4+1-Gruppe griff das FASB mit der Herausgabe des Exposure Draft „Business Combinations and Intangible Assets“ am 7. September 1999 auf.[349] Dementsprechend sah der Standardentwurf die Abschaffung der Interessenzusammenführungsmethode vor.[350] Neben weiteren Änderungen, die insbesondere den Bereich der Bilanzierung identifizierbarer erworbener immaterieller Vermögenswerte betrafen, wurde darüber hinaus vorgeschlagen, die maximale Zeitspanne für die planmäßige Goodwillabschreibung von bisher 40 Jahren auf nunmehr 20 Jahre zu verkürzen.[351]

---

344 Vgl. *IASC*, Recommendations, S. iii. Neben der Erwerbs- und Interessenzusammenführungsmethode wurde mit der Fresh-Start-Methode eine bisher vergleichsweise unbekannte Variante der Kapitalkonsolidierung einbezogen; zur Fresh-Start-Methode vgl. Gliederungspunkt 5.1.1.1.4.2.

345 *IASC*, Recommendations, Par. 161.

346 *IASC*, Recommendations, Par. 162.

347 Vgl. dazu auch *Peffekoven*, Reform der Kapitalkonsolidierung, der dem Ergebnis der Studie kritisch gegenüber steht.

348 Vgl. ED-SFAS Business Combinations, Par. B90, B105. Lediglich die Branchen des High-Tech-Sektors sowie des Investment Banking sprachen sich übereinstimmend für die Beibehaltung der Interessenzusammenführungsmethode aus.

349 Vgl. ED-SFAS Business Combinations.

350 Vgl. ED-SFAS Business Combinations, Par. 13. Zur Begründung der Abschaffung der Interessenzusammenführungsmethode vgl. die Ausführungen der FASB-Manager *Johnson/Petrone*. In diesem Zusammenhang stellt *Peffekoven* fest, dass der von *Johnson/Petrone* hervorgebrachten Kernkritik an der Beibehaltung stiller Reserven im Rahmen der Interessenzusammenführungsmethode nicht durch eine Reform der Kapitalkonsoliderung begegnet werden könne. Vielmehr sei eine grundsätzliche Neugestaltung der Bewertungsvorschriften in der Rechnungslegung erforderlich. Vgl. *Johnson/Petrone*, Pooling Method; *Peffekoven*, Pooling-of-Interests Methode, S. 19 f. Einer Abschaffung der Interessenzusammenführungsmethode ablehnend gegenüber stehen bspw. auch *Böcking/Klein/Lopatta*, Internationale Entwicklungen, S. 23 ff.; *Vater*, M&A Accounting, S. 1844 ff.

351 Vgl. ED-SFAS Business Combinations, Par. 42.

Dieser erste Entwurf eines zukünftigen Standards zur Bilanzierung von Unternehmenszusammenschlüssen löste in die Vereinigten Staaten dermaßen heftige Reaktionen aus, dass in der Literatur von einem „firestorm of criticism“[352] gesprochen wird. So erreichten den Standardsetter insgesamt 210 Antworten im Laufe der dreimonatigen Kommentierungsphase sowie 43 Stellungnahmen im Rahmen einer vier Tage andauernden öffentlichen Anhörung des FASB im Februar 2000.[353] Ungefähr zwei Drittel aller Beiträge sprachen sich gegen die beabsichtigte Abschaffung der Interessenzusammenführungsmethode aus und eine Vielzahl kritisierte ferner einen oder mehrere Aspekte der geplanten Goodwillbilanzierung.[354] Die Tragweite der angedachten Neuregelungen wurde schließlich auch am 2. März bzw. 4. Mai 2000 deutlich, als das „Business Combinations“-Projekt Gegenstand zweier Anhörungen im Kongress war. Senatoren, Repräsentanten und Unternehmensvertreter äußerten mehrheitlich Bedenken gegen die Umsetzung des Standardentwurfs und drückten in den Sitzungen unter anderem ihre Besorgnis aus, dass es im Falle der Umsetzung des Standardentwurfs zu Wettbewerbsnachteilen für die US-amerikanische Wirtschaft, insbesondere den High-Tech-Sektor, käme.[355]

Die auf breiter Front hervorgebrachte Kritik verfehlte ihre Wirkung nicht und führte dazu, dass das FASB bereits im April 2000 erneute Beratungen über die Rechnungslegung von Unternehmenszusammenschlüssen aufnahm.[356] Nachdem diese Anfang 2001 abgeschlossen wurden, veröffentlichte der Standardsetter am 14. Februar 2001 den Exposure Draft (revised) “Business Combinations and Intangible Assets – Accounting for Goodwill”.[357] Zwar hielt das FASB in dem überarbeiteten Entwurf nach wie vor am Verbot der Interessenzusammenführungsmethode fest, gleichzeitig wurde mit der Entscheidung „that goodwill should no longer be amortized and would be tested for impairment in a manner different from how other assets are tested for impairment“[358] eine fundamentale Kehrtwende im Bereich der Goodwillbilanzierung vollzogen. Als Begründung für die Abschaffung der planmäßigen Goodwillabschreibung führt das FASB an, dass der Goodwill aufgrund verschärfter Ansatzkriterien für separat zu bilanzierende immaterielle Vermögenswerte nunmehr im Wesent-

---

352 *Willens*, Impact of FASB`s New Rules, S. 83.

353 Vgl. SFAS 142.B13; ED-SFAS (Revised) Goodwill, Par. 43.

354 Vgl. *Beresford*, Business Combinations, S. 74.

355 Vgl. *Beresford*, Business Combinations, S. 74 ff.; *Ketz*, Pooling versus Purchase, S. 77.

356 Vgl. ED-SFAS (Revised) Goodwill, S. i.

357 Vgl. ED-SFAS (Revised) Goodwill. Zum überarbeiteten Standardentwurf vgl. ausführlich bspw. *Munter*, Business Combinations; *Pejic/Buschhüter*, Goodwill-Abschreibung; *Pellens/Sellhorn*, Impairment-Only Approach; *Tump/Gross*, M&A-Implikationen; *Ziehms*, Geplante Änderungen.

358 ED-SFAS (Revised) Goodwill, S. i.

lichen einen nicht abnutzbaren Vermögenswert (nonwasting asset) mit unbestimmbarer Nutzungsdauer (indefinite life) darstelle.[359]

Demgegenüber interpretieren weite Teile der Literatur die Abkehr von der planmäßigen Goodwillabschreibung vor dem Hintergrund ihrer vermeintlich ergebnisschonenden Wirkung als „politische[n] Preis, den das FASB für das Verbot der Kapitalkonsolidierung nach der Pooling of Interests Method hat zahlen müssen“[360]. In diesem Sinne spricht auch *Willens* von einem „poor substitute ... for pooling“[361]. Folgt man dieser Auffassung, so stellen die Neuregelungen zur Goodwillbilanzierung lediglich einen Kompromiss entgegengerichteter Interessen des Standardsetter einerseits und der vor allem von Vertretern der High-Tech-Branche und des Investment Banking angeführten Lobby US-amerikanischer Unternehmen andererseits dar.[362] Das FASB wäre damit einmal mehr die „bedauernswerte Marionette“[363], die aus nicht ganz unberechtigter Sorge um die eigene Existenz die zumindest formal zugedachte Unabhängigkeit preisgibt.[364] Insofern überrascht es kaum, dass sich mit der Abschaffung der planmäßigen Goodwillabschreibung letztendlich eine Lösung durchsetzte, die bereits im März 2000 zunächst in einer Anhörung und anschließend in einem Schreiben des Senats an den damaligen FASB-Vorsitzenden *Ed Jenkins* vorgeschlagen wurde.[365] In eine andere Richtung zielt die Kritik von *Teitler-Feinberg*, die in den reformierten Vorschriften

---

359 Zur Rechtfertigung vgl. ausführlich *Johnson/Petrone*, Goodwill Amortization. Vgl. auch ED-SFAS (Revised) Goodwill, Par. 66, 67.

360 *Kleindiek*, Goodwill-Bilanzierung, S. 2573. So bspw. auch *Ketz*, Critical Look, S. 63; *Kahle*, Bilanzierung nach Belieben, S. 851, 905; *Dietrich*, Goodwillbilanzierung, S. 546; *Busse von Colbe*, Bilanzierung des Goodwill; *Pellens/Sellhorn*, Impairment-Only Approach, S. 713. Es ist allerdings zu beachten, dass im Vergleich zur Interessenzusammenführungsmethode mit der verbindlichen Anwendung der Erwerbsmethode bei gleichzeitiger Abschaffung der planmäßigen Goodwillabschreibung nicht derselbe Renditeeffekt erzielt werden kann. Geht man davon aus, dass sich außerplanmäßige Abschreibungen weitestgehend vermeiden lassen, so steht der ergebnisschonenden Wirkung eine dauerhafte Erhöhung des Eigenkapitals und damit langfristig ein Absinken der Eigenkapitalrendite bzw. höherer Erfolgsdruck auf die Geschäftsleitung gegenüber. Insofern zeugt die von den Unternehmen geforderte Abschaffung der planmäßigen Goodwillabschreibung von einer gewissen Kurzsichtigkeit. Vgl. dazu auch *Pellens/Sellhorn*, Goodwill-Bilanzierung, S. 1681.

361 *Willens*, Impact of FASB`s New Rules, S. 83

362 Vgl. ausführlich *Beresford*, Business Combinations; vgl. auch *Dietrich*, Goodwillbilanzierung, S. 546; *Döhle/Papendick*, Blendwerk, S. 136.

363 *Schildbach*, US-GAAP, S. 38.

364 Vgl. auch *Pfeil/Vater*, Goodwill, S. 585. Die Sorge ist insofern begründet, als dass die Vorgängerorganisation des FASB nach Bildung entsprechender Untersuchungsausschüsse aufgelöst wurde; vgl. *Schildbach*, US-GAAP, S. 36. In diesem Sinne auch *Meek*, Vereinigte Staaten, S. 157 f.; *Hitz/Kuhner*, Grundsätze der Barwertermittlung, S. 898. Zum Einfluss unterschiedlicher Interessengruppen auf den Normsetzungsprozess vgl. insbesondere auch *Miller/Redding/Bahnson*, Process, S. 171 ff.

365 Vgl. *Beresford*, Business Combinations, S. 82; *Zeff*, Lobbying, S. 50 f. Vgl. auch Gliederungspunkt 1.1.

einen „Marketing Effekt für die US-GAAP“[366] erkennt, der die Attraktivität eines Listing ausländischer Unternehmen in den Vereinigten Staaten erhöhe.

Der überarbeitete Standardentwurf wurde der Öffentlichkeit ebenfalls zur Diskussion gestellt.[367] Wie nicht anders zu erwarten, zeichnete sich in den 211 im Laufe der verkürzten Kommentierungsfrist von einem Monat eingegangenen Stellungnahmen nunmehr eine mehrheitliche Zustimmung zu Eckpunkten der geplanten Reform der Bilanzierung von Unternehmenszusammenschlüssen ab.[368] Unerwartet zustande kam der Konsens auch vor dem Hintergrund nicht, dass das FASB bereits im Vorfeld vierzehn US-amerikanische Unternehmen in die Entwicklung des zukünftig durchzuführenden Werthaltigkeitstests einbezogen hatte.[369]

Abgesehen von geringfügigen Änderungen wurden die im überarbeiteten Standardentwurf enthaltenen Vorschläge schließlich in die endgültigen, am 20. Juli 2001 unter der Bezeichnung „SFAS 141 ‚Business Combinations'“ und „SFAS 142 ‚Goodwill and Other Intangible Assets'“ veröffentlichten Standards übernommen.

4.2 Anwendungsbereich der SFAS 141/142

Die für die Bilanzierung des Goodwill nach US-GAAP einschlägigen Vorschriften finden sich nicht in einem einzigen Standard, sondern erstrecken sich auf die Vorschriften SFAS 141 und SFAS 142.

Im Kern beinhaltet SFAS 141 das Verbot der Interessenzusammenführungsmethode als Methode der Kapitalkonsolidierung und legt die Erwerbsmethode als nunmehr einzig zulässiges Verfahren zur Abbildung von Unternehmenszusammenschlüssen in der Rechnungslegung fest.[370] Unbedeutend ist dabei, ob der Zusammenschluss über einen Asset Deal oder Share Deal bzw. über eine Interessenzusammenführung realisiert wird.[371] Hinsichtlich der Behandlung eines möglicherweise in diesem Zusammenhang entstehenden Goodwill hat SFAS 141 seine definitorische Abgrenzung und erstmalige Bewertung zum Gegenstand und

---

366 *Teitler-Feinberg*, Bewertung von Goodwill, S. 336.

367 Vgl. ED-SFAS (Revised) Goodwill, S. ii-iv.

368 Vgl. SFAS 142.B95.

369 Vgl. ED-SFAS (Revised) Goodwill, Par. 43; SFAS 142.B14. Vgl. auch *Mard/Hitchner/Hyden u. a.*, Valuation, S. 7.

370 Ausdrücklich ausgenommen vom Anwendungsbereich des SFAS 141 sind Unternehmenszusammenschlüsse zwischen öffentlichen Unternehmen sowie Gemeinschaftsunternehmen, vgl. SFAS 141.9, 12.

371 Vgl. SFAS 141.13, SFAS 141.10.

determiniert somit die Bilanzierung im Zeitpunkt der Durchführung der Unternehmensakquisition.[372] Aufgrund des engen Bezugs zur Goodwillbilanzierung im Erwerbszeitpunkt finden sich in SFAS 141 darüber hinaus Vorschriften, die die erstmalige Bilanzierung sonstiger im Rahmen einer Unternehmenstransaktion erworbener immaterieller Vermögenswerte betreffen.[373]

SFAS 142 zeichnet sich dagegen für die Bilanzierung des Goodwill in den Folgeperioden des Unternehmenserwerbs verantwortlich.[374] Zentraler Bestandteil dieser Vorschrift ist die gegenüber dem früher einschlägigen APB 17 geänderte Bestimmung, dass der derivative Goodwill nicht mehr planmäßig, sondern lediglich fallweise außerplanmäßig abzuschreiben ist (*impairment only approach*).[375] Infolgedessen bilden die Detailregelungen, die den regelmäßig bzw. zu bestimmten Anlässen durchzuführenden Werthaltigkeitstest (*impairment test*) betreffen, einen der Schwerpunkte innerhalb des SFAS 142.[376] Die Neuregelung betrifft dabei aber nicht nur diejenigen Goodwillpositionen, die aus nach SFAS 141 bilanzierten Unternehmenszusammenschlüssen resultieren. Vielmehr ist die Abschaffung der planmäßigen Goodwillabschreibung sowohl auf Goodwill, der unter der inzwischen außer Kraft gesetzten APB 16 entstand[377], als auch auf die Equity-Methode nach APB 18[378] zu übertragen. Analog zu SFAS 141 hat SFAS 142 aber auch die Bilanzierung sonstiger immaterieller Vermögenswerte zum Gegenstand.[379] In diesem Zusammenhang umfasst der Regelungsbereich des SFAS 142 nicht nur die Folgebilanzierung im Rahmen eines Unternehmenszusammenschlusses erworbener sonstiger immaterieller Vermögenswerte, sondern auch allgemein die Zugangs- und Folgebilanzierung immaterieller Vermögenswerte, die einzeln oder in einer Gruppe, nicht aber im Zuge einer Unternehmensakquisition, erworben wurden.[380]

Hinsichtlich des Zeitpunkts des Inkrafttretens der Standards ist zu beachten, dass SFAS 141 erstmalig auf solche Unternehmenszusammenschlüsse anzuwenden ist, die nach dem 30. Juni 2001 initiiert wurden.[381] Demgegenüber ist eine verbindliche Anwendung des SFAS 142 grundsätzlich erst für Geschäftsjahre, die ab dem 15. Dezember 2001 beginnen, vorge-

---

372 Vgl. SFAS 141.43 ff.

373 Vgl. SFAS 141.39.

374 Vgl. SFAS 142.4, SFAS 141.47.

375 Vgl. SFAS 142.18.

376 Vgl. SFAS 142.18 ff.

377 Vgl. SFAS 142.54.

378 Vgl. SFAS 142.40.

379 Vgl. SFAS 142.9 ff.

380 Vgl. SFAS 142.9.

381 Vgl. SFAS 141.59.

sehen.[382] Um nun eine einheitliche Anwendung beider Standards bei solchen Unternehmenszusammenschlüssen, die nach dem 30. Juni 2001 initiiert und vor dem 15. Dezember 2001 vollendet wurden, zu gewährleisten, sind bestimmte akquisitionsspezifische Regelungen des SFAS 142 auch schon früher auf Erwerbsvorgänge ab dem 30. Juni 2001 anzuwenden.[383] Darüber hinaus räumt das FASB Unternehmen, deren Geschäftsjahre abweichend vom Kalenderjahr ab dem 15. März 2001 beginnen, ein Wahlrecht zu einer früheren Anwendung der Neuregelungen ein. Eine frühere Applikation ist jedoch an die Voraussetzung geknüpft, dass zum Zeitpunkt der vorgezogenen Anwendung noch kein erster Quartalsabschluss für die laufende Abrechnungsperiode veröffentlicht wurde.[384]

4.3 Bilanzierung zum Erwerbszeitpunkt

4.3.1 Entstehung des Goodwill

4.3.1.1 Grundlagen

Die Rechnungslegungsvorschriften der US-GAAP definieren den in der Bilanz zu berücksichtigenden Goodwill gemäß SFAS 141 wie folgt:

> „The excess of the cost of an acquired entity over the net of the amounts assigned to assets acquired and liabilities assumed shall be recognized as an asset referred to as goodwill."[385]

Demnach entsteht der Goodwill als bilanzierungstechnische Restgröße immer dann, wenn im Rahmen einer Unternehmensakquisition die Anschaffungskosten des erworbenen Unternehmens die Summe der Fair Values (beizulegende Zeitwerte) der identifizierbaren, also getrennt vom Goodwill zu erfassenden Vermögenswerte abzüglich der Schulden im Zeitpunkt der Übernahme übersteigen:

Anschaffungskosten des erworbenen Unternehmens	
– Summe der Fair Values der identifizierbaren Vermögenswerte	*Fair Value des identifizierbaren Netto- bzw. Reinvermögens*
+ Summe der Fair Values der identifizierbaren Schulden	
= Goodwill	

Dem auf diese Weise aus dem Kaufpreis abgeleiteten, d. h. derivativen Goodwill misst das FASB explizit den Stellenwert eines Vermögenswertes bei und belegt ihn insofern konse-

---

[382] Vgl. SFAS 142.48a.

[383] Vgl. SFAS 142.48a, SFAS 142.50.

[384] Vgl. SFAS 142.48a.

quenterweise mit einem Aktivierungsgebot. Handelt es sich dagegen um einen originär erschaffenen, also nicht im Zuge einer Unternehmensakquisition erworbenen Goodwill, so ist ein Ansatz in der Bilanz unzulässig.[386]

Zu beachten ist in diesem Zusammenhang des Weiteren, dass unter bestimmten Umständen auch das neu bewertete identifizierbare Reinvermögen die Anschaffungskosten des erworbenen Unternehmens übersteigen kann. Dieser vom FASB als „excess over cost" bezeichnete Fall wird vom Regelungsbereich des SFAS 141 eingeschlossen.[387] Da die Situation in der Praxis gegenüber dem Goodwill vergleichsweise selten auftritt und insofern als Sonderfall einzustufen ist, wird sie im Folgenden zunächst außer Acht gelassen und erst an späterer Stelle wieder aufgegriffen.[388]

Der skizzierten Aufrechnung von Anschaffungskosten und neu bewertetem Reinvermögen kommt sowohl im Einzel- als auch im Konzernabschluss Bedeutung zu. Im *Einzelabschluss* kann ein derivativer Goodwill entstehen, wenn eine Unternehmenstransaktion über einen Asset Deal realisiert wird (sog. Nicht-Konsolidierungsgoodwill).[389] In diesem Fall übernimmt der Erwerber unmittelbar die einzelnen Vermögenswerte und Schulden, aus denen sich das Akquisitionsobjekt zusammensetzt.[390] Die Notwendigkeit zur Neubewertung des erworbenen Reinvermögens ergibt sich dabei aus der Zahlung des Kaufpreises, im Zuge derer die Anschaffungskosten der einzelnen Vermögenswerte und Schulden auf eine neue Basis zu stellen sind.[391]

Wird eine Unternehmensakquisition dagegen auf dem Weg eines Beteiligungserwerbs (Share Deal) abgewickelt[392] und kommt infolgedessen ein Control-Verhältnis zwischen den beteiligten Unternehmen zustande, so kann sich im *Konzernabschluss* die Aktivierung eines Goodwill aus der Kapitalkonsolidierung (sog. Konsolidierungsgoodwill) nach der gemäß

---

385 Vgl. SFAS 141.43.

386 Dieses Ansatzverbot wird unter Umständen im Rahmen der Folgebilanzierung des Goodwill durchbrochen, da es unter SFAS 142 zu einer indirekten Aktivierung originärer Goodwill-Komponenten kommen kann. Vgl. dazu ausführlich Gliederungspunkt 5.1.1.2.1.2.

387 Vgl. SFAS 141.44 ff.

388 Vgl. Gliederungspunkt 4.5.1.

389 Darüber hinaus kann sich der Ausweis eines Goodwill im Einzelabschluss aber auch aus der Anwendung des sog. Push Down Accounting ergeben, nach dem unter bestimmten Voraussetzungen eine Übernahme eines im Konzernabschluss entstandenen Goodwill in den Einzelabschluss eines Tochterunternehmens erfolgt. Siehe dazu ausführlich Gliederungspunkt 4.3.1.4.

390 Eine weitergehende Charakterisierung des Asset Deal ist zu finden bei *Semler*, Unternehmens- und Beteiligungskaufvertrag, S. 523 f.

391 Vgl. bspw. *Coenenberg*, Jahresabschluss, S. 584.

392 Vgl. auch *Semler*, Unternehmens- und Beteiligungskaufvertrag, S. 523 f.

SFAS 141 zwingend vorgeschriebenen Erwerbsmethode (purchase method) ergeben.[393] Dieser Konsolidierungsmaßnahme kommt die Aufgabe zu, interne Kapitalverflechtungen zwischen einem Mutter- und einem Tochterunternehmen zu eliminieren und somit eine aussagekräftige Darstellung des Eigenkapitals der wirtschaftlichen Einheit rechtlich selbständiger Gesellschaften zu gewährleisten.

Um dieses Ziel zu erreichen, wird im Rahmen der Erwerbsmethode der direkte Erwerb der einzelnen Vermögenswerte und Schulden des erworbenen Tochterunternehmens, d. h. ein Asset Deal, fingiert.[394] Vor dem Hintergrund dieser Erwerbsfiktion ergibt sich daher auch im Kontext der Kapitalkonsolidierung die Notwendigkeit zur Neubewertung der Bilanzpositionen im Akquisitionszeitpunkt. Folglich spiegelt sich in der Erwerbsmethode der Grundsatz der wirtschaftlichen Betrachtungsweise (substance over form) wider:[395] Aus ökonomischem Blickwinkel identische Unternehmenserwerbe unterliegen somit – unabhängig von ihrer formalrechtlichen Ausgestaltung als Asset Deal oder Share Deal – grundsätzlich der gleichen Abbildungssystematik in der Rechnungslegung.[396]

Da dem Konzernabschluss im System der US-amerikanischen Rechnungslegung eine im Vergleich zum Einzelabschluss wesentlich höhere Bedeutung beigemessen wird[397], beziehen sich die nachfolgenden Ausführungen in erster Linie auf den Goodwill aus der Kapitalkonsolidierung.[398] Diese Vorgehensweise erscheint auch insofern geboten, als der Konsolidierungsgoodwill in der Praxis nicht nur häufiger auftritt, sondern auch betragsmäßig gegenüber dem Goodwill im Einzelabschluss dominiert.[399] Aufgrund des im Rahmen der

---

393 Vgl. SFAS 141.13. Zur Abgrenzung des Konsolidierungskreises im Rahmen der US-amerikanischen Konzernrechnungslegung vgl. bspw. *Schildbach*, Konzernabschluß, S. 122 ff.; *Pellens*, Internationale Rechnungslegung, S. 288 ff. Zur jüngst in den Vordergrund der wissenschaftlichen Diskussion gerückten Problematik des Einbezugs sog. Special Purposes Entities (SPE) infolge des Enron-Skandals vgl. etwa *Pellens/Sellhorn/Streckenbach*, Zweckgesellschaften; *Brakensiek/Küting*, Special Purpose Entities.

394 Vgl. auch *Beams/Brozovsky/Shoulders*, Advanced Accounting, S. 5, *Scherrer*, Konzernrechnungslegung, S. 226; *Schildbach*, Ausschüttungsbemessungsgrundlage, S. 57.

395 Der *Grundsatz der wirtschaftlichen Betrachtungsweise* sieht vor, dass Sachverhalte unabhängig von ihrer formalrechtlichen Ausgestaltung entsprechend dem wirtschaftlichen Gehalt in der Rechnungslegung abzubilden sind; vgl. bspw. *Dyckman/Dukes/Davis*, Intermediate Accounting, S 41. Es ist jedoch zu beachten, dass das FASB die wirtschaftliche Betrachtungsweise bewusst nicht in den Katalog der allgemeinen Rechnungslegungseigenschaften gemäß SFAC 2 aufgenommen hat. Als Begründung wird unter anderem auf den vagen Charakter des Grundsatzes verwiesen. Vgl. SFAC 2.160; vgl. auch *Schildbach*, US-GAAP, S. 45

396 Vgl. *Coenenberg*, Jahresabschluss, S. 585, *Fischer/Taylor/Cheng*, Advanced Accounting, Kapitel 2, S. 5 ff.

397 Vgl. etwa *Pellens*, Internationale Rechnungslegung, S. 173 ff.

398 In der Konzernbilanz kann sich im Einzelfall aber auch ein Nicht-Konsolidierungsgoodwill in Folge eines Asset Deal niederschlagen.

399 Vgl. etwa *Busse von Colbe*, Geschäfts- oder Firmenwert, Spalte 887; *Kahle*, Bilanzierung nach Belieben, S. 850.

Erwerbsmethode fingierten Asset Deal entspricht die konzernbilanzielle Goodwillbilanzierung jedoch grundsätzlich der Vorgehensweise im Einzelabschluss. Mit Ausnahme der konzernrechnungslegungsspezifischen Besonderheiten, wie beispielsweise die bereits angesprochene Berücksichtigung von Minderheitenanteilen oder der Notwendigkeit zur Identifikation des Erwerbers[400], sind daher die nachfolgenden Überlegungen direkt auf den Goodwill im Einzelabschluss übertragbar und es kann somit auf eine isolierte Betrachtung der Bilanzierung im separaten Abschluss verzichtet werden.

In den folgenden Abschnitten sollen nun im Detail die einzelnen zur Bestimmung des Goodwill erforderlichen Schritte erläutert werden. Im ersten Schritt gilt es zunächst, eines der am Unternehmenszusammenschluss beteiligten Unternehmen als Erwerber zu identifizieren (Gliederungspunkt 4.3.1.2). Nachdem die Kosten der Akquisition im zweiten Schritt bestimmt worden sind (Gliederungspunkt 4.3.1.3), muss in einem dritten Schritt (Gliederungspunkt 4.3.1.4) geprüft werden, in welchem Umfang sie durch die identifizierbaren Vermögenswerte abzüglich der Schulden des erworbenen Unternehmens gedeckt sind und damit nicht Bestandteil des Goodwill als Restgröße sind.

4.3.1.2 Identifikation des Erwerbers

Bevor die Anschaffungskosten des Akquisitionsobjektes und das identifizierbare Nettovermögen der Zielgesellschaft (target) als Determinanten der Restgröße Goodwill bestimmt werden können, muss im Vorfeld zunächst geklärt werden, welchem der beteiligten Kontrahenten die Rolle des erworbenen Unternehmens bzw. die des Erwerbers zukommt.[401] Unproblematisch ist dies bei solchen Transaktionen, bei denen die Gegenleistung für die Übernahme von Geschäftsanteilen in Barmitteln besteht, da hier der Erwerber eindeutig als diejenige Partei zu identifizieren ist, welche die Mittel entrichtet.[402]

In der Praxis ist es allerdings oftmals der Fall, dass ein Share Deal über einen Aktientausch realisiert wird. Unter diesen Umständen gewährt der Erwerber als Gegenleistung für die empfangenen Kapitalanteile seinerseits Anteile an der eigenen Gesellschaft. Bei diesem gegenseitigen Beteiligungserwerb ist normalerweise das relativ größere Unternehmen als Erwerber einzustufen, welches die eigenen Anteile an den bisherigen Eigentümer des anderen, kleineren Unternehmens ausgibt.[403] Ausnahmsweise kann aber auch das die Anteile

---

400 Vgl. Gliederungspunkt 4.3.1.2.

401 Vgl. SFAS 141.15-19.

402 Vgl. SFAS 141.16.

403 Vgl. SFAS 141.17.

emittierende Unternehmen als Akquisitionsobjekt eingestuft werden: Im Falle einer Reverse Acquisition (reverse merger) gibt ein kleineres Unternehmen so viele Anteile aus, dass die Anteilseigner des größeren Unternehmens faktisch die Kontrolle über die entstandene Unternehmensverbindung übernehmen.[404] Dementsprechend kommt auch hier dem größeren Unternehmen im Zuge der wirtschaftlichen Betrachtungsweise die Rolle des Erwerbers zu, obwohl es aus formalrechtlicher Sicht als Tochterunternehmen zu qualifizieren ist.[405] Des Weiteren weist das FASB in diesem Zusammenhang darauf hin, dass es auch zu Transaktionen kommen kann, bei denen ein kleinerer Erwerber ein vergleichsweise größeres Zielobjekt erwirbt oder bei denen das akquirierende Unternehmen den Firmennamen des Zielobjektes übernimmt.[406]

Diese vielfältigen Möglichkeiten der Ausgestaltung eines Share Deal bedingen zwangsläufig Schwierigkeiten bei der Identifikation des Erwerbers. Aus diesem Grunde enthält SFAS 141 einen Kriterienkatalog, auf dessen Basis die Identifikation des akquirierenden Unternehmens erfolgt. Im Einzelnen sind folgende Faktoren zu berücksichtigen:[407]

- Die relativen Stimmrechte in der neu entstandenen Unternehmensverbindung;
- die Existenz einer vergleichsweise großen Minderheit, die mehr Stimmrechte auf sich vereint als die übrigen Anteilseigner;
- die personelle Zusammensetzung des Aufsichtsgremiums bzw. der Geschäftsführung der entstandenen Unternehmensverbindung;
- die Zahlung eines Kaufpreises, der den Marktpreis der erworbenen Anteile übersteigt.

Sollten sich im Rahmen der Akquisition mehr als zwei Unternehmen zusammenschließen, so ist diejenige Partei als Erwerber anzusehen, von der die Initiative zur Transaktion ausging bzw. die den vergleichsweise größten Anteil an Vermögen und Ertrag aufweist.[408] Wird im Zuge der Transaktion eine Gesellschaft zum Zweck der Ausgabe neuer Eigenkapitalanteile gegründet, kommt als Erwerber nur eine der bereits vorhandenen Gesellschaften in Frage.[409]

---

404 Zur Reverse Acquisition ausführlich vgl. *Küting/Müller/Pilhofer*, Reverse Acquisitions. Zur Begriffsabgrenzung vgl. auch *Simon*, Pooling, S. 63.

405 Vgl. SFAS 141.17. Vgl. auch *Simon*, Pooling, S. 63; *Küting/Müller/Pilhofer*, Reverse Acquisitions, S. 258; *Pfeil/Vater*, kleine Unternehmensbewertung, S. 68.

406 Vgl. SFAS 141.17.

407 Vgl. SFAS 141.17a-e.

408 Vgl. SFAS 141.18.

409 Vgl. SFAS 141.19.

4.3.1.3 Ermittlung der Anschaffungskosten des erworbenen Unternehmens

Ausgangspunkt der Ermittlung der Anschaffungskosten des erworbenen Unternehmens bzw. einer Beteiligung (Cost of the Acquired Entity) bildet die allgemeine, von den jeweiligen Bilanzpositionen unabhängige Anschaffungskostendefinition innerhalb der US-GAAP.[410] Gemäß SFAC 5 umfassen Anschaffungskosten (historical costs) sämtliche monetären oder ähnlichen Mittel, die aufgewendet werden, um einen Vermögenswert zu erlangen.[411] Im Zuge der Bestimmung der Anschaffungskosten eines erworbenen Unternehmens ist zwischen Anschaffungspreis, Anschaffungsnebenkosten, Kosten der Eigenkapitalbeschaffung und bedingten Anschaffungskosten zu unterscheiden.[412]

Der *Anschaffungspreis* (given consideration) der erworbenen Unternehmung stellt die Kernkomponente der Anschaffungskosten dar. Je nach Art der eingesetzten Akquisitionswährung erfolgt seine Ermittlung auf unterschiedlichen Wegen:[413]

- Besteht die Gegenleistung für das erworbene Unternehmen in Barmitteln, so determiniert der entrichtete Betrag den Anschaffungspreis.

- Wird als Gegenleistung die Übernahme einer Schuld vereinbart, bemisst sich der Anschaffungspreis nach dem Fair Value[414] der übernommenen Schuld.

- Es besteht aber auch die Möglichkeit, dass im Rahmen eines Unternehmenserwerbs auf Aktien oder sonstige Vermögenswerte als Akquisitionswährung zurückgegriffen wird. In diesem Fall ergeben die Fair Values der ausgegebenen Wertpapiere bzw. der jeweiligen sonstigen Vermögenswerte den Anschaffungspreis. Allerdings wird der Fair Value im Sinne eines Börsenkurses einer Aktie nur eingeschränkt als Maßstab für den Anschaffungspreis anerkannt: Stimmt der Börsenwert der Gegenleistung nämlich nicht mit dem durch eine Unternehmensbewertung ermittelten Fair Value des Nettovermögens des Akquisitionsobjektes überein, so hat im Rahmen der Ermittlung des Anschaffungspreises eine Gewichtung der unterschiedlichen Beträge zu erfolgen.[415]

---

410 Vgl. SFAS 141.20.

411 Das FASB definiert Anschaffungskosten in SFAC 5 als „the amount of cash, or its equivalent, paid to aquire an asset" (SFAC 5.67a); vgl. ausführlich bspw. *Kieso/Weygandt/Warfield*, Intermediate Accounting, S. 471; *Schildbach*, US-GAAP, S. 89 f.

412 Vgl. SFAS 141.20-32, vgl. auch *Küting/Wirth*, Anschaffungskosten.

413 Vgl. SFAS 141.20, 21.

414 Zur Definition und Konkretisierung des Fair Value als Bewertungsmaßstab siehe Gliederungspunkt 4.3.1.4.

415 Vgl. SFAS 141.23. In der Vergangenheit konnte diese Situation oftmals bei Unternehmen der sog. New Economy beobachtet werden, deren „phantasieinduzierte" Börsenkurse weit über ihrem tat-

Ebenso wie der Anschaffungspreis sind auch die *Anschaffungsnebenkosten* (direct costs) Bestandteil der Anschaffungskosten.[416] Diese zeichnen sich dadurch aus, dass sie aus der Inanspruchnahme außerhalb des Unternehmens stehender Dritter, insbesondere Berater, resultieren. Hierzu zählen zum einen Aufwendungen, die im Rahmen der Entscheidungsfindung im Vorfeld der Unternehmenstransaktion entstanden sind, also beispielsweise die Kosten eines Bewertungsgutachtens. Zum anderen sind darunter aber auch Kosten der Information der Aktionäre, Honorare für Rechtsanwälte oder Notare und ähnliche Aufwendungen zu subsumieren, welche im Zuge der Durchführung des Akquisitionsprojekts anfallen.[417] Nicht in die Anschaffungsnebenkosten einzurechnen, sondern sofort als Aufwand zu erfassen sind dagegen indirekte Kosten (indirect costs), die beim Unternehmen selbst, beispielsweise in der eigenen Investment-Abteilung, entstehen.[418]

Die Frage der bilanziellen Behandlung der *Kosten der Eigenkapitalbeschaffung* (issue costs) stellt sich, wenn im Rahmen eines Unternehmenserwerbs Aktien als Zahlungsmittel vereinbart wurden. In diesem Kontext schreibt das FASB vor, dass die Kosten der Registrierung bzw. Ausgabe der Anteile als Minderung ihres Fair Value zu berücksichtigen sind.[419] Aus diesem Grund ist zwischen zwei Situationen zu unterscheiden:[420]

- Werden bereits registrierte Eigenkapitalanteile ausgegeben, so haben sich die Ausgabekosten bereits in der Vergangenheit zum Zeitpunkt der Registrierung in einer Minderung ihrer Fair Values niedergeschlagen. Insofern ist eine erneute Berücksichtigung dieser Kosten im Rahmen der Anschaffungskostenermittlung nicht mehr erforderlich.

- Werden dagegen noch nicht registrierte Anteile gewährt, so sind ihre Fair Values um die Ausgabe- bzw. Registrierungskosten zu verringern. Die Kosten der Eigenkapitalbe-

---

sächlichen Wert lagen; vgl. dazu *Küting/Wirth*, Anschaffungskosten, S. 1191. Es ist allerdings auch denkbar, dass der Marktwert bspw. aufgrund eines Konglomeratsabschlags den tatsächlichen Wert einer Unternehmung unterschreitet; vgl. auch *Pfeil/Vater*, kleine Unternehmensbewertung, S. 68.

416 Vgl. SFAS 141.24. Das FASB subsumiert Anschaffungsnebenkosten und Kosten der Eigenkapitalbeschaffung unter *„costs of the business combination"*.

417 Vgl. AIN-APB 16.33; auf die AICPA-Interpretation zu APB 16 (AIN-APB 16) kann in diesem Zusammenhang zurückgegriffen werden, weil in SFAS 141 hinsichtlich der Anschaffungskostenermittlung gegenüber APB 16 keine Änderungen vorgenommen wurden, vgl. SFAS 141.1. Vgl. ausführlich dazu *Küting/Wirth*, Anschaffungskosten, S. 1191 f.; vgl. auch *Fischer/Taylor/Cheng*, Advanced Accounting, Kapitel 1, S. 28.

418 Vgl. SFAS 141.24; AIN-APB 16.33. Vgl. auch *Fischer/Taylor/Cheng*, Advanced Accounting, Kapitel 1, S. 28, *Niehus/Thyll*, Konzernabschluß, S. 85.

419 Vgl. SFAS 141.24.

420 Vgl. AIN-APB 16.35, vgl. auch *Küting/Wirth*, Anschaffungskosten, S. 1192.

schaffung werden in diesem Fall somit in die Bestimmung der Anschaffungskosten einbezogen.

Eine weitere Komponente der Anschaffungskosten des erworbenen Unternehmens können *bedingte Anschaffungskosten* (contingent considerations) bilden. Diese beziehen sich auf Unternehmenskaufverträge, in denen vorgesehen ist, dass ein Teil der Gegenleistung nachträglich vom Erwerber nur dann zu entrichten ist, wenn bestimmte Ereignisse in der Zukunft eintreten.[421] Im Kontext dieser schwebenden Verpflichtungen unterscheidet das FASB zwischen ertragsabhängigen Eventual-Gegenleistungen (contingency based on earnings) und börsenkursabhängigen Eventual-Gegenleistungen (contingency based on security prices). Während im ersten Fall die nachträglich zu entrichtenden Zahlungen von der Erreichung eines im Voraus festgelegten Erfolgsniveaus in den zukünftigen Perioden abhängen, ist in der zweiten Variante ein zugesichertes Kursniveau entscheidend.[422]

Im Hinblick auf die Bilanzierung bedingter Anschaffungskosten schreibt SFAS 141 vor, dass grundsätzlich eine Aktivierung nur dann in Frage kommt, wenn die zugrunde liegende Bedingung erfüllt ist und gleichzeitig die Gegenleistung entrichtet wurde bzw. einforderbar ist.[423] Nach Auffassung des FASB kommt folglich eine Berücksichtigung von Eventual-Gegenleistungen bei der Anschaffungskostenermittlung im Akquisitionszeitpunkt nur dann in Frage, wenn zu diesem Stichtag ihr Betrag bereits zweifelsfrei feststeht.[424] In der Praxis dürfte dies jedoch nur in seltenen Fällen der Fall sein, so dass die bedingten Anschaffungskosten in der Regel nicht Bestandteil der Anschaffungskosten eines erworbenen Unternehmens zum Zeitpunkt der Akquisition sind.[425]

4.3.1.4 Abgrenzung des Goodwill vom identifizierbaren Nettovermögen

Im Anschluss an die Bestimmung der Kosten der Akquisition gilt es zu prüfen, in welchem Umfang diese durch die identifizierbaren Vermögenswerte abzüglich der Schulden des erworbenen Unternehmens gedeckt und damit nicht Bestandteil des Goodwill als Restgröße

---

[421] Vgl. SFAS 141.25.

[422] Vgl. SFAS 141.28, 29. Beispiele zu börsenkursabhängigen und ertragsabhängigen Eventual-Gegenleistungen sind zu finden bei *Fischer/Taylor/Cheng*, Advanced Accounting, Kapitel 1, S. 34 ff., *Pahler/Mori*, Advanced Accounting, S. 165, *Niehus/Thyll*, Konzernabschluß, S. 86 f. Zu den unterschiedlichen Möglichkeiten der Ausgestaltung ertragsabhängiger Eventual-Gegenleistungen vgl. *Küting/Wirth*, Anschaffungskosten, S. 1193

[423] Vgl. SFAS 141.27.

[424] Vgl. SFAS 141.26.

[425] Vgl. ausführlich dazu *Pahler/Mori*, Accounting, S. 164. *Küting/Wirth*, Anschaffungskosten, S. 1192 f. Solange eine Berücksichtigung der bedingten Kaufpreisbestandteile in der Bilanz nicht vorzunehmen ist, finden sie lediglich im Anhang Erwähnung; vgl. SFAS 141.26.

sind. Im Rahmen dieser sog. Purchase Price Allocation muss zum einen festgelegt werden, welche identifizierbaren Vermögenswerte bzw. Schulden überhaupt zum Ansatz zu bringen sind, und zum anderen ist zu klären, mit welchem Wert sie jeweils in die Konzernbilanz eingehen.

Hinsichtlich des *dem Grunde nach* einzubeziehenden identifizierbaren Nettovermögens ist zu berücksichtigen, dass dieses sich nicht auf die einzelnen bisher beim erworbenen Unternehmen aktivierten Bilanzpositionen beschränkt, sondern vielmehr sämtliche zum Erwerbszeitpunkt existierende identifizierbare Vermögenswerte und Schulden zu erfassen sind.[426] Damit sind insbesondere auch vom erworbenen Unternehmen erschaffene immaterielle Vermögenswerte zu berücksichtigen, die bisher bei diesem aufgrund der Selbsterstellung einem Aktivierungsverbot unterlagen. Nicht einzubeziehen ist dagegen ein bereits im Einzelabschluss des erworbenen Unternehmens bilanzierter Goodwill, da dieser definitionsgemäß nicht zu den identifizierbaren Vermögenswerten zählt.[427]

In diesem Zusammenhang ist zu beachten, dass SFAS 141 detaillierte Vorschriften zum eigenständigen Ansatz solcher immateriellen Vermögenswerte (intangible assets) beinhaltet, deren Erwerb im Rahmen einer Unternehmensakquisition erfolgt.[428] Dieser Fokus auf physisch nicht greifbare Werte[429] wird vom FASB im Zuge der Entstehung des SFAS 141 damit begründet, dass vor seinem Inkrafttreten oftmals identifizierbare Vermögenswerte mit einer begrenzten Nutzungsdauer im Goodwill enthalten waren und zwangsläufig mit diesem planmäßig abgeschrieben wurden. Obwohl schon APB 16 die Berücksichtigung sämtlicher identifizierbarer Vermögenswerte vorsah, war es in der US-amerikanischen Bilanzierungspraxis gleichwohl üblich, insbesondere bisher nicht bilanzierte immaterielle Vermögenswerte aus Vereinfachungsgründen als Bestandteil des Goodwill auszuweisen.[430] Vor dem Hintergrund der Abschaffung der planmäßigen Goodwillabschreibung hätte eine unveränderte Übernahme der bisherigen Vorgehensweise dazu geführt, dass die planmäßige Abschreibung dieser abnutzbaren Vermögenswerte unterbleiben und somit die Aussagekraft des

---

426 Vgl. SFAS 141.35. Zu den Ansatzkriterien eines Vermögenswertes (asset) bzw. einer Schuld (liability) siehe Gliederungspunkt 3.2.3.4.1.

427 Vgl. SFAS 141.38.

428 Vgl. SFAS 141.39, SFAS 141.A10-A28.

429 SFAS 141 definiert immaterielle Vermögenswerte (intangibles) als „Assets (not including financial assets) that lack physical substance" (SFAS 141.F).

430 „The Board also observed that intangible assets acquired in a business combination often were included in the amount recognized as goodwill, despite the provisions in Opinion 16 that required they be recognized apart from goodwill" (SFAS 141, B148); vgl. auch *Küting/Weber/Wirth*, Goodwill und immaterielle Vermögenswerte im Übergang, S. 61; *Pellens/Sellhorn*, Goodwill-Bilanzierung, S. 1682.

Jahresabschlusses eingeschränkt würde.[431] Aus diesem Grund sind gemäß SFAS 141 sämtliche erworbenen immateriellen Vermögenswerte – unabhängig davon, ob sie bisher in der Bilanz des erworbenen Unternehmens berücksichtigt wurden[432] – anhand detaillierter Kriterien auf eine vom Goodwill getrennte Aktivierung hin zu analysieren.[433] Die Vorgehensweise im Rahmen dieses Analyseverfahrens gliedert sich in zwei Schritte und wird in Abbildung 8 verdeutlicht. Der erste Schritt besteht darin, zu untersuchen, ob der betrachtete immaterielle Vermögenswert auf einem vertraglichen oder sonstigen Recht basiert.[434] Im Rahmen dieses sog. „contractual-legal-Kriteriums" spielt es allerdings keine Rolle, ob der Vermögenswert von der erworbenen Unternehmenseinheit getrennt oder unabhängig von ihr transferiert werden kann.[435] Ist die Bedingung erfüllt, so sieht SFAS 141 eine eigenständige, d. h. vom Goodwill losgelöste Bilanzierung vor.

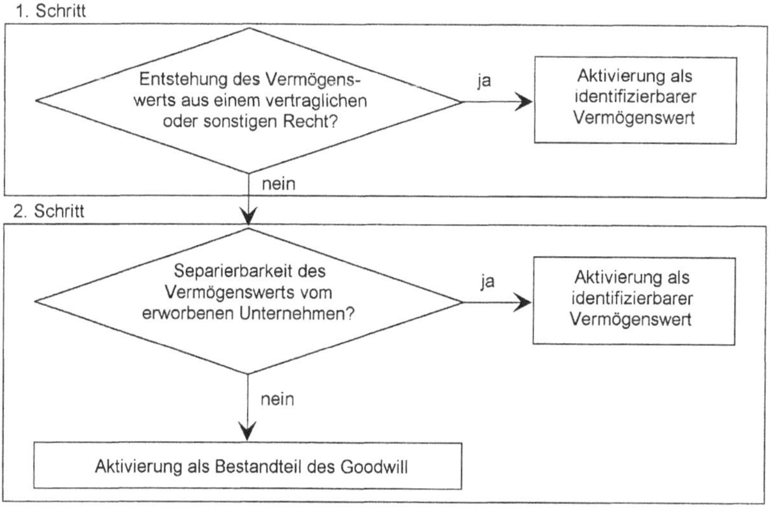

Abbildung 8: Kriterien zur eigenständigen Aktivierung erworbener immaterieller Vermögenswerte

Ist dies jedoch nicht der Fall, so muss in einem zweiten Schritt überprüft werden, ob eine eigenständige Ansatzpflicht aus dem Kriterium der Separierbarkeit (separability criterion)

---

431 So jedenfalls die FASB-Manager *Johnson/Petrone*, Tale of two standards, S. 101.

432 Vgl. SFAS 141.35.

433 Vgl. SFAS 141.39.

434 Vgl. SFAS 141.39.

435 Vgl. SFAS 141.39, SFAS 141.A10.

resultiert.[436] Separierbar ist ein immaterieller Vermögenswert nach SFAS 141 immer dann, wenn die Möglichkeit besteht, ihn von den übrigen Bestandteilen des erworben Unternehmens zu trennen und ihn – gegebenenfalls in Verbindung mit weiteren Vermögenswerten und/oder Schulden – zu verkaufen, zu transferieren, zu lizenzieren, zu vermieten oder einzutauschen. Zeigt sich in der Untersuchung dagegen, dass der betrachtete Vermögenswert auch dem Separierbarkeits-Kriterium nicht genügt, so ist er nicht als selbstständiger Bilanzposten zu aktivieren, sondern stellt einen Bestandteil des Goodwill dar. Von einer separaten Aktivierung explizit ausgeschlossen wird die Belegschaftsqualität (assembled workforce).[437] Eine Besonderheit besteht darüber hinaus bei identifizierbaren immateriellen (und materiellen) Vermögenswerten, die im Forschungs- und Entwicklungsbereich eingesetzt werden und bei denen keine alternativen Verwendungsmöglichkeiten bestehen. Derartige Position sind aufgrund ihrer Vermögenswerteigenschaft folgerichtig gemäß SFAS 141 nicht als Bestandteil des Goodwill anzusehen.[438] Anstelle eines separaten Ansatzes in der Bilanz des Erwerbers sieht das FASB jedoch im Akquisitionszeitpunkt eine Sofortabschreibung, d. h. eine vollständige aufwandswirksame Erfassung, vor.

Um den Bilanzaufstellern bei der Identifikation anhand der oben genannten Aktivierungskriterien eine zusätzliche Hilfestellung zu geben, führt SFAS 141 in einem Katalog Beispiele eigenständig zu erfassender immaterieller Vermögenswerte an (vgl. Abbildung 9).[439]

In diesem Zusammenhang differenziert das FASB unter anderem danach, ob der jeweilige Vermögenswert das contractual-legal-Kriterium erfüllt oder lediglich aufgrund der Separierbarkeit getrennt vom Goodwill zu erfassen ist.

Es ist jedoch zu beachten, dass der Beispielkatalog des FASB seiner Art nach zwangsläufig keine erschöpfende Aufzählung darstellt, sondern vielmehr als Anhaltspunkt für eine separate Aktivierung zu verstehen ist. Sofern weitere immaterielle Vermögenswerte den Ansatzkriterien genügen, sind auch diese getrennt vom Goodwill in die Bilanz aufzunehmen.[440]

---

436 Vgl. SFAS 141.39, SFAS 141.A11.

437 Vgl. SFAS 141.39.

438 Vgl. SFAS 141,42, SFAS 141.B170.

439 Vgl. SFAS 141.A14. Vgl. auch *Grünberger/Grünberger*, IAS und US-GAAP, S. 18 f.

440 Vgl. SFAS 142.A14.

	Vermögenswerte, die auf einem vertraglichen oder sonstigen Recht basieren	Vermögenswerte, die nicht auf einem vertraglichen oder sonstigen Recht basieren, aber separierbar sind.
Absatzmarkt-bezogene immaterielle Vermögenswerte (marketing-related intangible assets)	• Markenrechte • Markenzeichen und Embleme • Aufmachung und Design • Zeitschriftentitel • Internet-Adressen • Wettbewerbsunterlassungsvereinbarungen	
Kundenbezogene immaterielle Vermögenswerte (customer-related intangible assets)	• Auftragsbestände und Produktionsrückstände • vertragliche Kundenbeziehungen	• Kundenlisten • nichtvertragliche Kundenbeziehungen
Immaterielle Vermögenswerte im künstlerischen Bereich (artistic-related intangible assets)	• Theaterstücke, Opern, Ballettaufführungen • Bücher, Zeitschriften, Zeitungen • Kompositionen, Liedtexte, Werbemelodien • Gemälde, Fotografien • Videoaufzeichnungen, Filme, TV-Sendungen	
Auf Verträgen basierende immaterielle Vermögenswerte (contract-based intangible assets)	• Lizenzen, Tantiemen, Stillhaltevereinbarungen • Werbe-, Konstruktions-, Management-, Dienstleistungs-, Liefer- und Abnahmeverträge • Leasingverträge • Baurechte • Franchiserechte • Betriebs- u. Sendegenehmigungen • Förderungs- u. Abbaurechte • Schuldenbedienungs-rechte durch Dritte • Dienstverträge	
Technologie-bezogene immaterielle Vermögenswerte (technology-based intangible assets)	• patentierte Technologien • EDV-Software • Geschäftsgeheimnisse, zum Beispiel vertrauliche Formeln, Prozesse und Rezepte	• nicht patentrechtlich geschützte Technologien • Datenbanken

Abbildung 9: Beispielkatalog selbständig aktivierungspflichtiger immaterieller Vermögenswerte

Nachdem bisher beschrieben wurde, welche eigenständig zu erfassenden Bilanzposten dem Grunde nach in die Kaufpreisallokation einzubeziehen sind, ist im Folgenden zu klären, wie diese *der Höhe nach* zu berücksichtigen sind. Den in diesem Zusammenhang heranzuziehenden Bewertungsmaßstab stellen die geschätzten Fair Values (beizulegende Zeitwerte) der identifizierbaren Vermögenswerte und Schulden im Zeitpunkt der Unternehmensakquisition dar.[441] Die Transformation der Buchwerte der bisher beim Erwerber bilanzierten Bilanzpositionen in die entsprechenden Fair Values (sog. mark up) impliziert somit die vollständige Aufdeckung etwaig vorhandener stiller Reserven[442] bzw. stiller Lasten. Der Fair Value eines Vermögenswerts oder einer Schuld wird dabei allgemein definiert als „amount at which an asset (or liability) could be bought (or incurred) or sold (or settled) in a current transaction between willing parties“[443]. Diese abstrakte, auf einem gedachten Handel zwischen transaktionswilligen Geschäftspartner basierende Größe wird im Idealfall durch Marktpreise (current cost, current market value) repräsentiert.

Da in der Praxis die hierzu erforderliche Marktgängigkeit der zu bewertenden Aktiva und Passiva jedoch oftmals nicht vorliegt, wird in diesen Fällen der Fair Value durch bestimmte Ersatzkonstruktionen approximiert.[444] Abbildung 10 gibt Auskunft darüber, welche konkrete Ermittlungsmethode das FASB für die Fair Values der jeweiligen Bilanzpositionen vorschlägt.[445]

Wurden nun für sämtliche identifizierbaren Vermögenswerte und Schulden die entsprechenden Fair Values ermittelt, so lässt sich abschließend der Goodwill aus der Gegenüberstellung des neu bewerteten identifizierbaren Reinvermögens einerseits und den Anschaffungskosten des erworbenen Unternehmens andererseits bestimmen.

---

441 Vgl. SFAS 141.35.

442 Eine ausführliche Analyse, inwieweit es bei den einzelnen Bilanzpositionen im Jahresabschluss nach US-GAAP zur Bildung stiller Reserven kommt, ist zu finden bei *Wulf*, Stille Reserven, S. 123 ff.

443 Vgl. SFAC 7.Glossary of terms; SFAS 141.F.

444 Vgl. SFAC 7.17, vgl. ausführlich auch *Meeting/Luecke/Garceau*, Cash Flow Measurements, S. 58; *Foster/Upton*, Measuring Fair Value, S. 2; *Starbatty*, Fair Value Accounting, S. 544

445 Vgl. SFAS 141.37, vgl. dazu auch *Niehus/Thyll*, Konzernabschluß, S. 89 f. In diesem Kontext führt das FASB des Weiteren an, dass eine Bestimmung des Fair Value auch durch die Einholung von Gutachten oder die Orientierung an Verkäufen gleichwertiger Vermögenswerte möglich ist. Eine Berücksichtigung steuerlicher Wertansätze wird jedoch explizit ausgeschlossen; vgl. SFAS 141.36. Zu den nach Bewertungsobjekten differenzierten Ansätzen zur Ermittlung des Fair Value von identifizierbaren Vermögenswerten und Schulden vgl. auch *Frowein/Lüdenbach*, Goodwill-Impairment-Test, S. 67 ff.

Vermögenswert/Schuld	Konkretisierung des Fair Value
Börsengehandelte Wertpapiere (marketable securities)	Marktpreis (fair value)
Forderungen (receivables)	Gegenwartswert (present value)
Vorräte (inventories)	
Fertige Erzeugnisse und Waren (finished goods and merchandise)	geschätzter Verkaufserlös (estimated selling price) abzüglich noch anfallender Vertriebskosten und eines verhältnismäßigen Gewinnzuschlags
Halbfertigerzeugnisse (work in process)	geschätzter Verkaufserlös der fertigen Erzeugnisse abzüglich noch anfallender Herstellungs- und Vertriebskosten und eines verhältnismäßigen Gewinnzuschlags
Rohstoffe (raw materials)	aktuelle Wiederbeschaffungskosten (current replacement costs)
Sachanlagevermögen (plant and equipment)	
betrieblich genutzt (to be used)	aktuelle Wiederbeschaffungskosten
zur Veräußerung bestimmt (to be sold)	Marktwert abzüglich Veräußerungskosten
Eigenständig zu aktivierende immaterielle Vermögenswerte	geschätzter Marktwert
Sonstige Vermögenswerte (other assets)	geschätzter Wert
Schulden (liabilities)	Gegenwartswert der zu leistenden Zahlungen[446] (present values of amounts to be paid)
Im Rahmen des Unternehmenskaufs erworbene Eventual-Vermögenswerte und Eventualschulden. (preacquisition contingencies)	Marktwerte

Abbildung 10: Konkretisierung des Fair Value

Zu beachten ist, dass die im Rahmen der Erstkonsolidierung erstmals dem Grunde nach bilanzierten immateriellen Vermögenswerte sowie die ihnen und den übrigen Bilanzpositionen zugeordneten Fair Values nicht unbedingt nur Ansatz und Bewertung im Konzernabschluss determinieren. Aus der von der SEC vorgeschriebenen Konzeption des *Push Down Accounting* ergibt sich nämlich für US-börsennotierte Unternehmen unter Umständen die Notwendigkeit, die neu bewerteten Vermögenswerte und Schulden einschließlich des entstandenen Goodwill aus dem Konzernabschluss in den Einzelabschluss des Tochterunter-

[446] Ausgenommen sind Pensionsverpflichtungen und andere Verpflichtungen gegenüber pensionierten Arbeitnehmern. Diesbezüglich errechnet sich der in der Bilanz zu passivierende Betrag auf der Grundlage der von SFAS 87 „Employers' Accounting for Pensions" bzw. SFAS 106 „Employers' Accounting for Postretirement Benefits Other Than Pensions" vorgeschriebenen Berechnungsmethoden.

nehmens zu übernehmen. Diese Verpflichtung besteht immer dann, wenn es sich bei dem erworbenen Unternehmen um eine „substantially wholly owned subsidary“ handelt, also eine Gesellschaft, die sich (beinahe) vollständig im Besitz des Mutterunternehmens befindet.[447] Nach herrschender Literaturmeinung ist eine verbindliche Anwendung des Push-Down-Accounting in den Fällen vorzunehmen, in denen eine Beteiligungsquote von mindestens 90% vorliegt.[448] Fällt der Anteil des Erwerbers dagegen in das Intervall von 80% bis 89%, so besteht für den Bilanzaufsteller ein Wahlrecht, während bei einer Beteiligungsquote kleiner als 80% eine Übernahme der Zeitwerte aus der Neubewertungsbilanz als nicht zulässig erachtet wird.

4.3.1.5 Berücksichtigung von Minderheitenanteilen

4.3.1.5.1 Status quo

Im Vergleich zum Asset Deal hat eine Unternehmensakquisition, die über einen Share Deal realisiert wird, nicht zwangsläufig den vollständigen Erwerb einer Zielgesellschaft zum Gegenstand. Ein spezifisches Problemfeld der Erwerbsmethode stellt daher die konzernbilanzielle Behandlung von Kapitalanteilen dar, welche sich im Eigentum von Fremdgesellschaftern befinden.[449] Da die US-GAAP hinsichtlich des Ausweises dieser Minderheitenanteile (noncontrolling interests, minority interests) bis zum heutigen Zeitpunkt noch keine einheitliche Regelung vorsehen, sind unterschiedliche Varianten in Abhängigkeit von der dem Konzernabschluss zugrunde liegenden Theorie möglich.[450]

---

[447] Begründet wird das Push Down Accounting mit dem Grundsatz der wirtschaftlichen Betrachtungsweise. Dieser Leitlinie entsprechend wird die Auffassung vertreten, dass bei einem (beinahe) vollständigen Wechsel des Eigentümers der Tochterunternehmung diese zwar nicht zivilrechtlich, aber dennoch faktisch als neu gegründetes Unternehmen fortgeführt wird. Dieser Argumentation entsprechend sind zum Erwerbszeitpunkt die Ergebnisse der Neubewertung im Konzernabschluss auf den Einzelabschluß des Tochterunternehmens zu übertragen, um so die Aussagekraft des Jahresabschlusses der Tochter zu erhöhen. Kritiker sehen im Push Down Accounting jedoch einen nicht gerechtfertigten Verstoß gegen das Anschaffungskostenprinzip. Zur Diskussion um das Push Down Accounting vgl. *AICPA*, Issues Paper, Par. 13-18; *Jeter/Chaney*, Advanced Accounting, S. 240 f.; *Cunningham*, Push-Down Accounting; *Holley/Spede/Chester*, Push-Down Accounting Controversy, S. 39 f.; *Niehus/Thyll*, Konzernabschluß, S. 96, *Scherrer*, Grundlagen, S. 355 f.

[448] Vgl. etwa *Schildbach*, Konzernabschluß, S. 245; *Coenenberg*, Jahresabschluss, S. 618 f.; *Scherrer*, Grundlagen, S. 356.

[449] Vgl. *Coenenberg*, Jahresabschluss, S. 585.

[450] Vgl. *Baker/Lembke/King*, Financial Accounting, S. 144 f., *Herring*, Business Combinations, S. 78; *Fischer/Taylor/Cheng*, Advanced Accounting, Kapitel 2, S. 19 ff.; jüngst auch *Küting/Wirth*, Kapitalkonsolidierung, S. 478. Bei den Theorien des Konzernabschlusses handelt es sich um Bilanztheorien, welche speziell die Rechnungslegung einer wirtschaftlichen Einheit rechtlich selbstständiger Gesellschaften zum Gegenstand haben. Diese werden in der Literatur oftmals auch als Konsolidierungstheorien oder Consolidation Theories bezeichnet. Vgl. dazu ausführlich *Sürken*, Abgrenzung der wirtschaftlichen Einheit, S. 103 ff. Aus der Vielzahl unterschiedlicher Theorien

Die *Interessentheorie* (parent company theory) stellt dabei die von der Bilanzierungspraxis und der US-amerikanischen Literatur eindeutig bevorzugte Variante dar.[451] Sie basiert auf der Annahme, dass der Konzernabschluss ein Informationsinstrument aus der Perspektive der Anteilseigner des Mutterunternehmens darstellt. Folgerichtig werden im Rahmen der Neubewertung die stillen Reserven nicht zu 100%, sondern nur beteiligungsproportional aufgelöst.[452]

Demgegenüber zeichnet sich die vom FASB seit Mitte der neunziger Jahre verstärkt berücksichtigte *Einheitstheorie* (entity theory, economic unit concept) dadurch aus, dass sich der konsolidierte Abschluss auf den Konzern als selbstständige Wirtschaftseinheit bezieht und daher die unterschiedlichen Gruppen der Konzernanteilseigner als gleichberechtigt angesehen werden.[453] In diesem Sinne sind die stillen Reserven vollständig aufzudecken und ein entstandener Goodwill müsste konsequenterweise auch einen Minderheitenanteil umfassen.[454] Gleichwohl ist in der US-amerikanischen Bilanzierungspraxis momentan ein Abweichen von der reinen Einheitstheorie insoweit üblich, als im Rahmen der Kapitalkonsolidierung nach der Einheitstheorie nur der Ausweis des tatsächlich von der Mutterunternehmung erworbenen Goodwills erfolgt. Dieser Umstand kann als ursächlich dafür angesehen werden, dass in der Literatur die Mitberücksichtigung eines Fremdgesellschafteranteils bisher teilweise als unzulässig erachtet wird.[455]

---

seien im Folgenden die Interessentheorie und die Einheitstheorie herausgegriffen, da sie im Zusammenhang der Behandlung von Minderheitenanteilen im Rahmen der Goodwill-Bilanzierung eine entscheidende Rolle spielen.

451 Vgl. bspw. *Baker/Lembke/King*, Financial Accounting, S. 145; *Herring*, Business Combinations, S. 77; *Fischer/Taylor/Cheng*, Advanced Accounting, Kapitel 2, S. 19; *Küting/Harth*, Kapitalkonsolidierung, S. 1374; *Krolak*, Kapitalkonsolidierung, S. 51; *Schildbach*, Konzernabschluß, S. 220; *Scherrer*, Grundlagen, S. 357.

452 Vgl. jüngst *Küting/Wirth*, Kapitalkonsolidierung, S. 478, *Focken*, Goodwill-Bilanzierung, S. 438; *Coenenberg*, Jahresabschluss, S. 617 f., die die beteiligungsproportionale Neubewertung mit SFAS 141 gedeckt sehen. Im Gegensatz dazu leiten *Pellens/Basche/Sellhorn,* Full Goodwill Method, S. 2, aus SFAS 141.35 wohl zu Unrecht eine verbindliche Festlegung auf die vollständige Neubewertung ab.

453 Vgl. *Pellens*, Internationale Rechnungslegung, S. 283; *Coenenberg*, Jahresabschluss, S. 618; *Schildbach*, Konzernabschluß, S. 230. Im Herbst 1995 veröffentlichte das FASB einen – unter anderem aus Gründen der Aufspaltung des damaligen Vorhabens in zwei separate Projekte – nicht zu einem endgültigen Standard gereiften Entwurf „Consolidated Financial Statements: Policy and Procedures", in dem eine verbindliche Festlegung auf die vollständige Neubewertung vorgeschlagen wurde. Vgl. ED-SFAS Policy and Procedures, Par. 27. Vgl. auch *Pellens*, Internationale Rechnungslegung, S. 305 ff.; *Küting/Harth*, Kapitalkonsolidierung, S. 1374.

454 Vgl. bspw. *Beams/Brozovsky/Shoulders,* Advanced Accounting, S. 412 f.; *Pahler/Mori*, Advanced Accounting, S. 220; *Coenenberg,* Jahresabschluß, S. 618; *Schildbach*, Konzernabschluß, S. 228 f.

455 So bspw. bei *Hayn/Graf Waldersee*, US-GAAP, S. 230; Vgl. dazu auch *Schildbach*, Konzernabschluß, S. 228 f. Im Ergebnis entspricht dies auch dem 1995 vom FASB vorgelegten Standardentwurf „Consolidated Financial Statements: Policy and Procedures".

4.3.1.5.2 Gegenwärtige Reformbestrebungen: Full Goodwill Method

Die im Augenblick bestehende Regelungslücke könnte jedoch in absehbarer Zeit geschlossen werden: So wird vom FASB im Rahmen des derzeit in Kooperation mit dem IASB durchgeführten Projekts „Business Combinations: Purchase Method and Procedures" die sog. „Full Goodwill Method" als zukünftig einzig zulässige Variante der Erwerbsmethode diskutiert.[456] Die Full Goodwill Method unterscheidet sich von der Neubewertungsmethode insofern, als der Goodwill nunmehr als „difference between the fair value of the acquired entity taken as a whole and the sum of the fair values of all of its identifiable assets acquired less liabilities assumed"[457] ermittelt wird. Konsequent der Einheitstheorie folgend fordert das FASB demnach neben der vollständigen Neubewertung des identifizierbaren Vermögens auch den Ausweis eines Gesamtgoodwills, der sowohl Mehrheits- als auch Minderheitsgesellschafteranteile umfasst.[458]

Umstritten ist bisher allerdings noch, auf welche Art und Weise diese Größe zu ermitteln sein wird:[459] So könnte der Full Goodwill einerseits indirekt durch eine proportionale Hochrechnung des „traditionellen" Goodwills um die Beteiligungsquote der Minderheit (gross-up method) bestimmt werden. Andererseits steht auch eine direkte Bewertung zur Diskussion, im Rahmen derer der Full Goodwill durch eine Schätzung des Gesamtunternehmenswerts des Tochterunternehmens abgeleitet wird.

---

456 Nach Auffassung des FASB führen die derzeitigen Vorschriften zur Erwerbsmethode und die Handhabung dieser Methode in der Praxis teilweise zu einer mangelhaften Informationsvermittlung. Aus diesem Grund verfolgt der Standardsetter mit dem Projekt das Ziel, unterschiedliche Aspekte der Erwerbsmethode zu überdenken. Weitestgehend ausgenommen von diesem Vorhaben sind die Bereiche, die bereits durch SFAS 141 bzw. SFAS 142 abgedeckt werden. Vgl. *FASB*, Project Summary; *FASB*, June 4, 2003; *FASB*, July 9, 2003.

457 Vgl. *FASB*, June 4, 2003, S. 2 f. Zur Full Goodwill Method grundlegend vgl. *Pellens/Basche/Sellhorn*, Full Goodwill Method; vgl. ferner *Grünberger/Grünberger*, Business Combinations, S. 218 f.; *Pellens/Sellhorn*, Minderheitenproblematik, S. 408. Dementsprechend wird die Vorgehensweise als „purest form of the economic unit concept" (*Pacter*, Overview, S. 291), bzw. als „reine Neubewertungsmethode" (*Busse von Colbe/Ordelheide/Gebhardt u. a.*, Konzernabschlüsse, S. 210) bezeichnet.

458 Bereits im 1995 veröffentlichten Standardentwurf „Consolidated Financial Statements: Policy and Procedures" konnte mit der vorgeschlagenen vollständigen Neubewertung eine Hinwendung des FASB zur Einheitstheorie beobachtet werden. Durchbrochen wurde diese Bilanztheorie seinerzeit allerdings insofern, als eine Hochrechnung des Goodwill um Minderheitenanteile nicht vorgesehen wurde: „Goodwill shall not be attributed to the noncontrolling interest" (ED-SFAS Policy and Procedures, Par. 27). Unverständlich erscheint daher die Aussage von *Pahler/Mori,* Advanced Accounting, S. 79, wonach sich aus dem damaligen Standardentwurf eine Verpflichtung zum „exclusive use of the *economic unit concept* in its purest form (which *does* require imputing amounts for goodwill identifiable with the noncontrolling interest)" ergäbe.

459 *FASB,* March 17, 2003, S. 3 f.

4.3.1.6 Beispiel zur Entstehung des Goodwill im Rahmen der Kapitalkonsolidierung

Im Folgenden soll anhand eines Beispiels die Entstehung des Goodwill im Rahmen der Kapitalkonsolidierung nach der Erwerbsmethode veranschaulicht werden:

Zunächst sei angenommen, dass die X-AG zum 1.5.2002 im Zuge eines Share Deal eine 100%ige Beteiligung an der Y-AG zu einem Kaufpreis von 2.500 T€ erwirbt (siehe Abbildung 11). Da der Kaufpreis durch Barmittel beglichen wird, kommt der X-AG eindeutig die Rolle des Erwerbers bzw. des Mutterunternehmens (MU) und der Y-AG die des Tochterunternehmens (TU) zu. Vereinfachend wird des Weiteren davon ausgegangen, dass weder Anschaffungsnebenkosten existieren noch bedingte Kaufpreisbestandteile im Unternehmenskaufvertrag vorgesehen sind. Aus diesem Grund entsprechen die Anschaffungskosten der Beteiligung ihrem Kaufpreis und werden in der Einzelbilanz der X-AG unter der Position „Beteiligung an TU" mit 2.500 T€ aktiviert.

		Einzelbilanz			Summen-bilanz	Konsolidierung		Konzern-bilanz
		X-AG (MU) BW	Y-AG (TU) BW	Y-AG (TU) FV		S	H	
Aktiva	nicht abnutzb. SAV	7.000	1.500	2.000	9.000			9.000
	abnutzbares SAV	4.000	2.800	3.000	7.000			7.000
	liquide Mittel	2.100	1.000	1.000	3.100			3.100
	Beteiligung TU	2.500			2.500		2.500	0
	Goodwill					1.000		1.000
	Σ	15.600	5.300	6.000	21.600			20.100
Passiva	Eigenkapital	10.100	800	1.500	11.600	1.500		10.100
	Fremdkapital	5.500	4.500	4.500	10.000			10.000
	Σ	15.600	5.300	6.000	21.600			20.100

Abbildung 11: Beispiel zur Entstehung des Goodwill aus der Kapitalkonsolidierung

Im Rahmen der Transformation der Einzelbilanz des TU zu Buchwerten (BW) in eine Neubewertungsbilanz mit Fair Values (FV) ist zunächst eine Analyse anhand des contractual-legal bzw. separability criterion vorzunehmen. Dabei zeigt sich, dass im vorliegenden Sachverhalt keine erstmalig zu aktivierenden immateriellen Vermögenswerte zu berücksichtigen sind. Allerdings ist festzustellen, dass die Fair Values der bereits bilanzierten Bilanzpositionen teilweise ihre Buchwerte übersteigen. So werden im nicht abnutzbaren Sachanlagevermögen (SAV) stille Reserven von 500 T€ und im abnutzbaren SAV stille Reserven von 200 T€ aufgedeckt und die Wertansätze in der Neubewertungsbilanz erfolgen dementsprechend mit 2.000 T€ und 3.000 T€. An die Erstellung der Summenbilanz schließt sich die

Auflösung der Kapitalverflechtungen zwischen dem MU und dem TU an. In der Konsolidierungsspalte werden dazu über eine Sollbuchung in Höhe von 1.500 T€ der Wertansatz des neu bewerten Eigenkapitals des TU und über eine Habenbuchung in Höhe von 2.500 T€ die Position „Beteiligung an TU" des MU eliminiert. Die im Rahmen dieser Aufrechnung verbleibende Differenz von 1.000 T€ bildet den erworbenen Goodwill, welcher durch eine Sollbuchung im Konzernabschluss aktiviert wird.

Das angeführte Beispiel soll nun insofern abgewandelt werden, als dass nicht ein vollständiger, sondern nur ein 80%iger Beteiligungserwerb gegen einen Kaufpreis von 2.000 T€ unterstellt sei:

Wird der Konzernabschluss nach der Interessentheorie aufgestellt, so dürfen in der Neubewertungsbilanz des TU die stillen Reserven nur anteilig aufgedeckt werden. Wie in Abbildung 12 ersichtlich erhöhen sich dementsprechend der Wertansatz des nicht abnutzbaren SAV um 400 T€ (= 0,8 x 500 T€) auf 1.900 T€ und der Wertansatz des abnutzbaren SAV um 160 T€ (= 0,8 x 200 T€) auf 2.960 T€.

		Einzelbilanz			Summen-bilanz	Konsolidierung		Konzern-bilanz
		X-AG (MU) BW	Y-AG (TU) BW	Y-AG (TU) FV		S	H	
Aktiva	nicht abnutzb. SAV	7.000	1.500	1.900	8.900			8.900
	abnutzbares SAV	4.000	2.800	2.960	6.960			6.960
	liquide Mittel	2.100	1.000	1.000	3.100			3.100
	Beteiligung TU	2.000			2.000		2.000	0
	Goodwill					800		800
	Σ	15.100	5.300	5.860	20.960			19.760
Passiva	Eigenkapital	9.600	800	1.360	10.960	1.200 160		9.600
	Minderheiten						160	160
	Fremdkapital	5.500	4.500	4.500	10.000			10.000
	Σ	15.100	5.300	5.860	20.960			19.760

Abbildung 12: Beispiel zur Entstehung des Goodwill aus der Kapitalkonsolidierung bei Vorhandensein von Minderheitenanteilen (Interessentheorie)

Im Anschluss an die Erstellung der Summenbilanz ist die Auflösung des konsolidierungspflichtigen Eigenkapitals in Höhe von 1.360 T€ vorzunehmen. Dies erfolgt zum einen durch den konzernbilanziellen Ausweis der Minderheitenanteile in Höhe von 160 T€ entsprechend dem anteiligen Buchwert des Eigenkapitals des TU (= 0,2 x 800 T€). Zum anderen wird der verbleibende Teil des zu konsolidierenden Betrags in Höhe von 1.200 T€ gegen die ebenfalls zu eliminierende Beteiligung des MU in Höhe von 2.000 T€ aufgerechnet. Die sich im Zuge dieser Aufrechnung ergebende Differenz von 800 T€ bildet den in der Konzernbilanz auszuweisenden Goodwill.

Anders stellt sich die Situation dar, wenn der Aufstellung des Konzernabschlusses die Einheitstheorie zugrunde liegt (siehe Abbildung 13). In diesem Fall sind in der Neubewertungsbilanz zunächst die stillen Reserven in vollem Umfang von insgesamt 700 T€ (= 500 T€ nicht abnutzbares SAV + 200 T€ abnutzbares AV) aufzudecken.

		Einzelbilanz			Summenbilanz	Konsolidierung		Konzernbilanz
		X-AG (MU) BW	Y-AG (TU) BW	Y-AG (TU) FV		S	H	
Aktiva	nicht abnutzb. SAV	7.000	1.500	2.000	9.000			9.000
	abnutzbares SAV	4.000	2.800	3.000	7.000			7.000
	liquide Mittel	2.100	1.000	1.000	3.100			3.100
	Beteiligung TU	2.000			2.000		2.000	0
	Goodwill					800 (+200)		800 (+200)
	Σ	15.100	5.300	6.000	21.100			20.100
Passiva	Eigenkapital	9.600	800	1.500	11.100	300 1.200		9.600
	Minderheiten						300 (+200)	300 (+200)
	Fremdkapital	5.500	4.500	4.500	10.000			10.000
	Σ	15.100	5.300	6.000	21.100			20.100

Abbildung 13: Beispiel zur Entstehung des Goodwill aus der Kapitalkonsolidierung bei Vorhandensein von Minderheitenanteilen (Einheitstheorie)

Aus der Elimination des in der Summenbilanz ausgewiesenen konsolidierungspflichtigen Eigenkapitals von 1.500 T€ resultieren zunächst Minderheitenanteile in Höhe des anteiligen neu bewerteten Eigenkapitals des TU von 300 T€ (= 0,2 x 1.500 T€). Dementsprechend führt die Aufrechnung der verbleibenden Differenz von 1.200 T€ gegen die Beteiligung des MU von 2.000 T€ zu einem vorläufigen Goodwill von 800 T€.

Folgt man nun entgegen den derzeitigen Gepflogenheiten konsequent der Einheitstheorie und wendet dementsprechend die Full Goodwill Method an, so ist der Goodwill – sofern die gross-up-method zur Anwendung kommt – um einen Minderheitenanteil in Höhe von 200 T€ (= 800 T€ / 0,8 x 0,2) auf einen Betrag von insgesamt 1.000 T€ hochzurechnen. Der in der Konzernbilanz auszuweisende Minderheitenanteil steigt infolgedessen auf 500 T€.

4.3.2 Offenlegungspflichten im Anhang

Die bilanzielle Erfassung eines Unternehmenserwerbs gemäß SFAS 141 führt zu umfangreichen und detailliert geregelten Offenlegungspflichten.[460] In diesem Zusammenhang sind eine Vielzahl akquisitionsspezifischer Angaben im Anhang des Jahresabschlusses, in dessen Geschäftsjahr die Transaktion abgeschlossen wurde, vorzunehmen:[461]

(1) Allgemeine Erläuterungen für jeden wesentlichen Unternehmenserwerb:[462]

- Name und kurze Beschreibung des erworbenen Unternehmens sowie Stimmrechtsquote,
- wesentliche Gründe des Unternehmenserwerbs und Beschreibung der Faktoren, die zu einem im Kaufpreis enthaltenen Goodwill führen,
- Zeitspanne, in der die Aufwendungen und Erträge des erworbenen Unternehmens in die Gewinn- und Verlustrechnung des Abschlusses der neu entstandenen Unternehmensverbindung einbezogen werden,
- Kaufpreis des erworbenen Unternehmens und gegebenenfalls weiterführende Angaben, wenn der Unternehmenserwerb über einen Share Deal realisiert wurde,
- verkürzte Bilanz des erworbenen Unternehmens zum Erwerbszeitpunkt auf der Basis von Zeitwerten,
- gegebenenfalls Informationen zu bedingten Kaufpreisbestandteilen,
- Höhe und Ausweis erworbener Grundlagenforschungs- und Entwicklungsaktivitäten, die als Aufwand erfasst wurden,
- gegebenenfalls nähere Angaben zu einer noch nicht abgeschlossenen Aufteilung des Kaufpreises.

---

460 Vgl. SFAS 141.51 ff. Die gegenüber APB 16 ausgeweiteten Offenlegungspflichten begründet das FASB damit, dass ein Unternehmenserwerb oft zu einer wesentlichen Änderung der Geschäftstätigkeit führt und dies Auswirkungen auf zukünftige Gewinne und Cash-Flows hat, vgl. SFAS 141.B195.

461 Vgl. ausführlich dazu *KPMG*, Analysis, S. 43 ff. Ein Beispiel zu den mit SFAS 141 verbundenen Offenlegungspflichten ist im Anhang von SFAS 141 zu finden, vgl. SFAS 141.C.

462 Vgl. SFAS 141.51.

(2) Ausführliche Erläuterungen für jeden wesentlichen Unternehmenserwerb, welche den erworbenen Goodwill und die sonstigen erworbenen immateriellen Vermögenswerte betreffen:[463]

- immaterielle Vermögenswerte

  - Zugeordneter Gesamtbuchwert, Buchwert je Klasse immaterieller Vermögenswerte,[464]

  - gesamter Restwert am Ende der Nutzungsdauer, Restwert je Klasse immaterieller Vermögenswerte sowie gewogener durchschnittlicher Abschreibungszeitraum (nur bei abnutzbaren immateriellen Vermögenswerten).

- erworbener Goodwill

  - Gesamtbetrag des erworbenen Goodwill,

  - Betrag des Goodwill je berichtspflichtigem Segment[465] unter der Voraussetzung, dass das erwerbende Unternehmen der Verpflichtung zur Segmentberichterstattung nach SFAS 131 unterliegt,

  - Betrag des Goodwill, der voraussichtlich die steuerliche Bemessungsgrundlage mindert.[466]

(3) Informationen zu Unternehmenserwerben des abgelaufenen Geschäftsjahrs, die zwar im Einzelnen unbedeutend, in ihrer Gesamtheit jedoch wesentlich sind. Neben einer kurzen Beschreibung der einzelnen Akquisitionsobjekte sind unter anderem analog zu den im Einzelnen wesentlichen Unternehmenserwerben aggregierte Informationen zu Kaufpreisen, erworbenen Goodwills und sonstigen immateriellen Vermögenswerten vorzunehmen.[467]

---

[463] Vgl. SFAS 141.52.

[464] Eine Klasse immaterieller Vermögenswerte (*intangible asset class*) ist definiert als eine Gruppe der Art oder ihres betrieblichen Einsatzbereichs nach ähnlicher immaterieller Vermögenswerte, vgl. SFAS 141.F.

[465] Ein berichtspflichtiges Segment entsteht dann, wenn mehrere operative Segmente aus Gründen der Segmentwesentlichkeit oder Segmenthomogenität zusammengefasst werden werden; vgl. SFAS 131.17 ff.

[466] Nach Auffassung des FASB trägt die Angabe des steuerlich abzugsfähigen Betrags zu einer besseren Abschätzung zukünftiger Cashflows des verbundenen Unternehmens bei, vgl. SFAS 141.B205.

[467] Vgl. SFAS 141.53.

(4) Erläuterungen auf der Basis von Pro-Forma-Abschlüssen, sofern es sich bei dem Erwerber um ein börsennotiertes Unternehmen handelt.[468] In diesem Fall sind bestimmte Angaben in der Gewinn- und Verlustrechnung des laufenden und des Vorjahrs unter der Fiktion vorzunehmen, dass der Unternehmenserwerb bereits zu Anfang der Abrechnungsperiode stattgefunden hätte. In diesem Zusammenhang muss mindestens über folgende Positionen Auskunft gegeben werden:

- Umsatzerlöse (revenue),
- Ergebnis der gewöhnlichen Geschäftstätigkeit (income before extraordinary items),
- Ergebniseffekte, die aus einer Umstellung der Rechnungslegungsvorschriften resultieren (cumulative effect of accounting changes),
- Jahresüberschuss (net income),
- Gewinn je Aktie (earnings per share).

(5) Gegebenenfalls Erläuterungen zu akquisitionsbezogenen außerordentlichen Erträgen (extraordinary gains)[469].

(6) Soweit praktikabel, Erläuterungen zu jedem wesentlichen Unternehmenserwerb, der nach dem Bilanzstichtag und vor Aufstellung des Jahresabschlusses abgeschlossen wurde. In diesem Fall sind die unter (1) und (2) vorzunehmenden Detailangaben einschlägig.[470]

Darüber hinaus ist zu beachten, dass mit der Durchführung eines Unternehmenserwerbs nicht nur Angabepflichten im Anhang des Jahresabschlusses verbunden sind, sondern auch Offenlegungspflichten in Quartalsabschlüssen.[471] Diese beziehen sich auf den ersten Quartalsabschluss, der nach Abschluss des Unternehmenserwerbs erstellt wird und umfassen neben allgemeinen Angaben zum Unternehmenserwerb auch quartalsbezogene Pro-Forma-Angaben.[472]

---

[468] Vgl. SFAS 141.54 f. Die Erstellung von Pro-Forma Abschlüssen erfolgt unter Beachtung von Art. 11 der Regulation S-X. Zum Stellenwert der Regulation S-X vgl. Fußnote 303.

[469] Vgl. SFAS 141.56. Die Anhangsangaben sind hier in Übereinstimmung mit APB 30.11 vorzunehmen. Diese Regelung betrifft Erläuterungen zu außerordentlichen Erträgen, welche nicht aus der Aufgabe von Geschäftsbereichen oder einem Wechsel der Rechnungsvorschriften resultieren, vgl. APB 30.11.

[470] Vgl. SFAS 142.57.

[471] Vgl. SFAS 142.58.

[472] Vgl. ausführlich dazu *KPMG*, Analysis, S. 46 f.

4.4 Folgebewertung

4.4.1 Impairment Only-Ansatz

4.4.1.1 Grundlagen

Gemäß SFAS 142 ist der im Zuge einer Unternehmensakquisition erworbene Goodwill auf Basis des sog. Impairment Only-Ansatzes (auch: non-amortization approach) in der Postakquisitionsphase fortzuschreiben. Diese Konzeption der Folgebewertung basiert auf der vom FASB vorgenommenen Einordnung des Goodwill als Vermögenswert mit einer unbestimmbaren Nutzungsdauer (indefinite useful life)[473] und sieht dementsprechend vor, dass dieser nicht über einen bestimmten Zeitraum planmäßig abgeschrieben (amortization) wird[474], sondern einzig im Falle einer Wertminderung durch eine außerplanmäßige Abschreibung (impairment) zu verringern ist.[475] Eine Wertaufholung des Goodwill erachtet das FASB grundsätzlich als unzulässig.[476]

Hinsichtlich der Feststellung und Quantifizierung der außerplanmäßigen Abschreibung greift SFAS 142 auf einen speziellen goodwillbezogenen Werthaltigkeitstest (goodwill impairment test) zurück.[477] Gekennzeichnet ist dieser insbesondere dadurch, dass er sich auf sog. Berichtseinheiten im Sinne betrieblicher Teileinheiten bezieht.[478] Bevor der Ablauf des Werthaltigkeitstests im Detail dargestellt wird, soll im Folgenden zunächst beschrieben werden, wie die einzelnen Berichtseinheiten und die ihnen zuzurechnenden Teilgoodwills zu ermitteln sind und wann bzw. unter welchen Umständen der Test überhaupt durchzuführen ist.

4.4.1.2 Strukturierung des Unternehmenszusammenschlusses und Goodwillallokation

4.4.1.2.1 Abgrenzung der Berichtseinheiten

Der im Rahmen des Impairment Only-Ansatzes vorzunehmende Werthaltigkeitstest bezieht sich nicht auf den Goodwill als Einzelposten aus einer spezifischen Unternehmenstransak-

---

473 Vgl. SFAS 142.Summary.

474 „Goodwill shall not be amortized“ (SFAS 142.18,).

475 „Goodwill shall be tested for impairment“ (SFAS 142.18).

476 Vgl. SFAS 142.20.

477 Vgl. SFAS 142.18 ff.

478 Vgl. SFAS 142.18.

tion. Stattdessen ist er auf sog. Berichtseinheiten (reporting units), welche der obersten Unternehmensebene untergeordnet sind, aufzuteilen und auf dieser Stufe fortzuschreiben.[479]

Diese Vorgehensweise erfordert es zwangsläufig, dass bereits im Zeitpunkt der Unternehmensakquisition entsprechende Maßnahmen erforderlich sind, die die zukünftige Durchführung des so spezifizierten Werthaltigkeitstests gewährleisten. Im Einzelnen sind dabei zunächst eine Aufteilung der neu entstandenen Unternehmensverbindung auf Berichtseinheiten und die Zuordnung identifizierbarer Vermögenswerte und Schulden vorzunehmen, so dass anschließend eine Bestimmung des Goodwill der jeweiligen Berichtseinheit auf der Basis einer untergeordneten Bilanz möglich ist.

Der erste Schritt besteht folglich in der Strukturierung der Unternehmensverbindung. Im Zuge derer hat eine Aufteilung des Konzerns bzw. der Unternehmung auf Berichtseinheiten (reporting units)[480] zu erfolgen, welche das FASB als „an operating segment or one level below an operating segment (referred to as a component)"[481] definiert. Als Berichtseinheit ist somit entweder ein operatives Segment oder eine auf einer tieferen Stufe angesiedelte Untereinheit in Betracht zu ziehen.

Die Abgrenzung des operativen Segments (operating segment) erfolgt dabei in Übereinstimmung mit den Vorschriften zur Segmentpublizität gemäß SFAS 131: Disclosures about Segments of an Enterprise and Related Information.[482] Dementsprechend stellt ein Teilbereich eines Unternehmens ein operatives Segment dar, wenn folgende Voraussetzungen gleichzeitig erfüllt sind:[483]

- Der Teilbereich ist mit Unternehmensaktivitäten verbunden, die zu Aufwendungen und Erträgen führen (einschließlich solcher Aufwendungen und Erträge, die aus Aktivitäten zwischen unterschiedlichen Teilbereichen des Unternehmens resultieren);

---

479 Zur Begründung der Folgebewertung auf der Basis von Berichtseinheiten vgl. Gliederungspunkt 5.2.2.5.

480 In der deutschsprachigen Literatur hat sich „Berichtseinheit" als Übersetzung des Begriffs „reporting unit" etabliert, vgl. z. B. *Stauber/Ketterle*, Goodwill-Bilanzierung S. 959; *Dietrich*, Goodwillbilanzierung, S. 548; *Hitz/Kuhner*, Neuregelung zur Bilanzierung, S. 275; *Davis*, immaterielle Vermögensgegenstände, S. 699. Abweichend sprechen *Alvarez/Biberacher*, Goodwill-Bilanzierung, S. 348, *Pellens/Sellhorn*, Goodwill-Bilanzierung, S. 1683, auch von „Geschäftsfeld" bzw. „Geschäftsbereich".

481 SFAS 142.30. An dieser Stelle sei angemerkt, dass das erworbene Unternehmen unter bestimmten Umständen auch eine einzige Berichtseinheit oder ein Teil einer solchen darstellen kann, vgl. SFAS 142.B86.

482 Vgl. SFAS 142.30.

483 Vgl. SFAS 131.10.

- das operative Ergebnis des Teilbereichs wird vom obersten Entscheidungsträger der Unternehmung[484] überwacht und zur Entscheidungsfindung und Performancemessung herangezogen und

- für den Teilbereich existiert ein gesondertes internes Berichtswesen.

Aus dieser Definition wird deutlich, dass sich die Abgrenzung der operativen Segmente an der internen Organisations- und Führungsstruktur orientiert und damit dem Management Approach folgt.[485] Darüber hinaus ist zu beachten, dass die entsprechenden Vorschriften des SFAS 131 im Rahmen der Goodwillbilanzierung auch von denjenigen Unternehmen zu beachten sind, die von einer Pflicht zur Segmentberichterstattung befreit sind.[486]

Während die Abgrenzung der Berichtseinheiten anhand der operativen Segmente wohl als Regelfall anzusehen ist[487], besteht dennoch die Möglichkeit, dass unter bestimmten Voraussetzungen auch eine dem Segment untergeordnete Untereinheit (component) als Berichtseinheit zu qualifizieren ist.[488] Das ist grundsätzlich dann der Fall, wenn die Untereinheit sowohl

- ein eigenes Geschäftsfeld begründet[489], als auch

- über ein separates internes Rechnungswesen verfügt und

- einer regelmäßigen Ergebniskontrolle durch ein Segment-Management[490] unterliegt.

---

484 In diesem Zusammenhang stellt SFAS 131 auf die Funktion und nicht auf die Bezeichnung einer entsprechenden Management-Position innerhalb der Unternehmung ab. Als Regelfall des obersten Entscheidungsträgers werden der Vorstandsvorsitzende (Chief Executive Officer [CEO]) bzw. sein Stellvertreter/der Leiter des operativen Geschäfts (Chief Operating Officer [COO]) genannt, vgl. SFAS 131.12.

485 Damit hebt sich der seit 1997 gültige SFAS 131 deutlich von der bis dahin anzuwendenden Vorschrift SFAS 14 ab, die eine Segmentierung nach wirtschaftlichen Chancen und Risiken (Risk and Reward Approach) vorsah. Zu den Unterschieden der Ansätze vgl. *Böcking/Benecke*, Segmentberichterstattung, S. 96 f.; *Curle/Lutz*, Segmentberichterstattung, S. 261 f.; *Hacker*, Segmentberichterstattung, S. 59 ff. Zu den Auswirkungen der Erstanwendung des SFAS 131 auf die Segementberichterstattung ausgewählter US-amerikanischer und europäischer Unternehmen vgl. *Haller/Permanschlager*, Anspruch und Wirklichkeit. Vgl. umfassend zur Segmentpublizität nach US-GAAP bspw. *Glieder*, Segmentberichterstattung, S. 141 ff; *Ordelheide/Stubenrath*, Segmentberichterstattung; *Küting/Pilhofer*, Segmentberichterstattung; *Benecke*, Management Approach, S. 180 ff.

486 Vgl. SFAS 142.31.

487 Vgl. bspw. *Eberle*, Neue Standards, S. 185; *Davis*, immaterielle Vermögensgegenstände, S. 699.

488 Vgl. SFAS 142.30.

489 Die Prüfung dieses Kriteriums sollte entsprechend EITF No. 98-3 Topic, „Determining Whether a Nonmonetary Transaction Involves Receipt of Productive Assets or of a Business" erfolgen, vgl. SFAS 142.30. Dieser Vorschrift entsprechend impliziert bspw. die oftmals in der Praxis beobacht-

Sind die angeführten Bedingungen für zwei oder mehrere Untereinheiten eines operativen Segments erfüllt, bedeutet dies nicht zwangsläufig, dass diese auch jeweils eine eigenständige Berichtseinheit bilden. Sofern nämlich mehrere Untereinheiten einen ähnlichen wirtschaftlichen Charakter aufweisen, sind diese zu einer Berichtseinheit zusammenzufassen.[491] Nach Auffassung des FASB ist von dieser Ähnlichkeit unter Abwägung der Umstände im Einzelfall insbesondere dann auszugehen, wenn eine Gleichartigkeit der Untereinheiten hinsichtlich der folgenden Merkmale besteht:[492]

- der angebotenen Sachgüter oder Dienstleistungen,
- des Produktionsprozesses,
- der Kundengruppen,
- der Distributionswege und
- des regulatorischen Umfelds.

Die beschriebene Vorgehensweise impliziert, dass sich die Identifikation der jeweiligen Untereinheiten nicht notwendigerweise auf die gesamte neu entstandene Unternehmensverbindung erstrecken wird. Bestimmte operative Segmente des Erwerbers brauchen nämlich solange nicht auf die Existenz etwaiger Untereinheiten hin untersucht werden, solange es nicht zu einer Integration dieser Segmente in die des Akquisitionsobjektes kommt. Im Einzelfall wäre es sogar denkbar, dass die operativen Segmente des erworbenen Unternehmens beim Erwerber bisher nicht vorhanden sind und nach der Durchführung der Unterneh-

---

bare Trennung zwischen jeweils rechtlich selbstständigen Produktions- und Vertriebsgesellschaften keine eigenständigen Geschäftsfelder.

490 Unter einem Segment-Manager ist eine Person zu verstehen, die sich für ein operatives Segment verantwortlich zeichnet und in diesem Zusammenhang in direktem Kontakt zum obersten Entscheidungsträger der Unternehmung steht. Das FASB weist explizit darauf hin, dass die Bezeichnung „segment manager" auf eine Funktion, nicht aber auf eine bloße Stellenbezeichnung innerhalb der Unternehmung abstellt. Vgl. SFAS 131.14; auch EITF Topic No. D-101, S. 2.

491 Vgl. SFAS 142.30.

492 Hinsichtlich der Feststellung ähnlicher ökonomischer Charakteristika verweist SFAS 142.30 auf SFAS 131.17. Dem Wortlaut dieser Vorschrift entsprechend müssen die aufgeführten Kriterien gleichzeitig erfüllt sein („if the segments are similar in each of the following areas"). Diese Anforderung wird allerdings durch eine im November 2001 vom FASB veröffentlichte Erläuterung zur Abgrenzung der Berichseinheiten *(Clarification of Reporting Unit Guidance)* relativiert, in der angeführt wird, dass die Bedingungen nicht unbedingt gleichzeitig erfüllt sein müssen, sondern unter den Umständen des jeweiligen Einzelfalls zu würdigen sind („Evaluating whether two components have similar economic characteristics is a matter of judgment that depends on specific facts and circumstances. ... the board did not intend that *every* factor must be met", EITF Topic No. D-101, S. 2 f.). Diese Verlautbarung ist als Reaktion des FASB auf zahlreiche Anfragen bezüglich der Abgrenzung von Berichtseinheiten zu verstehen und enthält darüber hinaus weitere Beispielsituationen, die eine ökonomische Ähnlichkeit implizieren, vgl. EITF Topic No. D-101, S. 1.

menstransaktion eigenständige Segmente bleiben. Dabei darf jedoch nicht vernachlässigt werden, dass unter Umständen auch die übrigen Segmente von freigesetzten Synergieeffekten des Unternehmenszusammenschlusses profitieren. Da ihnen in diesen Fällen ein bestimmter Teil des erworbenen Goodwill zugerechnet wird, müssen sie in diesen Fällen zwangsläufig auch auf die Existenz etwaiger Untereinheiten hin analysiert werden.[493]

Zur Illustration sei abschließend die Aufteilung eines Unternehmens auf Berichtseinheiten an folgendem Beispiel verdeutlicht:[494]

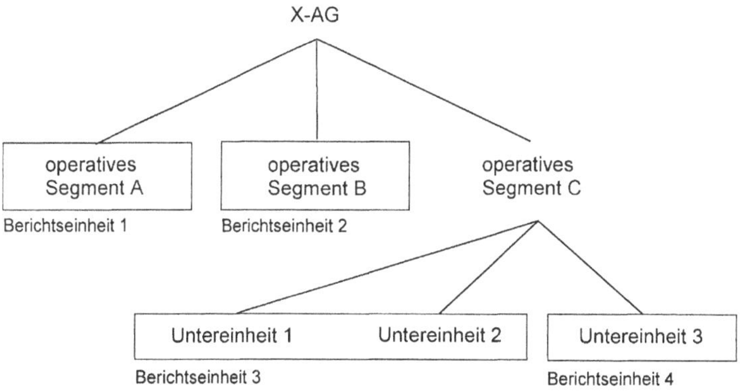

Abbildung 14: Beispiel zur Einteilung einer Unternehmensverbindung in Berichtseinheiten

Die X-AG unterliegt der Verpflichtung zur Segmentberichterstattung nach SFAS 131 und unterteilt sich diesbezüglich in drei operative Segmente A, B und C. Im Regelfall bilden diese drei operativen Segmente gleichzeitig auch drei Berichtseinheiten, auf die im Rahmen der Folgebilanzierung des Goodwill Bezug zu nehmen ist. Im vorliegenden Fall lassen sich jedoch für das operative Segment C drei Untereinheiten identifizieren, welche die Voraussetzungen für eine eigenständige Berichtseinheit erfüllen. Allerdings ist zu beachten, dass Untereinheit 1 und Untereinheit 2 einen ähnlichen wirtschaftlichen Charakter aufweisen und aus diesem Grund zu einer Berichtseinheit zusammenzufassen sind. Folglich besteht die X-AG aus insgesamt vier Berichtseinheiten: Neben dem operativen Segment A und B bilden die Untereinheit 3 sowie das Aggregat aus den Untereinheiten 1 und 2 jeweils eine Berichtseinheit.

---

493 Vgl. SFAS 142.35.

494 Ein weiteres Beispiel zur goodwillbezogenen Strukturierung ist zu finden bei *KPMG*, Analysis, S. 29.

4.4.1.2.2 Zuordnung der erworbenen Vermögenswerte und Verbindlichkeiten

Nachdem eine den Anforderungen des SFAS 142 entsprechende Strukturierung der neu entstandenen Unternehmensverbindung durchgeführt wurde, sind in einem zweiten Schritt Vermögenswerte und Schulden – unabhängig davon, ob sie im Rahmen einer Unternehmensakquisition erworben wurden oder schon vorher beim Erwerber vorhanden waren – den Berichtseinheiten zuzuordnen.[495] Dieser Schritt ist zum einen erforderlich, um im Anschluss den erworbenen Gesamtgoodwill auf die Berichtseinheiten aufzuteilen.[496] Zum anderen ergibt sich seine Notwendigkeit auch daraus, dass die Buchwerte der den Berichtseinheiten zugerechneten Vermögenswerte und Schulden bei der Folgebilanzierung zur Ermittlung der implizierten Fair Values der Teilgoodwills heranzuziehen sind.[497]

Die Vermögenswerte sind dabei denjenigen Berichtseinheiten zuzuordnen, in denen sie jeweils zum Einsatz kommen, während bei den Schulden die Zugehörigkeit zur Geschäftstätigkeit einer Berichtseinheit ausschlaggebend ist.[498] Darüber hinaus ist an die Zuordnung der Vermögenswerte und Schulden die Voraussetzung geknüpft, dass die jeweiligen Posten bei der Bestimmung der Fair Values der entsprechenden Berichtseinheiten Berücksichtigung finden.[499] Diese Bedingung soll sicherstellen, dass die der Berichtseinheit zugewiesenen Aktiva und Passiva dieselben sind, die zur zukünftigen Fair Value-Ermittlung der jeweiligen Einheit herangezogen werden. Sie gewährleistet somit eine „apples-to-apples' comparison"[500], also die Schaffung einer einheitlichen Vergleichsbasis für den Werthaltigkeitstest in den Folgeperioden.[501]

Werden auf der Basis der genannten Kriterien bestimmte Bilanzposten – beispielsweise Grundstücke – gleichzeitig zwei oder mehreren Berichtseinheiten zugeordnet, so hat eine Aufteilung dieser berichtseinheitenübergreifenden Bilanzposten zu erfolgen.[502] Die in diesem Zusammenhang anzuwendende Aufteilungsmethodik wird dabei nur insofern reglementiert, als sie

---

495 Vgl. SFAS 142.32.

496 Siehe Gliederungspunkt 4.4.1.2.3.

497 Vgl. SFAS 142.34, 35, siehe Gliederungspunkt 4.4.1.4.

498 Ebenso wie bei der Aufteilung der Unternehmensverbindung in Berichtseinheiten wird bei der Zuordnung der Schulden die Ausrichtung der SFAS 141/142 am Management-Approach deutlich, vgl. auch *Küting/Weber/Wirth*, Goodwillbilanzierung, S. 187. Zum Management Approach vgl. ausführlich Gliederungspunkt 5.2.2.1.1.

499 Vgl. SFAS 142.32.

500 SFAS 142.B116.

501 Vgl. SFAS 142.B116, B117.

502 Vgl. SFAS 142.33.

- vernünftig (reasonable) und
- nachvollziehbar (supportable) sein sowie
- konsistent angewendet (applied in a consistent manner) werden sollte.[503]

Eine weitere verbindliche Spezifikation hält das FASB für nicht erforderlich,[504] empfiehlt allerdings eine Aufteilungsmethodik auf der Basis des anteiligen, auf die Berichtseinheit entfallenden Nutzens oder der relativen Fair Values der Berichtseinheiten.[505]

Darüber hinaus wird explizit angeführt, dass auch sog. „corporate items" den Zuordnungskriterien zu unterwerfen sind. Diese corporate assets und corporate liabilities zeichnen sich dadurch aus, dass sie die gesamte Unternehmensverbindung betreffen und im Rahmen der Segmentberichterstattung nach SFAS 131 oft keine Berücksichtigung finden.[506] Die unter Umständen erforderliche Integration dieser nicht segmentierungsfähigen Positionen in die Berichtseinheiten dürfte daher mit einem zusätzlichen Arbeitsaufwand seitens des Bilanzerstellers verbunden sein, da hier der Rückgriff auf die der Segmentpublizität entsprechende Zuordnung aufgegeben werden muss. Aufgrund dessen impliziert die Goodwillbilanzierung an dieser Stelle die Einrichtung einer Nebenbuchhaltung.[507] Als Beispiel für zuzuordnende corporate items nennt das FASB unter anderem Pensionsverpflichtungen für die Arbeitnehmer der Berichtseinheiten. In diesem Fall schlägt der Standardsetter eine anteilige Aufteilung auf die Berichtseinheiten entsprechend dem auf die jeweilige Einheit entfallenden Lohnaufwand vor.[508]

4.4.1.2.3 Aufteilung des Gesamtgoodwill

Nachdem die Berichtseinheiten der Unternehmensverbindung abgegrenzt und ihnen die Vermögenswerte und Schulden zugeordnet wurden, ist in einem dritten Schritt der gesamte,

---

503 Vgl. SFAS 142.33.

504 Vgl. SFAS 142.B118.

505 Vgl. SFAS 142.33. Zur Bestimmung des Fair Value einer Berichtseinheit vgl. Gliederungspunkt 4.4.1.5. Gleichwohl dürfte sich die Ermittlung und Anwendung einer Aufteilungsmethodik bei bestimmten Sachverhalten – bspw. bei latenten Steuern oder bei Anwendung von Cash-Management-Systemen – als schwierig bzw. aufwändig erweisen, vgl. ausführlich dazu *KPMG*, Analysis, S. 31.

506 Vgl. SFAS 142.32. Siehe dazu auch SFAS 131.11; SFAS 142.B121; *King*, M&A Accounting Rules, S. 34; *Benecke*, Management Approach, S. 176.

507 Vgl. *Küting/Weber/With*, Goodwill-Bilanzierung, S. 187.

508 Vgl. SFAS 142.32, 33, vgl. auch SFAS 131.11. Als weiteres Beispiel für corporate items nennt SFAS 142.32 Schulden, die aus Umweltschutzauflagen einer Betriebstätte resultieren.

aus der Unternehmenstransaktion resultierende Goodwill auf die einzelnen Berichtseinheiten zu verteilen.[509] Die Allokation orientiert sich an den akquisitionsbedingten Synergieeffekten, wobei die Verhältnisse im Zeitpunkt des Unternehmenserwerbs zugrunde zu legen sind. Dementsprechend bemisst sich der auf eine Berichtseinheit entfallende Teil des Gesamtgoodwill nach der Höhe der anteiligen Synergieeffekte, aus denen die Einheit erwartungsgemäß einen Nutzen zieht. In diesem Kontext führt das FASB ausdrücklich an, dass auch Berichtseinheiten, denen zuvor weder Vermögenswerte noch Schulden des erworbenen Unternehmens zugeordnet wurden, von den ausgelösten Synergieeffekten profitieren können. Abgesehen von dem Ausnahmefall, dass nur eine einzige Berichtseinheit Nutznießer der freigesetzten Synergien ist, muss die verwendete Aufteilungsmethodik zum einen denselben Anforderungen genügen, die auch schon bei der Zuordnung der Vermögenswerte und Schulden zu beachten waren. Folglich sollte sie vernünftig und nachvollziehbar sein sowie konsistent angewendet werden.[510]

Zum anderen macht der Standardsetter die Methodenwahl aber auch davon abhängig, dass das gewählte Verfahren die jeweiligen Teilgoodwills „[i]n concept ... in a manner similar to how the amount of goodwill recognized in a business combination is determined“[511] ermittelt, also konzeptionell mit der Erwerbsmethode übereinstimmen sollte.[512] Der Goodwill einer Berichtseinheit bestimmt sich folglich vor dem Hintergrund eines fiktiven (teilweisen) Erwerbs der Einheit als Differenz zwischen einem gedachten Kaufpreis und den zugeordneten identifizierbaren Vermögenswerten abzüglich der Schulden. Der Wortlaut des SFAS 142 „the fair value for each reporting unit representing a ‚purchase price‘ ... would be allocated to the assets and liabilities of that unit“[513] gibt jedoch keine Auskunft darüber, ob sich der Fair Value als hypothetischer Kaufpreis auf die gesamte oder nur auf den neu zugegangenen Teil einer bereits beim Erwerber vorhandenen Berichtseinheit bezieht.[514] Ebenso unklar bleibt, ob diesen fiktiven Anschaffungskosten sämtliche identifizierbaren Vermögenswerte abzüglich der Schulden einer Berichtseinheit oder nur diejenigen, die im Rahmen der Akquisition neu erworben wurden, gegenüberzustellen sind.

---

509 Vgl. SFAS 142.34. Der auf eine Berichtseinheit entfallende Teil des Goodwill wird mitunter auch als „Geschäftsbereichs-Goodwill“ oder „Geschäftsfeld-Goodwill“ bezeichnet.

510 Vgl. SFAS 142.34; vgl. dazu auch Gliederungspunkt 4.3.1.

511 SFAS 142.35.

512 Vgl. SFAS 142.34, 35.

513 SFAS 142.35.

514 Vgl. *Küting/Weber/Wirth*, Goodwillbilanzierung, S. 188. Eine ausführliche Darstellung der Fair Value-Ermittlung einer Berichtseinheit erfolgt in Gliederungspunkt 4.4.1.5.

Einzig sinnvolle Interpretation kann jedoch nur das Abstellen der Erwerbsfiktion auf den neu erworbenen Bestandteil einer Berichtseinheit sein. Andernfalls würde bei der Bestimmung des Fair Value der Berichtseinheit zusätzlich zum anteiligen erworbenen Goodwill ein aus dem bereits beim Erwerber vorhandenen Teil der Berichtseinheit resultierender originärer Goodwill erfasst werden.[515] Dies hätte zur Folge, dass die Summe der so errechneten Goodwills den gesamten derivativen Goodwill im Regelfall bei weitem überträfe. Darüber hinaus wird die hier vertretene Auslegung auch dadurch gestützt, dass SFAS 142 eine Sonderregelung für die Fälle vorsieht, in denen ein Teil des Goodwill auf Berichtseinheiten entfällt, denen keinerlei Vermögenswerte und Schulden aus dem Unternehmenserwerb zugeordnet werden.[516] Unter diesen Umständen empfiehlt das FASB eine Allokation des Gesamtgoodwill auf Basis einer „'with and without' computation"[517]. Bei dieser Aufteilungsmethodik ergibt sich der Goodwill einer Berichtseinheit als Differenz zwischen dem Fair Value der Einheit vor und nach der Durchführung der Unternehmensakquisition.[518]

Die dargestellte Vorgehensweise bringt allerdings das Problem mit sich, dass die Summe der einzelnen Goodwills der Berichtseinheiten nicht unbedingt mit dem gesamten, aus dem Unternehmenserwerb resultierenden Goodwill übereinstimmt.[519] Seinem Charakter entsprechend, wird nämlich der Gesamtgoodwill gewöhnlich größer als das Aggregat der Teilgoodwills sein.[520] Dies erkennt auch das FASB und schlägt diesbezüglich wiederum eine nachvollziehbare, vernünftige und konsistent angewendete, ansonsten nicht näher spezifizierte Aufteilungsmethodik vor, auf Basis derer eine Allokation des Differenzbetrags auf die Berichtseinheiten erfolgen sollte.[521]

---

515 Im Ergebnis so auch *Küting/Weber/Wirth*, Goodwillbilanzierung, S. 188, die jedoch das Abstellen der Erwerbsfiktion auf den erworbenen Teil einer Berichtseinheit mit den Aspekten der Wirtschaftlichkeit und Wesentlichkeit begründen.

516 Vgl. SFAS 142.35, SFAS 142.B120.

517 SFAS 142.35.

518 Vgl. SFAS 142.35.

519 Vgl. SFAS 142.B120.

520 Denn im Regelfall führen die im Goodwill gebundenen Synergien dazu, dass der Fair Value einer Gesamtunternehmung höher als die Summe der Fair Values seiner einzelnen Bestandteile ist. Konsequenterweise gilt dies nicht nur in Bezug auf die einzelnen Vermögenswerte und Schulden, sondern auch hinsichtlich der einzelnen Berichtseinheiten. Siehe dazu auch Gliederungspunkt 5.2.2.1.3. Gleichwohl ist es aber nicht auszuschließen, dass die Summe der anteiligen Goodwills der Berichtseinheiten den Gesamtgoodwill übertrifft.

521 Vgl. SFAS 142.B120. Als mit den postulierten Anforderungen vereinbar wird in der Literatur bspw. eine Aufteilung der Differenz entsprechend der Höhe der unter der Erwerbsfiktion ermittelten anteiligen Goodwills erachtet, vgl. *Alvarez/Biberacher*, Goodwill-Bilanzierung S. 348.

Die Aufteilung des im Rahmen einer Unternehmensakquisition erworbenen Goodwill auf die jeweiligen Berichtseinheiten soll im Folgenden anhand eines Beispiels veranschaulicht werden:[522]

Ausgangspunkt der nachfolgenden Illustration bildet das in Gliederungspunkt 4.3.1.6 skizzierte Beispiel zur Entstehung des Goodwill im Rahmen eines 100%igen Beteiligungserwerbs: Die X-AG erwirbt zum 1.1.2002 sämtliche Anteile an der Y-AG, so dass der neu entstandenen Unternehmensverbindung ein Konzernverhältnis zugrunde liegt. Der von der X-AG entrichtete Kaufpreis entspricht dem Fair Value der Y-AG und beläuft sich auf 2.500 T€ (siehe Abbildung 15). Aus der Differenz gegenüber dem zu Tageswerten bewerteten identifizierbaren Nettovermögen der Y-AG von 1.500 T€ resultiert ein erworbener Goodwill in Höhe von 1.000 T€. Das von der SEC für US-börsennotierte Unternehmen vorgeschriebene Push Down Accounting führt dazu, dass sowohl die Tageswerte als auch der Goodwill in die Eröffnungsbilanz der Y-AG zum 1.1.2002 übernommen werden. Vereinfachend sei angenommen, dass die Y-AG über keine corporate items verfügt; sämtliche identifizierbaren Vermögenswerte und Schulden des Akquisitionsobjektes sind somit einer oder mehreren Berichtseinheiten zurechenbar. Hinsichtlich der bereits im Zeitraum vor der Durchführung des Unternehmenserwerbs vorhandenen Berichtsstruktur bei der akquirierenden X-AG ist zu beachten, dass diese die beiden Berichtseinheiten A und B identifiziert hat. Auf der Grundlage dieses Sachverhalts soll nun die Verteilung des erworbenen Goodwill anhand von fünf unterschiedlichen Situationen erläutert werden:

522 Ein weiteres Beispiel zur Goodwill-Bilanzierung nach US-GAAP ist zu finden bei *Hommel*, Bilanzierung von Goodwill, S. 808.

		31.12.2001		01.01.2002			
		X-AG		Y-AG	Unternehmensverbindung		
		Unterbilanzen Berichtseinheiten		Eröffnungs-bilanz	Unterbilanzen Berichtseinheiten		
		A	B		A	B	C
Aktiva	nicht abnutzb. SAV	3.000	4.000	2.000	3.000	4.000	2.000
	abnutzbares SAV	1.400	2.600	3.000	1.400	2.600	3.000
	liquide Mittel	1.200	900	1.000	1.200	900	1.000
	identifizierbares Vermögen	5.600	7.500	6.000	5.600	7.500	6.000
	Goodwill			1.000			1.000
	Σ	5.600	7.500	7.000	5.600	7.500	7.000
Passiva	Eigenkapital	3.600	4.000	2.500	3.600	4.000	2.500
	Fremdkapital	2.000	3.500	4.500	2.000	3.500	4.500
	Σ	5.600	7.500	7.000	5.600	7.500	7.000
identifizierbares Nettovermögen		3.600	4.000	1.500	3.600	4.000	1.500
Fair Value		5.000	5.500	2.500	5.000	5.500	2.500

Abbildung 15: Beispiel zur Aufteilung des erworbenen Goodwill (Situation 1)

Situation 1 zeichnet sich dadurch aus, dass die Y-AG nicht in die bereits bei der X-AG vorhandenen Berichtseinheiten A und B integriert wird, sondern nach Durchführung des Unternehmenserwerbs eine eigenständige Berichtseinheit C begründet. Da die Berichtseinheiten A und B auch nicht von etwaigen Synergien profitieren, betragen ihre Fair Values unverändert 5.000 T€ bzw. 5.500 T€. Dementsprechend wird der gesamte, aus der Transaktion resultierende Goodwill in Höhe von 1.000 T€ der Berichtseinheit C zugerechnet.

		31.12.2001		01.01.2002		
		X-AG Unterbilanzen Berichtseinheiten		Y-AG Eröffnungs-bilanz	Unternehmensverbindung Unterbilanzen Berichtseinheiten	
		A	B		A	B
Aktiva	nicht abnutzb. SAV	3.000	4.000	2.000	3.000	6.000
	abnutzbares SAV	1.400	2.600	3.000	1.400	5.600
	liquide Mittel	1.200	900	1.000	1.200	1.900
	identifizierbares Vermögen	5.600	7.500	6.000	5.600	13.500
	Goodwill			1.000		1.000
	Σ	5.600	7.500	7.000	5.600	14.500
Passiva	Eigenkapital	3.600	4.000	2.500	3.600	6.500
	Fremdkapital	2.000	3.500	4.500	2.000	8.000
	Σ	5.600	7.500	7.000	5.600	14.500
identifizierbares Nettovermögen		3.600	4.000	1.500	3.600	5.500
Fair Value		5.000		2.500	5.000	

Abbildung 16: Beispiel zur Aufteilung des erworbenen Goodwill (Situation 2)

In der zweiten Situation wird die Y-AG nicht als separate Berichtseinheit in den Konzern einbezogen, sondern vollständig in die bereits beim Erwerber vorhandene Berichtseinheit B integriert. Da sich die Akquisition auf den Fair Value der Berichtseinheit A ebenfalls nicht auswirkt, wird sie unverändert fortgeführt. Der gesamte Goodwill von 1.000 T€ wird damit in die Unterbilanz der Berichtseinheit B aufgenommen.

		31.12.2001		01.01.2002			
		X-AG Unterbilanzen Berichtseinheiten		Y-AG		Unternehmens-verbindung Unterbilanzen Berichtseinheiten	
		A	B	Eröffnungs-bilanz	B*	A	B
Aktiva	nicht abnutzb. SAV	3.000	4.000	2.000	2.000	3.000	6.000
	abnutzb. SAV	1.400	2.600	3.000	3.000	1.400	5.600
	liquide Mittel	1.200	900	1.000	1.000	1.200	1.900
	identifizierbares Vermögen	5.600	7.500	6.000	6.000	5.600	13.500
	Goodwill			1.000	800	200	800
	$\sum$	5.600	7.500	7.000	5.800	5.600	14.300
Passiva	Eigenkapital	3.600	4.000	2.500	2.300	3.600	6.300
	Fremdkapital	2.000	3.500	4.500	4.500	2.000	8.000
	$\sum$	5.600	7.500	7.000	6.800	5.600	14.300
identifizierbares Nettovermögen		3.600	4.000	1.500	1.500	3.600	5.500
Fair Value		5.000		2.500	2.300	5.200	

Abbildung 17: Beispiel zur Aufteilung des erworbenen Goodwill (Situation 3)

Situation 3 unterscheidet sich von Fall 2 dadurch, dass auch die Berichtseinheit A von den erwarteten akquisitionsbedingten Synergieeffekten profitiert. Dementsprechend ist der Goodwill auf die beiden Berichtseinheiten aufzuteilen. Zur Bestimmung des anteiligen Goodwill der Berichtseinheit B ist ein Erwerb des ihr zugehenden Teils B* der Y-AG zu unterstellen. Unter der Annahme, dass der Fair Value in Höhe von 2.300 T€ dem fiktiven Kaufpreis von B* entspricht, ergibt sich aus der Differenz gegenüber dem identifizierbaren Nettovermögen von 1.500 T€ ein anteiliger Goodwill von 800 T€. Dieser ist der Berichtseinheit B zuzuweisen. Der auf die Berichtseinheit A entfallende Teil des Goodwill wird dagegen auf Basis einer Differenzbetrachtung der Fair Values der Einheit errechnet, weil ihr weder identifizierbare Vermögenswerte noch Schulden des Akquisitionsobjekts zugeordnet werden. Da der Fair Value der Berichtseinheit A durch die Durchführung der Unternehmensakquisition von 5.000 T€ auf 5.200 T€ gestiegen ist, wird in der Unterbilanz der Einheit A ein Goodwill in Höhe von 200 T€ ausgewiesen. Der aus der Unternehmensakquisition resultierende Goodwill (1.000 T€) stimmt hier mit der Summe der den Berichtseinheiten zugerechneten Teilgoodwills (800 T€ + 200 T€) überein, so dass weitere Schritte zu seiner Allokation nicht erforderlich sind.

		31.12.2001		01.01.2002				
		X-AG Unterbilanzen Berichtseinheiten		Y-AG			Unternehmensverbindung Unterbilanzen Berichtseinheiten	
		A	B	Eröffnungsbilanz	A*	B*	A	B
Aktiva	nicht abnutzb. SAV	3.000	4.000	2.000	500	1.500	3.500	5.500
	abnutzb. SAV	1.400	2.600	3.000	3.000	0	4.400	2.600
	liquide Mittel	1.200	900	1.000	500	500	1.700	1.400
	identifizierbares Vermögen	5.600	7.500	6.000	4.000	2.000	9.600	9.500
	Goodwill			1.000	400	600	400	600
	Σ	5.600	7.500	7.000	4.400	2.600	10.000	10.100
Passiva	Eigenkapital	3.600	4.000	2.500	1.400	1.100	5.000	5.100
	Fremdkapital	2.000	3.500	4.500	3.000	1.500	5.000	5.000
	Σ	5.600	7.500	7.000	4.400	2.600	10.000	10.100
identifizierbares Nettovermögen		3.600	4.000	1.500	1.000	500	4.600	4.500
Fair Value				2.500	1.400	1.100		

Abbildung 18: Beispiel zur Aufteilung des erworbenen Goodwill (Situation 4)

Im Gegensatz zur vorangegangenen Variante werden in Situation 4 sowohl der Berichtseinheit A als auch der Berichtseinheit B identifizierbare Vermögenswerte und Schulden der erworbenen Y-AG zugeordnet. Folglich ist zur Bestimmung der anteiligen Goodwills für beide Berichtseinheiten ein Unternehmenserwerb der ihr zugehenden Teile A* und B* der Y-AG zu fingieren. Vor dem Hintergrund dieser Erwerbsfiktion errechnet sich auf der Basis der Teilunternehmenswerte für A* (1.400 T€) und B* (1.100 €) für die Berichtseinheit A ein anteiliger Goodwill von 400 T€ und für B ein anteiliger Goodwill von 600 T€. Ihre Summe gleicht damit dem aus der Akquisition insgesamt resultierenden Goodwill von 1.000 T€, so dass – ebenso wie in Situation 3 – weitere Schritte zur Goodwillallokation nicht notwendig sind.

		31.12.2001		01.01.2002				
		X-AG Unterbilanzen Berichtseinheiten		Y-AG			Unternehmensverbindung Unterbilanzen Berichtseinheiten	
		A	B	Eröffnungsbilanz	A*	B*	A	B
Aktiva	nicht abnutzb. SAV	3.000	4.000	2.000	500	1.500	3.500	5.500
	abnutzb. SAV	1.400	2.600	3.000	3.000	0	4.400	2.600
	liquide Mittel	1.200	900	1.000	500	500	1.700	1.400
	identifizierbares Vermögen	5.600	7.500	6.000	4.000	2.000	9.600	9.500
	Goodwill			1.000	630	270	700	300
	$\sum$	5.600	7.500	7.000	4.630	2.270	10.350	9.750
Passiva	Eigenkapital	3.600	4.000	2.500	1.630	770	5.350	4.750
	Fremdkapital	2.000	3.500	4.500	3.000	1.500	5.000	5.000
	$\sum$	5.600	7.500	7.000	4.630	2.270	10.350	9.750
identifizierbares Nettovermögen		3.600	4.000	1.500	1.000	500	4.600	4.500
Fair Value				2.500	1.630	770		

Abbildung 19: Beispiel zur Aufteilung des erworbenen Goodwill (Situation 5)

Situation 5 unterscheidet sich von Fall 4 dadurch, dass die Summe der unter der Erwerbsfiktion ermittelten Teilgoodwills von A* und B* (630 T€ + 270 T€ = 900 T€) nicht mit dem Goodwill aus der Unternehmensakquisition (1.000 T€) übereinstimmt. Die Differenz in Höhe von 100 T€ ist entsprechend den Vorgaben von SFAS 142 auf Basis einer vernünftigen und nachvollziehbaren Methodik auf die Berichtseinheiten A und B zu verteilen. Greift man auf eine Aufteilungsmethodik entsprechend der Höhe der über die Erwerbsfiktion errechneten anteiligen Goodwills zurück, so werden der Berichtseinheit A zusätzlich 70 T€ (= 630 T€ / 900 T€ x 100 T€) und der Einheit B 30 T€ (= 270 T€ / 900 T€ x 100 T€) zugerechnet. Damit entfallen nach der vollständigen Allokation des Goodwill auf die Berichtseinheiten A und B jeweils anteilige Goodwills von 700 T€ (= 630 T€ + 70 T€, Berichtseinheit A) bzw. 300 T€ (= 270 T€ + 30 T€, Berichtseinheit B).

4.4.1.3 Prüfungszyklus und testauslösende Indikatoren

Die Vorschriften des SFAS 142 verpflichten den Bilanzaufsteller, den erworbenen Goodwill im Rahmen der Folgebilanzierung zum einen jährlich und zum anderen zu bestimmten Anlässen auf seine Werthaltigkeit hin zu untersuchen.[523] Hinsichtlich des jährlichen Prüfungszyklus (annual goodwill impairment test) ist zu beachten, dass der Werthaltigkeitstest nicht zwangsweise am Ende des Geschäftsjahres zu erfolgen hat, sondern zu jedem beliebigen Zeitpunkt während des Abrechnungsperiode durchführbar ist.[524] Ein einmal gewählter Termin muss jedoch für die Folgejahre beibehalten werden, so dass der jährliche Test stets zum gleichen Zeitpunkt innerhalb des Geschäftsjahres stattfindet. In diesem Zusammenhang ist des Weiteren anzumerken, dass die Goodwills der verschiedenen Berichtseinheiten nicht zum selben Datum, sondern zu unterschiedlichen Terminen auf das Vorhandensein eines Wertberichtigungsbedarfs analysiert werden können. Eine Möglichkeit, unter bestimmten Umständen auf die Durchführung des jährlichen Tests zu verzichten, sieht SFAS 142 nicht vor.[525]

Neben der jährlichen Werthaltigkeitsanalyse des Goodwill sehen die Vorschriften des FASB aber auch einen unterjährigen Test zu bestimmten Anlässen vor.[526] Gemäß dem sog. „events-and-circumstances approach“[527] besteht die Verpflichtung zur Durchführung dieses fallweisen Werthaltigkeitstests (circumstances goodwill impairment test) immer dann, wenn bestimmte Ereignisse und Umstände (triggering events) auftreten, die eine nachhaltige Wertminderung des Goodwill und damit eine außerplanmäßige Abschreibung wahrscheinlich erscheinen lassen. Als Beispiele für testauslösende Indikatoren werden angeführt:[528]

---

[523] Vgl. SFAS 142.26.

[524] Bei der Wahl des Zeitpunktes sollte beachtet werden, dass sich bei der Feststellung einer Abwertungserfordernis ein (zeit)aufwändiges Verfahren zur Ermittlung der genauen Höhe der außerplanmäßigen Abschreibung anschließt. Damit noch genügend Zeit zur Quantifizierung bleibt und auf eine Schätzung im entsprechenden Abschluss verzichtet werden kann, wird empfohlen, den Test nicht unmittelbar vor dem Bilanzstichtag oder einem Quartalsende durchzuführen; vgl. *Ernst&Young*, A Summary, S. 17.

[525] Bei der Durchführung des Werthaltigkeitstests gestattet SFAS 142.27 dem Bilanzaufsteller, unter bestimmten Voraussetzungen auf die aufwändige Ermittlung des Fair Value einer Berichtseinheit zu verzichten und auf den Vorjahreswert zurückzugreifen. An dieser Stelle irrt *Hommel*, Goodwillbilanzierung, S. 1945, indem er diese Vorschrift entgegen ihrem Wortlaut dahingehend interpretiert, dass unter diesen Voraussetzungen der jährliche Test insgesamt nicht vorgenommen werden braucht. Zu einer ausführlichen Darstellung der Voraussetzungen, unter denen eine Übernahme des Vorjahres-Fair Value einer Berichtseinheit zulässig ist, siehe Gliederungspunkt 4.4.1.4.1.

[526] Vgl. SFAS 142.26.

[527] Vgl. SFAS 142.B137.

[528] Vgl. SFAS 142.28.

- eine wesentliche Verschlechterung der rechtlichen Rahmenbedingungen sowie des Geschäftsklimas,
- eine unvorteilhafte Entscheidung einer Regulierungsbehörde,
- das unerwartete Auftreten eines Wettbewerbers,
- der Verlust wichtiger Mitarbeiter,
- die Erwartung mit einer Wahrscheinlichkeit größer 50%, dass eine Berichtseinheit oder ein bedeutender Teil von ihr veräußert oder anderweitig zur Disposition gestellt wird,
- die Vornahme eines Werthaltigkeitstests nach den Vorschriften zur Bilanzierung des Sachanlagevermögens, wenn sich dieser auf eine wesentliche Gruppe von Vermögenswerten bezieht[529] und
- die außerplanmäßige Abschreibung eines Goodwill in der Bilanz eines Tochterunternehmens, welches Bestandteil der Berichtseinheit ist.

Es ist allerdings zu beachten, dass die dargestellten Indikatoren keineswegs als erschöpfende Aufzählung zu verstehen sind. Vielmehr können im Einzelfall auch weitere Ereignisse und Umstände oder deren Verkettung die Wahrscheinlichkeit einer Wertminderung des Goodwill indizieren.[530]

4.4.1.4 Zweistufiger Werthaltigkeitstest

Der zu den angeführten Zeitpunkten durchzuführende Werthaltigkeitstest des Goodwill basiert auf einer zweistufigen Konzeption (two-step approach/two-step impairment test):[531]

---

529 SFAS 142.27 verweist an dieser Stelle auf SFAS 121 "Accounting for the Impairment of Long-Lived Assets and for Long-Lived Assets to be Disposed of". Diese Vorschrift ist jedoch inzwischen durch den im Oktober 2001 veröffentlichten SFAS 144 „Accounting for the Impairment or Disposal of Long-Lived Assets" ersetzt worden. Gegenstand von SFAS 144 ist die Bilanzierung von Wertberichtigungen und Veräußerungsvorgängen langfristig genutzter Vermögenswerte. Eine Verpflichtung zur erstmaligen Anwendung des SFAS 144 besteht für Geschäftsjahre, die nach dem 15.12.2001 beginnen; eine frühere Anwendung wurde vom FASB jedoch empfohlen. Vgl. SFAS 144.49; *FASB*, Summary No. 144. Vgl. auch *Meeting/Luecke*, Asset Impairment and Disposal, S. 49 ff., 56 f.

530 Vgl. SFAS 142.B139. Vgl. auch *Pfeil/Vater*, kleine Unternehmensbewertung, S. 72, die aus ihrer Sicht bedeutende über den Beispielkatalog aus SFAS 142 hinausgehende Indikatoren anführen. Weitere Anhaltspunkte für das Vorliegen eines potentiellen Wertberichtigungsbedarfs könnten ferner von IAS 36.12 ff. ausgehen, in dem eine ähnliche Indikatorenliste enthalten ist. Hiernach wird bspw. auch in einer Erhöhung des unternehmensspezifischen gewichteten Kapitalkostensatzes ein testauslösendes Ereignis gesehen.

531 Vgl. SFAS 142.18.

„The first step is a screen for potential impairment, and the second step measures the amount of impairment, if any."[532] Abbildung 20 skizziert die grundsätzliche Vorgehensweise:[533]

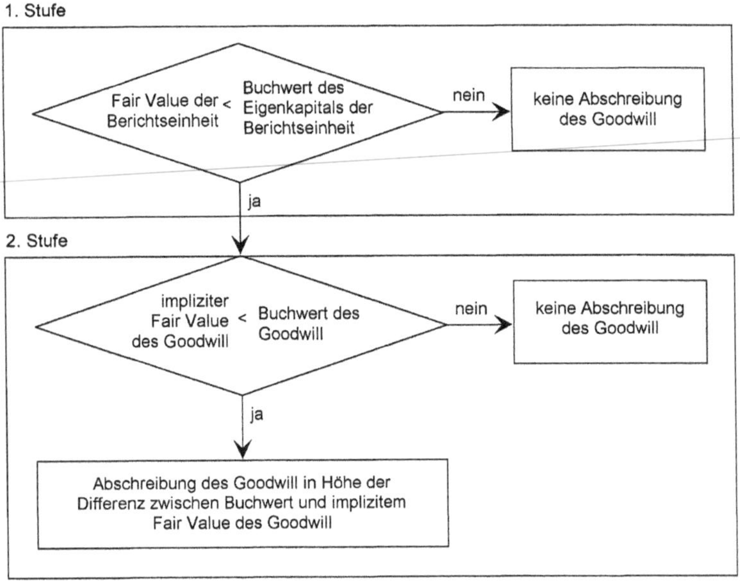

Abbildung 20: Zweistufiger Werthaltigkeitstest nach SFAS 142

4.4.1.4.1 Erste Teststufe: Identifikation potenziell wertgeminderter Goodwill-Positionen

Auf der ersten Stufe werden aus sämtlichen Berichtseinheiten diejenigen Einheiten identifiziert, deren Teilgoodwills möglicherweise wertgemindert sind.[534] In diesem Zusammenhang sehen die Vorschriften des FASB einen Vergleich des Fair Value einer Berichtseinheit[535] mit dem Buchwert der ihr zugerechneten Vermögenswerte (einschließlich Goodwill) abzüglich

[532] SFAS 142.Summary.

[533] Zusätzlich zur planmäßigen Abschreibung des Goodwill konnte sich gemäß SFAS 121 auch vor Inkrafttreten von SFAS 141/142 die Notwendigkeit einer außerplanmäßigen Goodwillabschreibung ergeben. Der gemäß SFAS 121.6 ff. ausschließlich fallweise vorzunehmende Werthaltigkeitstest basierte zwar ebenfalls auf einer zweistufigen Konzeption, unterschied sich in der Ausgestaltung der einzelnen Stufen jedoch grundlegend. Auf der ersten Stufe war der Buchwert einer Teileinheit mit der Summe der undiskontierten zukünftig erwarteten Cashflows aus dieser Einheit zu vergleichen. Nur für den Fall eines niedrigeren Buchwerts war der Goodwill nicht mehr als werthaltig anzusehen. Die Höhe der Goodwillabschreibung wurde anschließend auf der zweiten Teststufe direkt als Differenz zwischen dem Buchwert der Teileinheit und ihrem Fair Value ermitttelt.

der Schulden vor.[536] Wird bei dieser Gegenüberstellung festgestellt, dass der Fair Value den Buchwert des Eigenkapitals übertrifft bzw. mit diesem identisch ist, so gilt der Goodwill als werthaltig und ist dementsprechend unverändert zu seinem bisherigen Buchwert fortzuführen. Auf weitere Schritte im Rahmen des Werthaltigkeitstests kann in diesem Fall verzichtet werden. Unterschreitet der Fair Value der Berichtseinheit dagegen den Buchwert des Eigenkapitals, so impliziert diese Situation die Vermutung eines wertgeminderten Goodwill. Nur in diesem Fall ergibt sich die Notwendigkeit, die im Vergleich zum ersten Schritt wesentlich aufwändigere zweite Stufe des Werthaltigkeitstests durchzuführen.

Im Kontext der ersten Teststufe ist ferner zu beachten, dass es sich bei der Ermittlung des Fair Value einer Berichtseinheit bisweilen um ein überaus zeit- und arbeitsintensives Verfahren handelt. Aus diesem Grund räumt das FASB dem Bilanzaufsteller insofern eine Erleichterung ein, als im Zuge der Feststellung eines potenziellen Wertberichtigungsbedarfs des Goodwill nicht zwangsläufig in jedem Geschäftsjahr eine erneute Bestimmung des Fair Value einer Berichtseinheit vorgenommen werden muss. Unter bestimmten Voraussetzungen erachtet nämlich der Standardsetter eine unveränderte Übernahme des Betrags aus der vorangegangenen Periode als statthaft.[537] Eine solche Fortführung kommt dabei immer dann in Frage, wenn die folgenden Bedingungen kumulativ erfüllt sind:[538]

- Die Zusammensetzung der Vermögenswerte und Schulden der betrachteten Berichtseinheit hat sich seit der letztmalig vorgenommenen Fair Value-Ermittlung nicht wesentlich geändert;

- im Rahmen des vorangegangenen Werthaltigkeitstests lag der Fair Value der Berichtseinheit deutlich über ihrem Buchwert;

- auf der Basis einer Analyse der seit der letztmaligen Fair Value-Ermittlung eingetretenen Ereignisse und Umstände ist die Wahrscheinlichkeit, dass der Fair Value der Berichtseinheit zum aktuellen Stichtag unter ihrem Buchwert liegt, als sehr gering einzustufen.

---

534 Vgl. SFAS 142.18, 19.

535 Zur Bestimmung des Fair Value einer Berichtseinheit vgl. ausführlich Gliederungspunkt 4.4.1.5.

536 Vgl. SFAS 142.19.

537 Vgl. SFAS 142.27.

538 Vgl. SFAS 142.27. Vgl. dazu auch *Hitz/Kuhner*, Neuregelung zur Bilanzierung, S. 277; *Küting/Weber/Wirth*, Goodwillbilanzierung, S. 190.

4.4.1.4.2 Zweite Teststufe: Quantifizierung der Goodwillabschreibung

Der zweite Schritt des Werthaltigkeitstests beinhaltet im Regelfall die Quantifizierung der auf die Berichtseinheit entfallenden außerplanmäßigen Abschreibung des Goodwill.[539] Der abzuschreibende Betrag (*impairment loss*) ergibt sich aus der Differenz zwischen dem bisherigen Buchwert des Goodwill und seinem in der Regel niedrigeren impliziten Fair Value (implied fair value of goodwill):

Buchwert des Goodwill der Berichtseinheit

– *impliziter Fair Value des Goodwill der Berichtseinheit*

= *Abschreibungsbetrag*

Dieser Rückgriff auf die Konstruktion des impliziten Fair Value erweist sich als notwendig, da zwangsläufig auch der Fair Value des Goodwill eine nicht direkt messbare Residualgröße darstellt.[540] Vor diesem Hintergrund findet seine Ermittlung indirekt unter der Fiktion eines Neuerwerbs der Berichtseinheit zum Zeitpunkt der Durchführung des Werthaltigkeitstests statt. Die grundsätzliche Vorgehensweise entspricht an dieser Stelle im Wesentlichen der Ermittlungsmethodik bei der Bestimmung des anteiligen Goodwill einer Berichtseinheit im Akquisitionszeitpunkt. Demzufolge errechnet sich der implizite Fair Value des Goodwill aus der Gegenüberstellung des aktuellen Fair Value der Berichtseinheit einerseits und den Zeitwerten des identifizierbaren Nettovermögens der Einheit andererseits:

Fair Value der Berichtseinheit

– *Fair Values der identifizierbaren Vermögenswerte der Berichtseinheit*

\+ *Fair Values der Schulden der Berichtseinheit*

= *impliziter Fair Value des Goodwill*

Durch die Anlehnung an die Erwerbsmethode sind somit zur Bestimmung des Abschreibungsbetrags nicht nur sämtliche bereits bilanzierten Vermögenswerte und Schulden neu zu bewerten, sondern auch bisher nicht bilanzierte immaterielle Vermögenswerte zu berücksichtigen, die aber nicht nachträglich aktiviert werden. An dieser Stelle wird deutlich, warum sich das FASB aus Kosten/Nutzen-Erwägungen für den zweistufigen Werthaltigkeitstest entschieden hat: Um nicht – wie noch im überarbeiteten Entwurf vom 14. Februar 2001 gefordert[541] – den Unternehmen zu jedem Bewertungsstichtag die aufwändige Ermittlung des

[539] Vgl. SFAS 142.19, 20.

[540] Vgl. SFAS 142.18 (Fußnote 13).

[541] Vgl. ED-SFAS (Revised) Goodwill, Par. 85.

impliziten Fair Value des Goodwill zuzumuten, wurde die erste Stufe des Werthaltigkeitstests vorgeschaltet. Ihr Sinn besteht darin, die Häufigkeit der Bestimmung des impliziten Fair Value auf ein aus Unternehmenssicht erträgliches Maß zu reduzieren.[542]

Die Formulierung des SFAS 142 „If the carrying amount of a reporting unit exceeds its fair value, the second step of the goodwill impairment test shall be performed to measure the amount of the impairment loss, *if any*"[543] weist allerdings darauf hin, dass der zweite Schritt des Werthaltigkeitstests nicht zwangsläufig zu einer außerplanmäßigen Abschreibung des Goodwill einer Berichtseinheit führt. Stellt sich nämlich im Zuge der Durchführung der zweiten Stufe heraus, dass der implizite Fair Value des Goodwill größer als sein Buchwert ist, so wird das Ergebnis der ersten Stufe, dass nämlich ein Abwertungsbedarf dem Grunde nach besteht, widerlegt und der Goodwill gilt als werthaltig. Im Rahmen einer formalisierten Betrachtungsweise sollen im Folgenden die Umstände erläutert werden, unter denen es trotz der gegenteiligen Vermutung der ersten Teststufe auf der zweiten nicht zu einer Abschreibung kommt:

Es sei:

BE_{BW} = Buchwert der Berichtseinheit
BE_{FV} = Fair Value der Berichtseinheit
INV_{BW} = Buchwert des identifizierbaren Nettovermögens der Berichtseinheit
INV_{FV} = Fair Value des identifizierbaren Nettovermögens der Berichtseinheit
GW_{BW} = Buchwert des Goodwill der Berichtseinheit
GW_{FV} = impliziter Fair Value des Goodwill der Berichtseinheit

Die Bedingungen, unter denen auf der zweiten Teststufe die Abschreibungsvermutung der ersten Stufe widerlegt wird, lauten:

$BE_{FV} < BE_{BW}$ (1)
$GW_{FV} \geq GW_{BW}$ (2)

Ferner gilt:

$GW_{FV} = BE_{FV} - INV_{FV} \Leftrightarrow BE_{FV} = GW_{FV} + INV_{FV}$ (3)
$BE_{BW} = INV_{BW} + GW_{BW}$ (4)

542 Vgl. SFAS 142.B127 ff. Das IASB spricht im Zusammenhang der ersten Teststufe von einem „screening mechanism"; vgl. ED-IAS 36.C27.

543 SFAS 142.19, hervorgehoben durch den Verfasser; vgl. auch *Hommel*, Goodwillbilanzierung, S. 1947.

(3) in (1) und (4) in (1) eingesetzt ergibt:

$$\Rightarrow GW_{FV} + INV_{FV} < INV_{BW} + GW_{BW}$$
$$\Leftrightarrow GW_{FV} < INV_{BW} + BW_{GW} - INV_{FV} \quad (5)$$

Aus (2) und (5) folgt:

$$\Rightarrow GW_{BW} \leq GW_{FV} < INV_{BW} + BW_{GW} - INV_{FV}$$
$$\Leftrightarrow 0 \leq GW_{FV} - GW_{BW} < INV_{BW} - INV_{FV} \quad (6)$$

Im Ergebnis lässt sich der Ungleichung (6) entnehmen, dass die zweite Stufe des Werthaltigkeitstests die Abwertungsvermutung des ersten Schritts nur dann entkräftet, wenn das neu bewertete identifizierbare Nettovermögen geringer als sein bisheriger Buchwert ist und die entstandene Differenz den Unterschiedsbetrag zwischen Buchwert und implizitem Fair Value des Goodwill übertrifft.

Ein gegenüber dem Buchwert geringerer Fair Value des identifizierbaren Nettovermögens ist vor allem auf stille Lasten bei identifizierbaren Vermögenswerten zurückzuführen. Stille Lasten können im Rechnungslegungssystem der US-GAAP nicht nur infolge von Bilanzierungsverstößen, sondern auch aufgrund der Konzeption des Werthaltigkeitstests für langfristig genutzte Vermögenswerte gemäß SFAS 144 auftreten.[544] SFAS 144 sieht für das Sachanlagevermögen sowie für immaterielle Vermögenswerte mit einer bestimmbaren Nutzungsdauer einen zweistufigen Werthaltigkeitstest vor:[545] Auf der ersten Stufe ist der aktuelle Buchwert des Vermögenswerts mit der Summe der undiskontierten erwarteten zukünftigen Cashflows zu vergleichen. Als werthaltig ist der Vermögenswert anzusehen, wenn die Summe der undiskontierten erwarteten Einzahlungsüberschüsse dem Buchwert entspricht oder diesen übersteigt. Liegt die Summe der undiskontierten Cashflows dagegen unterhalb des Buchwerts, so liegt eine Wertminderung vor. Die Höhe der außerplanmäßigen Abschreibung errechnet sich in diesem Fall im zweiten Schritt als Unterschiedsbetrag zwischen dem Buchwert des Vermögenswerts und seinem Fair Value, der regelmäßig der Summe der abgezinsten zukünftig erwarteten Cashflows entspricht. Stille Lasten und damit unter Umständen auch eine Widerlegung der Abwertungsvermutung beim Werthaltigkeitstest des Goodwill entstehen folglich immer dann, wenn die Differenz zwischen dem Buchwert eines identifizierbaren Vermögenswerts und seinem niedrigeren Fair Value geringer als der Diskontierungseffekt bei der Fair Value-Ermittlung ist.

---

544 Vgl. auch *Richter*, Goodwill, S. 237 ff.

545 Zum Werthaltigkeitstest nach SFAS 144 vgl. ausführlich *Esser/Hackenberger*, Bilanzierung immaterieller Vermögenswerte, S. 410 f.

Aufgrund der nach wie vor im US-GAAP-Rechnungslegungssystem dominierenden Bewertung zu historischen Kosten dürfte stillen Lasten gegenüber stillen Reserven jedoch betragsmäßig eine untergeordnete Bedeutung zukommen. Folglich ist die Widerlegung der auf der ersten Teststufe vermuteten Abwertung des Goodwill als Ausnahmefall anzusehen.[546] Dies wird auch dadurch unterstrichen, dass in den Fällen, in denen zeitgleich zu dem Werthaltigkeitstest des Goodwill auch ein Werthaltigkeitstest eines identifizierbaren Vermögenswerts geplant ist, zunächst letzterer und erst anschließend der Goodwill auf einen Wertberichtigungsbedarf hin zu überprüfen ist.[547]

4.4.1.4.3 Berücksichtigung von Minderheiten

Verbleiben nach Durchführung eines Unternehmenserwerbs Anteile am Tochterunternehmen im Besitz von Minderheitsgesellschaftern, so wirkt sich dies auch auf die Folgebewertung des Goodwill aus. SFAS 142 bestimmt, dass „[g]oodwill arising from a business combination with a continuing noncontrolling interest shall be tested for impairment using an approach consistent with the approach used to measure the noncontrolling interest at the acquisition date."[548] Wird zum Erwerbszeitpunkt die in der US-amerikanischen Rechnungslegung vorherrschende interessentheoretische Vorgehensweise unterstellt, so sind im Rahmen des Werthaltigkeitstests nach SFAS 142 die Testparameter lediglich in Höhe des Mehrheitsanteils der Mutterunternehmung zu berücksichtigen.[549] Der implizite Fair Value des Goodwill errechnet sich auf der zweiten Teststufe demnach als Differenz zwischen anteiligem Fair Value der Berichtseinheit und dem anteiligen neu bewerteten identifizierbaren Nettovermögen der Einheit.[550]

---

546 Vgl. *Alvarez/Biberacher*, Goodwill-Bilanzierung, S. 349; *Hommel*, Goodwillbilanzierung, S. 1947; *Wilson/Heitger*, Tests For Impairment, S. 39 f. In diesem Zusammenhang sind *Pellens/Sellhorn*, Goodwill-Bilanzierung, S. 1686, zu kritisieren, die trotz einer ausführlichen Darstellung des Werthaltigkeitstests die Möglichkeit der Widerlegung der Abwertungsvermutung der ersten Teststufe verkennen und die oberflächliche Behauptung aufstellen: „Ist in Schritt 1 ein Impairment dem Grunde nach festgestellt worden, so kommt das Management an einer Abschreibung des Goodwills nicht mehr vorbei."; vgl. auch *Pellens/Sellhorn*, Goodwill-Bilanzierung, S. 1683.

547 Vgl. SFAS 142.29.

548 SFAS 142.38.

549 Vgl. auch *Küting/Weber/Wirth*, Goodwillbilanzierung, S. 192; *Pellens/Sellhorn*, Minderheitenproblematik, S. 403.

550 Zur Berücksichtigung von Minderheiten im Rahmen der Folgebewertung gemäß SFAS 142 vgl. ausführlich *Pellens/Sellhorn*, Minderheitenproblematik. Die Durchführung des Werthaltigkeitstests bringt in diesem Zusammenhang vor allem dann praktische Schwierigkeiten mit sich, wenn es sich um mehrstufige Konzerne handelt, bei denen sowohl auf der Tochter-, als auch auf der Enkelebene Minderheiten verbleiben; vgl. auch *Pellens/Basche/Sellhorn*, Full Goodwill Method, S. 4.

4.4.1.4.4 Beispiel

Die Durchführung des goodwillbezogenen Werthaltigkeitstests gemäß SFAS 142 soll im Folgenden an einem Beispiel veranschaulicht werden:[551]

Ausgangspunkt der folgenden Illustration bildet die erste Variante des in Gliederungspunkt 4.4.1.2.3 angeführten Beispiels (vgl. Abbildung 15), an dem die Aufteilung des erworbenen Goodwill auf die einzelnen Berichtseinheiten im Zeitpunkt des Unternehmenserwerbs verdeutlicht wurde. Dabei wurde unterstellt, dass das erworbene Unternehmen nicht in die bereits beim Erwerber vorhandenen Berichtseinheiten integriert wird, sondern innerhalb der Berichtsstruktur der neu entstandenen Unternehmensverbindung eine eigenständige Berichtseinheit C bildet. Unter Beibehaltung dieser Prämisse soll nun die Wirkungsweise des Werthaltigkeitstests exemplarisch an der Berichtseinheit C veranschaulicht werden. Zeitpunkt der Testdurchführung sei der 31.12.2002.

Berichtseinheit C		01.01.2002	31.12.2002
Unterbilanz		Buchwerte	Buchwerte
Aktiva	nicht abnutzbares SAV	2.000	1.900
	abnutzbares SAV	3.000	2.700
	liquide Mittel	1.000	900
	identifizierbare Vermögenswerte	6.000	5.500
	Goodwill	1.000	1.000
	Σ	7.000	6.500
Passiva	Eigenkapital	2.500	2.700
	Fremdkapital	4.500	3.800
	Σ	7.000	6.500
identifizierbares Nettovermögen		1.500	1.800
Fair Value der Berichtseinheit		2.500	3.000

Abbildung 21: Beispiel zur Durchführung des Werthaltigkeitstests gemäß SFAS 142 (Situation 1)

Der ersten Situation (Abbildung 21) liegt eine Konstellation zugrunde, in der der Fair Value der Berichtseinheit C am 31.12.2002 gegenüber dem Akquisitionzeitpunkt um 500 T€ auf 3.000 T€ gestiegen ist. Der Buchwert des Eigenkapitals hat sich im selben Zeitraum

551 Zu weiteren Beispielen zur Durchführung des Werthaltigkeitstests vgl. bspw. *Wilson/Heitger*, Tests For Impairment, S. 39 f.; *Küting/Weber/Wirth*, Goodwillbilanzierung, S. 194 ff.; *Hommel*, Bilanzierung von Goodwill, S. 808.

ebenfalls erhöht – allerdings nur um einen vergleichsweise geringeren Betrag von 200 T€ auf 2.700 T€. Der im Rahmen der ersten Teststufe des Werthaltigkeittests durchzuführende Vergleich beider Größen führt folglich zu dem Ergebnis, dass der Fair Value den Buchwert des Eigenkapitals der Berichtseinheit übersteigt. Der anteilige Goodwill in Höhe von 1.000 T€ gilt damit als werthaltig, so dass eine Abschreibung nicht erforderlich ist und der Werthaltigkeitstest auf der ersten Stufe beendet wird.

Berichtseinheit C		01.01.2002	31.12.2002	
Unterbilanz		Buchwerte	Buchwerte	Zeitwerte
Aktiva	nicht abnutzbares SAV	2.000	1.700	1.900
	abnutzbares SAV	3.000	3.300	3.300
	Warenzeichen			100
	liquide Mittel	1.000	1.100	1.100
	identifizierbare Vermögenswerte	6.000	6.100	6.400
	Goodwill	1.000	1.000	
	Σ	7.000	7.100	
Passiva	Eigenkapital	2.500	2.600	
	Fremdkapital	4.500	4.500	4.500
	Σ	7.000	7.100	
identifizierbares Nettovermögen		1.500	1.600	1.900
Fair Value der Berichtseinheit		2.500	2.500	
Impliziter Fair Value des Goodwill			600	

Abbildung 22: Beispiel zur Durchführung des Werthaltigkeitstests gemäß SFAS 142 (Situation 2)

Im Gegensatz zu Situation 1 charakterisiert Abbildung 22 einen Sachverhalt, in dem am 31.12.2002 der Fair Value der Berichtseinheit C (2.500 T€) ihren Buchwert des Eigenkapitals (2.600 T€) um 100 T€ unterschreitet. Der Werthaltigkeitstest zeigt folglich auf seiner ersten Stufe einen Wertberichtigungsbedarf dem Grunde nach an. Um nun im zweiten Schritt die Höhe der Goodwillabschreibung zu berechnen, muss vor dem Hintergrund der Erwerbsfiktion zunächst das identifizierbare Nettovermögen zu Zeitwerten bestimmt werden. Bei dieser Zeitwertermittlung sind neben den stillen Reserven in Höhe von 200 T€ im nicht abnutzbaren SAV auch ein zwischenzeitlich selbst erstelltes Warenzeichen zu einem geschätzten Marktwert von 100 T€ zu berücksichtigen. Dementsprechend ergibt sich zum 31.12.2002 ein identifizierbares Nettovermögen auf Zeitwertbasis von 1.800 T€. Aus der Differenz dieser Größe gegenüber dem höheren Fair Value der Berichtseinheit von 2.500 T€ errechnet sich der implizite Fair Value des Goodwill in Höhe von 700 T€. Somit muss der bisherige

Buchwert des Goodwill von 1.000 T€ um 300 T€ außerplanmäßig auf seinen niedrigeren impliziten Fair Value abgeschrieben werden.

Berichtseinheit C		01.01.2002	31.12.2002	
Unterbilanz		Buchwerte	Buchwerte	Zeitwerte
Aktiva	nicht abnutzbares SAV	2.000	1.700	1.700
	abnutzbares SAV	3.000	3.300	3.000
	Warenzeichen			100
	liquide Mittel	1.000	1.100	1.100
	identifizierbare Vermögenswerte	6.000	6.100	5.900
	Goodwill	1.000	1.000	
	Σ	7.000	7.100	
Passiva	Eigenkapital	2.500	2.600	
	Fremdkapital	4.500	4.500	4.500
	Σ	7.000	7.100	
identifizierbares Nettovermögen		3.600	1.600	1.400
Fair Value der Berichtseinheit		5.000	2.500	
Impliziter Fair Value des Goodwill			1.100	

Abbildung 23: Beispiel zur Durchführung des Werthaltigkeitstests gemäß SFAS 142 (Situation 3)

Hinsichtlich der Durchführung der ersten Teststufe des Werthaltigkeitstests entspricht die in Abbildung 23 skizzierte Situation dem vorangegangenen Sachverhalt. Eine Abweichung ergibt sich jedoch auf der zweiten Stufe bei der Ermittlung der Zeitwerte des identifizierbaren Nettovermögens: Neben dem zwischenzeitlich selbsterstellten Warenzeichen sind zusätzlich stille Lasten im Sachanlagevermögen zu berücksichtigen: Der aktuelle Buchwert des abnutzbaren Sachanlagevermögens (3.300 T€) übersteigt seinen Fair Value (3.000 T€) um 300 T€. Somit beläuft sich das identifizierbare Nettovermögen auf 1.400 T€ und aus dem Vergleich mit dem Fair Value der Berichtseinheit von 2.500 T€ errechnet sich ein impliziter Fair Value des Goodwill in Höhe von 1.100 T€. Da dieser nun den aktuellen Buchwert von 1.000 T€ übersteigt, wird auf der zweiten Teststufe das Ergebnis der ersten Stufe revidiert. Eine außerplanmäßige Abschreibung ist nicht vorzunehmen, so dass der Goodwill unverändert mit 1.000 T€ in der Bilanz fortgeführt wird.

4.4.1.5 Fair Value-Ermittlung der Berichtseinheiten

4.4.1.5.1 Grundlagen

Die vorangegangenen Ausführungen haben gezeigt, dass dem Fair Value einer Berichtseinheit eine Schlüsselrolle im Rahmen der gesamten Goodwillbilanzierung nach SFAS 141/142 zukommt. Er stellt nicht nur auf beiden Stufen des Werthaltigkeitstests eine entscheidende Größe dar, sondern wird unter Umständen bereits im Zuge der Allokation des Gesamtgoodwill auf die einzelnen Berichtseinheiten zum Erwerbszeitpunkt als Aufteilungsmaßstab herangezogen.[552]

Definiert wird der Fair Value einer Berichtseinheit in SFAS 142 wie folgt: „the fair value of a reporting unit refers to the amount at which the unit as a whole could be bought or sold in a current transaction between willing parties". Diese auf einem gedachten Handel basierende Begriffsbestimmung wird zunächst vom FASB im Einklang mit der allgemeinen Fair Value-Interpretation innerhalb der US-GAAP insofern konkretisiert, als dass verfügbare Marktpreise grundsätzlich als idealtypischer Bewertungsmaßstab bezeichnet werden.[553] Im Unterschied zum Marktpreis eines Vermögenswertes oder einer Schuld gilt für Berichtseinheiten, dass sich die Marktkapitalisierung einer börsengehandelten Berichtseinheit nicht als alleiniges Maß zur Approximation ihres Fair Value eignet.[554] Als hierfür ursächlich werden Aufschläge auf den Börsenkurs genannt, die im Falle einer Mehrheitsübernahme aus der Abgeltung von Gestaltungsrechten resultieren.[555] Aus diesem Grund sind Börsenkurse lediglich als Ausgangspunkt für eine Wertermittlung einer Berichtseinheit heranzuziehen.[556] Daneben weist das FASB aber auch darauf hin, dass Berichtseinheiten in der Praxis wohl nur in den seltensten Fällen an einem aktiven Markt gehandelt werden, so dass eine Bestimmung des Fair Value unmittelbar aus einem Börsenkurs normalerweise überhaupt nicht in Frage kommt.[557]

---

552 Siehe Gliederungspunkt 4.4.1.2.3.

553 „Quoted market prices ... are the best evidence of fair value" (SFAS 142.23).

554 „[T]he market price ... may not be representative of the fair value of the reporting unit as a whole" (SFAS 142.23).

555 Vgl. SFAS 142.23; SFAS 142.B154. Vgl. auch *Hitz/Kuhner*, Neuregelung zur Bilanzierung, S. 278; *Teitler-Feinberg*, Bewertung von Goodwill, S. 333; *Hütten/Lorson*, Goodwillbilanzierung, S. 27.

556 Vgl. SFAS 142.23.

557 Vgl. SFAS 142.B154, B155. In diesem Sinne auch *Frowein/Lüdenbach*, Ideologie, S. 261; *Nestler/Thuy*, Verfahren zur Bewertung, S. 173; *Pfeil/Vater*, kleine Unternehmensbewertung, S. 72; *Pellens/Sellhorn*, Goodwill-Bilanzierung, S. 1683. Zu den Schwierigkeiten, die mit der Ableitung des Fair Value einer Berichtseinheit aus der Marktkapitalisierung verbunden sind, vgl. ausführlich *Nestler/Thuy*, Verfahren zur Bewertung, S. 173 f.

Aus den angeführten Erwägungen ergibt sich daher die Notwendigkeit, den Fair Value einer Berichtseinheit unabhängig von einem direkt beobachtbaren Marktpreis ermitteln zu können, d. h. es wird die Bestimmung eines synthetischen Wertes erforderlich. Nach Maßgabe des Standardsetters soll dies durch den Rückgriff auf Verfahren der Unternehmensbewertung, insbesondere durch Gesamtbewertungsverfahren in Form bestimmter kapitalwertorientierter Bewertungsmodelle geschehen.[558] Gleichzeitig wird aber auch angeführt, dass weitere Bewertungskalküle, wie beispielsweise Multiplikatorverfahren anwendbar sind, sofern die auf diese Weise berechneten Fair Values zu ähnlichen Ergebnissen führen.[559]

4.4.1.5.2 Kapitalwertorientierte Bewertungsmodelle

4.4.1.5.2.1 Allgemeine Anforderungen

Die Kapitalwertmethode (present value technique) wird im Zusammenhang mit der Bewertung von Berichtseinheiten als „often the best available technique with which to estimate the fair value of a group of net assets (such as a reporting unit)“[560], d. h. als vorzugswürdiges Verfahren herausgestellt. Sie entspricht dem Grunde nach den DCF-Verfahren aus der Unternehmensbewertung.[561] Dabei weist das FASB explizit darauf hin, dass die den Schätzungen zukünftiger Cashflows zugrunde gelegten Annahmen entsprechend der Fair Value-Fiktion aus der Perspektive eines Marktteilnehmers getroffen werden sollten. Erst wenn diese marktmäßigen Informationen nicht vorliegen oder sie nur mit einem unangemessen hohen Aufwand bestimmbar sind, werden eigene Einschätzungen aus Sicht des Managements als zulässig angesehen. Ist dies der Fall, so müssen die jeweiligen Annahmen sowohl vernünftig und nachvollziehbar, als auch unter der Berücksichtigung sämtlicher verfügbarer Informationen getroffen sein.[562]

Hinsichtlich der im Rahmen der Diskontierung einzubeziehenden Größen verweist das FASB in SFAS 142 auf ausgewählte Paragraphen des SFAC 7 „Using Cash Flow Information and Present Value in Accounting Measurements“.[563] Gegenstand dieses jüngsten Statement des

---

558 Vgl. SFAS 142.34, 35. *Pfeil/Vater*, kleine Unternehmensbewertung, S. 72, sprechen in diesem Zusammenhang von einer „kleinen Unternehmensbewertung“.

559 Vgl. SFAS 142.B155.

560 SFAS 142.24.

561 Vgl. *Lüdenbach/Schulz*, Unternehmensbewertung, S. 493.

562 Vgl. SFAS 142.24. Vgl. dazu auch *Hitz/Kuhner*, Neuregelung zur Bilanzierung, S. 278; *Küting/Weber/Wirth*, Goodwillbilanzierung, S. 189; *Lüdenbach/Schulz*, Unternehmensbewertung, S. 494.

563 Vgl. SFAS 142.24, in dem auf die Paragraphen 39 ff. sowie 75 ff. des SFAC 7 verwiesen wird. Die relevanten Passagen sind darüber hinaus im Anhang E des SFAS 142 zu finden. Zum SFAC 7 allgemein vgl. bspw. *Trott/Upton*, Expected Cash Flows; *Meeting/Luecke/Garceau*, Cash Flow

Conceptual Framework sind Ausführungen zur barwertorientierten Bestimmung des Fair Value im Rahmen der Rechnungslegung nach US-GAAP.[564] Die in SFAC 7 beschriebene Vorgehensweise bezieht sich dementsprechend sowohl auf die Bewertung beliebiger Vermögenswerte als auch auf die Quantifizierung von Schulden.[565] Im Detail impliziert der Rückgriff auf SFAC 7, dass auch im Zuge der Bestimmung des Barwerts einer Berichtseinheit folgende Elemente zu berücksichtigen sind:[566]

(1) die Schätzung zukünftiger Cashflows,

(2) die Erwartung unterschiedlicher Szenarien bezüglich der Höhe und des zeitlichen Anfalls der Zahlungen,

(3) der Zeitwert des Geldes, repräsentiert durch einen risikofreien Zinssatz,

(4) die Risikoprämie für die Übernahme der Unsicherheiten, die mit den jeweiligen Vermögenswerten und Schulden verbunden sind, und

(5) andere, zum Teil nicht identifizierbare Faktoren wie beispielsweise Illiquidität oder Marktunvollkommenheit.

In Abhängigkeit davon, in welcher Form die fünf angeführten Elemente in die Barwertermittlung einbezogen werden, differenziert SFAC 7 zwischen dem traditional approach und dem expected cash flow approach, dessen Umsetzung seinerseits als Risikozuschlags- oder als Sicherheitsäquivalenzmethode möglich ist.[567]

Measurements; *Brauman*, SFAC`s No. 7; *Hitz/Kuhner*, Grundsätze der Barwertermittlung; *Starbatty*, Fair Value Accounting.

564 Das Conceptual Framework des FASB bestand über viele Jahre nur aus den SFAC 1 bis 6, die sukzessiv zwischen 1978 und 1985 veröffentlicht wurden. Erst im Februar 2000 erfolgte die Ergänzung um SFAC 7. Zum Stellenwert der einzelnen Statements des Framework vgl. Gliederungspunkt 5.2.2.3.3.

565 Vgl. SFAC 7.12-16.

566 Vgl. SFAS 142.27, E1; SFAC 7.39. Vgl. dazu auch *Hitz/Kuhner*, Grundsätze der Barwertermittlung, S. 894; *Nestler/Thuy*, Verfahren zur Bewertung, S. 178. Eine ausführliche Darstellung des DCF-Verfahrens nach SFAC 7 ist zu finden bei *Meeting/Luecke/Garceau*, Cash Flow Measurements; *Hitz/Kuhner*, Grundsätze der Barwertermittlung; *Starbatty*, Fair Value Accounting.

567 Vgl. SFAC 42 ff., 117. Vgl. auch *Hitz/Kuhner*, Grundsätze der Barwertermittlung, S. 894; *Starbatty*, Fair Value Accounting, S. 545.

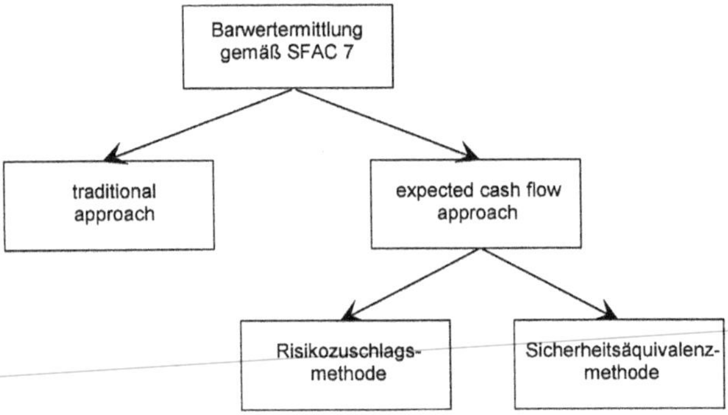

Abbildung 24: Verfahren der Barwertermittlung nach SFAC 7

4.4.1.5.2.2 Traditional Approach

Erfolgt eine Wertermittlung entsprechend dem *traditional approach*[568], so wird der wahrscheinlichste Wert (best estimate, single most-likely amount) aus einem Szenario möglicher zukünftiger Zahlungsströme (Modalwert) mit einem risikoadjustierten Zinsfuß (rate commensurate with the risk) diskontiert.[569] Das FASB empfiehlt die Anwendung dieses Ansatzes jedoch nur bei Bewertungsobjekten, bei denen die zukünftigen Zahlungsansprüche bzw. -verpflichtungen bereits vertraglich festgelegt sind (contractual cash flows) und folglich mit einer vergleichsweise hohen Wahrscheinlichkeit realisiert werden. Aus diesem Grund kommt die modalwertorientierte Fair Value-Bestimmung typischerweise nur für Forderungen und Schulden in Betracht und eignet sich daher nicht zur Bewertung von nichtfinanziellen

---

568 Die Bezeichnung „traditional approach" ist darauf zurückzuführen, dass diese Gruppe der Diskontierungsverfahren in der Vergangenheit die einzelnen Standards des FASB bzw. ihrer Vorgängerorganisation beherrscht haben. Vgl. SFAC 7.43; *Hitz/Kuhner*, Grundsätze der Barwertermittlung, S. 894.

569 In diesem Fall stellen die Elemente (2) bis (5) ausschließlich Determinanten des Opportunitätskostensatzes im Nenner der Barwertformel dar:

$$PV_0 = \sum_{t=1}^{T} \frac{BE(CF_t)}{(1+k^{ra})^t}$$

mit:

PV_0 = Barwert der Berichtseinheit zum Ende der Periode 0

$BE(CF_t)$ = wahrscheinlichster zukünftiger Zahlungsstrom am Ende der Periode t

k^{ra} = risikoadjustierter Kalkulationszinsfuß

Zur formalisierten Darstellungsweise der Barwertermittlung nach SFAC 7 vgl. *Starbatty*, Fair Value Accounting, S. 545. Auf die Berücksichtigung intertemporaler Schwankungen bezüglich des Marktzins- und Risikoniveaus wurde an dieser Stelle aus Gründen der Vereinfachung verzichtet.

Vermögenswerten und Schulden.[570] Vor diesem Hintergrund dürfte auch eine dem traditional approach entsprechende Bewertung der Berichtseinheiten im Rahmen der Goodwillbilanzierung regelmäßig ausscheiden.[571]

4.4.1.5.2.3 Expected Cash Flow-Ansatz

Für den Normalfall vertraglich nicht fixierter Zahlungsströme ist dagegen der *expected cash flow approach* einschlägig. Aufgrund des vergleichsweise weiten Anwendungsbereichs hebt das FASB den Ansatz als „more effective measurement tool than the traditional approach in many situations"[572] hervor. Dementsprechend kommt dem Expected Cash Flow-Ansatz der Stellenwert des präferierten Bewertungsverfahrens im Rahmen der barwertorientierten Fair Value-Ermittlung nach SFAC 7 zu.[573] Im Gegensatz zum traditional approach wird dem Bewertungsobjekt nicht ein einwertiger Zahlungsstrom als Modalwert, sondern ein Erwartungswert zugeordnet. Dieser errechnet sich als Summe der mit den jeweiligen Eintrittswahrscheinlichkeiten gewichteten unterschiedlichen zukünftigen Cashflow-Szenarien und beinhaltet folglich direkt die Mehrwertigkeit zukünftiger Zahlungsströme.

Erfolgt eine Umsetzung des Expected Cash Flow-Ansatzes über die *Zinszuschlagsmethode*, so wird der auf diese Weise ermittelte Erwartungswert mit einem risikoadjustierten Kapitalkostensatz diskontiert:[574]

$$PV_0 = \sum_{t=1}^{T} \frac{E(CF_t)}{(1+k^{ra})^t}$$

mit:

PV_0 = Barwert der Berichtseinheit im Zeitpunkt 0
$E(CF_t)$ = Erwartete Cashflows im Zeitpunkt t
k^{ra} = risikoadjustierter Kalkulationszinsfuß

Im Hinblick auf die oben angeführten fünf Bestandteile der Barwertermittlung nach SFAC 7 ist damit festzustellen, dass die Elemente (1) und (2) den Zähler und (3) bis (5) den Nenner der Barwertformel determinieren. Insofern entspricht die Vorgehensweise hier der Methodik,

---

[570] Vgl. SFAC 7.44; SFAS 142.E1. Vgl. ausführlich zum Anwendungsbereich des traditional approach *Trott/Upton*, Expected Cash Flows, S. 2; *Starbatty*, Fair Value Accounting, S. 546; *Hitz/Kuhner*, Grundsätze der Barwertermittlung, S. 894 f.; *Meeting/Luecke/Garceau*, Cash Flow Measurements, S. 59.

[571] Aus diesem Grund sei auf eine weitergehende Erörterung des traditional approach verzichtet.

[572] SFAC 7.45.

[573] Vgl. *Starbatty*, Fair Value Accounting, S. 545.

auf die auch im Rahmen einer Bewertung entsprechend den in der Unternehmensbewertung gebräuchlichen DCF-Verfahren zurückgegriffen wird.[575]

Hinsichtlich der Bestimmung des Kapitalkostensatzes beinhaltet das Concept Statement keine Vorgaben im Sinne der Festlegung auf ein genau spezifiziertes Verfahren.[576] Vor dem Hintergrund der von SFAS 142 und SFAC 7 geforderten Marktsicht dürften jedoch zwangsläufig kapitalmarkttheoretische Modelle zum Einsatz kommen. In Übereinstimmung mit den gängigen DCF-Verfahren[577] und aufgrund des hohen Verbreitungsgrades in der Praxis wird dabei die Wahl im Allgemeinen auf das CAPM fallen.[578]

In diesem Zusammenhang ist allerdings anzumerken, dass SFAC 7 zumindest kapitalmarkttheoretische Modelle anspricht und sie im Hinblick auf die Schwierigkeiten bei der Aufspaltbarkeit des Risikos in einen systematischen und einen unsystematischen Teil kritisiert.[579] Auch wenn die geäußerten Bedenken dazu beitragen, dass das FASB der grundsätzlichen Barwertermittlung gemäß SFAC 7 durch die Risikozuschlagsmethode eher ablehnend gegenüber steht[580], lässt sich eine Anwendung dieses Verfahrens im Rahmen der Goodwillbilanzierung gleichwohl rechtfertigen. Dies ist darauf zurückzuführen, dass SFAC 7 schwerpunktmäßig die Fair Value-Bewertung einzelner Vermögensgegenstände und Schul-

---

574 Vgl. *Starbatty*, Fair Value Accounting, S. 545 f.

575 Vgl. *Nestler/Thuy*, Verfahren zur Bewertung, S. 176. Zu den DCF-Verfahren vgl. auch Gliederungspunkt 2.2.

576 Vgl. ausführlich dazu *Hitz/Kuhner*, Grundsätze der Barwertermittlung, S. 895.

577 Vgl. bspw. *Mandl/Rabel*, Unternehmensbewertung, S. 37; *Tomaszewski*, Discounted-Cash-Flow-Ansatz, S. 184.

578 Vgl. bspw. *Hitz/Kuhner*, Neuregelung zur Bilanzierung, S. 278. Im Grundmodell des auf der Portfolio Selection basierenden CAPM bestimmen sich die (geforderten) Eigenkapitalkosten durch die Addition von risikolosem Zins und Risikozuschlag, der sich als Produkt aus einem unternehmensspezifischen Beta-Faktor und der Marktrendite für eine riskante Alternativanlage ergibt:

$$r(EK) = i_r + z = i_r + \beta[\mu(r_m) - i_r]$$

mit:

$r(EK)$ = Renditeforderung der Eigenkapitalgeber
i_r = risikoloser Zinssatz
z = Risikozuschlag
β = unternehmensspezifischer Beta - Faktor
$\mu(r_m)$ = Rendite des Marktportefeuilles

Erfolgt die Bewertung einer teilweise fremdfinanzierten Berichtseinheit auf Basis eines Bruttoverfahrens, so ist aus dem risikoadjustierten Eigenkapitalkostensatz unter Berücksichtigung des Fremdkapitalkostensatzes ein gewogener Kapitalkostensatz (weighted average cost of capital [WACC]) zu bilden, mit dem die entsprechenden Cash flows diskontiert werden. Zum CAPM ausführlich vgl. bspw. *Brealey/Myers*, Corporate Finance, S. 199 ff., *Schneider*, Investition, S. 506 ff.; *Schmidt/Terberger*, Finanzierungstheorie, S. 343 ff.

579 Vgl. SFAC 7.69.

580 Vgl. SFAC 7.62.

den zum Gegenstand hat und es sich in diesen Fällen als äußerst schwierig erweist, eine geeignete Risikoposition zu bestimmen.[581] Im Gegensatz dazu ist die Bestimmung eines risikoadjustierten Kalkulationszinsfußes für Unternehmen(steile) als Ganzes vergleichsweise weniger problematisch, so dass sich die hervorgebrachte Kritik nicht ohne Weiteres auf die Bewertung von Berichtseinheiten übertragen lässt.[582] Nicht zuletzt auch aufgrund des hohen Verbreitungsgrades der DCF-Verfahren in der Unternehmensbewertung dürfte die Risikozuschlagsmethode zur Fair Value-Bemessung oftmals zum Einsatz kommen.[583]

Gemäß SFAC 7 kommt für die Umsetzung des Expected Cash Flow-Ansatzes nicht nur die Risikozuschlagsmethode, sondern auch die *Sicherheitsäquivalenzmethode* in Frage.[584] In diesem Fall erfolgt eine Diskontierung des sicheren Betrags, den ein Investor gegenüber den gewichteten unsicheren Zahlungsströmen als gleichwertig einschätzt (Sicherheitsäquivalent).[585] Im Rahmen dieses Verfahrens wird den allgemeinen Anforderungen an die Barwertermittlung in der Weise entsprochen, als sich lediglich Element (3) als risikoloser Zinsfuß im Nenner niederschlägt, während die übrigen Elemente Einflussgrößen des Zählers darstellen:[586]

$$PV_0 = \sum_{t=1}^{T} \frac{CE(CF_t)}{(1+k)^t}$$

mit:

PV_0 = Barwert der Berichtseinheit im Zeitpunkt 0
$CE(CF_t)$ = Sicherheitsäquivaltent zum Cashflow im Zeitpunkt t
k = risikoloser Kalkulationszinsfuß

Aus den im Kontext der Zinszuschlagsmethode geäußerten Bedenken hinsichtlich der Bestimmbarkeit des Kalkulationszinsfußes wird in der Literatur teilweise eine allgemeine

---

581 Vgl. SFAC 7.71. Vgl. dazu ausführlich *Nestler/Thuy*, Verfahren zur Bewertung, S. 178; *Starbatty*, Fair Value Accounting, S. 548.

582 Vgl. *Nestler/Thuy*, Verfahren zur Bewertung, S. 178; *Starbatty*, Fair Value Accounting, S. 548.

583 Vgl. SFAC 7.39 ff., 75 ff. Vgl. auch *Nestler/Thuy*, Verfahren zur Bewertung, S. 176; *Küting/Weber/Wirth*, Goodwillbilanzierung, S. 189; *Pfeil/Vater*, kleine Unternehmensbewertung, S. 72.

584 Vgl. SFAC 7.117. Vgl. auch *Starbatty*, Fair Value Accounting, S. 545.

585 Zum Sicherheitsäquivalent allgemein vgl. etwa *Brealey/Myers*, Corporate Finance, S. 242 ff.; *Schmidt/Terberger*, Finanzierungstheorie, S. 292. Zu seiner Anwendung im Zuge der Unternehmensbewertung vgl. bspw. *Mandl/Rabel*, Unternehmensbewertung, S. 218 ff.

586 Vgl. *Starbatty*, Fair Value Accounting, S. 546; *Bloom*, Anaylsis, S. 17 f. Die SFAC 7 unterstellte Prämisse eines risikoscheuen Wirtschaftssubjekts führt dazu, dass das Sicherheitsäquivalent den Erwartungswert aus den Szenarien zukünftiger Cash flows unterschreitet; vgl. SFAC 7.64 ff. Der bei der Zinszuschlagsmethode im Nenner berücksichtigte Risikozuschlag auf den Kalkulationszinsfuß wird somit gegen einen Sicherheitsabschlag im Zähler getauscht. Auf Basis des CAPM zeigen dies *Brealey/Myers*, Corporate Finance, S. 248 f.; vgl. auch *Süchting*, Finanzmanagement, S. 389 f.; dazu kritisch *Schneider*, Investition, S. 520 ff.

Präferenz des SFAC 7 für die Sicherheitsäquivalenzmethode abgeleitet.[587] Allerdings ist diese Schlussfolgerung aus den bereits angeführten Gründen wiederum nicht ohne weiteres auf Berichtseinheiten als Bewertungsobjekte übertragbar.[588] Gleichzeitig steht einer Anwendung der Sicherheitsäquivalenzmethode aber auch ihre mangelnde praktische Umsetzbarkeit im Rahmen der Unternehmensbewertung entgegen.[589]

4.4.1.5.3 Multiplikatorverfahren

Wenngleich den kapitalwertorientierten Bewertungskalkülen eine bevorzugte Stellung zukommt, gestattet das FASB im Kontext der Bewertung der Berichtseinheiten auch die Anwendung weiterer Methoden und führt in diesem Zusammenhang explizit *Multiplikatorverfahren* (multiples) an.[590] Diesen Ansätzen liegt die Idee zugrunde, dass sich der (fiktive) Marktpreis eines Unternehmens durch einen in der Regel branchenspezifischen Multiplikator bestimmen lässt, welcher als Erfahrungswert aus Unternehmenskäufen in der Vergangenheit gewonnen wird.[591] In diesen Fällen bestimmt sich der Gesamtwert eines Unternehmens (*V*) als Produkt aus einer Bezugsgröße (*B*) und einem Multiplikator (*m*):[592]

$$V = B \cdot m$$

Für die Festlegung der Bezugsgröße kommen in Abhängigkeit von der jeweils betrachteten Branche oftmals Ergebnis- oder Umsatzgrößen in Frage[593], welche das FASB in diesem Kontext ausdrücklich als zulässig erachtet.[594] Um Einflüsse der unternehmensspezifischen Kapitalstruktur auf den Unternehmenswert zu vermeiden, orientieren sich die im Allgemeinen

---

587 Vgl. *Nestler/Thuy*, Verfahren zur Bewertung, S. 178.

588 Vgl. *Nestler/Thuy*, Verfahren zur Bewertung, S. 178.

589 Vgl. *Nestler/Thuy*, Verfahren zur Bewertung, S. 178; *Mandl/Rabel*, Unternehmensbewertung, S. 221 f. Aufgrund der in der Praxis nicht ermittelbaren individuellen Risikonutzenfunktion kann eine Bestimmung des Sicherheitsäquivalents letztendlich nur auf Basis einer freien Einschätzung seitens des Bewertungssubjektes erfolgen. Ein potenzieller Käufer läuft jedoch bei periodenspezifischen Sicherheitsäquivalenten zwangsläufig Gefahr, sich infolge komplexer Wahrscheinlichkeitsverteilungen in Widersprüche zu verwickeln. Vor diesem Hintergrund urteilen bspw. *Mandl/Rabel*, Unternehmensbewertung, S. 222, dass die praktische Umsetzung der aus theoretischer Sicht durchaus begründeten Sicherheitsäquivalenzmethode „die betroffenen Personen ... häufig überfordert".

590 Vgl. SFAS 142.25. Eine Entscheidung zur Anwendung von Multiplikatormodellen könnte sich insbesondere aus den Nachteilen ergeben, welche den DCF-Verfahren in der Literatur zugesprochen werden. Vgl. dazu *Seppelfricke*, Multiplikatorverfahren, S. 300 f.

591 Vgl. *Mandl/Rabel*, Unternehmensbewertung, S. 265. Zu den Multiplikatoransätzen ausführlich vgl. etwa *Seppelfricke*, Multiplikatorverfahren; *Coenenberg/Schultze*, Multiplikatorverfahren; *Moser/Auge-Dickhut*, Vergleichsverfahren.

592 Vgl. *Seppelfricke*, Multiplikatorverfahren, S. 301.

593 Vgl. *Mandl/Rabel*, Unternehmensbewertung, S. 266.

594 Vgl. SFAS 142.25

auch um außerordentliche Ereignisse bereinigten Bezugsgrößen normalerweise an den entsprechenden Werten vor Berücksichtigung von Fremdkapitalzinsen und Steuern.[595] In der Praxis werden daher als Vergleichsmaßstab typischerweise (bereinigte) EBIT (earnings before interest and taxes), EBITDA (earnings before interest, taxes, depreciation and amortization) oder der operative Free Cash Flow (OFCF) herangezogen.[596] Darüber hinaus macht der Standardsetter den Einsatz von Multiplikatoransätzen im Rahmen der Bewertung von Berichtseinheiten aber auch davon abhängig, dass die als Vergleichsmaßstab herangezogenen Unternehmen sowohl hinsichtlich ihrer Geschäftstätigkeit als auch in Bezug auf ihre ökonomischen Charakteristika vergleichbar sind.[597]

4.4.2 Ausweis und Offenlegungspflichten im Anhang

Gemäß SFAS 142 erfolgt der *Ausweis* des Goodwill als gesonderter Posten in der Bilanz.[598] Er ist dabei als aggregierte Gesamtgröße aus den einzelnen anteiligen Goodwills der Berichtseinheiten anzugeben. Hinsichtlich des Ausweises der im Laufe des Geschäftsjahres angefallenen außerplanmäßigen Abschreibungen in der Gewinn- und Verlustrechnung ist zu beachten, dass diese im Normalfall ebenfalls zu einer Summe zusammenzufassen und in einer separaten Position innerhalb des Ergebnisses aus der gewöhnlichen Geschäftstätigkeit aufzuführen sind. Von dieser Regel ist abzuweichen, wenn die Goodwillabschreibung im Zusammenhang mit einem eingestellten Geschäftsbereich steht[599] oder sie aus der erstmaligen Anwendung der SFAS 141/142 resultiert[600].

---

595 Der Gesamtwert eines börsennotierten Vergleichsunternehmens setzt sich somit aus seiner Marktkapitalisierung einerseits und dem Marktwert des Fremdkapitals andererseits zusammen. Die Abgrenzung zwischen den beiden Komponenten kann sich im Einzelfall als äußerst schwierig erweisen, wenn bestimmte Finanzierungsformen sowohl Eigen- als auch Fremdkapitalcharakter aufweisen. Unter solche Mischformen sind bspw. stille Beteiligungen, Wandelanleihen oder Stock Options zu subsumieren. Vgl. bspw. *Nestler/Thuy*, Verfahren zur Bewertung, S. 175.

596 Vgl. *Mandl/Rabel*, Unternehmensbewertung, S. 266. Zur Ermittlung der einzelnen operativen Bezugsgrößen vgl. *Seppelfricke*, Multiplikatorverfahren, S. 303 f.

597 Vgl. SFAS 142.25. Die hier vom FASB angeführte Voraussetzung stellt die Nennung einer bloßen Selbstverständlichkeit dar, da die Bewertungstheorie grundsätzlich qualitative bzw. quantitative Übereinstimmung mit dem oder den Vergleichsunternehmen sowie eine ähnliche Risikostruktur fordert. Vgl. bspw. *Nestler/Thuy*, Verfahren zur Bewertung, S. 174, *Mandl/Rabel*, Unternehmensbewertung, S. 273 f.

598 SFAS 142.43.

599 Eine ausführliche Darstellung der Bilanzierung einzustellender Geschäftsbereiche nach US-GAAP bieten *Böcking/Dietz/Kiefer*, Discontinuing Operations, S. 373 ff.; sowie *Hain*, Restrukturierungsaufwendungen.

600 Vgl. SFAS 142.56. Zum Ausweis von Goodwillabschreibungen, die aus der erstmaligen Anwendung der SFAS 141/142 resultieren, siehe ausführlich Gliederungspunkt 4.5.3.

Die Vorschriften zur Goodwillbilanzierung sehen nicht nur für den Jahresabschluss des Geschäftsjahres, in dem die Unternehmensakquisition abgeschlossen wurde, sondern auch für die Jahresabschlüsse in den Folgeperioden weitreichende goodwillbezogene *Offenlegungspflichten* im Anhang vor:

Hat sich während der abgelaufenen Abrechnungsperiode der Buchwert des gesamten Goodwill geändert, so ist seine Entwicklung detailliert darzulegen. Dabei ist Auskunft zu geben über:[601]

- den Gesamtbetrag des neu erworbenen Goodwill,
- die Summe der insgesamt vorgenommenen außerplanmäßigen Abschreibungen und
- den Anteil des Goodwill an Aufwendungen bzw. Erträgen aus einzustellenden Berichtseinheiten.

Sollte eine Verpflichtung zur Segmentberichterstattung nach SFAS 131 bestehen, so sind unter anderem die oben angeführten Angaben zusätzlich den berichtspflichtigen Segmenten entsprechend aufzuschlüsseln. Des Weiteren ist über wesentliche Veränderungen bei der Zuordnung des Goodwill zu den einzelnen Segmenten ebenso wie über einen noch nicht vollständig aufgeteilten Goodwill zu informieren.[602]

Darüber hinaus schreibt SFAS 142 vor, dass zu jeder einzelnen Goodwillabschreibung des abgelaufenen Geschäftsjahres folgende Erläuterungen vorzunehmen sind:[603]

- Beschreibung des Sachverhalts und der Umstände, die zu der außerplanmäßigen Abschreibung des Goodwill geführt haben,
- Angaben zur Höhe der jeweiligen außerplanmäßigen Abschreibung und zur Bewertungsmethode, auf deren Grundlage der Fair Value der betroffenen Berichtseinheit ermittelt wurde,
- weitere Einzelheiten zu bereits vorgenommenen Goodwillabschreibungen, deren Höhe aufgrund der vor dem Bilanzstichtag noch nicht abgeschlossenen zweiten Teststufe geschätzt wurde.

---

601 Vgl. SFAS 142.45c.
602 Vgl. SFAS 142.45c.
603 Vgl. SFAS 142.47.

4.5 Einzelfragen der Goodwillbilanzierung

4.5.1 Behandlung eines negativen Goodwill

Neben einer positiven Differenz zwischen den höheren Anschaffungskosten eines Akquisitionsobjektes und seinem niedrigeren identifizierbaren Nettovermögen auf Fair Value-Basis kann im Einzelfall aus einem Unternehmenszusammenschluss auch ein negativer Unterschiedsbetrag resultieren.

Diese Situation schlägt sich nach Maßgabe des FASB nicht im Ansatz einer eigenständigen Bilanzposition nieder und wird in SFAS 141 dementsprechend nicht als negativer Goodwill oder als Badwill, sondern als „excess of fair value of acquired net assets over cost"[604] (kurz: „excess") bezeichnet. Dies ist darauf zurückzuführen, dass der Standardsetter eine wertmäßige Identität von Leistung und Gegenleistung im Rahmen einer Unternehmenstransaktion unterstellt und daher das Auftreten einer negativen Kaufpreisdifferenz bei einer korrekten Neubewertung der Vermögenswerte und Schulden äußerst unwahrscheinlich erscheint.[605] Auf dieser Argumentation aufbauend macht das FASB vor allem Bewertungsfehler bei der Fair Value-Bestimmung der identifizierbaren Vermögenswerte und Schulden als Ursache für den negativen Goodwill aus[606] und sieht dementsprechend eine „pro rata reduction"[607], also eine proportionale Verringerung der Wertansätze bestimmter Aktivposten in Höhe der negativen Kaufpreisdifferenz, vor. Gelingt es durch diese Maßnahme nicht, den Badwill vollständig auszugleichen, so ist die über die vollständige Abstockung hinaus verbleibende Differenz – soweit sie nicht auf vorsichtig geschätzte zukünftige Belastungen aus bedingten Kaufpreisbestandteilen entfällt – als außerordentlicher Ertrag in der Periode zu vereinnahmen, in der die Transaktion abgeschlossen wurde.[608] Der Verpflichtung zur Abstockung unterliegen grundsätzlich sämtliche Vermögenswerte, mit Ausnahme von

- Vermögenswerten des Umlaufvermögens,
- bestimmten Finanzanlagen,
- zum baldigen Absatz oder zur Aufgabe bestimmten Vermögenswerten des Anlagevermögens,

---

604 SFAS 141.44.

605 Vgl. SFAS 141.B187.

606 Vgl. SFAS 141.B187.

607 SFAS 141.44.

608 Vgl. SFAS 141.45 f.; vgl. auch *Schildbach*, US-GAAP, S. 79.

- aktiven latenten Steuern sowie
- Vorleistungen im Rahmen von Pensions- und anderen Leistungsplänen.[609]

Die Sonderstellung der angeführten Bilanzpositionen begründet das FASB damit, dass die ihnen zugewiesenen Fair Values mit einer geringeren Unsicherheit im Vergleich zu den übrigen Aktiva behaftet sind und daher Bewertungsfehler vergleichsweise selten auftreten.[610] Eine auch auf das Umlaufvermögen ausgedehnte Abstockung wird ferner als nicht sinnvoll erachtet, da es in diesem Fall zu einem Ausweis eines der Art nach außerordentlichen Ertrags im Rahmen des ordentlichen Ergebnisses käme.[611]

Damit unterscheidet sich die bilanzielle Behandlung eines negativen Goodwill nach SFAS 141 konzeptionell von den inzwischen nicht mehr einschlägigen Regelungen des APB 16.[612] Diese sahen zwar ebenso wie SFAS 141 zunächst eine Abstockung bestimmter Aktiva vor; eine nach dieser Maßnahme noch verbleibende Restdifferenz wurde zum Zeitpunkt des Unternehmenserwerbs dagegen nicht als Ertrag verbucht, sondern als passiver Rechnungsabgrenzungsposten (deferred credit) angesetzt und in den Folgeperioden erfolgswirksam über eine Nutzungsdauer von maximal 40 Jahren aufgelöst.

Die bilanzielle Behandlung eines negativen Goodwill nach SFAS 141 sei abschließend anhand eines Zahlenbeispiels veranschaulicht:[613]

---

609 Vgl. SFAS 141.44; vgl. auch *Schildbach*, US-GAAP, S. 79; *Hommel*, Bilanzierung von Goodwill S. 804; *Hayn/Graf Waldersee*, US-GAAP, S. 236.

610 Vgl. SFAS 141.B188.

611 Vgl. SFAS 141.B188. Vgl. auch *Hommel*, Bilanzierung von Goodwill, S. 804.

612 Vgl. APB 16.91 f.

613 Weitere Beispiele zur Bilanzierung eines negativen Goodwill in der US-amerikanischen Rechnungslegung sind zu finden bei *Herring*, Business Combinations, S. 23 ff.

		Einzelbilanz			Summen-bilanz	Konsolidierung		Konzern-bilanz
		X-AG (MU) BW	Y-AG (TU) BW	Y-AG (TU) FV		S	H	
Aktiva	nicht abnutzb. SAV	7.000	1.500	2.000	9.000		120	8.880
	abnutzbares SAV	4.000	2.800	3.000	7.000		180	6.820
	liquide Mittel	2.100	1.000	1.000	3.100			3.100
	Beteiligung TU	1.200			1.200		1.200	0
	Goodwill					300	300	0
	Σ	14.300	5.300	6.000	20.300			18.800
Passiva	Eigenkapital	8.800	800	1.500	10.300	1.500		8.800
	Fremdkapital	5.500	4.500	4.500	10.000			10.000
	Σ	14.300	5.300	6.000	20.300			18.800

Abbildung 25: Beispiel zur Kapitalkonsolidierung unter Berücksichtigung eines negativen Goodwill

Der in Abbildung 25 skizzierte Sachverhalt basiert auf der im Gliederungspunkt 4.3.1.6 unter Abbildung 11 dargestellten Ausgangssituation. Abweichend soll im Folgenden jedoch von einem Kaufpreis in Höhe von lediglich 1.200 T€ ausgegangen werden, den die X-AG für den Erwerb einer 100%igen Beteiligung an der Y-AG entrichtet. Im Zuge der Kapitalkonsolidierung werden zunächst über eine Sollbuchung in Höhe von 1.500 T€ das neu bewertete Eigenkapital der Y-AG und über eine Habenbuchung die mit 1.200 T€ bezifferte Position „Beteiligung an TU" eliminiert. Die verbleibende Differenz von 300 T€ bildet den negativen Goodwill, welchen es durch eine proportionale Minderung der Wertansätze des neu bewerteten Anlagevermögens der Y-AG auszugleichen gilt. Zur Abstockung herangezogen werden daher die Aktiva des SAV. Während der Fair Value des abnutzbaren SAV um 120T€ (= 2.000 T€ / [2.000 T€ + 3.000 T€] x 300 T€) reduziert wird, erfolgt eine Abstockung der Wertansätze des abnutzbaren SAV in Höhe von 180T€ (= 3.000 T€ / [2.000 T€ + 3.000 T€] x 300 T€). In der Konzernbilanz werden die Aktiva des Anlagevermögens dementsprechend mit 8.800 T€ bzw. 6.820 T€ bewertet.

4.5.2 Bedeutung des Goodwill im Rahmen der Beteiligungsbewertung nach der Equity-Methode

Dem derivativen Goodwill kommt nicht nur bei der Abbildung von Unternehmenszusammenschlüssen im Einzel- oder Konzernabschluss, sondern auch im Zusammenhang mit der Bewertung von Beteiligungen entsprechend der Equity-Methode nach APB Opinion No. 18 „The Equity Method of Accounting for Investments in Common Stock" Bedeutung zu. Den

Anwendungsbereich des Bewertungsverfahrens[614] umfassen in der US-amerikanischen Rechnungslegung vor allem Beteiligungen an bestimmten Gemeinschaftsunternehmen (*corporate joint ventures*) sowie Kapitalanteile an assoziierten Unternehmen (*associates*) im Einzel- und Konzernabschluss.[615]

Von der Konzeption her ist die Equity-Bewertung nach APB 18 als „one-line-consolidation" angelegt. Das bedeutet, dass die Beteiligung in der Bilanz mit nur einem Betrag gesondert im Anlagevermögen ausgewiesen wird.[616] Zum Zeitpunkt des Beteiligungserwerbs entspricht dieser den Anschaffungskosten. Ein positiver oder negativer Unterschiedsbetrag zum anteiligen Buchwert des Eigenkapitals der Beteiligung ist gemäß APB 18 in einer statistischen Nebenrechnung analog zur Kapitalkonsolidierung entsprechend der Erwerbsmethode zu erfassen.[617] Dies impliziert im Rahmen der Folgebilanzierung neben der Berücksichtigung des anteiligen Jahresergebnisses, erhaltener Dividendenzahlungen sowie erfolgsneutraler Eigenkapitalveränderungen auch eine entsprechende Fortschreibung des Differenzbetrags.[618] Daher ergibt sich die Erfordernis, die auf ihn entfallenden stillen Reserven bzw. stillen Lasten sowie den Goodwill oder Badwill als Restgröße zu identifizieren. Wirkte sich die in der Vergangenheit vorzunehmende planmäßige Goodwillabschreibung nach APB 17 noch mindernd auf den Beteiligungsbuchwert in den Folgeperioden aus, so ist nach SFAS 142 nunmehr auch bei der Equity-Methode eine planmäßige Abschreibung auf den Goodwill nicht mehr vorgesehen.[619]

---

614 Nach APB 18.19 gehen mit einer Anwendung der Equity-Methode unter Umständen auch Maßnahmen der Zwischenerfolgseliminierung einher. Wenngleich die Equity-Methode somit Charakteristika einer Konsolidierungsmethode aufweist, wird sie gleichwohl auch in den USA als Bewertungsmethode verstanden. Vgl. dazu etwa *Kirsch*, Equity-Methode, S. 81.

615 Vgl. APB 18.16, 17. Gemeinschaftsunternehmen sind nur dann zwingend nach der Equity-Methode zu bilanzieren, wenn sie in der Rechtsform einer beschränkt haftenden Körperschaft (*incorporated joint venture*) betrieben werden; vgl. APB 18.2; vgl. auch *Küting/Weber*, Konzernrechnungslegung, S. 615; *Hayn/Graf Waldersee*, US-GAAP, S. 246. In den Vereinigten Staaten darf die Equity-Methode darüber hinaus auch im Einzelabschluss zur Bewertung von Tochterunternehmen herangezogen werden, die in einem Control-Verhältnis zum Mutterunternehmen stehen; *Schildbach*, Konzernabschluß, S. 230. Ausführlich zur Equity-Methode nach APB 18 vgl. bspw. *Herring*, Business Combinations, S. 42 ff.; *Kieso/Weygandt/Warfield*, Intermediate Accounting, S. 849 ff.; *Niehus/Thyll*, Konzernabschluß, S. 123 ff.; *Scherrer*, Grundlagen, S. 369 ff.

616 Vgl. APB 18.19c; vgl. auch *Hayn/Graf Waldersee*, US-GAAP, S. 252. Die Vorgehensweise entspricht von daher grundsätzlich der handelsrechtlichen Equity-Methode in der Variante der Buchwertmethode gemäß § 312 Abs. 1 HGB; vgl. *Kirsch*, Equity-Methode, S. 80.

617 Vgl. APB 18.19b. Darüber hinaus ist der Unterschiedsbetrag auch Bestandteil der Offenlegungspflichten gemäß APB 18.20.

618 Vgl. APB 18.19.

619 „The portion of the difference ... that is recognized as goodwill in accordance with ... APB Opinion No. 18 ... shall not be amortized." (SFAS 142.40). Vgl. auch *Hayn/Graf Waldersee*, US-GAAP, S. 254.

4.5.3 Übergangsvorschriften

Die Vorschriften zur Goodwillbilanzierung nach SFAS 142 beziehen sich nicht ausschließlich auf Kaufpreisdifferenzen aus Unternehmenszusammenschlüssen, die nach dem 30. Juli 2001 initiiert wurden. Da das FASB ein Nebeneinander völlig unterschiedlicher Folgebewertungskonzeptionen als nicht sinnvoll erachtet, entfalten die Neuregelungen ihre Wirkung auch im Hinblick auf solche Goodwill bis zum Beginn des Geschäftsjahrs, in dem SFAS 142 erstmalig zur Anwendung kommt, zunächst nach wie vor gemäß APB 17 planmäßig und gegebenenfalls nach SFAS 121 außerplanmäßig abgeschrieben wird.[620] Unter der Annahme der Identität von Geschäfts- und Kalenderjahr sei dies in Abbildung 26 verdeutlicht:

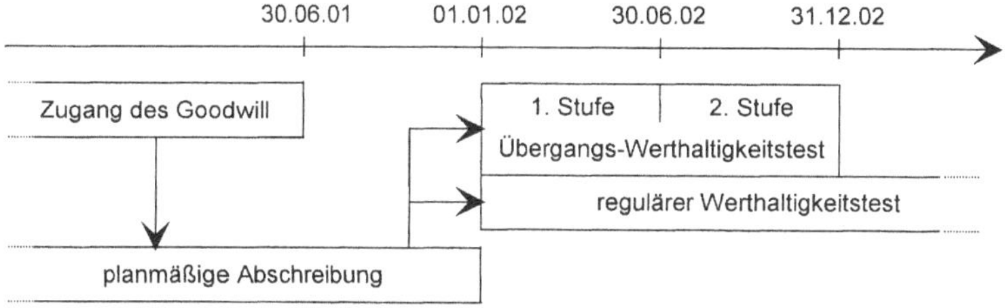

Abbildung 26: Vor dem 30. Juni 2001 zugegangener Goodwill im Übergang auf SFAS 142[621]

Verbleibt am 1. Januar 2002 eine noch nicht vollständig abgeschriebene Kaufpreisdifferenz, so ist zunächst – beispielsweise anhand früherer Aufzeichnungen – zu prüfen, ob zum damaligen Zeitpunkt seines Zugangs immaterielle Vermögenswerte identifiziert wurden, deren Ausweis bisher nicht gesondert, sondern als Bestandteil des Goodwill erfolgte.[622] Für diesen Fall sieht das FASB vor, den jeweiligen Vermögenswert vom Goodwill zu separieren und getrennt fortzuführen.[623] Der verbleibende Teil des Goodwill wird analog zu neu entstandenen Unterschiedsbeträgen vollständig auf Berichtseinheiten aufgeteilt und einer dem Impairment Only-Ansatz entsprechenden Folgebilanzierung unterworfen.[624] Somit wird

---

620 Eine detaillierte Darstellung der Übergangsvorschriften des SFAS 142 ist zu finden bei *Küting/Weber/Wirth*, Goodwill und immaterielle Vermögenswerte im Übergang. Vgl. auch *KPMG*, Analysis, S. 37 ff.

621 In Anlehnung an *Küting/Weber/Wirth*, Goodwill und immaterielle Vermögenswerte im Übergang, S. 64.

622 Aus SFAS 142 lässt sich nicht zweifelsfrei entnehmen, ob ein Übergang auf die Neuregelungen sogar eine Identifikation immaterieller Vermögenswerte im Zeitpunkt der erstmaligen Anwendung der reformierten Vorschriften impliziert. Diese Alternative wurde schließlich im November 2001 von der EITF als explizit nicht erforderlich erklärt. Vgl. *EITF*, Flash Report.

623 Vgl. SFAS 142.49b.

624 Vgl. SFAS 142.54.

deutlich, dass auch aus früheren Unternehmenserwerben die Notwendigkeit resultieren kann, eine Strukturierung der Unternehmung nach SFAS 142 vorzunehmen.

Neben dem jährlich und gegebenenfalls unterjährig vorzunehmenden Werthaltigkeitstest sieht das FASB im Jahr der erstmaligen Anwendung von SFAS 142 für die Altbestände des Goodwill zusätzlich einen von der Konzeption her identischen Übergangs-Werthaltigkeitstest (*transitional impairment test*) vor.[625] Dieser muss sich auf die Verhältnisse zu Beginn des Geschäftsjahres beziehen und spätestens Ende des ersten Halbjahres (erste Teststufe) bzw. Ende des zweiten Halbjahres (zweite Teststufe) abgeschlossen sein. Im Gegensatz zum jährlichen Werthaltigkeitstest geht eine Abwertungserfordernis nicht in das Ergebnis der gewöhnlichen Geschäftstätigkeit ein, sondern wird in der Gewinn- und Verlustrechnung unter Berücksichtigung von SFAS 3 „Reporting Accounting Changes in Interim Financial Statements“ im Rahmen der Position „Cumulative effects of changes in accounting principles“ ausgewiesen.[626]

4.6 Exkurs: Goodwillbilanzierung in sonstigen ausgewählten Rechnungslegungssystemen

Bevor im nachfolgenden Kapitel die ökonomische Analyse der Goodwillbilanzierung nach SFAS 141/142 erfolgt, soll im Rahmen eines Exkurses zunächst die bilanzielle Behandlung des Unterschiedsbetrags in den Rechnungslegungssystemen der IFRS bzw. des deutschen Handelsrechts skizziert werden. Diese Vorgehensweise erscheint aus zwei Gründen geboten: Zum einen wird im Rahmen der Zweckmäßigkeitsanalyse auf Überlegungen zurückgegriffen, die sich originär nicht auf die US-GAAP, sondern auf die IFRS oder das Handelsrecht beziehen. Das Verständnis dieser Argumente setzt daher Kenntnisse der Goodwillbilanzierung in den entsprechenden Rechnungslegungslegungssystemen voraus. Zum anderen lässt sich auf Basis einer Darstellung der nur in bestimmten Details von SFAS 141/142 abweichenden IFRS-Regelungen abschätzen, inwieweit sich die US-GAAP-bezogenen Ergebnisse der Analyse auch auf das IFRS-Rechnungslegungssystem übertragen lassen.

4.6.1 International Financial Reporting Standards

Mit der Veröffentlichung von IFRS 3 „Business Combinations“ und den damit einhergehenden Neufassungen von IAS 36 „Impairment of Assets“ sowie IAS 38 „Intangible Assets“ am

---

625 Vgl. SFAS 142.55.

626 Vgl. Gliederungspunkt 3.2.4.2. Zum Wechsel von Rechnungslegungsvorschriften innerhalb der US-GAAP vgl. *Kieso/Weygandt/Warfield*, Intermediate Accounting, S. 1151 ff.

31. März 2004 hat das IASB die bereits Ende 2002 erschienenen Entwürfe ED 3, ED-IAS 36 sowie ED-IAS 38 in endgültige Rechnungslegungsstandards umgesetzt.[627] Die herausgegebenen Regelungen markieren das Ende der ersten Phase des „Business Combinations Project" des IASB, im Rahmen dessen eine Konvergenz mit den US-GAAP-Standards SFAS 141/142 zur Bilanzierung von Unternehmenszusammenschlüssen im Vordergrund stand.[628] Dementsprechend unterscheiden sich die reformierten IFRS-Vorschriften gegenüber dem abgelösten IAS 22 „Business Combinations" im Kern durch das Verbot der Interessenzusammenführungsmethode sowie die Abschaffung der planmäßigen Goodwillabschreibung zu Gunsten eines Impairment Only-Ansatzes.[629]

Analog zu SFAS 141 regelt IFRS 3 unter anderem die Bilanzierung des Goodwill zum Zeitpunkt des Unternehmenserwerbs sowohl im Einzel- als auch im Konzernabschluss. Die Kapitalkonsolidierung hat nunmehr zwingend nach der Erwerbsmethode zu erfolgen. Während gemäß IAS 22 bei der Umsetzung der Erwerbsmethode ein explizites Wahlrecht zwischen einer beteiligungsproportionalen Aufdeckung stiller Reserven bzw. Lasten und einer vollständigen Neubewertung existierte und insofern kein Unterschied zur US-amerikanischen Rechnungslegungspraxis bestand, ist nach IFRS 3 nunmehr einzig die vollständige Neubewertung zulässig.[630] Dem Grunde nach sind bei der Kaufpreisallokation ebenso wie im US-GAAP-Rechnungslegungssystem immaterielle Vermögenswerte losgelöst vom Goodwill zu berücksichtigen, wenn diese aus einem vertraglichen oder sonstigen gesetzlichen Recht resultieren oder separierbar sind.[631] Die in IAS 22 enthaltene Anschaffungskostenrestriktion, wonach nicht an einem aktiven Markt gehandelte selbst erstellte immaterielle Vermögenswerte des erworbenen Unternehmens bei der Kaufpreisallokation nur dann separat aktiviert werden durften, wenn diese nicht zu einem negativen Goodwill führen bzw. diesen erhöhen, wurde gemäß IFRS 3 in Übereinstimmung mit den US-GAAP ebenfalls aufgehoben.[632] Ein Unterschied gegenüber den US-GAAP besteht jedoch dahingehend, dass IFRS 3 nicht den Ansatz von Vermögenswerten im Forschungs- und Entwicklungsbereich verbietet, sondern

---

[627] Zu IFRS 3 vgl. ausführlich *Bieker/Esser*, Impairment-Only-Ansatz; *Brücks/Wiederhold*, IFRS 3; *Küting/Wirth*, IFRS 3. Zum Standardentwurf ED 3 vgl. *Brücks/Wiederhold*, Exposure Draft 3; *Bieker/Esser*, Goodwill-Bilanzierung; *Fladt/Feige*, Exposure Draft 3; *Wüstemann/Duhr*, Geschäftswertbilanzierung; *Bucher/Boller/Wildberger*, Unternehmenszusammenschlüsse nach IFRS; *Focken*, Goodwill-Bilanzierung; *Protzek*, Impairment Only-Ansatz.

[628] Vgl. IFRS 3.IN2 ff.

[629] Vgl. IFRS 3.IN14 f. Zur Erfassung von Unternehmenszusammenschlüssen nach IAS 22 vgl. etwa *Krolak*, Kapitalkonsolidierung; *Baetge/Siefke/Siefke*, IAS 22, Rn. 103 ff.; *Küting/Harth*, Kapitalkonsolidierung, S. 1377; *Küting/Wirth*, Kapitalkonsolidierung, S. 481.

[630] IFRS 3.36, 40, IN14.

[631] Vgl. IFRS 3.45 f., IAS 38.12. Zur Bilanzierung immaterieller Vermögenswerte nach IAS 38 vgl. ausführlich *Esser/Hackenberger*, Bilanzierung immaterieller Vermögenswerte.

[632] Vgl. IAS 22.40; IFRS 3.36 ff.

ausdrücklich die Aktivierung identifizierbarer Forschungs- und Entwicklungsprojekte fordert.[633] Ein mit SFAS 141 vergleichbares explizites Bilanzierungsverbot der Mitarbeiterqualität beinhaltet IFRS 3 ebenfalls nicht.[634]

Während IAS 22 noch die planmäßige Abschreibung des Goodwill über seine Nutzungsdauer von maximal 20 Jahren vorsah[635], geht nunmehr auch das IASB von einem Vermögenswert mit unbestimmbarer Nutzungsdauer aus und schreibt gemäß IFRS 3 einen Impairment Only-Ansatz als Folgebewertungskonzeption vor. Bezüglich der Feststellung und Quantifizierung einer außerplanmäßigen Goodwillabschreibung verweist IFRS 3 auf IAS 36, der ebenso wie SFAS 142 einen sowohl jährlich als auch fallweise durchzuführenden Werthaltigkeitstest enthält.[636]

Gegenstand des Werthaltigkeitstests nach IAS 36 ist wiederum nicht der bilanziell ausgewiesene Goodwill auf der Ebene der Gesamtunternehmung. Vielmehr erfolgen Feststellung und Quantifizierung einer außerplanmäßigen Abschreibung jeweils für einzelne Teilgoodwills auf der Ebene sog. zahlungsmittelgenerierender Einheiten (cash-generating units).[637] Unter einer zahlungsmittelgenerierenden Einheit ist die kleinste identifizierbare Gruppe von Vermögenswerten eines Unternehmens zu verstehen, die permanente Cashflow-Zuflüsse aus ihrer laufenden Nutzung hervorbringt, welche weitestgehend unabhängig von den Cashflow-Zuflüssen anderer Vermögenswerte bzw. anderer Gruppen von Vermögenswerten sind.[638] Für Zwecke des Goodwill-Werthaltigkeitstests muss auf solche zahlungsmittelgenerierenden Einheiten zurückgegriffen werden, die erwartungsgemäß von den aus dem Unternehmenszusammenschluss resultierenden Synergien profitieren, und zwar unabhängig davon, ob der jeweiligen Einheit zusätzlich identifizierbare Vermögenswerte und Schulden des erworbenen Unternehmens zugeordnet worden sind.[639] Die Einheiten müssen dabei so zugeschnitten sein, dass sie jeweils die unterste Unternehmensebene repräsentieren, auf der der Erfolg aus dem erworbenen Goodwill für interne Zwecke kontrolliert wird. Als Obergrenze gilt

---

633 Vgl. IFRS 3.45.

634 Lediglich der in IAS 38.15 enthaltenen Formulierung „an entity usually has insufficient control over the expected future economic benefits arising from a team of skilled staff and from training these items to meet the definitions of an intangible asset" lässt sich eine gewisse Skepsis des IASB hinsichtlich der Aktivierbarkeit von Humankapital entnehmen. Demgegenüber wurde in ED 3.36 noch ein explizites Aktivierungsverbot erwogen.

635 Nur in Ausnahmefällen durfte der Abschreibungszeitraum zwanzig Jahre überschreiten; vgl. IAS 22.44.

636 Vgl. IFRS 3.55; IFRS 3.BC136 ff.

637 Vgl. IAS 36.80.

638 Vgl. IAS 36.6.

639 Vgl. IAS 36.80. Vgl. im Detail *Bieker/Esser*, Impairment-Only-Ansatz, S. 453 f.

grundsätzlich ein Segment des primären oder sekundären Berichtsformats nach IAS 14 *Segment Reporting.*[640]

Der Werthaltigkeitstest nach IAS 36 basiert analog zur früheren Fassung des Standards auf einem einstufigen Konzept (single step approach).[641] Der Ansatz unterscheidet sich damit grundlegend von seinem Pendant im Rechnungslegungssystem der US-GAAP sowie dem Entwurf ED 3, in dem das IASB zunächst eine unveränderte Übernahme des zweistufigen Verfahrens gemäß SFAS 142 plante.[642] Im Rahmen des einstufigen Tests nach IAS 36 wird der erzielbare Betrag einer zahlungsmittelgenerierenden Einheit mit ihrem Eigenkapital auf Buchwertbasis verglichen.[643] Stellt sich heraus, dass der erzielbare Betrag dem Eigenkapital entspricht bzw. das Eigenkapital übersteigt, so gilt der bisher bilanzierte Goodwill in vollem Umfang als werthaltig. In den Fällen, in denen der erzielbare Betrag den Buchwert des Eigenkapitals unterschreitet, besteht dagegen die Notwendigkeit zur Vornahme einer Goodwillabschreibung. Die Höhe der Goodwillabschreibung ergibt sich im Gegensatz zu SFAS 142 direkt als Unterschiedsbetrag der verglichenen Größen und ist im Ergebnis der gewöhnlichen Geschäftstätigkeit auszuweisen; ebenso wie nach SFAS 141 wird eine Zuschreibung des Goodwill nunmehr ausnahmslos als unzulässig erachtet.[644] Der erzielbare Betrag als solcher definiert sich als höherer Betrag von Nettoveräußerungspreis (fair value less costs to sell) und Nutzungswert (value in use)[645], wobei sich letzterer als Barwert der unternehmensindividuellen zukünftig erwarteten Cashflows aus der Teileinheit errechnet[646].

Die reformierten IFRS-Vorschriften zur Rechnungslegung von Unternehmenszusammenschlüssen führen des Weiteren zu einer erheblichen Ausweitung der Angabepflichten im

---

640 Zur Segmentberichterstattung nach IAS 14 vgl. bspw. *Haller*, IAS 14; *Streim*, International Accounting Standards, Rz. 284 ff.

641 Vor Inkrafttreten von IFRS 3 musste der Goodwill nicht nur planmäßig abgeschrieben, sondern gemäß IAS 22.55 bei Vorliegen bestimmter Anzeichen auch auf die Notwendigkeit einer außerplanmäßigen Abschreibung hin getestet werden. Im Ausnahmefall einer mehr als zwanzig Jahre umfassenden Nutzungsdauer war zusätzlich ein jährlicher Werthaltigkeitstest vorzunehmen.

642 Vgl. ED-IAS 36.85. Das IASB begründet die Abkehr vom ursprünglich erwogenen zweistufigen Ansatz zu Gunsten des einstufigen Verfahrens mit einem Verweis auf die Komplexität und Kostenintensität des zweistufigen Verfahrens; vgl. IAS 36.BC170. So zeigten sowohl die auf die Veröffentlichung von ED 3 hin eingegangenen Kommentare als auch vom IASB durchgeführte Feldstudien, dass Unternehmensvertreter vor allem den erheblichen Arbeitsaufwand im Rahmen der Ermittlung der beizulegenden Zeitwerte der einzelnen Vermögenswerte auf der zweiten Teststufe kritisierten; vgl. IFRS 3.BC166 ff.

643 Vgl. IAS 36.104.

644 Vgl. IAS 36.124. Gemäß IAS 36.109 (1998) durfte eine Wertaufholung nur unter der restriktiven Bedingung vorgenommen werden, dass sich der Effekt umgekehrt hat, der in der Vergangenheit zu einer außerplanmäßigen Abschreibung in Folge eines als einmalig anzusehenden speziellen Ereignisses von außergewöhnlicher Art führte.

645 Vgl. IAS 36.6.

646 Vgl. IAS 36.30 ff.

Anhang.[647] Die vom IASB geforderten Angaben gehen zum Teil über die korrespondierenden Vorschriften von SFAS 141/142 hinaus. So sind insbesondere gemäß IAS 36 unabhängig vom Vorliegen einer Goodwillabschreibung an jedem Bilanzstichtag Schlüsselannahmen offen zulegen, die der Berechnung des Nutzungswerts einer zahlungsmittelgenerierenden Einheit zugrunde gelegt wurden.[648] Dazu zählen beispielsweise Angaben zur Ermittlung der Kapitalkosten, die Zeitspanne des Detailplanungszeitraums sowie unterstellte Cashflow-Wachstumsraten.

Erstmalig anzuwenden ist IFRS 3 zum einen auf Goodwills aus solchen Unternehmenserwerben, die ab dem 31. März 2004 vereinbart wurden.[649] Zum anderen betrifft der Impairment Only-Ansatz nach IFRS 3 analog zu SFAS 141/142 auch früher entstandene Goodwillpositionen, die in der Vergangenheit bereits nach IAS 22 planmäßig abgeschrieben wurden.[650] In diesen Fällen ist erstmalig für Geschäftsjahre, die am 31. März 2004 oder zu einem späteren Zeitpunkt beginnen, die ratierliche Abschreibung auszusetzen und der Goodwill zu seinem Restbuchwert dem Werthaltigkeitstest nach IAS 36 zu unterwerfen.[651] Einen speziellen Übergangswerthaltigkeitstest, wie er von SFAS 142 vorgeschrieben wird, erachtet das IASB im Gegensatz zum FASB für nicht erforderlich.[652]

4.6.2 Deutsches Handelsrecht

Die in Deutschland traditionell vorherrschende Verknüpfung des handelsrechtlichen Einzelabschlusses mit Rechtsgebieten des Steuer-, Gesellschafts- und Insolvenzrechts sowie dem hiervon losgelösten Konzernabschluss führen zu einer im Vergleich zu den US-GAAP und IFRS tiefgreifenderen konzeptionellen Trennung zwischen beiden Abschlüssen. Dies spiegelt sich in den handelsrechtlichen Regelungen zur Goodwillbilanzierung insofern wider, als separate Vorschriften für den derivativen Goodwill im Einzel- und den Goodwill im Konzern-

---

647 Vgl. IFRS 3.66 ff., IAS 36.126 ff.

648 Vgl. IAS 36.134.

649 Vgl. IFRS 3.78.

650 Vgl. IAS 36.79.

651 Vgl. ausführlich *Küting/Gattung/Wirth*, Aussetzung der planmäßigen Abschreibung. Das IASB räumt den Bilanzaufstellern gemäß IFRS 3.85 jedoch ein Wahlrecht ein, den Impairment Only-Ansatz retrospektiv für Geschäftsjahre anzuwenden, die schon vor dem 31. März 2004 begonnen haben. Voraussetzung ist jedoch, dass sowohl die entsprechenden Unternehmensdaten zur Anwendung von IFRS 3 vorhanden sind als auch die Neufassungen IAS 36 und IAS 38 rückwirkend angewendet werden.

652 Vgl. IFRS 3.BC222; SFAS 142.54 ff.

abschluss existieren. Der Ansatz eines originären Goodwill ist im Handelsrecht grundsätzlich nicht zulässig.[653]

Die bilanzielle Behandlung des Goodwill im *Einzelabschluss* ergibt sich aus § 255 Abs. 4 HGB. Hinsichtlich des Bilanzansatzes führt der Gesetzgeber aus, dass „als Geschäfts- oder Firmenwert ... der Unterschiedsbetrag angesetzt werden [darf], um den die für die Übernahme eines Unternehmens bewirkte Gegenleistung den Wert der einzelnen Vermögensgegenstände des Unternehmens abzüglich der Schulden im Zeitpunkt der Übernahme übersteigt."[654] Somit besteht für Personen- und Kapitalgesellschaften ein Wahlrecht, den derivativen Goodwill in die Bilanz aufzunehmen oder ihn direkt als Aufwand zu erfassen. Geht man der h. M. folgend davon aus, dass Vermögensgegenstände im Handelsrecht unter anderem selbstständige Verkehrsfähigkeit im Sinne von Einzelveräußerbarkeit bedingen[655], so kommt der Kaufpreisdifferenz als per se nicht einzelveräußerbarem Aktivposten in der Handelsbilanz zwangsläufig eine Sonderstellung zu.[656] Diese trägt dazu bei, dass der Goodwill in weiten Teilen der Literatur als Bilanzierungshilfe verstanden wird.[657]

Im Hinblick auf die Bewertung des Goodwill zum Erwerbszeitpunkt ist insbesondere zu beachten, dass im Zuge seiner Berechnung auch solche Vermögensgegenstände zu ihrem beizulegenden Zeitwert einzubeziehen sind, die zuvor beim erworbenen Unternehmen dem Aktivierungsverbot für selbst erstellte immaterielle Vermögensgegenstände des Anlagever-

---

653 Vgl. stellvertretend *Busse von Colbe*, Geschäfts- oder Firmenwert, Spalte 885 f. Im Ergebnis so auch *Knop/Küting,* deren Argumentation allerdings inkonsistent erscheint: Einerseits kommen sie zu dem Schluss, dass „das eingeräumte Bilanzierungswahlrecht [der Kaufpreisdifferenz, *Anm. d. Verf.*] nur als Bilanzierungshilfe interpretiert werden kann" (*Knop/Küting*, § 255, Rn. 432), leiten andererseits aber das Ansatzverbot des originären Goodwill aus dem Bilanzierungsverbot selbsterstellter immaterieller Vermögensgegenstände des Anlagevermögens nach § 248 Abs. 2 HGB her (vgl. *Knop/Küting*, § 255, Rn. 438), obwohl ein Ansatzverbot allein aus dem Nichtvorliegen eines Vermögensgegenstands folgt; vgl. auch *Göbel*, § 255, Rn. 203. Ferner ist zu beachten, dass Aufwendungen für die Ingangsetzung und Erweiterung des Geschäftsbetriebes in der Literatur mitunter als Bestandteil des originären Goodwill angesehen werden. Insofern ermöglicht § 269 HGB zumindest Kapitalgesellschaften, den originären Goodwill teilweise zu bilanzieren. Vgl. *Doralt*, Firmenwert, S. 21; *Take*, Geschäfts- oder Firmenwert, S. 47; *Schmidt*, Bilanzierung des Goodwills, S. 27, 37 f.

654 § 255 Abs. 4 S. 1 HGB.

655 Vgl. etwa *Streim*, Grundzüge, S. 49 f.; *Mujkanovic*, Geschäftswert, S. 895; *Göbel*, § 255, Rn. 208.

656 Aufgrund der fehlenden Ausschüttungssperre erweist sich diese Sonderstellung im handelsrechtlichen Einzelabschluss als äußerst problematisch, vgl. etwa *Streim*, Grundzüge, S. 74.

657 Vgl. etwa *Ballwieser*, Geschäftswert, S. 284; *Wöhe*, Bilanzierung, S. 100; *Söffing*, Firmenwert, S. 600, *Winnefeld*, Bilanz-Handbuch, Rn. M462. Dennoch wird im Schrifttum mit Verweis auf das eingeräumte Ansatzwahlrecht oder das Gliederungsschema nach § 266 HGB auch die Meinung vertreten, dass es sich um einen Vermögensgegenstand handle; vgl. z. B. *Ellrott/Schmidt-Wendt*, § 255, Rn. 511; *Schuhmann*, Ausgewählte Fragen, S. 51. Vgl. dazu auch *Knop/Küting*, § 255, Rn. 426 ff.; *Lewicki*, Behandlung des Firmenwerts, S. 57. *ADS*, § 255, Rn. 272, sowie *Krolak*, Kapitalkonsolidierung, S. 16, charakterisieren den Goodwill darüber hinaus als „Wert eigener Art". Zur Kritik an dieser Auffassung vgl. *Göbel*, § 255 HGB, Rn. 210.

mögens nach § 248 Abs. 2 HGB unterlagen. Wurde das Aktivierungswahlrecht des Goodwill ausgeübt, so ist dieser im Rahmen der Folgebewertung nach § 255 Abs. 4 HGB entweder pauschal oder planmäßig abzuschreiben. Im Falle der pauschalen Abschreibung erfolgt eine erfolgswirksame Verringerung des Wertansatzes um jährlich mindestens 25%, so dass der Unterschiedsbetrag spätestens nach vier Jahren vollständig abgeschrieben ist.[658] Bei der alternativ zulässigen planmäßigen Abschreibung werden die jährlichen Tilgungsraten dagegen so bemessen, dass eine Verteilung der Abschreibung über die Perioden stattfindet, in denen der Goodwill voraussichtlich genutzt wird. Da mit einer Schätzung der voraussichtlichen Nutzungsdauer des Goodwill im allgemeinen beträchtliche Schwierigkeiten einhergehen, orientiert sich die Praxis oftmals am Steuerrecht, wonach eine betriebsgewöhnliche Nutzungsdauer von fünfzehn Jahren unwiderlegbar vermutet wird.[659] Ferner ist zu beachten, dass nach h. M. neben die pauschale oder planmäßige Abschreibung eine zusätzliche bzw. außerplanmäßige Goodwillabschreibung treten kann. Diese wird erforderlich, wenn der beizulegende Zeitwert des Goodwill seinen Restbuchwert unterschreitet.[660] Eine Wertaufholung infolge des Wegfalls der Gründe für eine zuvor vorgenommene außerplanmäßige Abschreibung des Goodwill wird dagegen in der Literatur mehrheitlich als nicht statthaft erachtet.[661]

Im handelsrechtlichen *Konzernabschluss* kann ein derivativer Goodwill insbesondere im Zuge der Kapitalkonsolidierung entsprechend der Erwerbsmethode nach § 301 HGB entstehen.[662] Für deren Umsetzung kommen nach § 301 Abs. 1 S. 2 HGB wahlweise die Neubewertungsmethode oder alternativ die Buchwertmethode in Frage. Da die Variante der Neubewertungsmethode seit Wegfall der Anschaffungskostenrestriktion bei der Aufdeckung

---

658 Die Abschreibungsbeträge der einzelnen Abrechnungsperioden müssen daher nicht übereinstimmen und können unter Einhaltung des Mindestsatzes unterschiedlich ausfallen. Der Grundsatz der Bewertungsstetigkeit nach § 252 Abs. 1 Nr. 6 HGB greift in diesem Zusammenhang nicht; vgl. auch *Knob/Küting*, § 255, Rn. 468.

659 Vgl. *Busse von Colbe*, Geschäfts- oder Firmenwert, Spalte 887 f. Die Goodwillabschreibung in der Steuerbilanz ist in § 7 Abs. 1 S. 3 Einkommensteuergesetz (EStG) geregelt, wonach „als betriebsgewöhnliche Nutzungsdauer des Geschäfts- oder Firmenwerts ... ein Zeitraum von 15 Jahren" gilt. Zur Unwiderlegbarkeit der Problematik einer unbesehenen Übernahme der steuerrechtlichen Nutzungsdauer vgl. *Wagner/Schomaker*, Abschreibung des Firmenwertes, S. 1366.

660 Vgl. etwa *Knop/Küting*, § 255, Rn. 469; *Busse von Colbe*, Geschäfts- oder Firmenwert, Spalte 888; *Winnefeld*, Bilanz-Handbuch, Rn. M467.

661 Vgl. bspw. *Knop/Küting*, § 255, Rn. 478.

662 Ferner kann sich die Bilanzierung eines Goodwill im Konzernabschluss aus der Quotenkonsolidierung nach § 310 Abs. 2 HGB, der Equity-Bewertung in der Variante der Kapitalanteilsmethode nach § 312 Abs. 1 S. 1 Nr. 2 HGB sowie der Übernahme des Unterschiedsbetrages aus dem Einzelabschluss des Mutterunternehmens nach § 298 Abs. 1 i. V. m. § 255 Abs. 4 HGB ergeben. Aufgrund der vergleichsweise untergeordneten Bedeutung beschränken sich die nachfolgenden Ausführungen auf den Goodwill aus der Kapitalkonsolidierung nach der Erwerbsmethode. Die Ausführungen zum Wesen des Goodwill im Einzelabschluss sind analog auf den Konzernabschluss übertragbar.

stiller Reserven mit der in den Vereinigten Staaten üblichen Erwerbsmethode einheitstheoretischer Prägung vergleichbar ist, treten auch im Hinblick auf die Entstehung des Goodwill keine konzeptionellen Unterschiede zu den US-GAAP auf.[663] Anders verhält es sich dagegen bei der Buchwertmethode: Hier wird zunächst ein vorläufiger Unterschiedsbetrag zwischen Kaufpreis und anteiligem Buchwert des Eigenkapitals des Tochterunternehmens ermittelt. Der nach Abzug der auf das Mutterunternehmen entfallenden stillen Reserven bzw. Hinzurechnung stiller Lasten im Rahmen der Neubewertung verbleibende Teil der Differenz bildet den Goodwill. Obwohl beide Spielarten der handelsrechtlichen Erwerbsmethode bei Vorliegen von Minderheitenanteilen am Tochterunternehmen zu unterschiedlichen Konzernbilanzen führen, gleichen sie sich jedoch hinsichtlich der Höhe des ausgewiesenen Goodwill, solange die im Rahmen der Buchwertmethode gemäß § 301 Abs. 1 S. 3 HGB nach wie vor zu beachtende Anschaffungskostenrestriktion nicht greift.[664]

Im Rahmen der Folgebewertung des Goodwill aus der Kapitalkonsolidierung räumt der Gesetzgeber in § 309 Abs. 1 HGB zunächst weitreichende Wahlrechte ein.[665] So besteht analog zum Einzelabschluss gemäß § 309 Abs. 1 S. 1, 2 HGB zum einen die Möglichkeit, den Unterschiedsbetrag erfolgswirksam entweder pauschal zu mindestens 25% jährlich oder planmäßig über die voraussichtliche Nutzungsdauer abzuschreiben. Ergänzt werden beide Verfahren wiederum um eine fallweise vorzunehmende zusätzliche bzw. außerplanmäßige Abschreibung.[666] Zum anderen wird nach § 309 Abs. 1 S. 3 HGB aber auch eine offene, d. h. aus dem Konzernabschluss ersichtliche erfolgsneutrale Verrechnung des Goodwill mit den Rücklagen gestattet.[667]

---

663 Bis zum Inkrafttreten des TransPuG am 19. Juli 2002 war die Aufdeckung der stillen Reserven gemäß § 301 Abs. 3 S. 4 HGB (alte Fassung) der Höhe nach durch die Anschaffungskosten für den Erwerb des Tochterunternehmens begrenzt. Vgl. auch *Busse von Colbe*, TransPuG, S. 1585; *Meyer*, TransPuG, S. 1325 f. Zur Begründung des Regierungsentwufs zur Neufassung des § 301 HGB vgl. *Seibert*, TransPuG, S. 105. Aufgrund der Anschaffungskostenrestriktion dürfte in der Vergangenheit auch die Wahrscheinlichkeit des Auftretens eines negativen Goodwill im handelsrechtlichen Konzernabschluss gegenüber der US-amerikanischen Rechnungslegung vergleichsweise niedrig gewesen sein; vgl. *Schildbach*, US-GAAP, S. 79.

664 Vgl. *Küting/Wirth*, Kapitalkonsolidierung, S. 479. Vgl. hiervon abweichend *Busse von Colbe*, TransPuG, S. 1585, der aus dem Wegfall der Anschaffungskostenrestriktion bei der Neubewertungsmethode entgegen dem Wortlaut des Gesetzes auf eine analoge Vorgehensweise bei der Buchwertmethode schließt.

665 Diese gelten gleichermaßen für den Goodwill aus der Quotenkonsolidierung und der Equity-Bewertung.

666 Vgl. etwa *Förschle/Hoffmann*, § 309, Rn. 12, 17.

667 Zu den unterschiedlichen Formen der erfolgsneutralen Verrechnung vgl. bspw. *Förschle/Hoffmann*, § 309, Rn. 20 ff. Zur Kritik an dieser Vorgehensweise vgl. etwa *Ordelheide*, Geschäftswert, S. 578 ff., 583.

Die angeführten, in der Literatur als „Musterbeispiel für nahezu unbegrenzte Gestaltungsmöglichkeiten“[668] kritisierten Wahlrechte im Konzernabschluss werden jedoch durch den am 30. Dezember 2000 bekannt gemachten DRS 4 „Unternehmenserwerbe im Konzernabschluss“ aufgehoben.[669] Im Hinblick auf die Entstehung des Goodwill sieht DRS 4 ausschließlich die Erwerbsmethode in der Variante der Neubewertungsmethode vor und fordert unter Umständen eine Aufteilung des Goodwill auf Geschäftsfelder.[670] Gleichzeitig wird als Folgebewertungskonzeption eine planmäßige Abschreibung über die voraussichtliche, gegebenenfalls nach Geschäftsfeldern differenzierte Nutzungsdauer vorgeschrieben, die nur in begründeten Ausnahmefällen zwanzig Jahre überschreiten darf.[671] Des Weiteren ist an jedem Abschlussstichtag ein nicht näher spezifizierter Werthaltigkeitstest durchzuführen, aus dem sich die Erfordernis zur Vornahme einer außerplanmäßigen Abschreibung ergeben kann.[672] Entfallen die Gründe für eine zuvor vorgenommene außerplanmäßige Abschreibung, so hat zwingend eine Wertaufholung zu erfolgen, die nach h. M. bisher in Deutschland unzulässig war und auch von SFAS 141 nicht vorgesehen ist.[673] Darüber hinaus werden durch DRS 4 umfangreiche Offenlegungspflichten eingeführt, die unter anderem zu jedem Bilanzstichtag detaillierte Angaben zur planmäßigen Goodwillabschreibung im Konzernanhang verlangen.[674]

---

[668] *Stauber/Ketterle*, Goodwill-Bilanzierung, S. 956.

[669] Ausführlich zur Goodwill-Bilanzierung nach DRS 4 vgl. *Schmidbauer*, Rechnungslegungsstandard Nr. 4, S. 369 f.; *Peemöller/Geiger*, DRS 4, S. 285 ff.; *Baetge/Kirsch/Thiele*, Konzernbilanzen, S. 242 f. Zur Reichweite und Bindungswirkung des DRS 4 vgl. *Schmidbauer*, Rechnungslegungsstandard Nr. 4, S. 371 f.

[670] Vgl. DRS 4.27, 30.

[671] Vgl. DRS 4.31.

[672] Vgl. DRS 4.34.

[673] Vgl. DRS 4.36; vgl. etwa *ADS*, § 309, Rn. 28 f. m. w. N.

[674] Vgl. DRS 4.57.

Fünftes Kapitel

5 Ökonomische Analyse der Goodwillbilanzierung

Gegenstand der nachstehenden Ausführungen bildet die ökonomische Analyse der Vorschriften zur Goodwillbilanzierung gemäß SFAS 141/142. Um eine Aussage über ihre Entscheidungsnützlichkeit treffen zu können, wird im Folgenden der im dritten Kapitel herausgearbeitete Beurteilungsmaßstab an die im vierten Kapitel beschriebenen Regelungen angelegt. Aufgrund der in der Praxis untergeordneten Bedeutung negativer Kaufpreisdifferenzen beschränken sich die Überlegungen auf den Normalfall des positiven Goodwill.[675]

Dies soll in der Weise geschehen, dass in einem ersten Schritt die goodwillspezifischen Bilanzierungsnormen zunächst im Hinblick auf die Vermittlung entscheidungsrelevanter Informationen untersucht werden. In diesem Zusammenhang ist zu klären, ob die Regelungen erstens entscheidungsrelevante Informationen durch eine Bilanz, zweitens durch den prognosegeeigneten Gewinn und drittens durch das Konzept der sonstigen Informationsvermittlung bereitstellen.

Entscheidungsrelevante Informationen gelten aber nur dann als entscheidungsnützlich, wenn sie auch verlässlich sind. Im zweiten Schritt soll daher abgeschätzt werden, inwieweit die Neuregelungen dem Kriterium der Verlässlichkeit genügen.

---

[675] Vgl. Gliederungspunkt 2.4.2. Gleichwohl ist an dieser Stelle anzumerken, dass die bilanzielle Erfassung eines negativen Unterschiedsbetrags vor allem im deutschsprachigen Schrifttum Mitte der neunziger Jahre infolge einer geänderten BFH-Rechtsprechung kontrovers diskutiert wurde. Während der BFH noch in den achtziger Jahren den Ansatz eines eigenständigen Bilanzpostens ablehnte, wurde erstmals in einer Entscheidung vom 21. April 1994 die Existenz eines separaten Postens anerkannt. Diese Auffassung bestätigte der BFH ferner in seinem Urteil vom 12. Dezember 1996. Vgl. BFH v. 19.02.1981; BFH v. 12.04.1994; BFH v. 12.12.1996. Vgl. *Ernsting*, Bilanzierung eines negativen Geschäfts- oder Firmenwerts, S. 405 f. Vgl. dazu auch *Ossadnik*, Diskussion um den „negativen Geschäftswert"; *Bachem*, Diskussion um den negativen Geschäftswert; *Siegel/Bareis*, Zum „negativen Geschäftswert"; *Pusecker/Schruff*, negativer Geschäftswert; *Gießler*, Der negative Geschäftswert; *Geiger*, Interpretation des negativen Geschäftswerts.

5.1 Entscheidungsrelevanz

5.1.1 Auswirkungen der Goodwillbilanzierung auf eine informative Bilanz

5.1.1.1 Ansatz und Bewertung zum Erwerbszeitpunkt

5.1.1.1.1 Vorüberlegungen

Im Rahmen der Vermittlung entscheidungsrelevanter Informationen durch die bilanzielle Erfassung eines Sachverhalts ist grundsätzlich zwischen der erstmaligen und der Folgebilanzierung zu differenzieren. Zunächst soll an dieser Stelle die Frage nach der Relevanz der Goodwillbilanzierung gemäß SFAS 141/142 zum Zeitpunkt des Unternehmenserwerbs behandelt werden.

Zum Zeitpunkt der Entstehung des bilanziellen Goodwill könnten aus der Bilanz in zweierlei Hinsicht entscheidungsrelevante Informationen gewonnen werden: Zum einen könnte sich ein Informationsgehalt allein aus dem Ansatz des Goodwill und zum anderen aus dem ihm zugewiesenen monetären Wert ergeben.

Grundsätzlich ist die Aktivierung eines Goodwill im Zuge einer Unternehmenstransaktion als informativ anzusehen, wenn dieser einen Sachverhalt verkörpert, der direkt oder auch indirekt zu zukünftig erwarteten Einzahlungsüberschüssen innerhalb der Unternehmung führt und damit letztlich auch einen Beitrag zur Erhöhung des Auszahlungspotenzials gegenüber den Kapitalgebern leistet.[676] Der bilanziell ausgewiesene derivative Goodwill resultiert aus der Abbildung eines Unternehmenserwerbs in der Rechnungslegung. Als entscheidungsrelevant anzusehen sind die Vorschriften zur Goodwillbilanzierung nach SFAS 141 folglich dann, wenn diese über den Ertragswert des erworbenen Unternehmens informieren.

Es ist jedoch zu beachten, dass der Goodwill per se eine Residualgröße darstellt, die insbesondere auch auf einem Kapitalisierungsmehrwert beruht.[677] Aufgrund dieser interdependenten Beziehung zu separat bilanzierten Vermögenswerten und Schulden ist im Regelfall jedoch auszuschließen, dass ein Goodwill isoliert Cashflow-Potenziale generiert. Im Rahmen der nachfolgenden Überlegungen stellt sich daher die Frage, inwieweit ein bilanzierter Goodwill zusammen mit den identifizierbaren Vermögenswerten und Verbindlichkeiten des Akquisitionsobjekts auf Fair Value-Basis zukünftig erwartete Cashflows aus einem Unternehmenserwerb verkörpert.

---

[676] Vgl. Gliederungspunkt 3.2.3.3.

[677] Vgl. Gliederungspunkt 2.3.

Eindeutig beantwortet werden könnte diese Frage, wenn der bilanziell ausgewiesene Goodwill dem Goodwill aus investitionsrechnerischer Sicht entspräche:[678] Unter der Annahme, dass der Ertragswert aus Sicht des Erwerbers ermittelt wird, würde ein Ansatz des investitionsrechnerischen Goodwill als Differenzbetrag zwischen höherem Ertragswert und niedrigerem Substanzwert dazu führen, dass sich über die Bilanzposition des Goodwill in der Bilanz der Teil der Cashflow-Potenziale aus einer Unternehmenstransaktion niederschlägt, der nicht bereits durch das erworbene und neu bewertete identifizierbare Nettovermögen erfasst wird. Tatsächlich entsprechen sich derivativer und investitionsrechnerischer Goodwill jedoch nicht, da der nach SFAS 141 zu bilanzierende Goodwill zumindest nicht direkt aus einem Ertragswert, sondern vielmehr aus dem entrichteten Unternehmenskaufpreis abgeleitet wird.

Um auf die Frage, ob der derivative Goodwill einen Beitrag zum Ertragswert leistet, eine Antwort zu finden, wird im weiteren Verlauf dieser Analyse eine gedankliche Einteilung des derivativen Goodwill in unterschiedliche Komponenten bzw. Entstehungsursachen vorgenommen. Ziel dieser Zerlegung ist es, Erkenntnisse darüber zu gewinnen, inwieweit sich im bilanziell ausgewiesenen Goodwill tatsächlich zukünftig erwartete Einzahlungsüberschüsse widerspiegeln, die einen Ansatz dieser Position rechtfertigen. Eine derartige Vorgehensweise gibt jedoch nicht nur Auskunft über die Zweckmäßigkeit der vom FASB gewählten Goodwill-Aktivierungskonzeption. Dadurch, dass nämlich eine Untersuchung im Hinblick auf den Beitrag zum Ertragswert erfolgt, wird zwangsläufig auch die Frage nach einer geeigneten Bewertungskonzeption zum Zeitpunkt der erstmaligen bilanziellen Erfassung des Goodwill als rechnerische Restgröße beantwortet: Die Bewertung von aktivierten Bilanzpositionen sollte idealerweise durch Diskontierung zukünftig erwarteter Zahlungsströme und damit zum Ertragswert erfolgen. Stellt sich bei der gedanklichen Zerlegung beispielsweise heraus, dass der derivative Goodwill auf einer bestimmten Entstehungsursache beruht, die keinen Beitrag zum Ertragswert leistet, so ergibt sich aus dieser Feststellung nicht nur die Forderung nach einem Aktivierungsverbot. Vielmehr lässt sich in diesem Fall auch die Unzweckmäßigkeit der bilanziellen Bewertung des Goodwill ableiten, da es zu einem Ausweis der Höhe nach nicht durch einen Ertragswert gedeckten Wertansätze kommt. Im Umkehrschluss weisen solche Komponenten, die Cashflow-Potenziale verkörpern, sowohl auf die Relevanz einer Aktivierung als auch auf die Zweckmäßigkeit der Bewertung der Position hin. Dadurch, dass der bilanziell ausgewiesene Goodwill eine bewertungstechnische Restgröße darstellt, lassen sich Ansatz- und Bewertungsfragen nicht trennen und werden im Rahmen der nachfolgenden Untersuchung gleichzeitig analysiert.

---

678 Vgl. Gliederungspunkt 2.1.

5.1.1.1.2 Gedankliche Zerlegung des derivativen Goodwill

Zur Beantwortung der Frage, inwieweit Bilanzansatz und -bewertung des derivativen Goodwill nach SFAS 141 im Zeitpunkt des Unternehmenserwerbs einen Beitrag zu einer entscheidungsrelevanten Bilanz leisten, sei im Folgenden auf den Ansatz der FASB-Manager *Johnson/Petrone* zurückgegriffen, der nicht nur in weiten Teilen der Literatur thematisiert[679], sondern auch im Anhang zu SFAS 141 wiedergegeben wird. Die von *Johnson/Petrone* vorgenommenen Überlegungen zur gedanklichen Zerlegung des derivativen Goodwill in einzelne Komponenten bzw. zur Systematisierung der Entstehungsursachen unterscheiden sich jedoch grundlegend von der bereits im Gliederungspunkt 2.3 vorgenommenen Kategorisierung immaterieller Werte. Während letztere vor allem dazu diente, möglicherweise im investitionsrechnerischen Goodwill enthaltene immaterielle Werte zu gliedern, sind die nachfolgenden Ausführungen darauf ausgerichtet, eine gedankliche Zerlegung im Hinblick auf den derivativen Goodwill als bilanzierungstechnische Restgröße aus einem Unternehmenserwerb vorzunehmen. Im Einzelnen verweisen *Johnson/Petrone* auf sechs Komponenten, die sie jeweils in Abhängigkeit vom Einzelfall als Entstehungsursache für einen bilanziell erfassten Goodwill ausmachen:

1. Verbleibende stille Reserven bzw. stille Lasten bei Vermögenswerten und Schulden des erworbenen Unternehmens, die im Rahmen der Purchase Price Allocation separat bilanziert und bereits neu bewertet wurden;

2. Fair Values von identifizierbaren Vermögenswerten und/oder Schulden des erworbenen Unternehmens, die in der Bilanz des Erwerbers nicht separat erfasst werden;

3. ein Unterschiedsbetrag zwischen neu bewertetem identifizierbarem Nettovermögen und Unternehmenswert des erworbenen Unternehmens, der bei isolierter Fortführung des Akquisitionsobjekts zustande kommt und daher keine Synergien aus dem Unternehmenszusammenschluss als solchem umfasst (Going Concern Goodwill);

4. erwartete Synergieeffekte, die ausschließlich aus dem Zusammenschluss des erworbenen und des akquirierenden Unternehmens an sich resultieren (Synergy Goodwill);

---

[679] Vgl. *Johnson/Petrone*, Goodwill. Vgl. SFAS 141.B 102. Im Rahmen dieses Ansatzes gehen *Johnson/Petrone* der Frage nach, ob ein Goodwill die Kriterien eines Vermögenswerts erfüllt. Aufgegriffen wird die von *Johnson/Petrone* vorgenommene Zerlegung bspw. bei *Sellhorn*, Goodwill, S. 889; *Zimmermann*, Widersprüchliche Signale, S. 386; *Haring*, Impairment-Only-Approach, S. 371; *Schmidt*, Bilanzierung des Goodwills, S. 147 f.

5. Überbewertung der vom Erwerber entrichteten Gegenleistung für das erworbene Unternehmen, insbesondere in solchen Fällen, in denen der Kaufpreis in Form von Aktien des Erwerbers entrichtet wird;

6. zu hoher Kaufpreis beispielsweise aufgrund des Verfolgens nicht finanzieller Ziele seitens der Geschäftsleitung.

In den nachfolgenden Gliederungspunkten sollen die einzelnen Entstehungsursachen daraufhin untersucht werden, ob sie einen Beitrag zu einer entscheidungsrelevanten Bilanz leisten. Es stellt sich folglich die Frage, ob die einzelnen Bestandteile Ertragswerte aus der erworbenen Unternehmung repräsentieren und folglich das von SFAS 141 vorgesehene Aktivierungsgebot sowie die Bewertung als Restgröße aus höherem Kaufpreis und niedrigerem neu bewerteten identifizierbaren Nettovermögen als zweckmäßig einzustufen sind.

5.1.1.1.2.1 Kern-Goodwill

Nach Auffassung von *Johnson/Petrone* sind ausschließlich die *Komponenten drei und vier* – ein bereits beim Käufer vorhandener Going Concern-Goodwill sowie ein aus der Unternehmenstransaktion an sich entstehender Synergy-Goodwill[680] – als theoretisch richtige Bestandteile eines derivativen Goodwill zu verstehen und werden dementsprechend als „Core Goodwill" bezeichnet.[681] Diese Sichtweise wird in der Literatur teilweise dahingehend kritisiert, als durch die Zweiteilung das Wesen des Kern-Goodwill nur unvollständig erfasst werde.[682] Dementsprechend schlägt *Sellhorn* vor, im Rahmen des Core Goodwill neben dem Going Concern-Goodwill und dem Synergy-Goodwill zusätzlich folgende Komponenten zu unterscheiden:[683]

- einem Restrukturierungs-Goodwill, in dem sich eine Steigerung des Unternehmenswerts niederschlägt, die nicht auf einer weitestgehend unveränderten Fortführung des Akquisitionsobjektes bei gleichzeitiger Realisierung von Synergien beruht, sondern von einer umfassenden Restrukturierung der neu entstandenen Unternehmensverbindung ausgeht;

680 Eine Systematisierung der unterschiedlichen Formen von Synergieeffekten bieten insbesondere *Coenenberg/Sautter*, Bewertung von Unternehmensakquisitionen, S. 700.

681 Vgl. *Johnson/Petrone*, Goodwill, S. 296; SFAS 141.B105.

682 Gleicher Ansicht *Sellhorn*, Goodwill, S. 889 f.; *Schmidt*, Bilanzierung des Goodwills, S. 147 f.

683 Vgl. ausführlich *Sellhorn*, Goodwill, S. 889 f. Vgl. auch *Küting/Koch*, Goodwill, S. 50. Vgl. auch *Küting*, Bilanzanalyse, S. 127, der wohl in Anlehnung an die Einteilung von *Sellhorn* eine „Goodwillbilanz" aufstellen möchte, in der die einzelnen Komponenten verzeichnet sind.

- einem Strategie-Goodwill, in dem sich der Beitrag der Unternehmensakquisition zur Umsetzung einer vom Erwerber verfolgten Strategie, etwa der Überwindung von Markteintrittsbarrieren oder der Ausschaltung „lästiger" Wettbewerber, widerspiegelt;

- dem Wert der Flexibilität, der dadurch entsteht, dass dem Erwerber aufgrund der Unternehmenstransaktion zusätzliche Handlungsalternativen offen stehen und ihm damit die Rolle des Halters einer Realoption zukommt.

Zu beachten ist allerdings, dass eine solche detaillierte Disaggregation wiederum nur als rein gedankliches Hilfsmittel zum besseren Verständnis eines Sachverhalts zu begreifen ist. In diesem Sinne kann der von *Haring* vertretenen Meinung zugestimmt werden, dass eine „derartige Feingliederung ... praktisch kaum durchführbar sein [dürfte]"[684], und auch *Sellhorn* gibt zu bedenken, dass die von ihm unterschiedenen Goodwill-Komponenten teilweise „weniger scharf abgrenzbar"[685] sind. Vor diesem Hintergrund erscheint die auf der Feingliederung des Goodwill basierende „konkrete Empfehlung für seine bilanzielle Behandlung"[686] allerdings realitätsfern, im Rahmen derer *Sellhorn* eine gesonderte Folgebewertung der einzelnen Komponenten vorschlägt.

Unabhängig davon, inwieweit eine Untergliederung des Kern-Goodwill letztlich praktisch vorgenommen werden kann, verdeutlichen die oben vorgenommenen Ausführungen jedoch, dass der Kern-Goodwill der investitionstheoretischen Definition des Goodwill entspricht. In ihm spiegeln sich zukünftig erwartete akquisitionsspezifische Einzahlungsüberschüsse aus der Sicht des Erwerbers wider, die nicht im Rahmen der Bilanzierung des identifizierbaren Nettovermögens erfasst werden, aber dennoch in die Berechnung des Ertragswerts eingehen. An dieser Stelle ist zunächst festzuhalten, dass der derivative Goodwill – sofern er aus dem Kern-Goodwill bestünde – zwingend zu bilanzieren ist; in diesem Fall erweist sich das von SFAS 141 vorgesehene Aktivierungsgebot folglich als zweckmäßig. Unter dieser Voraussetzung erscheint ebenso die Bewertung des Goodwill informativ, da sie aufgrund des Bezugs zu zukünftig erwarteten Einzahlungsüberschüssen einen Bestandteil des Ertragswerts aus dem erworbenen Unternehmen repräsentiert, der nicht im Rahmen der Neubewertung dem identifizierbaren Nettovermögen zugewiesen wurde.

---

684 *Haring*, Impairment-only-Approach, S. 371. Gleicher Ansicht *Lorson/Heiden*, Goodwill-Impairment, S. 388. So auch *Schmidt*, Bilanzierung des Goodwill, S. 148, der aus diesem Grund die von *Sellhorn* zusätzlich identifizierten Komponenten des Core-Goodwill zusammen mit dem Synergy-Goodwill unter den Oberbegriff „Zusammenschluss-Goodwill" subsumiert.

685 *Sellhorn*, Goodwill, S. 890.

686 *Sellhorn*, Goodwill, S. 890.

5.1.1.1.2.2 Stille Reserven oder Lasten, nicht bilanzierte Vermögenswerte oder Schulden

Die *Komponenten eins und zwei* – stille Reserven bzw. stille Lasten separat ausgewiesener und bereits neu bewerteter Vermögenswerte und Schulden des erworbenen Unternehmens sowie trotz Erfüllung der definitorischen Eigenschaften nicht separat angesetzte Vermögenswerte und Schulden – sind nach Auffassung von *Johnson/Petrone* keine Bestandteile des Kern-Goodwill, da sie zumindest konzeptionell im Rahmen des identifizierbaren Nettovermögens erfasst sein müssten.[687] Stille Reserven und/oder Lasten im identifizierbaren Nettovermögen sind eindeutig auf Bewertungsfehler bei der Purchase Price Allocation zurückzuführen und zählen damit auch nicht zum Goodwill im investitionstheoretischen Sinne, da sie einen Bestandteil des Substanzwerts darstellen.[688] Sachverhalte, die zwar die begriffsbestimmenden Merkmale eines Vermögenswerts oder einer Schuld erfüllen, in der Bilanz des Erwerbers aber nicht losgelöst vom Goodwill angesetzt werden, sind dagegen nicht zwangsläufig mit einer regelwidrigen Bilanzierung verbunden. So tritt letztgenannte Situation nicht nur dann auf, wenn beispielsweise ein immaterieller Vermögenswert regelwidrig als nichtidentifizierbar eingestuft wird[689], sondern insbesondere auch in solchen Fällen, in denen es mangels einer zuverlässigen Bewertung zu einem Aktivierungs- bzw. Passivierungsverbot kommt[690].

Wird unterstellt, dass ein Goodwill Cashflow-Potenziale ausschließlich in Verbindung mit anderen Vermögenswerten verkörpert[691], so erscheint im Zeitpunkt des Unternehmenserwerbs die korrekte Aufdeckung stiller Reserven bzw. die Abspaltung separat zu bilanzierender immaterieller Vermögenswerte unter Umständen entbehrlich. Werden nämlich die zukünftig erwarteten Einzahlungsüberschüsse im Bereich der separat zu aktivierenden Vermögenswerte nur unvollständig abgebildet, so wird dieses Versäumnis durch einen höhe-

---

687 Vgl. *Johnson/Petrone*, Goodwill, S. 295; SFAS 141.B103.

688 Dass derartige Fehler im Rahmen der Kapitalkonsolidierung zumindest in der Vergangenheit keinen Ausnahmefall darstellten, zeigt eine von *Küting*, Bestandsaufnahme in Theorie und Praxis, S. 464 ff., zitierte empirische Untersuchung, die sich auf die Geschäftsberichte des Jahres 1995 von 200 ausgewählten deutschen Konzernen bezieht. 21% der analysierten Geschäftsberichte ließen darauf schließen, dass die Aufdeckung der stillen Reserven entgegen der expliziten Forderung in § 301 HGB vereinfacht wurde. So bestand in 13% der Fälle die Vereinfachung vermutlich darin, den gesamten aktivischen Unterschiedsbetrag als Goodwill zu erfassen und stille Reserven folglich überhaupt aufzudecken. Darüber hinaus zeigte sich unter anderem, dass 4% der analysierten Konzerne die Aufdeckung nur partiell im Anlage- bzw. Sachanlagevermögen vornahmen.

689 Zur Identifikation losgelöst vom Goodwill zu erfassender immaterieller Vermögenswerte vgl. Gliederungspunkt 4.3.1.4.

690 Zu den Voraussetzungen, unter denen Vermögenswerte bzw. Schulden in der Bilanz anzusetzen sind, vgl. Gliederungspunkt 3.2.3.4.1.

ren Goodwill als Restgröße wieder ausgeglichen. Unabhängig von der Purchase Price Allocation gehen die entsprechenden Cashflow-Potenziale in Form der stets konstanten Summe aus identifizierbarem Vermögen und Goodwill des erworbenen Unternehmens dennoch vollständig in die Bilanz zum Zeitpunkt der Erstbewertung ein. Die Überlegungen lassen sich analog auf stille Lasten bei separat bilanzierten Schulden übertragen, die sich in einer Verminderung des bilanziell ausgewiesenen Goodwill niederschlagen.

In diesem Zusammenhang ist zu beachten, dass SFAS 141 eine Sonderregelung für solche erworbenen Vermögenswerte enthält, die ausschließlich im Forschungs- und Entwicklungsbereich eingesetzt werden können. Die hier vom FASB geforderte Berücksichtigung im Rahmen der Kaufpreisallokation mit anschließender Sofortabschreibung führt allerdings dazu, dass zukünftig erwartete Einzahlungsüberschüsse weder über die identifizierbaren Vermögenswerte, noch über den Goodwill in die Bilanz eingehen. Die Sonderregelung für Vermögenswerte im Forschungs- und Entwicklungsbereich ist damit zur Vermittlung entscheidungsrelevanter Informationen nicht geeignet.

Unabhängig vom Spezialfall der Erfassung identifizierbarer Vermögenswerte im Forschungs- und Entwicklungsbereich stoßen die vorangegangenen Überlegungen an ihre Grenze zum einen immer dann, wenn sich einzelnen Vermögenswerten isoliert, d. h. unabhängig vom Goodwill oder auch von anderen identifizierbaren Vermögenswerten, zukünftig erwartete Einzahlungsüberschüsse zurechnen lassen. Dies ist oftmals bei finanziellen Bilanzpositionen, etwa Forderungen, der Fall. Unter diesen Umständen ist eine fehlerfreie Durchführung der Purchase Price Allocation zur Vermittlung entscheidungsrelevanter Informationen durch den Einzelausweis bestimmter identifizierbarer Bilanzpositionen unerlässlich. Zum anderen ist aber auch zu berücksichtigen, dass sich mit Einführung des Impairment Only-Ansatzes aus der Klassifikation eines Cashflow-Potenzials als separatem abnutzbaren Vermögenswert gegenüber einem Goodwillbestandteil nunmehr fundamentale Unterschiede im Rahmen der Folgebewertung ergeben.

Im Ergebnis bleibt dennoch festzuhalten, dass prinzipiell auch ein derivativer Goodwill infolge der ersten und zweiten Entstehungsursache einen Beitrag dazu leistet, Cashflow-Potenziale aus einem Unternehmenserwerb bilanziell dem Grunde bzw. der Höhe nach zu erfassen.

---

[691] In diesem Sinne auch *Johnson/Petrone*, Goodwill Amortization: „Goodwill does not generate cash flows by itself, only in concert with other assets".

5.1.1.1.2.3 Überbezahlung, zu hohe Bewertung der Gegenleistung

Ebenfalls nicht dem Kern-Goodwill zuzuordnen sind Überbezahlungen durch den Erwerber und/oder eine zu hoch bewertete Gegenleistung als *fünfte und sechste Komponente.*[692] Diese Bestandteile zeichnen sich im Gegensatz zu den übrigen Komponenten dadurch aus, dass sie in keinem Zusammenhang zu Cashflow-Potenzialen stehen.

Wird im Zuge einer Unternehmensakquisition beispielsweise aufgrund des Strebens der Geschäftsleitung nach nichtfinanziellen Zielen, wie etwa beruflicher Entfaltung, Macht oder Ansehen, ein Kaufpreis entrichtet, der über dem Ertragswert aus Sicht des Erwerbers liegt[693], so kommt es nach SFAS 141 unter Umständen zum Ansatz eines Goodwill, der zu Unrecht das Vorhandensein von Cashflow-Potenzialen signalisiert. Auch die Bewertung erfolgt in Verbindung mit dem übrigen identifizierbaren Nettovermögen zu einem Wertansatz, dem gerade kein Ertragswert aus dem Akquisitionsobjekt in gleicher Höhe gegenübersteht.

Im Ergebnis tritt derselbe Effekt bei einer zu hoch bewerteten Gegenleistung ein, was insbesondere im Zuge eines Unternehmenserwerbs gegen die Ausgabe von Anteilen nicht auszuschließen ist.[694] Hier ist dem FASB allerdings zugute zu halten, dass SFAS 141 detaillierte Regelungen zur Bewertung einer nicht entgeltlichen Gegenleistung enthält und damit Bewertungsfehlern zumindest entgegenwirkt.[695]

Dass der derivative Goodwill unter Umständen auch Komponenten umfasst, denen keine zukünftig erwarteten Einzahlungsüberschüsse gegenüberstehen, stellt indes keine neue Erkenntnis dar. So urteilte beispielsweise der BFH im Jahre 1961:

> „Die spätere Rechtsprechung des Reichsfinanzhofes und die des Bundesfinanzhofes gehen bei dem Erwerb eines Anteils an einer Personengesellschaft ebenso wie beim Erwerb jedes anderen Wirtschaftsgutes von dem aus der Lebenserfahrung gewonnen Grundsatz aus, daß der Kaufmann für das, was er zahlt, einen Gegenwert erhält, der seinen Aufwendungen entspricht. Es muß deshalb selbst bei der an einen lästigen Gesellschafter gezahlten Abfindung insoweit, als sie den Buchwert des Kapitalkontos des Ausgeschiedenen und seinen Anteil an den stillen Reserven übersteigt, in der Regel davon ausgegangen werden, daß sie den zu aktivierenden Anschaffungspreis für den von den verbleibenden Gesellschaftern übernommenen Geschäftsanteil darstellt. ... Nur wenn die Beteiligten dartun können, daß und aus welchen Gründen dem ausscheidenden Gesellschafter ausnahmsweise mehr gezahlt werden mußte, als dem wahren Wert seines Geschäftsanteils entspricht, kann ein Teil der Abfindung sofort abzugsfähige Betriebsausgabe sein."[696]

---

692 Vgl. *Johnson/Petrone*, Goodwill, S. 295 f.; SFAS 141.B104.

693 Vgl. *Moxter*, Geschäftswertbilanzierung, S. 744. Zur Problematik überhöhter Unternehmenskaufpreise vgl. auch *Eccle/Lanes/Wilson*, Akquisitionen.

694 Vgl. *Johnson/Petrone*, Goodwill, S. 295 f.

695 Vgl. SFAS 141.B106. Zur Ermittlung der Anschaffungskosten im Falle eines nicht entgeltlichen Erwerbs siehe Gliederungspunkt 4.3.1.3.

696 BFH v. 02.05.1961, S. 924; vgl. dazu auch *Moxter*, Geschäftswertbilanzierung, S. 743.

Mit Verweis auf das Auseinanderfallen von Abfindung und „wahrem Wert" nahm somit die Finanzrechtsprechung schon damals implizit eine Untergliederung in eine werthaltige und eine nicht werthaltige Komponente des Differenzbetrags zwischen höherem Kaufpreis und niedrigerem Wert der einzelnen Wirtschaftsgüter abzüglich der Schulden vor.

Ferner findet sich eine entsprechende Disaggregation bereits bei *Wöhe*, der den derivativen Goodwill gedanklich in drei Teile zerlegt:[697]

- Nicht bilanzierungsfähige immaterielle Werte,
- Kapitalisierungsmehrwert, sowie
- Zahlungen à fonds perdu.

Während nicht bilanzierungsfähige immaterielle Werte bzw. ein Kapitalisierungsmehrwert[698] grundsätzlich zukünftige Einzahlungsüberschüsse erwarten lassen, zeichnen sich Zahlungen à fonds perdu dadurch aus, dass sie vom Erwerber „nicht für irgendwelche gegenwärtigen oder zukünftigen Werte"[699] geleistet werden. Als Beispiel für derartige Zahlungen ohne Gegenwert führt beispielsweise *Küppers* zu Recht Liebhaberpreise an.[700] *Wöhe* selbst verdeutlicht Zahlungen à fonds perdu dagegen zu Unrecht anhand einer Abfindung an einen lästigen Wettbewerber, mit der der Erwerber die Ertragslage seines Unternehmens durch Ausschaltung der Konkurrenz verbessern möchte, und macht in diesem Zusammenhang deutlich, dass der Goodwill in diesem Fall „kein Entgelt für einen besonderen, dem gekauften Unternehmen innewohnenden Wert"[701] sei. Offensichtlich beurteilt *Wöhe* die Werthaltigkeit des derivativen Goodwill anhand einer strikten Stand-Alone-Betrachtung, im Rahmen derer ausschließlich solche Cashflow-Potenziale Berücksichtigung finden, die dem erworbenen Unternehmen bereits vor der Durchführung des Unternehmenszusammenschlusses innewohnen.[702] Einer derart weit gefassten Interpretation von „Zahlungen à fonds perdu" ist im Kontext der bilanziellen Vermittlung entscheidungsrelevanter Informationen jedoch eindeutig nicht zu folgen. Aus Sicht der Rechnungslegungsadressaten sind vielmehr sämtliche seitens des Erwerbers erwarteten zukünftigen Einzahlungsüberschüsse aus einer Unternehmens-

---

697 Vgl. *Wöhe*, Bilanzierung, S. 99. Vgl. auch *Coenenberg*, Jahresabschluss, S. 617.

698 Zum Begriff des Kapitalisierungsmehrwerts vgl. Gliederungspunkt 2.3.

699 *Wöhe*, Bilanzierung, S. 99.

700 Vgl. *Küppers*, Firmenwert, S. 1633. In diesem Sinne bezeichnen auch *Alvarez/Biberacher,* Goodwill-Bilanzierung, S. 350, Zahlungen à fonds perdu als „Fehleinschätzungen".

701 *Wöhe*, Bilanzierung, S. 99.

702 Vgl. dazu auch *Sellhorn*, Goodwill, S. 888 f.

transaktion von Bedeutung, so dass zweifellos auch Cashflow-Potenziale einzubeziehen sind, die erst im Zuge der Durchführung der Akquisition entstehen.

5.1.1.1.3 Schlussfolgerungen

Die vorausgegangenen Ausführungen zur gedanklichen Zerlegung des derivativen Goodwill verdeutlichen, dass kein eindeutiges Urteil dahingehend gefällt werden kann, ob der Ansatz eines Goodwill nach SFAS 141 zum Erwerbszeitpunkt zukünftig erwartete Einzahlungsüberschüsse aus dem Akquisitionsobjekt signalisiert bzw. ob der ihm zugewiesene Wertansatz tatsächlich einen Bestandteil des Ertragswerts des erworbenen Unternehmens darstellt. Ob bzw. in welcher Höhe nicht werthaltige bzw. werthaltige Komponenten einen Bestandteil des derivativen Goodwill bilden, ist abhängig vom Einzelfall. Grundsätzlich wäre es jedenfalls geboten, Zahlungen ohne Gegenwert aus dem bilanziell ausgewiesenen Goodwill herauszurechnen. Dies könnte zumindest konzeptionell auf zwei Wegen geschehen:[703]

1. Zum einen könnte der derivative Goodwill bereits im Zeitpunkt des Unternehmenserwerbs einem Werthaltigkeitstest unterzogen werden. Würde ein im Vergleich zum entrichteten Kaufpreis niedrigerer Ertragswert festgestellt, so wäre die Differenz vom vorläufigen Goodwill in Abzug zu bringen.

2. Ein anderer Weg bestünde darin, die Ermittlung des bilanziell ausgewiesenen Goodwill vom tatsächlich entrichteten Kaufpreis loszulösen. Würde seiner Berechnung nämlich von vornherein der Ertragswert aus der Sicht des Erwerbers zugrunde gelegt, so hätte sich dass Problem von Zahlungen ohne Gegenwert als Bestandteil des ausgewiesenen Goodwill per Definition gelöst. Dieser Ansatz wird an späterer Stelle dieser Untersuchung aufgegriffen.[704]

Gleichwohl ist zu berücksichtigen, dass Überbezahlungen kein spezifisches Problem eines Unternehmenserwerbs darstellen. Unter der wohl durchaus realistischen Einschätzung, dass Investitionen im Regelfall nur dann durchgeführt werden, wenn sie mindestens einen Kapitalwert von Null aufweisen, dürfte der Ansatz eines Goodwill, dem nicht ein anteiliger Ertragswert in mindestens gleichem Umfang gegenübersteht, eher den Ausnahmefall

[703] Die seitens *Wöhe*, Bilanzierung, S. 99, und *Haring*, Impairment-only-Approach, S. 371, hervorgebrachten Bedenken gegen eine Herausrechnung von Zahlungen ohne Gegenwert stützen sich jedoch weniger auf Relevanzerwägungen als vielmehr auf einen Mangel an Verlässlichkeit. Zu der Verlässlichkeitsproblematik bei der Bestimmung von Ertragswerten vgl. auch Gliederungspunkt 5.2.2.3.

[704] Vgl. ausführlich Gliederungspunkt 5.1.1.1.4.

darstellen.[705] Vor diesem Hintergrund erscheint auch die in der Literatur oftmals vorgenommene Einordnung als Vermögenswert schlüssig.[706] Der Aussage *Wagners*, dass es sich um eine „bloße Saldogröße [handelt], die keinerlei materielle, sondern lediglich buchhalterische Bedeutung hat“[707], ist zumindest im Hinblick auf die bilanzielle Informationsvermittlung zum Zeitpunkt der erstmaligen Bilanzierung in dieser pauschalen Form wohl nicht beizupflichten. In diesem Sinne erscheinen vor allem die Vorschriften des HGB nicht informativ, die zum Zeitpunkt des Unternehmenserwerbs eine direkte aufwandswirksame Erfassung im Einzelabschluss bzw. eine Verrechnung des Goodwill mit dem Eigenkapital im Konzernabschluss erlauben.[708] Dass die erstmalige Bilanzierung eines derivativen Goodwill einen Beitrag zur Vermittlung entscheidungsrelevanter Informationen leistet, bestätigen ferner eine ganze Reihe empirischer Untersuchungen.[709] Die Studien bauen grundsätzlich auf einer Regressionsanalyse des Verhältnisses zwischen ausgewiesenem Goodwill und Marktwert der Unternehmen auf und kommen im Ergebnis zu durchweg signifikant positiven Regressionskoeffizienten, so dass sie eine Wertrelevanz dieser Position signalisieren.[710]

Wird die Annahme aufrecht erhalten, dass Zahlungen ohne Gegenwert einen Ausnahmefall darstellen, so gewährleisteten die Vorschriften zur Goodwillbilanzierung nach US-GAAP dennoch nicht, dass es immer dann zu einem Ansatz des Goodwill kommt, wenn der Ertragswert des erworbenen Unternehmens das neu bewertete identifizierbare Nettovermögen übersteigt. Dies ist darauf zurückzuführen, dass der Wert des erworbenen Unternehmens einschließlich der aus der Transaktion erhofften Synergien aus Sicht des Erwerbers lediglich eine Kaufpreisobergrenze darstellt.[711] Sind die käufer-spezifischen Synergievorteile auch dem Verkäufer bekannt, wird dieser zwar im Rahmen einer freien Preisverhandlung versuchen, sich die Vorteile durch eine entsprechende Berücksichtigung im Rahmen des Kaufpreises entgelten zu lassen. In welchem Umfang der Veräußerer dieses Ziel tatsächlich erreicht und damit im Ergebnis für eine Abbildung der Cashflow-Potenziale aus der Akquisition durch Ansatz und Bewertung des Goodwill in der Bilanz sorgt, ist allerdings maßgeblich

---

705 In diese Sinne auch *Catlett/Olson*, Goodwill, S. 79: "[A]ccountants must presume that the continuing company received value for the consideration given". Dies schliesst allerdings nicht aus, dass ex post auf Basis eines höheren Informationsstands eine Korrektur der Erwartungen vorzunehmen ist.

706 Vgl. m. w. N. *Kahle*, Bilanzierung nach Belieben, S. 900. Vgl. auch *Catlett/Olson*, Goodwill, S. 79.

707 *Wagner*, Firmenwert, S. 479.

708 Vgl. Gliederungspunkt 4.6.2.

709 Vgl. etwa *Henning/Lewis/Shaw*, Purchased Goodwill; *Jennings/Robinson/Thompson u. a.*, goodwill numbers; *Chauvin/Hirschey*, Goodwill; für Deutschland *Krämling*, Goodwill, S. 153 ff.

710 Vgl. auch *Zimmermann*, Widersprüchliche Signale, S. 387; *Hitz/Kuhner*, Neuregelung zur Bilanzierung, S. 283.

711 Vgl. *Busse von Colbe*, Synergien versus Stand-alone-Prinzip, S. 603. Vgl. auch *Kraus-Grünewald*, Problematik der Preisfindung, S. 1842; *Lorson/Heiden*, Goodwill-Impairment, S. 386.

vom Verhandlungsgeschick und von der Verhandlungsmacht beider Kontrahenten abhängig.[712] Konzeptionell könnte ein Ausweg aus dieser Problematik ebenso wie im Falle von Zahlungen ohne Gegenwert darin bestehen, die Ermittlung des bilanziell ausgewiesenen Goodwill vom Kaufpreis loszulösen und an den Ertragswert aus Sicht des Erwerbers zu koppeln.

Selbst wenn man unterstellt, dass sich der tatsächlich entrichtete Kaufpreis und der Ertragswert des akquirierten Unternehmens aus Sicht des Erwerbers entsprechen, so wird den Informationsbedürfnissen der Adressaten durch den derivativen Goodwill nach SFAS 141 dennoch nicht umfassend Rechnung getragen. Bisher wurde nämlich im Rahmen der Analyse zur Entscheidungsnützlichkeit der Vorschriften zur Goodwillbilanzierung unterstellt, dass für den Bilanzadressaten ausschließlich die bilanzielle Erfassung des Ertragswerts aus einem Unternehmenserwerb als entscheidungsrelevant anzusehen ist. Tatsächlich zeichnet sich eine informative Bilanz jedoch dadurch aus, dass sie nicht nur die Erfolgspotenziale aus einem Unternehmenserwerb, sondern sämtliche zukünftig erwarteten Ein- und Auszahlungspotenziale schlechthin erfasst.[713] Aus diesem Faktum lässt sich die Forderung erheben, nicht nur den mit dem Akquisitionsobjekt verbundenen, sondern auch den originären Goodwill des Erwerbers in die Bilanz zu übernehmen.[714] Die Goodwillbilanzierung könnte damit der in der Literatur hervorgebrachten Forderung Rechnung tragen, die Bilanzsumme im Rahmen von entscheidungsrelevanten Bilanzen letztlich an den Bruttounternehmenswert anzunähern.[715] Folglich würde der ausgewiesene Goodwill eine Lösung für das derzeit im Rahmen der Fair Value-Kontroverse angeführte Problem bieten, dass die Summe der jeweils zu ihrem Fair Value bewerteten identifizierbaren Vermögenswerte und Schulden im Regelfall nicht dem Cashflow-Potenzial des Gesamtunternehmens entspricht.[716]

---

712 Vgl. *Busse von Colbe*, Synergien versus Stand-alone-Prinzip, S. 604.

713 Vgl. Gliederungspunkt 3.2.3.3.

714 Vgl. etwa *Gräber*, Geschäftswertbilanzierung, S. 80; *Pellens/Sellhorn*, Goodwill-Bilanzierung, S. 1685; *Mujkanovic*, Fair Value, S. 284 ff.

715 Vgl. *Vater*, Fair Value, S. 656; *Streim/Bieker/Esser*, Fair Values, S. 471 f. In diesem Sinne wohl auch *Beyhs*, Impairment of Assets, S. 56, der eine Gewinngröße dann als relevant ansieht, wenn sie Unternehmenswertänderungen widerspiegelt und somit im Rahmen einer bestandsgrößenorientierten Gewinnermittlung zwangsläufig die Forderung nach einer den Bruttounternehmenswert repräsentierenden Bilanzsumme erhebt.

716 In diesem Sinne stellt auch *Mujkanovic*, Fair Value, S. 285, fest: „Die Abbildung des originären Geschäftswertes beseitigt damit die Schwäche von reinen Zeitwertbilanzen, nicht das Effektivvermögen darzustellen." Zur Problematik der im Rahmen einer Fair Value Bewertung des identifizierbaren Nettovermögens verbleibenden Lücke zwischen tatsächlichem Marktwert der Unternehmung und dem bilanziellen Eigenkapital vgl. etwa *Vater*, Fair Value, S. 454; *Schildbach*, Zeitwertbilanzierung, S. 587; *Baetge/Noelle*, Shareholder-Value Reporting, S. 179.

Wenngleich gegen ein derartiges Vorgehen in der Literatur zum Teil massive Bedenken erhoben werden und eine explizite Bilanzierung originär entstandener Kaufpreisdifferenzen in der externen Rechnungslegung grundsätzlich nicht erfolgt, so fußt diese ablehnende Haltung prinzipiell nicht auf Relevanzerwägungen, sondern im Wesentlichen auf einem Mangel an Verlässlichkeit.[717] In diesem Sinne erkennt schon *Auler* im Jahre 1927, „daß der unentgeltliche Unternehmensmehrwert bilanziert werden darf und muß. Nicht die Bilanzierung dieses Wertes führt, wie von manchen Seiten argumentiert wird, zu einer ... falschen Darstellung der Vermögenslage, sondern die Nichtaufnahme in die Bilanz"[718]. Ähnlich äußert sich auch *Moxter*, der mit Blick auf die in § 264 Abs. 2 Satz 1 HGB geforderte Vermittlung eines den tatsächlichen Verhältnissen entsprechenden Bilds der Vermögenslage zu bedenken gibt, dass „Rechnungslegung ihrer Schutzfunktion bei einer Geschäftswertvernachlässigung nur eingeschränkt gerecht werden kann"[719]. Die generelle Bilanzierung des originären Goodwill unabhängig von der Durchführung einer Unternehmenstransaktion würde damit gleichzeitig auch das im Rahmen der zwischenbetrieblichen Vergleichbarkeit oftmals beklagte Problem der Ungleichbehandlung von derivativem (externen) und originärem (internem) Wachstum lösen.[720]

Bevor im Abschnitt 5.1.1.2 auf die Entscheidungsrelevanz des Impairment Only-Approach als Folgebewertungskonzeption eingegangen wird, sollen nachfolgend zunächst zwei Ansätze gewürdigt werden, die im Rahmen der Fortentwicklung von Bilanzierungsregelungen zur Erfassung von Unternehmenszusammenschlüssen derzeit zur Diskussion stehen und mit denen gleichzeitig Auswirkungen auf die Entscheidungsrelevanz des Goodwill zum Zeitpunkt der erstmaligen Bilanzierung einhergehen. Zunächst sei die bereits erwähnte Full Goodwill Method und im Anschluss daran die sog. Fresh-Start Methode thematisert.[721]

---

717 Vgl. ausführlich Gliederungspunkt 5.2.2.5.

718 *Auler*, Unternehmensmehr- und -minderwert, S. 841. *Auler* grenzt im Rahmen des originären Goodwill einen „originären, ohne besondere Aufwendungen im Laufe der Zeit entstandenen" von einem „mit besonderen Aufwendungen selbsterschaffenen" Unternehmensmehrwert ab, spricht sich aber auch im Hinblick auf letzteren für eine Aktivierung aus. Der Feststellung *Aulers*, dass eine Aktivierung des unentgeltlichen Unternehmensmehrwerts gleichzeitig Vorteile unter dem Gesichtspunkt der Willkürfreiheit mit sich bringt, erscheint dagegen mit Blick auf die Schwierigkeiten einer ermessensfreien Wertermittlung fragwürdig.

719 *Moxter*, Rechnungslegungsmythen, S. 2144. Vgl. dazu auch *Streim*, Generalnorm, S. 400 f.

720 Zum Grundsatz der Vergleichbarkeit vgl. Gliederungspunkt 3.2.2.2. Zur Problematik der mangelnden Vergleichbarkeit im Rahmen der Goodwillbilanzierung vgl. jüngst etwa *Hitz/Kuhner*, Neuregelung zur Bilanzierung, S. 286.

721 Zur Full Goodwill Method vgl. Gliederungspunkt 4.3.1.5.2.

5.1.1.1.4 Reformvorschläge zur Goodwillbilanzierung

5.1.1.1.4.1 Full Goodwill Method

Nach derzeitigem Status quo berechnet sich der derivative Goodwill im Falle verbleibender Anteile im Eigentum von Fremdgesellschaftern am Tochterunternehmen als Differenz zwischen entrichtetem Kaufpreis und neu bewertetem anteiligem identifizierbarem Nettovermögen. Dementsprechend finden Minderheitenanteile im Goodwill grundsätzlich keine Berücksichtigung.

Sollte es dagegen zur Einführung der Full Goodwill Method kommen, so würde der bilanziell ausgewiesene Goodwill nunmehr neben einer auf das Mutterunternehmen entfallenden Komponente zusätzlichen einen Minderheitenanteil umfassen. Obwohl seitens der Literatur gegen die hier zum Ausdruck gebrachte Einheitstheorie in der Konzernrechnungslegung zum Teil erhebliche Bedenken im Hinblick auf die zu starke Vereinfachung der Interessen und Anspruchsgrundlagen im Konzern erhoben werden[722], bedeutet die Full Goodwill Method letztlich die konsequente Umsetzung des bereits mit der vollständigen Neubewertung eingeschlagenen Wegs. In diesem Sinne vermutet *Schildbach* im Kontext der derzeitigen Ungleichbehandlung von stillen Reserven und Goodwill bezüglich der Minderheiten im Rahmen der Einheitstheorie „das alte Vorurteil von der sicheren Substanz und dem unsicheren Goodwill ..., und das in einem Zusammenhang, wo Vorsicht und Gläubigerschutz zumindest unmittelbar keine Rolle spielen.“[723] Im Hinblick auf die Fragestellung, ob mit einer konsequent einheitstheoretischen Betrachtungsweise ein höheres Maß an Entscheidungsrelevanz verbunden ist, muss zwingend zwischen den beiden zur Diskussion stehenden Formen der Full Goodwill Method, der direkten und der indirekten Variante, differenziert werden:[724]

Die indirekte Methode zeichnet sich dadurch aus, dass der auf das Mutterunternehmen entfallende derivative Goodwill rein rechentechnisch – gegebenenfalls korrigiert um eine Kontrollprämie – um den Minderheitenanteil erhöht wird. Unter Relevanzgesichtpunkten erscheint eine derartige Vorgehensweise aus zwei Gründen problematisch: Zum einen unterliegt der auf diese Weise ermittelte Gesamtgoodwill denselben Einschränkungen wie der derivative Goodwill nach derzeitigem Status quo. Dementsprechend schlagen sich auch in der hochgerechneten Größe Abweichungen vom Ertragswert infolge eines Kaufpreises nieder, der nicht der Obergrenze des Käufers entspricht oder Zahlungen ohne Gegenwert

[722] Vgl. etwa *Schildbach*, Konzernabschluß, S. 50 f.

[723] *Schildbach*, Konzernrechnungslegungsvorschriften, S. 394.

[724] Vgl. Gliederungspunkt 4.3.1.5.2.

enthält. Zum anderen erscheint eine Hochrechnung um Minderheiten aber auch dahingehend problematisch, als zweifelhaft ist, inwieweit Minderheiten überhaupt an etwaig entgoltenen Synergieeffekten des Unternehmenszusammenschlusses zwischen der Mehrheit und dem Tochterunternehmen profitieren.

Die Problematik der Berücksichtigung von Synergieeffekten stellt sich aber grundsätzlich auch dann, wenn der Full Goodwill über die direkte Methode als Differenz zwischen dem durch eine Unternehmensbewertung ermittelten Gesamtunternehmenswert der Tochter und ihrem vollständigen neu bewerteten identifizierbaren Nettovermögen errechnet wird.[725] Der aus dem Blickwinkel der Relevanz entscheidende Unterschied gegenüber der indirekten Variante liegt aber darin, dass nunmehr nicht mehr der tatsächlich entrichtete Kaufpreis die Bewertungsgrundlage bildet. Insofern werden Abweichungen des Kaufpreises vom Ertragswert durch den Verhandlungsprozess einschließlich Fehlbewertungen der hingegebenen Gegenleistung konzeptionell ausgeschlossen.[726] Folglich bietet die direkte Full Goodwill Method mit der Abkoppelung des bilanziell ausgewiesenen Goodwill vom Kaufpreis des Akquisitionsobjekts einen Ansatzpunkt zur Steigerung des Informationsgehalts des Goodwill.

Weitere Impulse zur Fortentwicklung der goodwillspezifischen Rechnungslegungsvorschriften könnten von der sog. Fresh-Start-Methode ausgehen. [727] Diese stimmt insofern mit der direkten Variante der Full Goodwill Method überein, als sich der bilanziell ausgewiesene Goodwill zum Zeitpunkt der Durchführung der Unternehmenstransaktion ebenfalls auf der Basis eines Unternehmensgesamtwerts berechnet. Im Gegensatz zur Full Goodwill Method umfasst der bilanzierte Goodwill im Rahmen der Fresh-Start-Methode dagegen sämtliche an einem Unternehmenszusammenschluss beteiligten Gesellschaften.

5.1.1.1.4.2 Kapitalkonsolidierung entsprechend der Fresh-Start-Methode

Die Ausführungen des im Jahre 1999 veröffentlichten Diskussionpapiers „Recommendations for achieving convergence on the methods of accounting for Business Combinations" der G4+1-Gruppe beschränken sich nicht nur auf die Interessenzusammenführungsmethode und die Erwerbsmethode als etablierte Verfahren zur Abbildung von Unternehmenszusammenschlüssen in der Rechnungslegung.[728] Sie umfassen vielmehr auch die Fresh-Start-Methode als eine bis dato weitestgehend unbekannte Form der Kapitalkonsolidierung, die bisher in

---

725 Vgl. auch *Pellens/Basche/Sellhorn*, Full Goodwill Method, S. 4.

726 Vgl. bezugnehmend auf die Fresh-Start-Methode *Muff*, Fresh-Start-Methode, S. 121 f.

727 In diesem Sinne auch *Pellens/Basche/Sellhorn*, Full Goodwill Method, S. 4.

728 Zur Einordnung des Diskussionspapiers in das „Business Combinations"-Project vgl. Gliederungspunkt 4.1.2

der Praxis keine Anwendung findet[729], derzeit aber im Rahmen des von IASB und FASB in Kooperation durchgeführten Projekts „Business Combinations (Phase II) – Application of the Purchase Method" erneut zur Diskussion steht.[730]

Konzeptionell liegt der Fresh-Start-Methode die Annahme zugrunde, „that none of the predecessors continue but rather that a new entity emerges from the combinations"[731]. Die Fresh-Start-Methode geht insofern davon aus, dass durch einen Unternehmenszusammenschluss ein fiktives neues Unternehmen als gedanklicher Erwerber entsteht und die einzelnen Transaktionspartner wirtschaftlich als Akquisitionsobjekte jeweils untergehen.[732] Entsprechend dieser Fiktion sind stille Reserven und stille Lasten beider Unternehmen aufzudecken. Obwohl das Diskussionspapier der G4+1 Gruppe keine eindeutige Regelung bezüglich etwaig auftretendender Goodwills im Rahmen der Fresh-Start-Methode enthält[733], geht die Literatur konsequenterweise davon aus, dass auch die Differenz zwischen höherem Fair Value der beteiligten Unternehmen und dem identifizierbaren neu bewerteten Nettovermögen jeweils zu aktivieren ist[734]. Damit wird deutlich, dass die Fresh-Start-Methode in solchen Fällen in Erwägung zu ziehen ist, in denen sich aus der Gruppe der zusammenschließenden Unternehmen kein Käufer bzw. Verkäufer identifizieren lässt und das Verfahren daher vor allem als Ersatz für die Interessenzusammenführungsmethode in Frage kommt.[735] Gleichwohl erscheint es denkbar, die Fresh-Start-Methode nicht nur selektiv, sondern auch als ausschließlich anzuwendendes Verfahren zur Abbildung von Unternehmenstransaktionen einzusetzen.[736]

Die Vorgehensweise im Rahmen der Fresh-Start-Methode zum Zeitpunkt der Durchführung des Unternehmenszusammenschlusses sei ungeachtet der ursprünglichen Anwendungsvor-

---

729 Vgl. *Telkamp/Bruns*, Pooling-of-interests-Methode, S. 745. Zur Fresh-Start-Methode vgl. umfassend *Muff*, Fresh-Start-Methode; vgl. auch *Krawitz/Klotzbach*, Fresh-Start-Methode; *Telkamp/Bruns*, Pooling-of-interests-Methode; *Pellens/Sellhorn*, Fresh-Start-Methode. Zu den Ursprüngen der Fresh-Start-Methode vgl. *Pellens/Sellhorn*, Fresh-Start-Methode, S. 2125 f.

730 Vgl. *IASB*, Phase II, S. 1, wonach das „Fresh Start" accounting zukünftig bei der Abbildung von Joint-Ventures eine Rolle spielen könnte. Hinweise für eine diesbezügliche Anwendung der Fresh-Start-Methode finden sich darüber hinaus in SFAS 141.B85.

731 *IASC*, Recommendations, Par. 51.

732 Vgl. auch *Muff*, Fresh-Start-Methode, S. 18 f.; *Pellens/Sellhorn*, Fresh-Start-Methode, S. 2126.

733 Vgl. *IASC*, Recommendations, Par. 33, 185.

734 Vgl. *Krawitz/Klotzbach*, Fresh-Start-Methode, S. 1175; *Pellens/Sellhorn*, Fresh-Start-Methode, S. 2126; *Telkamp/Bruns*, Pooling-of-interests-Methode, S. 745.

735 Vgl. *Krawitz/Klotzbach*, Fresh-Start-Methode, S. 1170; *Pellens/Sellhorn*, Fresh-Start-Methode, S. 2125.

736 Vgl. *Muff*, Fresh-Start-Methode, S. 85.

aussetzungen im Folgenden zunächst anhand eines Zahlenbeispiels verdeutlicht, welches auf der in Abbildung 11 unter Gliederungspunkt 4.3.1.6 beschriebenen Situation aufbaut:[737]

		Einzelbilanz				Summen-bilanz	Konsolidierung		Konzern-bilanz
		(1) X-AG BW	(2) X-AG FV	(3) Y-AG BW	(4) Y-AG FV		S	H	
Aktiva	nicht abnutzb. SAV	7.000	7.300	1.500	2.000	9.300			9.300
	abnutzbares SAV	4.000	4.200	2.800	3.000	7.200			7.200
	liquide Mittel	2.100	2.100	1.000	1.000	3.100			3.100
	Beteiligung TU		2.500			2.500		2.500	0
	Goodwill		1.900		1.000	2.900			2.900
	Σ	13.100	18.000	5.300	7.000	25.000			22.500
Passiva	Eigenkapital	7.600	12.500	800	2.500	15.000	2.500		12.500
	Fremdkapital	5.500	5.500	4.500	4.500	10.000			10.000
	Σ	13.100	18.000	5.300	7.000	25.000			22.500
Fair Value		10.000		2.500					

Abbildung 27: Kapitalkonsolidierung nach der Fresh-Start-Methode

Das in Abbildung 27 skizzierte Beispiel zeigt in den Spalten (1) und (3) zunächst die entsprechenden Einzelbilanzen der X-AG sowie der Y-AG auf Buchwertbasis vor Durchführung des Unternehmenszusammenschlusses. Die jeweils durch ein Bewertungsgutachten festgestellten Unternehmenswerte der X-AG bzw. Y-AG betragen 10.000 T€ bzw. 2.500 T€. Im Gegensatz zu der in Abbildung 11 beschriebenen Situation erfolgt die Durchführung des Unternehmenszusammenschlusses in Form eines Aktientauschs. Zu diesem Zweck führt die X-AG eine Kapitalerhöhung entsprechend dem Fair Value der Y-AG in Höhe von 2.500 T€ durch, um auf diese Weise durch die Ausgabe von Aktien die Gegenleistung für die erhaltenen Anteile an der Y-AG zu erbringen. Die diesbezügliche Buchung „Beteiligung an Eigenkapital 2.500 T€" schlägt sich in Spalte (2) nieder.

Entsprechend der Konzeption der Fresh-Start-Methode wird vor den Konsolidierungsbuchungen eine Neubewertung der beteiligten Unternehmen einschließlich der Aktivierung der Goodwills auf Basis der jeweiligen Unternehmenswerte durchgeführt. Im vorliegenden Beispiel werden dabei in den Spalten (2) und (4) stille Reserven in Höhe von 500 T€ bei der X-AG und 700 T€ bei der Y-AG durch eine erfolgsneutrale Gegenbuchung in das Eigenkapital aufgedeckt. Auf demselben Wege werden die Goodwills in Höhe von 1.900 T€ bei der

737 Vgl. auch das Zahlenbeispiel bei *Pellens/Sellhorn*, Fresh-Start-Methode, S. 2127. Ein umfassendes Beispiel unter Berücksichtigung von Minderheitenanteilen und Folgekonsolidierung findet sich darüber hinaus bei *Muff*, Fresh-Start-Methode, S. 69 ff.

X-AG bzw. 1.000 T€ bei der Y-AG aktiviert. Nach Erstellung der Summenbilanz wird im letzten Schritt die gegenseitige Kapitalverflechtung in Höhe von 2.500 T€ eliminiert. Das der Konzernbilanz zu entnehmende Eigenkapital von 12.500 T€ entspricht damit der Summe der einzelnen Fair Values der zusammengeschlossenen Unternehmen (= 10.000 T€ + 2.500 T€).

Entscheidungsrelevante Informationen gehen von der Goodwillbilanzierung im Rahmen der Fresh-Start-Methode somit vor allem aus dem Zusammenspiel zweier Faktoren aus: Zum einen erfolgt die Ermittlung der Teilgoodwills und damit auch des insgesamt bilanziell ausgewiesenen Goodwill auf Basis der jeweiligen Zukunftserfolgswerte. Demzufolge werden im Goodwill definitionsgemäß ebenso wie bei der indirekten Variante der Full Goodwill Method keine Zahlungen ohne Gegenwert berücksichtigt.[738] Zum anderen erweist sich die Fresh-Start-Methode aus dem Blickwinkel der Relevanz insbesondere dahingehend als zweckmäßig, als sich der bilanziell ausgewiesene Goodwill auf sämtliche an einem Unternehmenszusammenschluss beteiligten Unternehmen erstreckt.[739] Unter der Voraussetzung, dass die aus der Unternehmenstransaktion erhofften Synergien bereits bei der Ermittlung der einzelnen Unternehmenswerte entsprechend Berücksichtigung finden, ist damit der Auffassung *Muffs* zuzustimmen, dass zum Zeitpunkt der Durchführung der Unternehmenstransaktion „dem Konzernabschluß nach der Fresh-Start-Methode also der als Barwert erwarteter zukünftiger ... Zahlungsströme ermittelte Wert des Konzerns als Ganzes entnommen werden“[740] kann.

5.1.1.2 Folgebewertung

Nachdem die vorangegangenen Ausführungen gezeigt haben, dass die Bilanzierung des derivativen Goodwill im Zeitpunkt seiner Entstehung unter Einschränkungen einen Beitrag zu einer informativen Bilanz leistet, soll im Folgenden der Frage nachgegangen werden, ob der Impairment Only-Ansatz des FASB eine informative Folgebewertung der Größe in den nachfolgenden Perioden sicherstellt. Um dieses Ziel zu erreichen, wird zunächst untersucht, inwieweit die Neuregelungen geeignet sind, über zukünftig zu erwartende Einzahlungsüberschüsse auf der Ebene einer einzelnen Berichtseinheit zu informieren. Im Anschluss soll geklärt werden, ob die vom FASB vorgesehene Aufteilung des Gesamtgoodwill auf Untereinheiten unter dem Gesichtspunkt der bilanziellen Vermittlung entscheidungsrelevanter Informationen zweckmäßig erscheint.

---

738 Vgl. *Muff*, Fresh-Start-Methode, S. 120.

739 Vgl. *Muff*, Fresh-Start-Methode, S. 120.

740 *Muff*, Fresh-Start-Methode, S. 120.

5.1.1.2.1 Bilanzielle Entscheidungsrelevanz auf der Ebene einzelner Berichtseinheiten

5.1.1.2.1.1 Vorbemerkungen

Als Begründung für die Abschaffung der planmäßigen Goodwillabschreibung zugunsten des Impairment Only-Ansatzes verweist das FASB auf die präzisierten Ansatzregeln für immaterielle Vermögenswerte, die im Zuge einer Unternehmenstransaktion erworben wurden.[741] Aufgrund des getrennten Ausweises solcher Vermögenswerte beim Käufer, die entweder auf einem vertraglichen oder sonstigen Recht beruhen oder separierbar sind[742], sei davon auszugehen, dass die verbleibenden Bestandteile des Goodwill „more likely to be nonwasting“[743] sind. Nach Auffassung des Standardsetter kommt dem Goodwill folglich nunmehr der Charakter eines im Wesentlichen nicht abnutzbaren Vermögenswerts zu.

Die Tatsache, dass Wettbewerbsvorteile in einem dynamischen und dem technologischen Wandel unterworfenen wirtschaftlichen Umfeld in der Regel nicht als dauerhaft anzusehen sind, verdeutlicht jedoch die Fragwürdigkeit der Einstufung des derivativen Goodwill als Position mit einer objektiv unbegrenzten Nutzungsdauer.[744] So dürfte beispielsweise unzweifelhaft sein, dass im Zeitablauf die erworbene Qualität der Mitarbeiterschaft – die das FASB explizit als Bestandteil des derivativen Goodwill ansieht – naturgemäß spätestens mit dem Ausscheiden der Arbeitnehmer aus einer Unternehmung an Wert verliert.[745] Dementsprechend wird der erworbene Goodwill im überwiegenden Teil der Literatur grundsätzlich als abnutzbarer Vermögenswert charakterisiert.[746] Aus dieser Feststellung darf jedoch nicht geschlossen werden, dass der Entwertungsverlauf ex ante planbar oder prognostizierbar ist.[747] Vielmehr beruht eine Verminderung des derivativen Goodwill im Zeitablauf vor allem auf unregelmäßigen und überraschenden Ereignissen, wie beispielsweise dem Auftreten unerwarteter Konkurrenz. In diesem Sinne erkennt auch das FASB, „that goodwill

---

741 Vgl. SFAS 141.B82 f.

742 Vgl. Gliederungspunkt 4.3.1.4.

743 *Johnson/Petrone*, Goodwill Amortization.

744 Vgl. *Hitz/Kuhner*, Neuregelung zur Bilanzierung, S. 281.

745 Vgl. Gliederungspunkt 4.3.1.4; vgl. auch *Streim*, Fluktuationskosten, S. 128 ff.

746 Vgl. etwa *Söffing*, Firmenwert, S. 609; *Siegel*, Bilanzierung, S. 750; *Kosiol*, Bilanzreform, S. 184; *Arbeitsgruppe Normierung der Rechnungslegung*, Stellungnahme; *Kahle*, Bilanzierung nach Belieben, S. 900; *Ruhnke*, Bilanzregeln. In diesem Sinne bereits *Leake*, Commercial Goodwill, S. 78: „'Why ... should goodwill be written off?' The answer is that the present goodwill is, in the main, not the goodwill which was bought ten or twenty years ago."

747 Vgl. etwa *Streim*, Grundzüge, S. 74; *Moxter*, Geschäfts- oder Firmenwert, S. 855; *Johnson/Petrone*, Goodwill Amortization; *Hitz/Kuhner*, Neuregelung zur Bilanzierung, S. 281; *Kleindiek*, Goodwill-Bilanzierung, S. 2573; *Zwingmann*, Geschäfts- und Firmenwert, S. 2315.

that does decline in value rarely does so on a straight line basis“[748] und hält dementsprechend den Impairment Only-Ansatz für das der planmäßigen Goodwillabschreibung überlegene Folgebewertungskonzept. Auf den ersten Blick überzeugt die Argumentation jedoch kaum: Das Problem der ex ante kaum möglichen Planbarkeit des Entwertungsverlaufs stellt sich nicht nur beim Goodwill, sondern ebenso auch bei anderen Vermögensgegenständen des Sachanlagevermögens. So ist oftmals die wirtschaftliche Nutzungsdauer einer Maschine grundsätzlich im Voraus unbekannt und von einer Vielzahl überraschend auftretender Ereignisse, etwa technischem Fortschritt oder Sortimentswechsel, abhängig.[749]

Dem Verweis auf eine unbestimmbare Nutzungsdauer des Goodwill als Rechtfertigung für den Impairment Only-Ansatz kommt speziell in Deutschland im Rahmen des am 18. Januar 2002 durch den Deutschen Standardisierungsrat verabschiedeten Deutschen Rechnungslegungsstandard Nr. 1a (DRS 1a) „Befreiender Konzernabschluss nach § 292a HGB – Konzernabschluss nach US-GAAP: Goodwill und andere immaterielle Vermögenswerte des Anlagevermögens“ Bedeutung zu. Mit Inkrafttreten von SFAS 141/142 standen zunächst die in den USA gelisteten deutschen Unternehmen vor einem Problem, die gemäß § 292a HGB ihren Konzernabschluss bzw. -lagebericht nach den Vorschriften der US-GAAP aufstellen und damit von der Verpflichtung zur Aufstellung eines HGB-Abschlusses entbunden werden. Nach dem Wortlaut des § 292a HGB kommt eine solche Befreiung grundsätzlich jedoch nur dann in Frage, wenn unter anderem ein „Einklang mit der Richtlinie 83/349/EWG“[750] vorliegt. Aus der siebenten in Verbindung mit der vierten EG-Richtlinie geht jedoch eindeutig hervor, dass entweder der Goodwill „spätestens nach fünf Jahren abgeschrieben sein“[751] muss oder die Mitgliedstaaten den Unternehmen gestatten, „ihren Geschäfts- oder Firmenwert im Verlauf eines befristeten Zeitraums von mehr als fünf Jahren planmäßig abzuschreiben“[752]. Mangels Einklang hätten folglich nach US-GAAP bilanzierende deutsche Unternehmen zusätzlich einen Konzernabschluss unter Berücksichtigung planmäßiger Goodwillabschreibungen aufstellen müssen. In DRS 1a stellt der Deutsche Standardisierungsrat jedoch fest, dass die planmäßige Abschreibung lediglich „Ausdruck des seinerzeitigen Verständnisses des Richtliniengebers“ gewesen ist und „sich dieses Verständnis mittlerweile geändert hat“[753]. Es sei nicht länger von einer begrenzten, sondern nunmehr von einer unbestimmbaren Nutzungsdauer auszugehen. Da „eine objektiv unbegrenzte Nutzungsdauer einer

---

[748] SFAS 141.B79. Vgl. auch *Hitz/Kuhner*, Neuregelung zur Bilanzierung, S. 282; *Kahle*, Bilanzierung nach Belieben, S. 901.

[749] Vgl. *Henselmann*, Böcke als Gärtner, S. 285.

[750] § 292a Abs. 2 Nr. 2a HGB.

[751] Richtlinie 83/349/EWG Art. 30 Abs. 1 i. V. m. Richtlinie 78/660/EWG Art. 37 Abs. 2, 34 Abs. 1 a).

[752] Richtlinie 83/349/EWG Art. 30 Abs. 1 i. V. m. Richtlinie 78/660/EWG Art. 37 Abs. 2.

unbestimmbaren gleichzusetzen ist“[754], genüge der Impairment Only-Ansatz einer Einklangerfordernis gemäß § 292a HGB. Obwohl in der Literatur zu Recht insbesondere sowohl die nicht haltbare Gleichsetzung von unbegrenzter und unbestimmbarer Nutzungsdauer als auch die nicht in den Kompetenzbereich des DSR fallende Richtlinienauslegung kritisiert wurde[755], machte das Bundesministerium der Justiz DRS 1a am 6. April 2002 bekannt[756] und ermöglichte damit weiterhin die befreiende Aufstellung eines Konzernabschlusses und -lageberichts nach US-GAAP.

Eine Rechtfertigung der Neuregelungen nach SFAS 142 gegenüber der planmäßigen Goodwillabschreibung unter dem Gesichtspunkt einer informativen Bilanz könnte sich jedoch dahingehend ergeben, dass es im Rahmen des Impairment Only-Ansatzes implizit nicht mehr auf eine isolierte Betrachtung des erworbenen Goodwill ankommt, sondern konzeptionell eine Vermischung des derivativen Goodwill im Zeitablauf mit anderen Komponenten stattfindet. Vor diesem Hintergrund seien zunächst drei Szenarien im Zeitablauf betrachtet:

- Substitution derivativer durch originäre Goodwillkomponenten,
- Unterlassung von Investitionen in nicht separat bilanzierungsfähige immaterielle Werte,
- Substitution derivativer Goodwillkomponenten durch stille Reserven bzw. selbst erstellte immaterielle Vermögenswerte.

Im Folgenden soll der Frage nachgegangen werden, ob der Impairment Only-Ansatz im Hinblick auf diese Situationen geeignet ist, den Wertansatz des Goodwill in den Folgeperioden entsprechend den Veränderungen der zukünftig erwarteten Einzahlungsüberschüsse zu korrigieren.

5.1.1.2.1.2 Substitution derivativer durch originärer Goodwillkomponenten

Im Falle der Substitution von derivativen durch originäre Goodwillkomponenten werden seitens der Geschäftsleitung Ausgaben für die Selbsterstellung nicht separat bilanzierungsfähiger immaterieller Vermögenswerte getätigt. Dabei wird unterstellt, dass diese Aufwendungen genau in dem Umfang Cashflow-Potenziale generieren und damit ceteris paribus

---

753 DRS 1a.10 (beide Zitate).

754 DRS 1a.7.

755 Vgl. insbesondere *Moxter*, Standardisierungsrat auf Irrwegen; *Arbeitsgruppe Normierung der Rechnungslegung*, Stellungnahme; *Siegel*, Bilanzierung; *Krawitz*, Problematik des Richtlinieneinklangs, S. 146 f.; *Altenburger*, Bilanzrichtlinie; *Henselmann*, Böcke als Gärtner.

756 Vgl. Vorwort zu DRS 1a.

den Unternehmenswert steigern, in dem es cetris paribus zu einem Rückgang des Unternehmenswerts infolge des abnehmenden derivativen Goodwill kommt. In der Literatur wird in diesem Zusammenhang von „Reinvestitionsstrategien ... [z]um Erhalt des derivativen Goodwill“[757] gesprochen. Diese Bezeichnung darf jedoch nicht dahingehend missgedeutet werden, dass die Geschäftsleitung bewusst in den Goodwill als bilanzierungstechnische Restgröße investiert. Vielmehr werden Ausgaben für immaterielle Werte ausschließlich mit dem Ziel der Unternehmenswertsteigerung getätigt, so dass eine Erhöhung des Goodwill letztlich nur das Resultat einer derartigen Vorgehensweise darstellt. Im Ergebnis gewährleistet diese Reinvestitionsstrategie im Zeitablauf eine konstante Summe aus originären Goodwillkomponenten in Form nicht einzeln bilanzierter immaterieller Werte und derivativer Goodwillbestandteile.[758] In der Praxis ist dies etwa dann zu beobachten, wenn qualifizierte Arbeitskräfte eine Unternehmung verlassen und neu eingestellte Mitarbeiter zunächst geschult werden müssen.

Unter der Annahme planmäßiger Goodwillabschreibungen führt diese Reinvestitionsstrategie zu einer doppelten Minderung der bilanziell abgebildeten zukünftig erwarteten Einzahlungsüberschüsse.[759] Zum einen schlagen sich die Ersatzinvestitionen in den Goodwill in einer entsprechenden Verringerung bestimmter identifizierbarer Vermögenswerte, etwa dem Bestand an liquiden Mitteln, nieder und zum anderen ist auch der Wertansatz des Goodwill zu korrigieren. Diese zweifache Minderung bilanzierter Cashflow-Potenziale erweist sich jedoch insofern als unzweckmäßig, als erfolgreiche Reinvestitionsausgaben konzeptionell keine Minderung der zukünftig erwarteten Einzahlungsüberschüsse implizieren. Genau in diesem Punkt unterscheidet sich der derivative Goodwill vom identifizierbaren Sachanlagevermögen, in dem Ersatzinvestitionen grundsätzlich aktivierungspflichtig sind.[760] In diesem Sinne stellt auch *Schildbach* fest, dass eine Abschreibung auf den Firmenwert nur bei solchen Firmen den Einblick in die Ertragslage verbessert, „die den erworbenen Firmenwert tatsächlich über die Nutzungsdauer ausbeuten und gleichzeitig keinen neuen schaffen.“[761]

Dieses Dilemma wird indes vom Impairment Only-Ansatz vermieden. Hier bedingen Investitionen in den originären Goodwill zwar auch eine Verringerung der separat ausgewiesenen Aktiva, gleichzeitig unterliegt der Goodwill als solches jedoch keiner Wertminderung.

---

757 *Kahle*, Bilanzierung nach Belieben, S. 901.

758 Vgl. auch *Hitz/Kuhner*, Neuregelung zur Bilanzierung, S. 282; *Kahle*, Bilanzierung nach Belieben, S. 901.

759 Vgl. *Schildbach*, Konzernrechnungslegungsvorschriften, S. 393; *Kahle*, Bilanzierung nach Belieben, S. 282.

760 Vgl. *Hitz/Kuhner*, Neuregelung zur Bilanzierung, S. 282.

761 *Schildbach*, Konzernrechnungslegungsvorschriften, S. 393.

Die tatsächliche Verminderung zukünftig erwarteter Einzahlungsüberschüsse wird in der Bilanz vergleichsweise zutreffend erfasst. Folglich „entbehrt die Entscheidung des FASB, Minderungen des derivativen Goodwill allein durch außerplanmäßige Abschreibungen zu erfassen, also nicht einer bilanzierungstheoretischen Fundierung"[762] und auch *Kahle* attestiert dem Impairment Only-Ansatz „seine innere Logik"[763].

Zu berücksichtigen ist allerdings, dass die Aktivierung des originären Goodwill durch die „Hintertür" des Impairment Only-Ansatzes nur eine Variante der Vermeidung einer doppelten Aufwandserfassung darstellt.[764] Ein ergebnisgleicher Effekt hätte nämlich unter Beibehaltung der planmäßigen Abschreibung auch dadurch erzielt werden können, dass derartige Reinvestitionsaufwendungen einer direkten Aktivierung zugänglich gemacht worden wären.[765] Eine solche Ausweitung des Kreises der zu aktivierenden selbsterstellten immateriellen Vermögenswerte bzw. ein expliziter Ansatz des originären Goodwill standen jedoch im Rahmen des Business Combinations-Projekts nicht zur Diskussion.[766]

Die Substitution derivativer durch originäre Goodwillkomponenten sei im Folgenden an einem Beispiel illustriert:

	t_1	t_2	t_3	t_4	t_5
Fair Value der Berichtseinheit	100	98	90	90	85
bilanzierter Goodwill	40	40	40	40	40
- davon derivativ	40	38	30	30	25
- davon originär	0	2	10	10	15
bilanziertes identifizierbares Vermögen	60	58	50	50	45
Goodwillabschreibung	0	0	0	0	0
Buchwert der Berichtseinheit	100	98	90	90	85

Abbildung 28: Beispiel zur Substitution originärer durch derivative Goodwillkomponenten

Dem in Abbildung 28 beschriebenen Beispiel liegt die Betrachtung einer Berichtseinheit über fünf Perioden zugrunde. In dieser Berichtseinheit sei das in Periode 1 akquirierte Unternehmen beim Erwerber isoliert fortgeführt. Ferner sei angenommen, dass keine Schulden exis-

762 *Hitz/Kuhner*, Neuregelung zur Bilanzierung, S. 282.

763 *Kahle*, Bilanzierung nach Belieben, S. 901. So auch *Zimmermann*, Widersprüchliche Signale, S. 389.

764 Das FASB spricht in diesem Zusammenhang von einer „'backdoor' capitalization of internally generated goodwill" (SFAS 142.B98).

765 Vgl. *Hitz/Kuhner*, Neuregelung zur Bilanzierung, S. 282 f.

766 Vgl. auch *Ballwieser*, Rechnungslegung im Umbruch, S. 299, der in diesem Zusammenhang die Inkonsistenz bezüglich der stillschweigenden Aktivierung des originären Goodwill einerseits und dem grundsätzlichen Aktivierungsverbot sonstiger selbst erstellter immaterieller Vermögenswerte andererseits kritisiert.

tieren und sich zum Zeitpunkt des Erwerbs Kaufpreis und Fair Value in Höhe von jeweils 100 T€ entsprechen. Neben dem neu bewerteten identifizierbaren Vermögen von 60 T€ wird folglich ein Goodwill in Höhe von 40 T€ aktiviert. Erträge aus der Nutzung des derivativen Goodwill seien vollständig ausgeschüttet und schlagen sich daher jeweils nicht in der Erhöhung des identifizierbaren Vermögens nieder. Diskontierungseffekte seien vernachlässigt und die Bildung stiller Reserven im identifizierbaren Vermögen ausgeschlossen.

In den Perioden 2 bis 5 kommt es zu einer Entwertung des derivativen Goodwill infolge seiner Nutzung, der sich realistischerweise durch eine Unregelmäßigkeit kennzeichnet. So tritt beispielsweise in Periode 3 eine vergleichsweise umfangreiche Wertminderung des derivativen Goodwillbestandteils in Höhe von 8 T€ auf, während dieser in der vierten Periode etwa unverändert bleibt. Gleichzeitig wird seitens der Geschäftsleitung eine erfolgreiche Reinvestitionsstrategie in jeweils gleicher Höhe verfolgt, d. h. die Reinvestitionsausgaben schlagen sich vollständig in einer Erhöhung des Fair Value des Unternehmenswerts der Berichtseinheit nieder. Diese spiegelt sich zum einen in einer Abnahme des identifizierbaren Vermögens wider, gleichzeitig erhöht sich der originäre Bestandteil des Goodwill im gleichen Umfang. Im Ergebnis entsprechen sich ceteris paribus folglich Fair Value und Buchwert der Berichtseinheit. Folglich indiziert die erste Teststufe jeweils eine Werthaltigkeit des bilanzierten Goodwill, so dass eine Verminderung seines Wertansatzes nicht vorzunehmen ist. Im Ergebnis repräsentiert der Buchwert der Einheit nach wie vor seinen Fair Value und damit auch die mit der Einheit verbundenen Cashflow-Potenziale.

Die Argumentation, bei einer Substitution von derivativem durch originären Goodwill auf Abschreibungen zu verzichten, dürfte vor allem in Deutschland nicht unbekannt sein. Sie zeigt Parallelen zur sog. Einheitstheorie in der Steuerrechtsprechung auf, die Anfang der dreißiger Jahre zunächst vom Reichsfinanzhof (RFH) unter Verweis auf *Enno Becker* entwickelt und später vom BFH übernommen wurde.[767] So heißt es in der im nachhinein als Einheitstheorie bekannt gewordenen Urteilsbegründung vom 29. Juli 1931:

> „Beruht z. B. der in einem bestimmten Zeitpunkt käuflich erworbene Geschäftswert auf der Reklamestellung und der Kundschaft eines bestimmten Unternehmens, so kann unter dem neuen Unternehmer zwar der Wert insoweit, als er auf der Reklamestellung beruht, verloren gehen, ohne daß dadurch der Wert des Geschäftswertes als eines einheitlichen Gutes berührt wird, weil an Stelle der Wertminderung infolge Wegfalls der Reklamestellung eine diese Minderung ausgleichende Werterhöhung infolge einer besseren Organisation seitens des neuen Unternehmens getreten sein kann. Aus diesen Darlegungen ergibt sich aber, dass der Geschäftswert als ein einheitliches wirtschaftliches Gut einer mit einer gewissen Regelmäßigkeit zu erwartenden Abnutzung nicht unterliegt und daß daher jedenfalls steuerrechtlich eine Abschreibung nur insoweit zulässig sein kann, als eben dieser Wert im ganzen am Schluß eines Wirtschaftsjahres niedriger ist als der dafür in der Bilanz eingestellte Buchwert."[768]

Die Sichtweise eines einheitlichen Wirtschaftsguts untermauert der RFH gleichzeitig mit einem Verweis auf den vom Senatspräsidenten des Reichsfinanzhofs in München *Becker*

---

767 Die Einheitsheorie wird ferner auch als Durchdringungs- oder Erneuerungstheorie bezeichnet. Zur Einheitstheorie vgl. insbesondere *Doralt*, Firmenwert, S. 55 ff.; vgl. ferner etwa *Gräber*, Geschäftswertbilanzierung, S. 137 ff., *Moxter*, Geschäftswertbilanzierung, S. 745 f.

768 *RFH* v. 29.07.1931.

verfassten Kommentar zum EStG 1925, der die Unzulässigkeit einer ratierlichen Abschreibung des derivativen Goodwill damit begründet, dass „der Goodwill ein lebendiges Etwas ist, das im Betriebe weiter arbeitet und sich entfaltet oder verkümmert“[769]. Zu würdigen ist die Einheitstheorie vor allem als „Kunstgriff“[770], mit dem es dem RFH gelang, im nachhinein eine Begründung für das Verbot planmäßiger Goodwillabschreibungen zu bieten, welche auf eine Entscheidung des Preußischen Oberverwaltungsgerichts im Jahre 1902[771] zurückgeht.[772] Die Einheitstheorie wurde später vom BFH übernommen und wirkte aufgrund von Schwierigkeiten bei der Nachweisbarkeit eines niedrigeren Teilwerts seitens der Steuerpflichtigen „wie ein totales Abschreibungsverbot“[773]. Ungeachtet der vielfach nicht nur in der Literatur, sondern auch von Seiten untergeordneter Finanzgerichte geäußerten Kritik[774], ordnete der Steuergesetzgeber erst im Jahre 1987 mit Einführung des Bilanzrichtlinien-Gesetzes den Geschäftswert den abnutzbaren Wirtschaftsgütern nach § 6 Abs. 1 Nr. 2 EStG zu und legte der nunmehr durchzuführenden ratierlichen Absetzung für Abnutzung (AfA) gemäß § 7 Abs. 1 S. 3 EStG eine haushaltspolitisch bedingte Nutzungsdauerfiktion von fünfzehn Jahren zugrunde.[775]

5.1.1.2.1.3 Unterlassung von Investitionen in nicht separat bilanzierungsfähige immaterielle Werte

Neben einer Reinvestitionsstrategie ist aber auch denkbar, dass im Zeitablauf keine Investitionen zum Aufbau eines originären Goodwill getätigt werden. Ein derartiges Szenario sei zunächst an einem Beispiel verdeutlicht:

769 *Becker*, Einkommensteuergesetz, § 12 Anm. 18; vgl. auch § 13, Anm. 55.

770 *Wöhe*, Bilanzierung, S. 104.

771 OVG, Slg. Band 10, S. 309, zitiert nach *Doralt*, Firmenwert, S. 52.

772 Vgl. *Doralt*, Firmenwert, S. 56.

773 *Wöhe*, Bilanzierung, S. 105; vgl. auch *Wöhe*, Bilanzierung, S. 101.

774 Vgl. mit zahlreichen Nennungen *Gräber*, Geschäftswertbilanzierung, S. 138 f.

775 Vgl. *Zeitler*, Firmenwert, S. 303 f.; *Söffing*, Firmenwert, S. 610. Zur Diskussion darüber, ob mit Einführung der AfA gleichzeitig die Aufgabe der Einheitstheorie im Hinblick auf die zusätzliche Vornahme von Abschreibungen auf einen niedrigeren Teilwert verbunden ist, vgl. *Schuhmann*, Ausgewählte Fragen, S. 53 f.; vgl. jüngst auch *Kahle*, Bilanzierung nach Belieben, S. 858.

	t_1	t_2	t_3	t_4	t_5
Fair Value der Berichtseinheit	100	95	90	90	80
bilanzierter Goodwill	40	38	30	30	20
bilanziertes identifizierbares Vermögen	60	60	60	60	60
Goodwillabschreibung	0	2	8	0	10
Buchwert der Berichtseinheit	100	95	90	90	80

Abbildung 29: Beispiel zur Unterlassung von Investitionen in nicht separat bilanzierungsfähige immaterielle Werte

Das in Abbildung 29 skizzierte Beispiel basiert auf dem in Abbildung 28 illustrierten Szenario. Abweichend sei jedoch davon ausgegangen, dass keine Reinvestitionsstrategie verfolgt wird und sich das identifizierbare Vermögen ceteris paribus über sämtliche Perioden hinweg dementsprechend unverändert auf 60 T€ belaufe. Da mit Absinken des Goodwill jeweils eine Unterschreitung des Fair Value der Einheit unter ihren Buchwert verbunden ist, wird in den Perioden, in denen es zur Wertminderung kommt, jeweils die zweite Teststufe durchgeführt und eine entsprechende Abschreibung berechnet, die dem tatsächlichen Entwertungsverlauf des derivativen Goodwill entspricht. In Periode 5 beläuft sich der bilanziell ausgewiesene Goodwill folgerichtig auf 20 T€. Im Ergebnis zeigt sich auch hier, dass sich Buchwert und Fair Value der Berichtseinheiten jeweils entsprechen.

Das Zahlenbeispiel verdeutlicht, dass der Impairment Only-Approach des FASB auch im Falle einer „Ausbeutung" des Goodwill geeignet ist, den Wert einer Berichtseinheit über die Anpassung des Goodwill im Zeitablauf korrekt darzustellen. Aufgrund der hier charakteristischen fortschreitenden Minderung des Goodwill gilt dieses Ergebnis ebenso für Umweltlagen, in denen sich die Ertragsaussichten aufgrund unternehmensexterner Ereignisse, etwa einem anhaltenden Konjunkturrückgang, immer weiter verschlechtern. Wegen der Identität von Buchwert und Fair Value der Berichtseinheit werden die mit der Einheit verbundenen zukünftig zu erwartenden Einzahlungsüberschüsse konzeptionell zutreffend in der Bilanz ausgewiesen. Im Falle einer planmäßigen Abschreibung kommt man dagegen zu einem anderen Ergebnis: Selbst wenn unterstellt wird, dass ex ante die tatsächliche Nutzungsdauer bekannt wäre, so würden durch die ratierliche Verminderung des Goodwill die Cashflow-Potenziale im Zeitraum der Nutzung unzutreffend bilanziell abgebildet, da sie der Unregelmäßigkeit der Wertminderung nicht Rechnung tragen. Der Aussage von *Hitz/Kuhner* „In dem Fall allerdings, in dem keine Erhaltungsinvestitionen vorgenommen werden, erfüllen planmäßige Abschreibungen [des Goodwill, *Anm. d. Verf.*] in idealtypischer Weise ihre Funktion."[776] ist damit eindeutig zu widersprechen. Dieser Argumentation ist vielmehr nur dann zuzustimmen, wenn man nicht nur von der unrealistischen Annahme einer im voraus bekannten Nutzungsdauer, sondern darüber hinaus von der realitätsfernen Prämisse einer gleichmäßigen Entwertung des Goodwill ausgeht.

[776] *Hitz/Kuhner*, Neureglung zur Bilanzierung, S. 282.

5.1.1.2.1.4 Substitution derivativer Goodwillkomponenten durch stille Reserven sowie selbst erstellte immaterielle Vermögenswerte

Die im vorangegangenen Gliederungspunkt vorgenommenen Ausführungen haben gezeigt, dass die Folgebewertung des Goodwill nach SFAS 142 sowohl im Falle einer substanzerhaltenden Reinvestitionsstrategie als auch bei der Unterlassung von Investitionen als zweckmäßig anzusehen ist. Allerdings gilt es zu berücksichtigen, dass es im Zeitablauf innerhalb einer Berichtseinheit nicht nur zur Vermischung von derivativem und originärem Goodwill, sondern auch zu einer Vermengung des erworbenen Goodwill mit entstehenden stillen Reserven sowie selbsterstellten immateriellen Werten kommen kann.[777] Diese Effekte sind solange unproblematisch, solange die erste Teststufe eine Werthaltigkeit des Goodwill indiziert. Sollte sich dagegen die Durchführung der zweiten Teststufe als notwendig erweisen, so kann dies im Ergebnis dazu führen, dass es zu einer Minderung des bilanziell ausgewiesenen Goodwill in einem erheblichen Ausmaß kommt, dem kein Absinken der Cashflow-Potenziale in gleicher Höhe gegenüberstehen. Dies sei im Folgenden zunächst an einem Beispiel erläutert:

	t_1	t_2	t_3	t_4	t_5
Fair Value der Berichtseinheit	100	100	100	100	95
bilanzierter derivativer Goodwill	40	40	40	40	25
tatsächlicher Wert des Goodwill	40	38	30	30	25
bilanziertes identifizierbares Vermögen	60	60	60	60	60
stille Reserven	0	2	10	10	10
Goodwillabschreibung	0	0	0	0	15
Buchwert der Berichtseinheit	100	100	100	100	85

Abbildung 30: Beispiel zur Vermengung des derivativen Goodwill mit stillen Reserven

Das in Abbildung 30 beschriebene Beispiel gleicht dem in Abbildung 29 erläuterten Szenario dahingehend, dass ebenfalls keine Reinvestitionsstrategie seitens der Geschäftsleitung verfolgt wird. Der Unterschied gegenüber der vorangegangenen Situation besteht vielmehr darin, dass es im Zeitablauf zu einer Substitution des Goodwill durch stille Reserven im identifizierbaren Vermögen in gleicher Höhe kommt. Eine Goodwillabschreibung ist indes bis einschließlich der vierten Periode nicht durchzuführen, da auf der ersten Teststufe der Fair Value nicht den Buchwert der Berichtseinheit unterschreitet. In diesen Perioden gewährleistet die erste Teststufe damit den zutreffenden Ausweis von Cashflow-Potenzialen, da sich Fair Value und Buchwert der Einheit jeweils entsprechen.

[777] Vgl. insbesondere *Kleindiek*, Goodwill-Bilanzierung, S. 2576; *Hommel*, Goodwillbilanzierung, S. 1948.

Dies ändert sich erst in Periode 5, in der der Fair Value der Berichtseinheit um 5 T€ auf 95 T€ absinkt und annahmegemäß keine Bildung weiterer stiller Reserven im identifizierbaren Vermögen stattfindet. Da sich in diesem Fall der implizite Fair Value des Goodwill als Differenz aus höherem Fair Value der Berichtseinheit von 95 T€ und niedrigerem neu bewerteten identifizierbaren Vermögen von 70 T€ ergibt, ist eine Abschreibung des Goodwill um 15 T€ auf einen Wert von 25 T€ vorzunehmen. Im Ergebnis stehen dem Absinken des Fair Value der Berichtseinheit um 5 T€ auf 95 T€ eine Minderung des Buchwerts der Einheit von 100 T€ um 15 T€ auf 85 T€ gegenüber.

Das angeführte Zahlenbeispiel verdeutlicht, dass mit einer Goodwillabschreibung nicht zwangsläufig entsprechende Verringerungen der zukünftig erwarteten Einzahlungsüberschüsse einhergehen. Dabei muss der derivative Goodwill nicht unbedingt durch entstandene stille Reserven substituiert werden; der gleiche Effekt tritt vielmehr auch dann auf, wenn im Rahmen des fiktiven Unternehmenserwerbs auf der zweiten Teststufe ein zwischenzeitlich selbsterstellter immaterieller Vermögenswert – etwa eine Marke – Berücksichtigung findet. Wie groß dieser Effekt jeweils ausfällt, ist vom Einzelfall abhängig. Ebenso vorstellbar wäre ein Szenario, in dem es bereits kurz nach Durchführung des Unternehmenserwerbs zu einem Absinken des Fair Value der Einheit unter ihren Buchwert kommt und damit die Problematik abgeschwächt würde. Da jedoch davon auszugehen ist, dass zwischen den Zeitpunkten des Unternehmenserwerbs und der Vornahme einer Goodwillabschreibung die Bildung stiller Reserven als Regelfall anzusehen ist, führt die zweistufige Konzeption grundsätzlich zu einem bezogen auf die Verminderung der Cashflow-Potenziale unzweckmäßig niedrigen Bilanzansatz des Goodwill. Einen Ausweg aus diesem Dilemma bietet die planmäßige Goodwillabschreibung ebenso wenig: Zwar wird durch die ratierliche Verringerung des Wertansatzes einem schlagartigen Absinken entgegengewirkt, gleichzeitig erfolgt aber bereits in den vorherigen Perioden eine Verminderung der bilanziell abgebildeten zukünftig erwarteten Einzahlungsüberschüsse, obwohl diesen keine Minderungen der tatsächlichen Cashflow-Potenziale gegenüberstehen.

Zur Lösung des hier beschriebenen Problems kommen grundsätzlich zwei Möglichkeiten in Betracht:

Die erste Strategie bestünde darin, stille Reserven und selbst erstellte immaterielle Vermögenswerte im Sinne eines umfassenden Fair Value Accounting grundsätzlich zu aktivieren. Diese Lösung hätte zwar den Vorteil, dass sie im Hinblick auf die identifizierbaren Aktiva sowohl zu einem informativen Ansatz, als auch im Falle einer isolierten Zurechenbarkeit von Cashflow-Potenzialen zu einer informativen Bewertung führen würde, wäre aber gleichzeitig mit erheblichem Zeit- und Arbeitsaufwand verbunden.

Will man auf eine derart fundamentale Reform der Rechnungslegung verzichten, so bietet der Impairment Only-Ansatz des IASB eine vergleichsweise weniger aufwändige Lösung. Diese besteht darin, dass auf die Durchführung der zweiten Teststufe verzichtet und eine Wertminderung des Goodwill direkt aus dem Vergleich zwischen Fair Value und Buchwert der Berichtseinheit bemessen wird.[778] Wenngleich das IASB in dieser Maßnahme vor allem eine Arbeitserleichterung infolge des Wegfalls der aufwändigen Neubewertung sieht und eine gegebenenfalls informative Aktivierung selbsterstellter immaterieller Vermögenswerte bzw. stiller Reserven unterbleibt, so würde die Vorgehensweise gleichzeitig zumindest einen Schritt in Richtung einer entscheidungsrelevanten Bilanz bedeuten. Es erscheint somit gegenüber den Regelungen des FASB vorteilhaft, nicht mehr die Werthaltigkeit des derivativen Goodwill als isoliert betrachtete Einzelposition durch einen fiktiven Unternehmenserwerb sicherzustellen, sondern ausschließlich die Werthaltigkeit einer vermögenswertübergreifenden betrieblichen Teileinheit zu gewährleisten.[779] Insofern weist der Goodwill-Werthaltigskeitstest im Rechnungslegungssystem der US-GAAP unter dem Aspekt der Relevanz einen Konstruktionsfehler auf. Dieser besteht darin, dass SFAS 142 dem Weg einer betriebseinheitenbezogenen Betrachtung durch die Ermittlung des Abwertungsbedarfs auf der Basis des impliziten Fair Value des Goodwill nicht in letzter Konsequenz folgt.

Als Ergebnis bleibt damit festzuhalten, dass der Impairment Only-Ansatz des FASB zwar Wertminderungen einer Berichtseinheit dem Grunde nach korrekt erkennt, hieraus aber einen Abwertungsbedarf der Höhe nach ermittelt, der im Regelfall die Minderung der tatsächlich erwarteten zukünftigen Einzahlungsüberschüsse übertrifft.

5.1.1.2.1.5 Fehlendes Wertaufholungsgebot

Die vorangegangenen Überlegungen legen zunächst den Schluss nahe, dass der Impairment Only-Ansatz des FASB – gegebenenfalls unter Verzicht auf die zweite Teststufe – durchaus geeignet erscheint, die Cashflow-Potenziale einer Berichtseinheit zutreffend in der Bilanz abzubilden. Zu beachten ist allerdings, dass den bisher beschriebenen Fällen ausschließlich solche Situationen zugrunde liegen, in denen die Summe aus originären und derivativen Goodwillkomponenten einer Einheit den bilanziell ausgewiesenen Goodwill nicht übersteigt, sondern dieser entweder beibehalten oder vermindert wird. Derartige Szenarien sind zwar nicht auszuschließen, vernachlässigen jedoch den Regelfall, in dem es in bestimmten Perioden auch zu einer Erhöhung des tatsächlichen Goodwill über den bisher

[778] Vgl. Gliederungspunkt 4.6.1.

[779] Zur unter Relevanzgesichtspunkten festzustellenden Überlegenheit einer vermögenswertübergreifenden Bewertung vgl. auch *Streim/Bieker/Esser*, Fair Values, S. 471 f.

bilanziell ausgewiesenen Goodwill kommt. Derartige Steigerungen von Cashflow-Potenzialen werden von SFAS 142 jedoch nicht erfasst, da eine Bilanzierung von originärem Goodwill ausschließlich indirekt im Rahmen des beschriebenen Substitutionseffekts erfolgt.

Im Zusammenhang dieser letztlich inkonsequenten Behandlungsweise spricht *Siegel* nicht zu Unrecht von einer „unsinnigen Bilanzierung eines zufälligen Teils des unbekannten originären Geschäftswerts“[780]. Unter dem Gesichtspunkt der Entscheidungsrelevanz ist diese Aussage jedoch insofern zu relativieren, da der Impairment-Only Approach durch die indirekte Bilanzierung des originären Goodwill zumindest im Vergleich zur planmäßigen Abschreibung eine Annäherung des bilanziellen Eigenkapitals an den Fair Value einer Berichtseinheit ermöglicht.[781] In diesem Sinne ist der Meinung *Zimmermanns* beizupflichten, dass „es jedoch besser [ist], zumindest einen Teil des originären Goodwills anzusetzen als gar keinen“[782].

Entscheidet man sich aus Verlässlichkeitserwägungen[783] gegen die explizite Bilanzierung eines originären Goodwill als entscheidungsrelevante first best-Lösung und wählt daher den derivativen Goodwill als Wertobergrenze, so scheint es dennoch unverständlich, warum das FASB im Rahmen des Impairment Only-Ansatzes eine derart strikt asymmetrische Konstruktion gewählt hat. Hier wäre es zweckmäßig gewesen, hätte der Standardsetter zumindest ein Wertaufholungsgebot im Sinne einer second best-Lösung in SFAS 142 verankert.[784] Das bestehende generelle Wertaufholungsverbot zwingt den Bilanzersteller nämlich dazu, „über das genaue Gegenteil der tatsächlichen Situation, nämlich das Fortbestehen der Wertminderungsgründe, zu berichten.“[785] Hier wäre es wünschenswert gewesen, dass das FASB bei Wegfall der Ursachen für eine zuvor durchgeführte Abschreibung eine derartige Zuschreibung vorgesehen oder sich zumindest an IAS 36 (1998) orientiert hätte.[786] Dieser sah eine Zuschreibung des derivativen Goodwill in den Fällen vor, in denen sich der Effekt umgekehrt hat, der in der Vergangenheit zu einer außerplanmäßigen Abschreibung infolge eines außer-

---

780 *Siegel*, Bilanzierung, S. 749.

781 Vgl. Gliederungspunkt 5.1.1.1.3.

782 *Zimmermann*, Objektivierte originäre Geschäftswerte, S. 752.

783 Vgl. Gliederungspunkt 5.2.2.5.

784 Vgl. Gliederungspunkt 4.4.1.1. In diesem Sinne bspw. auch *Hommel*, Goodwillbilanzierung, S. 1948; *Pellens/Sellhorn*, Minderheitenproblematik, S. 408.

785 *Streim*, Wertaufholungsgebot, S. 674; vgl. auch *Franken*, US-GAAP, S. 208; *Beyhs*, Impairment of Assets, S. 284.

786 Eine Wertaufholung des Goodwill kommt nach aktueller Fassung des IAS 36 nicht mehr in Frage; vgl. IAS 36.124. Demgegenüber erachtet der Deutsche Standardisierungsrat gemäß DRS 4.36 eine Wertaufholung nach wie vor als zulässig.

gewöhnlichen Ereignisses geführt hat.[787] Dass derartige Situationen einen realen Hintergrund haben, zeigt beispielsweise der in SFAS 142 enthaltene Indikator, der einen Goodwill-Impairment Test im Fall einer wesentlichen Verschlechterung der rechtlichen Rahmenbedingungen auslöst.[788] Es dürfte nicht das erste Mal sein, dass seitens der Regierung angekündigte Gesetzesvorhaben, die beispielsweise das Verbot einer bestimmten als unerwünscht angesehenen Technologie vorsahen, im nachhinein abgeschwächt oder verworfen wurden.

5.1.1.2.2 Bilanzielle Relevanz aus der Perspektive des Gesamtunternehmens

Die bisherigen Ausführungen zur bilanziellen Relevanz der Folgebewertung des Goodwill wurden ausschließlich aus der Perspektive einer isoliert betrachteten Berichtseinheit vorgenommen. Im Folgenden soll dagegen untersucht werden, ob die vom FASB gewählte Vorgehensweise, eine Fortschreibung auf Basis von betrieblichen Teileinheiten durchzuführen, konzeptionell einen Beitrag zur Vermittlung entscheidungsrelevanter Informationen leistet.

5.1.1.2.2.1 Verrechnung von Wertminderungen und Wertsteigerungen innerhalb der Gesamtunternehmung

Die bereits im Gliederungspunkt 5.1.1.2.1.5 thematisierte strikte asymmetrische Konstruktion des Impairment Only-Ansatzes führt dazu, dass sich eine mehr oder weniger umfassende Abgrenzung der Berichtseinheiten unmittelbar auf die bilanziell ausgewiesenen Cashflow-Potenziale auswirken kann. Dieser Effekt sei zunächst beispielhaft illustriert:

---

787 Vgl. IAS 36.109 (1998).

788 Vgl. Gliederungspunkt 4.4.1.3.

		01.01.2002			31.12.2002			
		Variante 1	Variante 2		Variante 1	Variante 2		
		C	C_1	C_2	C	C_1	C_2 vor Testdurch- führung	C_2
		BW	BW	BW	BW	BW	BW	BW
Aktiva	identifizierbare Vermögensw.	6.000	2.800	3.200	5.500	2.700	2.800	2.800
	Goodwill	1.000	400	600	1.000	400	600	500
	Σ	7.000	3.200	3.800	6.500	3.100	3.400	3.300
Passiva	Eigenkapital	2.500	900	1.600	2.700	1.000	1.700	1.600
	Fremdkapital	4.500	2.300	2.200	3.800	2.100	1.700	1.700
	Σ	7.000	3.200	3.800	6.500	3.100	3.400	3.300
identifizierbares Netto- vermögen		1.500	500	1.000	1.800	600	1.100	1.100
Zuwachs originärer Goodwill					100	100		
Entwertung derivativer Goodwill					100		100	
Fair Value der Berichts- einheit		2.500	900	1.600	2.700	1.100	1.600	

Abbildung 31: Beispiel zur Verrechnung von Wertsteigerungen und Wertsteigerungen innerhalb der Gesamtunternehmung

Das in Abbildung 31 skizzierte Beispiel baut auf der im Gliederungspunkt 4.4.1.4.4 unter Abbildung 21 beschriebenen Situation auf, die hier der Variante 1 entspricht und eine vergleichsweise umfassend abgegrenzte Teileinheit darstellt. Bis zum Bilanzstichtag erfolgt innerhalb der Berichtseinheit eine Substitution von derivativen durch originäre Goodwillkomponenten in Höhe von 100 T€. In diesem Fall liegt der Fair Value der Berichtseinheit C am Bilanzstichtag (31.12.2002) bei 2.700 T€ und entspricht damit dem Buchwert des Eigenkapitals. Auf der ersten Teststufe wird somit eine Werthaltigkeit des Goodwill signalisiert, so dass eine Abschreibung nicht durchzuführen ist. Das ausgewiesene Eigenkapital entspricht dem Fair Value der Einheit und damit den zukünftig erwarteten Einzahlungsüberschüssen.

Variante 2 unterscheidet sich von Variante 1 dahingehend, dass C nicht mehr eine einzige Berichtseinheit darstellt, sondern vielmehr in zwei separate Berichtseinheiten C_1 und C_2 zu unterteilen ist. Unterstellt sei dabei vereinfachend, dass die Summe der Fair Values von C_1 und C_2 dem Fair Value von C entspricht, d. h. von Synergieeffekten zwischen den einzelnen Einheiten abgesehen wird. Annahmegemäß entfällt der in der Periode auftretende Zuwachs an originärem Goodwill von 100 T€ auf die Berichtseinheit C_1, während die Entwertung des derivativen Goodwill in gleicher Höhe C_2 zuzuordnen ist. Bei Durchführung des Impairment-Tests am 31.12.2002 bestätigt sich für Berichtseinheit C_1 die Werthaltigkeit des Goodwill. Demgegenüber ergibt sich für Berichtseinheit C_2 aufgrund des im Vergleich zum Buchwert des Eigenkapitals von 1.700 T€ niedrigeren Fair Value von 1.600 T€ eine potenzielle Abwertungserfordernis. Wird davon ausgegangen, dass Buchwert und Fair Value des identifizierbaren Nettovermögens von Einheit C_2 am 31.12.2002 übereinstimmen, so errechnet sich auf der zweiten Teststufe eine Goodwillabschreibung in Höhe von 100 T€. Die Summe des nach der Testdurchführung ausgewiesenen Eigenkapitals beläuft sich demnach auf 2.600 T€ (= 1.000 T€ + 1.600 T€), der ein Fair Value beider Berichtseinheiten von insgesamt 2.700 T€ (= 1.100 T€ + 1.600 T€) gegenübersteht.

Das angeführte Beispiel verdeutlicht, dass eine vergleichsweise umfassendere Abgrenzung von Berichtseinheiten tendenziell die Wahrscheinlichkeit der Verrechnung eines wertgeminderten derivativen Goodwill mit originären Goodwillkomponenten, stillen Reserven oder selbst erstellten immateriellen Vermögenswerten erhöht und damit eine Verringerung des Wertansatzes oftmals nicht vorzunehmen ist.[789] Im Ergebnis tritt ein ähnlicher Effekt auch dann ein, wenn das erworbene Unternehmen in Berichtseinheiten integriert wird, die bereits beim Käufer vorhanden sind. In diesen Fällen fallen die jeweiligen Buchwerte des Eigenkapitals und die Fair Values der zum Zeitpunkt der Akquisition bereits beim Erwerber vorhandenen Berichtseinheiten oftmals soweit auseinander, dass sie umfangreiche Verrechnungsmöglichkeiten für eine Entwertung des derivativen Goodwill bieten.[790]

Aus dem Blickwinkel der bilanziellen Relevanz erscheint folglich eine feine Untergliederung in betriebliche Teileinheiten dahingehend unzweckmäßig, als gerade die Verrechnungsmöglichkeiten von Wertminderungen und Wertsteigerungen zu einem ceteris paribus zutreffenderen Ausweis der insgesamt aus einer größer definierten Einheit zukünftig erwarteten Einzahlungsüberschüsse anhand des bilanzierten Eigenkapitals führen. Wenngleich bei konsequenter Betrachtungsweise eine Untergliederung des Gesamtunternehmens aus Relevanzerwägungen demnach grundsätzlich unterbleiben sollte, so weisen die Vorschriften des FASB gegenüber IAS 36 des IASB gleichwohl konzeptionell einen Vorteil auf. Dieser besteht darin, dass die Untergliederung der Berichtseinheiten nach SFAS 142 einer Beschränkung in der Weise unterliegt, dass die Ebene der operativen Segmente höchstens um eine Stufe auf die Ebene der Untereinheiten zu unterschreiten ist.[791] Gemäß IAS 36 ist dagegen auf die zahlungsmittelgenerierende Einheit abzustellen, die die *kleinste* identifizierbare Gruppe von Vermögenswerten darstellt, die permanente Cashflows unabhängig von anderen Vermögenswerten oder zahlungsmittelgenerierenden Einheiten aus ihrer laufenden

---

789 Vgl. auch *Fladt/Feige*, Exposure Draft 3, S. 255.

790 Vgl. z. B. *Pellens/Sellhorn*, Goodwill-Bilanzierung, S. 1685; *Dietrich*, Goodwillbilanzierung, S. 551.

791 Vgl. Gliederungspunkt 4.4.1.2.1.

Nutzung hervorbringt und gleichzeitig der Ergebniskontrolle durch das Management unterliegt.[792] Eine mit SFAS 142 vergleichbare Begrenzung der Untergliederung auf eine bestimmte Ebene besteht insofern nicht, so dass es im Rahmen der IFRS unter Umständen zukünftig zu einer im Vergleich zu SFAS 142 noch stärkeren Untergliederung kommen könnte.[793]

Im Kontext der bilanziellen Vermittlung entscheidungsnützlicher Informationen ist darüber hinaus zu beachten, dass sich die Aufteilung eines Unternehmens auf Berichtseinheiten nach SFAS 142 in einer für den Bilanzadressaten verborgenen Nebenrechnung vollzieht. Informationen gehen von einer Bilanz vor allem aber auch aus dem Einzelausweis bestimmter Positionen aus. Hat man sich entgegen den konzeptionellen Bedenken für eine Aufteilung des Unternehmens auf Berichtseinheiten entschlossen, wäre es gleichwohl konsequent, die Berichtseinheiten im Sinne einer second best-Lösung dem Grunde und der Höhe nach zumindest separat in der Bilanz darzustellen.[794]

5.1.1.2.2.2 Berücksichtigung von Verbundvorteilen

Nach SFAS 142 sollen die Fair Values der Berichtseinheiten grundsätzlich hypothetische Marktpreise darstellen (market approach).[795] Für den Regelfall einer barwertorientierten Fair Value-Ermittlung in Übereinstimmung mit SFAC 7 sind demnach die einzelnen Bestimmungsgrößen der Barwertformel aus der Sicht eines externen Marktteilnehmers festzulegen, so dass nur solche zukünftig erwarteten Cashflows Berücksichtigung finden, die auch vom Markt vergütet werden.

Ungeklärt ist bisher allerdings, ob im Rahmen dieser Marktsicht Synergien aus der Durchführung des Unternehmenszusammenschlusses Berücksichtigung finden. Nach Auffassung von *Nestler/Thuy* ist die „Vorschrift des SFAS 142 ... dahingehend zu interpretieren, dass

---

792 Vgl. Gliederungspunkt 4.6.1.

793 Vgl. *Fladt/Feige*, Exposure Draft 3, S. 255, 261; *Bieker/Esser*, Goodwill-Bilanzierung, S. 79. Dies bestätigt auch eine vom IASB im Vorfeld von IFRS 3 durchgeführte Feldstudie; vgl. *IASB*, Update July 2003, S. 2. Zu widersprechen ist an dieser Stelle *Focken*, Goodwill-Bilanzierung, S. 442, die aus der Tatsache, dass sowohl nach SFAS 142.30 als auch IAS 36.74 bzw. ED-IAS 36.C19 eine Berichtseinheit bzw. zahlungsmittelgenerierenden Einheit nicht größer als ein operatives Segment sein darf, auf einen Unterschied rein begrifflicher Art schließt. Vgl. Gliederungspunkt 4.6.1.

794 Die Beschränkung der Aufteilung eines Unternehmens nach unten hin auf die Ebene von Untereinheiten gemäß SFAS 142 würde gleichzeitig gewährleisten, dass eine derartige Übersicht vergleichweise überschaubar bliebe. Vgl. auch die Forderung von *Streim/Bieker/Esser*, Fair Values, S. 471 f., nach einem offenen Ausweis von zahlungsmittelgenerierenden Einheiten im Rechnungslegungssystem der IFRS. Vgl. hierzu ferner *Streim/Bieker/Esser*, Informationsbilanz, S. 240 f.

795 Vgl. Gliederungspunkt 4.4.1.5.1.

Vorteile einer Reporting Unit, die zum Beispiel rein aus dem Konzernverbund resultieren, nicht in die Bewertung einfließen dürfen"[796] und folglich generell von einer fiktiven Veräußerung der Einheit ausgegangen wird. Demgegenüber erachtet *Hommel* sowohl die Verkäufer- als auch die Käufersicht für zulässig, wobei er Synergieeffekte ausschließlich bei letztgenannter einbezogen wissen will.[797] *Frowein/Lüdenbach* interpretieren SFAS 142 dahingehend, dass Synergien grundsätzlich einzubeziehen sind. Sie bauen ihre Argumentation darauf auf, dass von einer Veräußerung an einen Käufer auszugehen ist, der über eine ähnliche Unternehmensstruktur verfügt und daher ebenfalls Synergien bei der Kaufpreisfindung einbezieht: „Die Aussicht eines potentiellen Käufers auf Realisierung positiver Synergien bleibt hingegen schon nach der Definition [des Fair Value, *Anm. d. Verf.*] berücksichtigungsfähig"[798].

Die Frage, ob Verbundvorteile aus dem Unternehmenserwerb in die Ermittlung des Fair Value der Berichtseinheit einbezogen werden, spielt im Kontext der bilanziellen Vermittlung entscheidungsrelevanter Informationen eine wichtige Rolle. Werden nämlich Synergieeffekte vernachlässigt, so wird „Unvergleichbares ... miteinander verglichen"[799]: In diesen Fällen finden Synergieeffekte zwar regelmäßig bei der Bestimmung des Unternehmenskaufpreises und der Aufteilung des Gesamtgoodwill auf die einzelnen Berichtseinheiten Berücksichtigung. Gleichzeitig gehen sie aber nicht in die Fair Values bei der Folgebewertung ein, so dass diese nicht mehr die tatsächlich erwarteten zukünftigen Einzahlungsüberschüsse repräsentieren. Die Konsequenz aus einer derartigen Vorgehensweise besteht darin, dass im Rahmen der erstmaligen Durchführung des Werthaltigkeitstests eine Minderung des ausgewiesenen Goodwill vorzunehmen ist, obwohl tatsächlich kein Rückgang zukünftiger Cashflow-Potenziale stattfindet. Selbst unter Einbezug der Synergien in die Fair Values könnte es zu ähnlichen Effekten kommen, wenn nämlich die Verbundvorteile zum Zeitpunkt des Unternehmenserwerbs nicht auf der Basis eines fiktiven Unternehmenserwerbs, sondern ausschließlich über ein Vereinfachungsverfahren auf die einzelnen Berichtseinheiten verteilt wurden.[800]

Die Tatsache, dass SFAS 142 sich nicht eindeutig zur Behandlung von Synergieeffekten äußert, erscheint umso problematischer, als das FASB im Vorfeld der Neuregelungen Feldstudien durchführte und dabei erkannte, „that much, if not most, of what is paid for goodwill in

---

[796] *Nestler/Thuy*, Verfahren zur Bewertung, S. 177.

[797] Vgl. *Hommel*, Goodwillbilanzierung, S. 1946.

[798] *Frowein/Lüdenbach*, Goodwill-Impairment-Test, S. 66.

[799] *Hommel*, Goodwillbilanzierung, S. 1946.

[800] Zur Aufteilung von Synergien auf Berichtseinheiten vgl. Gliederungspunkt 4.4.1.2.3.

many acquisitions today relates to synergistic goodwill rather than going concern goodwill"[801]. Hier wäre es zweifelsohne von Vorteil gewesen, den expliziten Einbezug von Verbundeffekten in SFAS 142 festzuschreiben.

In diesem Zusammenhang erweist sich der vom IASB herausgegebene IAS 36 konzeptionell als überlegen, da dieser unter anderem auf den Nutzungswert abstellt. Definiert wird der Nutzungswert als „present value of future cash flows expected to be derived from an asset or cash generating unit"[802]. Im Sinne eines entity specific measurement liegt ihm folglich eine unternehmensspezifische, d. h. auf unternehmensinterne Verwendungsmöglichkeiten abstellende Kapitalwertschätzung zugrunde. In den Nutzungswert gehen daher insbesondere auch solche Ein- und Auszahlungspotenziale ein, die auf komparativen Vor- bzw. Nachteilen des Unternehmens im Vergleich zur Markteinschätzung beruhen.[803] Allerdings ist zu beachten, dass das IASB in IAS 36 eine ganze Reihe von zukünftig erwarteten Mittelzu- und Mittelabflüssen von der Berücksichtigung im Rahmen des Nutzungswerts ausgeschlossen hat und insofern der unter Relevanzaspekten überlegenen unternehmensspezifischen Sichtweise nicht bis in die letzte Konsequenz folgt.[804]

5.1.2 Auswirkungen der Goodwillbilanzierung auf den prognosegeeigneten Gewinn

Die vorangegangenen Ausführungen haben verdeutlicht, dass SFAS 141/142 nur mit Einschränkungen einen Beitrag dazu leisten, anhand einer Bilanz entscheidungsrelevante Informationen bereitzustellen. Im Rahmen der US-GAAP-Rechnungslegung stellt die Bilanz jedoch grundsätzlich nur *ein* Instrument zur Informationsvermittlung dar. Im Rechnungslegungssystem der US-GAAP sollen entscheidungsrelevante Informationen über zukünftig erwartete Einzahlungsüberschusse auch anhand einer Gewinngröße bereitgestellt werden. [805] Im Folgenden wird daher untersucht, inwieweit die Neuregelungen zur Goodwillbilanzierung einen Beitrag dazu leisten, auf der Basis des Konzepts des prognosegeeigneten Gewinns entscheidungsrelevante Informationen zu vermitteln. [806]

---

801 *Johnson/Petrone*, Goodwill Amortization.

802 IAS 36.6. Vgl. dazu auch *Küting/Dawo/Wirth*, Konzeption der außerplanmäßigen Abschreibung, S. 179 f.

803 Vgl. auch *Streim/Bieker/Esser*, Fair Values, S. 471.

804 Vgl. auch Gliederungspunkt 5.2.2.3.2.1.

805 Vgl. Gliederungspunkt 3.2.3.1.

806 Vgl. Gliederungspunkt 3.2.3.2.

Auf den ersten Blick erscheint die nicht mehr zulässige planmäßige Abschreibung des Goodwill dem Impairment Only-Ansatz überlegen: Lediglich im Falle einer ratierlichen Verminderung um einen konstanten Betrag über einen mehrere Perioden umfassenden Zeitraum kommt es ceteris paribus zu einem geglätteten Gewinnausweis. Durch den sich im Zeitablauf vermindernden Wertansatz des derivativen Goodwill und der hiermit einhergehenden Verringerung des Buchwerts des Eigenkapitals sinkt tendenziell die Wahrscheinlichkeit, zukünftig zusätzlich den Trend störende außerplanmäßige Abschreibungen auf den Goodwill vorzunehmen. Betrachtet man die planmäßige Goodwillabschreibung isoliert, d. h. ohne Berücksichtigung etwaiger aus der Unternehmenstransaktion resultierender Erträge, so sind einzig zu Beginn und am Ende des Abschreibungszeitraums Gewinnsprünge durch Einsetzen bzw. Aussetzen der planmäßigen Abschreibung zu erwarten.[807]

Demgegenüber treten Goodwillabschreibungen im Rahmen des Impairment Only-Ansatzes typischerweise unregelmäßig sowohl im Hinblick auf den Zeitpunkt als auch der Höhe nach auf, was eine Durchbrechung einer geglätteten Gewinnreihe bewirkt.[808] Auf den zweiten Blick wird allerdings deutlich, dass das Streben nach einem nivellierten Gewinnausweis im Zeitablauf bezüglich des Impairment Only-Ansatzes unter bestimmten Umständen nicht sinnvoll erscheint. Der Grund für diese These liegt darin, dass die im Rahmen des Konzepts des geglätteten Gewinn ermittelte Gewinngröße nur solange unverändert fortgeführt werden sollte, solange es lediglich zu Wertänderungen infolge von einmaligen oder seltenen Ereignissen kommt, die sich in den Folgeperioden nicht oder zumindest nicht regelmäßig wiederholen.[809] Die im Kontext des geglätteten Gewinns getroffene Aussage, dass „Wertsteigerungen und Wertminderungen von assets ... in keinem Zusammenhang mit zukünftigem geschäftlichen Erfolg bzw. Misserfolg [stehen]“[810], ist nämlich auf den Goodwill nicht unbedingt übertragbar. Dies ist darauf zurückzuführen, dass sich der bilanziell ausgewiesene Goodwill im Falle einer außerplanmäßigen Abschreibung als Restgröße aus dem Fair Value einer Berichtseinheit und dem erworbenen neu bewerteten identifizierbaren Nettovermögen ergibt. Der Fair Value wiederum wird im Regelfall über ein Barwertkalkül gewonnen, in dem sich sämtliche, d. h. auch die nachhaltig erwarteten Einzahlungsüberschüsse der Berichts-

807 Selbst wenn Erträge aus dem erworbenen Unternehmen Berücksichtigung fänden, so dürfte der Gewinnsprung am Ende der Abschreibungsdauer unvermeidbar sein, da sich die tatsächliche Nutzungsdauer eines Goodwill grundsätzlich nicht ex ante bestimmen lässt und damit allenfalls zufällig mit der Beendigung der planmäßigen Abschreibung zusammenfällt; vgl. Gliederungspunkt 5.1.1.2.1.1.

808 Vgl. auch Gliederungspunkt 5.1.1.2.1.1.

809 Vgl. *Streim/Bieker/Leippe*, Anmerkungen zur theoretischen Fundierung, S. 198.

810 *Streim/Bieker/Esser*, Fair Values, S. 476.

einheit widerspiegeln. Langfristige Änderungen der Ertragsaussichten bedingen damit zwangsläufig auch eine Variation des Fair Value einer betrieblichen Teileinheit.

Folglich sind grundsätzlich zwei Situationen zu unterscheiden:

1. Der Fair Value einer Berichtseinheit ändert sich aufgrund eines zukünftig erwarteten einmaligen oder seltenen Ereignisses. Dieses könnte beispielsweise in einem sich bereits abzeichnenden temporären Engpass eines Lieferanten bestehen oder in einer unerwartet bekannt gewordenen Altlast, die in einer bestimmten zukünftigen Periode spätestens zu beseitigen ist.

2. Der Fair Value ändert sich infolge einer nachhaltigen Verschlechterung der Ertragsaussichten, etwa aufgrund der Entscheidung einer Regulierungsbehörde, zukünftig ausländische Wettbewerber zuzulassen, oder dem langfristigen Wegbrechen bedeutender Absatzmärkte.

Der erste Fall bewirkt keine Variation der langfristigen Ertragsaussichten. Dementsprechend lässt sich für diese Situation die Forderung ableiten, dass derartige Sachverhalte die Gewinngröße grundsätzlich nicht beeinflussen dürfen, um die geglättete Gewinnreihe im Zeitablauf nicht zu stören.

Im zweiten Fall sind die Ertragsaussichten dagegen nachhaltig beeinträchtigt, so dass dieser Umstand grundsätzlich ein Absinken des prognosegeeigneten Gewinns bedingt.[811] Diese Schlussfolgerung wirft zwangsläufig die Frage nach der Bemessung des Gewinnsprungs der ansonsten geglätteten Zeitreihe auf. Naheliegend erscheint zunächst, die nach SFAS 142 errechnete Goodwillabschreibung in vollem Umfang gewinnmindernd zu erfassen. In diesem Fall kommt es jedoch zu einer vergleichsweise hohen Abschreibung bzw. einem erheblichem Gewinnrückgang, der insbesondere auch die Verminderung von Cashflow-Potenzialen lediglich geplanter, aber noch nicht realisierter Maßnahmen umfasst. Dieser Zukunftsbezug erweist sich im Kontext geglätteten Gewinns allerdings als unzweckmäßig, da die Gewinngröße unter Berücksichtigung der Goodwillabschreibung keine Prognoseeignung hinsichtlich des Gewinns in den Folgeperioden bietet. Dies ist darauf zurückzuführen, dass sich eine einmal vorgenommene außerplanmäßige Abschreibung in den Folgeperioden ceteris paribus grundsätzlich nicht wiederholt, sondern es zwangsläufig wieder zu einem Gewinnanstieg kommt: Vom Gewinn in der vergangenen Periode kann nicht auf den Gewinn im nachfolgenden Abrechnungszeitraum geschlossen werden.[812] Die Inkompatibilität des Grundsatzes der

---

[811] Vgl. *Streim/Esser*, Informationsvermittlung, S. 840.

[812] Vgl. dazu auch *Leippe*, Bilanzierung von Leasinggeschäften, S. 79.

Vorsicht zum Konzept des prognosegeeigneten Gewinns, welches im Wesentlichen auf Daten der Vergangenheit beruht, wird deutlich.[813]

SFAS 142 sieht grundsätzlich eine erfolgswirksame Erfassung einer Goodwillabschreibung im Ergebnis aus der gewöhnlichen Geschäftstätigkeit vor.[814] Die angeführten Überlegungen zeigen jedoch, dass diese Vorgehensweise sowohl im Hinblick auf einmalige oder seltene Ereignisse, als auch bei nachhaltiger Änderung der Ertragsaussichten unzweckmäßig erscheint. Konsequent wäre es folglich, die Goodwillabschreibung stets außerhalb des ordentlichen Gewinns im Rahmen des außerordentlichen Ergebnisses der Gewinn- und Verlustrechnung bzw. in einem anderen Berichtsteil auszuweisen. Diese Vorgehensweise entspräche somit der Behandlung von Wertminderungen, die aus der erstmaligen Anwendung von SFAS 141/142 resultieren.[815]

Die hier geforderte Nichtberücksichtigung im Rahmen des prognosegeeigneten Gewinns darf jedoch nicht darüber hinwegtäuschen, dass es sich bei einer außerplanmäßigen Goodwillabschreibung als solche, d. h. losgelöst von einer Gewinngröße, um eine entscheidungsrelevante Information handelt. Aufgrund des Zukunftsbezugs bietet sie gerade im Falle erwarteter nachhaltiger Änderungen der Ertragslage dem Bilanzleser die Möglichkeit, in Verbindung mit weitergehenden Erläuterungen Rückschlüsse auf eine zukünftige Veränderung des prognosegeeigneten Gewinns zu ziehen.[816] Damit zeigt sich, dass einzelnen Bestandteilen des außerordentlichen Ergebnisses gleichwohl ein eigenständiger Informationsgehalt zukommen kann.

Der von SFAS 142 vorgesehene *separate Ausweis* von Goodwillabschreibungen in der Gewinn- und Verlustrechnung ist daher grundsätzlich als zweckmäßig anzusehen. Damit bestätigt sich, dass „auch ein ‚geglätteter Gewinn' ... letztlich nur mit Zusatzinformationen ein gutes Informationsinstrument [ist]“[817]. Eingeschränkt wird der Informationsgehalt einer ausgewiesenen Goodwillabschreibung jedoch durch die bereits bei der Analyse der bilanziellen Entscheidungsrelevanz thematisierten Unzulänglichkeiten des Impairment Only-Ansatzes. Zu bemängeln ist in diesem Zusammenhang insbesondere die strikt asymmetrische Konstruktion, die den Ausweis einer Goodwillzuschreibung verhindert und damit unter

---

813 Vgl. Gliederungspunkt 3.2.3.4.2.

814 Vgl. Gliederungspunkt 4.4.2.

815 Vgl. Gliederungspunkt 4.5.3.

816 Zu den gemäß SFAS 142 vorzunehmenden Erläuterungen im Falle einer außerplanmäßigen Goodwillabschreibung vgl. Gliederungspunkt 4.4.2.

817 *Leippe*, Bilanzierung von Leasinggeschäften, S. 88.

Umständen keine Rückschlüsse auf eine langfristige Erhöhung des geglätteten Gewinns infolge nachhaltig verbesserter Ertragsaussichten zulässt.

5.1.3 Sonstige Informationsvermittlung

Die Vermittlung entscheidungsrelevanter Informationen soll nicht nur über eine Informationsbilanz sowie einen prognosegeeigneten Gewinn, sondern insbesondere auch mit Hilfe des Konzepts der sonstigen Informationsvermittlung angestrebt werden. Im Rahmen der sonstigen Informationsvermittlung ist grundsätzlich zwischen Gliederungs- und Ausweisvorschriften einerseits und den sonstigen Informationsinstrumenten andererseits zu differenzieren.[818] Da Gliederungs- und Ausweisvorschriften untrennbar mit der Informationsvermittlung auf der Basis einer Bilanz bzw. einer Gewinngröße verbunden sind, wurden im Zusammenhang mit der Goodwillbilanzierung stehende wesentliche Ausweis- und Gliederungsfragen bereits im Kontext der vorangegangenen Analyse erörtert[819] und werden daher an dieser Stelle nicht erneut aufgegriffen. Gegenstand der nachfolgenden Ausführungen bilden vielmehr Überlegungen, inwieweit die mit SFAS 141/142 verbundenen Regelungen im Bereich der sonstigen Informationsinstrumente einen Beitrag zur Vermittlung entscheidungsrelevanter Informationen dadurch leisten, dass sie über Breite, zeitliche Struktur sowie Un-(Sicherheit) der zukünftig erwarteten Zahlungsströme informieren.

Im Rahmen der sonstigen Informationsinstrumente greift das FASB in SFAS 141/142 auf den Anhang zurück. Im Folgenden wird differenziert zwischen den Anhangangaben zur erstmaligen Bilanzierung des Goodwill und den Angaben zur Folgebewertung.

Gemäß SFAS 141 sind zu jeder Unternehmenstransaktion des abgelaufenen Geschäftsjahrs separat sowie aufgeschlüsselt nach berichtspflichtigen Segmenten sowohl die Höhe eines etwaig im Kaufpreis enthaltenen Goodwill als auch die wesentlichen Faktoren anzugeben, die zum jeweiligen Goodwill geführt haben.[820] Diese Verpflichtungen erscheinen vor allem aus zwei Gründen zweckmäßig: Zum einen eröffnet die Angabe der Faktoren dem Adressaten in Abhängigkeit vom Detaillierungsgrad unter Umständen die Möglichkeit, Rückschlüsse dahingehend zu ziehen, inwieweit im Goodwill jeweils Zahlungen ohne Gegenwert enthalten sind, so dass es insgesamt zu einer verbesserten Abschätzbarkeit der Breite des zukünftig erwarteten Zahlungsstroms kommt. In Verbindung mit dem gesonderten Ausweis je Unternehmenstransaktion lassen sich darüber hinaus auch präzisere Einschätzungen von zeitli-

---

818 Vgl. Gliederungspunkt 3.2.4.1.

819 Vgl. Gliederungspunkte 5.1.2, 5.1.1.1.2.2, 5.1.1.2.2.1.

820 Vgl. Gliederungspunkt 4.3.2.

cher Verteilung sowie (Un-)Sicherheit vornehmen. Wird beispielsweise als wesentlicher Goodwillfaktor der Erwerb einer annähernd marktreifen Technologie genannt, so ergeben sich im Hinblick auf zeitliche Verteilung und Un-(Sicherheit) Einschätzungen, die signifikant von einer Akquisition abweichen, die vor allem aus Gründen des Erwerbs von Know-how im Bereich der Grundlagenforschung durchgeführt werden.

Goodwillspezifische Angaben im Anhang werden seitens des FASB aber nicht nur hinsichtlich der erstmaligen Erfassung eines Akquisitionsobjekts, sondern auch im Rahmen der Folgebewertung gefordert.[821] So sind unter anderem nicht nur für jedes berichtspflichtige Segment die Summe der Goodwillabschreibungen der Periode zu nennen, sondern zusätzlich für sämtliche Wertberichtigungen jeweils Sachverhalt, Umstände, sowie die Methode zur Bewertung der betroffenen Berichtseinheit. Ein hohes Maß an Entscheidungsrelevanz dürfte vor allem von der Erläuterung einer Goodwillabschreibung ausgehen: Nur auf diesem Wege gelingt es dem Adressaten, Hinweise auf eine nachhaltige Verschlechterung der Ertragslage zu erhalten.[822]

Unzweckmäßig erscheint dagegen die Tatsache, dass die Aufschlüsselung der Goodwillabschreibungen grundsätzlich auf der Stufe berichtspflichtiger Segmente vorgenommen wird. Fände bereits zum Zeitpunkt des Unternehmenserwerbs eine feinere Untergliederung auf der Ebene der Berichtseinheiten statt und würde in den Folgeperioden eine entsprechende Fortschreibung stattfinden, so könnten Kapitalgeber ihre Einschätzungen vor allem im Hinblick auf die zeitliche Struktur sowie die (Un-)Sicherheit zukünftig erwarteter Einzahlungsüberschüsse infolge einer Goodwillabschreibung vergleichsweise exakt anpassen.

Eine detaillierte Gliederung der goodwillbezogenen Anhangangaben auf Berichtseinheitenebene hatte des FASB noch im Standardentwurf vom 14. Februar 2001 erwogen[823], infolge kritischer Kommentare während der Kommentierungsphase aber wieder verworfen. Der von Unternehmensvertretern hervorgebrachte Einwand bestand vor allem darin, dass derart fein gegliederte Informationen verwirrend und nutzlos seien, da im Jahresabschluss ansonsten überhaupt keine Informationen zu Berichtseinheiten offen gelegt würden.[824] Es mag dahingestellt bleiben, inwieweit Überlegungen zur Vermeidung eines allzu tiefen Einblicks in die Unternehmensverbindung die eigentliche Ursache für die ablehnende Haltung darstellen –

---

[821] Vgl. Gliederungspunkt 4.4.2.

[822] Zur Bedeutung derartiger Informationen im Kontext der Ermittlung einer prognosegeeigneten Gewinngröße vgl. Gliederungspunkt 5.1.2.

[823] Vgl. ED-SFAS (Revised) Goodwill, Par. 33.

[824] Vgl. SFAS 142.B194.

unter dem Gesichtspunkt der Vermittlung entscheidungsrelevanter Informationen wäre eine Feingliederung eindeutig zu befürworten.

Würden die bisher nach SFAS 142 für berichtspflichtige Segmente geforderten Anhangangaben im Rahmen der Folgebilanzierung auf die einzelnen Berichtseinheiten heruntergebrochen und in einer Tabelle dargeboten, so hätte ein derartiges „Goodwillverzeichnis" beispielsweise folgende Form:[825]

operatives Segment	Berichts-einheit	Goodwill (Buchwert Vj.)	Goodwill (Zugang /Abgang)	Goodwill (Umgliederung)	Goodwillabschreibung			Goodwill (Buchwert)
					Höhe	Sachverhalt	Bewertungs-methode	
A	A1							
	A2							
	A3							
	...							
B	B1							
	B2							
	B3							
	...							
C	C1							
	C2							
	C3							
	...							
Summe								

Abbildung 32: Goodwillverzeichnis

Wenngleich bereits das Goodwillverzeichnis eine Verbesserung im Hinblick auf die Vermittlung entscheidungsrelevanter Informationen bewirkt, so wäre es denkbar, im Anhang auch den im Regelfall jährlich ermittelten Fair Value einer Berichtseinheit offen zulegen. Auf diesem Wege gelänge es, dem Adressaten eine ungleich relevantere Größe an die Hand zu geben, die nicht der strikt asymmetrischen Konstruktion des Impairment Only-Ansatzes unterliegt.[826] Auf diese Weise wäre dann zumindest im Anhang endgültig der Schritt zu einem umfassenden Fair Value-Accounting vollzogen. Einen Schritt in die richtige Richtung geht das IASB zumindest dahingehend, dass gemäß IAS 36 unabhängig vom Vorliegen

825 Vgl. dazu auch *Leippe*, Bilanzierung von Leasinggeschäften, S. 333 ff., die im Rahmen zweckmäßiger Vorschriften zur Bilanzierung von Leasingverhältnissen die Forderung nach einem „Leasingspiegel" erhebt.

826 Vgl. dazu auch *Duhr*, Geschäftswertberichterstattung, S. 977.

einer Wertberichtigung an *jedem* Bilanzstichtag stets detaillierte Angaben zur Ermittlung des Nutzungswerts einer Teileinheit zu machen sind.[827]

Erfolgt eine verbindliche Festlegung auf barwertorientierte Bewertungsverfahren, so ließe sich ferner nicht nur über den Fair Value der Berichtseinheit als einwertige Größe die Breite, sondern über eine Periodendifferenzierung ebenso die zeitliche Struktur und über die Angabe von Eintrittswahrscheinlichkeiten bzw. Bandbreiten das Risiko zukünftig erwarteter Einzahlungsüberschüsse offen legen. Ein „Berichtseinheitenverzeichnis", welches zusätzlich zur Breite über die zeitliche Struktur des Cashflow-Potenzials informiert, sei abschließend skizziert:

operatives Segment	Berichts-einheit	Fair Value (Vj.)	Fair Value	erwartete Ein- bzw. Auszahlungsüberschüsse						
				t_1	t_2	t_3	t_4	t_5	…	t_∞
A	A1									
	A2									
	A3									
	…									
B	B1									
	B2									
	B3									
	…									
C	C1									
	C2									
	C3									
	…									
Summe										

Abbildung 33: Berichtseinheitenverzeichnis

5.2 Verlässlichkeit

In den vorangegangenen Gliederungspunkten wurde der Frage nachgegangen, inwieweit die Vorschriften zur Goodwillbilanzierung einen Beitrag zur Vermittlung entscheidungsrelevanter Informationen leisten. Als entscheidungsnützlich sind Informationen jedoch grundsätzlich erst dann anzusehen, wenn sie ferner dem Kriterium der Verlässlichkeit genügen. Dieser Frage soll im Folgenden zunächst im Hinblick auf die goodwillspezifischen Regelungen zum Erwerbszeitpunkt und anschließend bezüglich der Folgebewertung nachgegangen werden.

[827] Vgl. Gliederungspunkt 4.6.1. Eine Offenlegung des Nutzungswerts als solches erfolgt gleichwohl auch nach IAS 36 nicht.

5.2.1 Entstehung des Goodwill

Der bilanziell ausgewiesene Goodwill ergibt sich zum Zeitpunkt des Unternehmenserwerbs als Differenz zwischen den Anschaffungskosten der erworbenen Unternehmung bzw. Beteiligung und dem auf Fair Value-Basis bewerteten identifizierbaren Nettovermögens des Akquisitionsobjekts. Als verlässlich anzusehen ist der Goodwill als Residualgröße folglich nur dann, wenn sowohl die Bestimmung der Anschaffungskosten als auch die Ermittlung des identifizierbaren Nettovermögens ermessensfrei erfolgen.

5.2.1.1 Bestimmung der Anschaffungskosten des erworbenen Unternehmens

Obwohl die Ermittlung der Anschaffungskosten des erworbenen Unternehmens in der goodwillspezifischen Literatur nur ansatzweise thematisiert wird, darf aus diesem Umstand nicht auf eine Größe frei von jeglichem Ermessensspielraum geschlossen werden. Bilanzpolitische Gestaltungspotenziale bestehen hier vor allem dann, wenn die Akquisitionswährung in der Hingabe von Aktien des Erwerbers besteht.[828] Sollte es in diesen Fällen zu einem Auseinanderfallen des Fair Value auf Basis des (modifizierten) Börsenkurses der herausgegebenen Wertpapiere und dem Fair Value des über eine Unternehmensbewertung ermittelten erworbenen Nettovermögens kommen, so eröffnet die von SFAS 141 geforderte Gewichtung der voneinander abweichenden Größen zwangsläufig Möglichkeiten zur Ermessensausübung. Hier gibt das FASB zwar vor, dass „all aspects" des Unternehmenszusammenschlusses sowie externe Gutachten herangezogen werden sollten[829]; die Entscheidung, welche Gesichtspunkte im Einzelfall mit berücksichtigt werden und mit welchen Gewichtungsfaktoren die unterschiedlichen Größen letztlich in den Anschaffungspreis einfließen, dürfte nichtsdestoweniger durch eine geschickte Argumentation seitens der Geschäftsleitung beeinflussbar sein. Weitere Spielräume ergeben sich unter Umständen auch aus derzeit bestehenden Regelungslücken, beispielsweise hinsichtlich der bilanziellen Erfassung sog. Verkäufer-Zusicherungen.[830]

5.2.1.2 Ermittlung des identifizierbaren Nettovermögens

Unter dem Aspekt der Verlässlichkeit gleichwohl problematischer ist die Ermittlung des zum Fair Value bewerteten identifizierbaren Nettovermögens des erworbenen Unternehmens als zweite Determinante der Goodwill-Formel. Hier stellt sich die Frage, inwieweit SFAS 141

---

828 Vgl. Gliederungspunkt 4.3.1.3.

829 Vgl. SFAS 141.23.

830 Vgl. *Küting/Wirth*, Anschaffungskosten, S. 1196 f.

zum einen eine verlässliche Identifikation dem Grunde nach einzubeziehender Vermögenswerte und Schulden ermöglicht und zum anderen eine ermessenfreie Fair Value-Bewertung gewährleistet.

Nach Maßgabe des FASB sind in der Konzernbilanz erworbene immaterielle Vermögenswerte immer dann separat vom Goodwill zum Ansatz zu bringen, wenn sie entweder auf einem vertraglichen oder sonstigen Recht basieren oder separierbar sind.[831] Unter Verlässlichkeitsaspekten ist die Konkretisierung des Merkmals der Identifizierbarkeit durch das contractual-legal-Kriterium sowie das Separierbarkeits-Kriterium zunächst positiv zu werten, engt sie doch bilanzpolitische Gestaltungspotenziale zusammen mit dem in SFAS 141 enthaltenen Regelbeispiel-Katalog separat zu erfassender immaterieller Vermögenswerte grundsätzlich ein.

Die Präzisierung der Ansatzkriterien darf allerdings nicht darüber hinwegtäuschen, dass nach wie vor Ermessensspielräume verbleiben. So dürfte im Hinblick auf das Merkmal der Separierbarkeit im Zweifelsfall die Einschätzung der Geschäftsleitung dafür ausschlaggebend sein, ob eine externe Verwertungsmöglichkeit der betrachteten Position als gegeben anzusehen ist. Dass in Einzelfällen selbst eine trennscharfe Abgrenzung auf Basis des contractual-legal-Kriteriums kaum möglich ist, zeigt das Beispiel vorteilhafter Arbeitsverträge (employment contracts), die im Regelbeispielkatalog enthalten und damit explizit separat aktivierungspflichtig sind.[832] Hier dürfte es vor allem im Ermessen des Managements liegen, eine Unterscheidung gegenüber der ausdrücklich von einer separaten Aktivierung ausgeschlossenen Belegschaftsqualität vorzunehmen.[833]

Möglichkeiten zur Ermessensausübung birgt aber neben der Abgrenzung vor allem die Neubewertung der im identifizierbaren Nettovermögen enthaltenen Vermögenswerte und Schulden.[834] Hier dürften sich bilanzpolitische Spielräume in erheblichem Ausmaß bei nicht marktgängigen Vermögenswerten wie beispielsweise bestimmten Positionen des Sachanlagevermögens oder selbsterstellten immateriellen Vermögenswerten ergeben, für die in vielen Fällen keine etablierten Verfahren zur Rekonstruktion eines Marktpreises existieren.[835] Darüber

[831] Vgl. Gliederungspunkt 4.3.1.4.

[832] Vgl. SFAS 141.A14, d(9).

[833] Vgl. *Hommel*, Goodwillbilanzierung, S. 1944.

[834] In diesem Sinne auch *Hitz/Kuhner*, Neuregelung zur Bilanzierung, S. 283; *Pfeil/Vater*, Goodwill, S. 586. Vgl. auch *Kahle*, Bilanzierung nach Beblieben, S. 902 f.

[835] Vgl. *Kahle*, Bilanzierung nach Belieben, 902 f. Des Weiteren können sich Ermessensspielräume im Einzelfall auch daraus ergeben, dass bestimmte Vermögenswerte je nach Argumentation unterschiedlichen Kategorien zurechenbar sind, für die jeweils unterschiedliche Leitlinien zur Fair Value-Ermittlung gelten; vgl. *Lüdenbach/Frowein*, Sicht der Rechnungslegungspraxis, S. 220.

hinaus ist zu berücksichtigen, dass es sich bei der Neubewertung um ein überaus zeit- und arbeitsintensives Unterfangen handelt, welches in Teilen des Umlauf- und Sachanlagevermögens den Einsatz von Bewertungsvereinfachungsverfahren, insbesondere Methoden der Buchwertapproximation, unumgänglich macht.[836] Der mit einer Buchwertapproximation zwangsläufig einhergehende geringere Zuverlässigkeitsgrad wird dabei in der Literatur mit dem Verweis auf die nach SFAC 2 ebenfalls einzuhaltenden Grundsätze der Aktualität sowie einer positiven Kosten-Nutzen-Relation als gerechtfertigt angesehen.[837]

Selbst wenn für einzelne Bilanzpositionen Methoden zur Wertermittlung zur Verfügung stehen, so kann hieraus nicht ohne weiteres ein positives Urteil unter dem Gesichtspunkt der Verlässlichkeit abgegeben werden. Dies lässt sich eindrucksvoll anhand von *Marken* belegen, die zu den wertmäßig bedeutendsten immateriellen Vermögenswerten zählen[838] und im Rahmen von Unternehmensakquisitionen oftmals als entscheidendes Motiv genannt werden[839]. Im Hinblick auf die Bewertung dieser Schlüsselgrößen kommen derzeit getreu dem Motto „anything goes“[840] in der Praxis eine Vielzahl unterschiedlicher Methoden zur Evaluierung des monetären Werts in Frage.[841] Hintergrund des breiten Spektrums an Bewertungsverfahren ist die Tatsache, dass es sich bei der Markenbewertung um ein relativ „junges“ Theoriegebiet handelt, auf dem sich bisher noch kein dominierendes Grundmuster gebildet hat.[842] Innerhalb der Gruppe der monetären Markenbewertungsverfahren ist nach *Günther/Kriegbaum* grundsätzlich eine Differenzierung zwischen einstufigen und zweistufigen Ansätzen vorzunehmen:[843]

---

836 Vgl. *Frowein/Lüdenbach*, Goodwill-Impairment-Test, S. 69 f.

837 Vgl. *Frohwein/Lüdenbach*, Goodwill-Impairment-Test, S. 70. Zum Kriterium der Aktualität vgl. Gliederungspunkt 3.2.2.2; zum Grundsatz eines positiven Kosten-Nutzen-Verhältnisses siehe etwa *Schildbach*, US-GAAP, S. 42.

838 So ermittelte Interbrand Mitte 2003 für die weltweit wertvollste Marke „Coca-Cola“ einen Markenwert von 70,45 Mrd. US$; vgl. *o. V.*, Top Brands, S. 72. Vgl. in diesem Zusammenhang bspw. auch die Übersicht von *Havenstein/Heiden*, Markenwertmessung, S. 1276.

839 Vgl. *Haigh*, Brand Valuation, S. 163 ff.

840 *Aders/Wiedemann*, Brand Valuation, S. 469.

841 Vgl. auch *Vater*, Fair Value, S. 662-663. Zur Bedeutung von Marken bzw. Markenbewertung in deutschen Unternehmen vgl. insbesondere *Sattler*, Markenbewertung und Markenmanagement. Eine Analyse unterschiedlicher Markenbewertungsverfahren im Hinblick auf die Vermittlung entscheidungsrelevanter Informationen ist unter anderem bei *Aders/Wiedmann*, Brand Valuation, zu finden.

842 Vgl. *Aders/Wiedemann*, Brand Valuation, S. 469.

843 Vgl. *Günther/Kriegbaum*, Markencontrolling, S. 131 ff. Monetäre Markenbewertungsverfahren zeichnen sich dadurch aus, dass sie eine finanzielle Ergebnisgröße ermitteln. Sie sind damit von nicht monetären Ansätzen abzugrenzen, im Rahmen derer keine finanziellen Größen, sondern sonstige Kennzahlen bestimmt werden, in denen die relative Position einer Marke im Wettbewerb zum Ausdruck kommt; vgl. *Havenstein/Heiden*, Markenwertmessung, S. 1275.

- Die *einstufigen Verfahren* sind dadurch charakterisiert, dass sie den Markenwert direkt als finanzielle Größe auf der Basis der ökonomischen Wirkungen der Marke auf das Unternehmen messen. Im Einzelnen sind innerhalb der einstufigen Methoden folgende Varianten am häufigsten anzutreffen:

  - Im Rahmen der *kostenorientierten Ansätze* erfolgt die Bewertung anhand der tatsächlich entstandenen Aufwendungen zum Aufbau und Erhalt der Marke oder anhand der entsprechenden Beträge zur Generierung einer gleichwertigen Marke.[844]

  - Wird eine Marke durch den Rückgriff auf die *Methode der Lizenzerlöse* evaluiert, so leitet sich der Markenwert aus den Lizenzeinnahmen ab, die aus der Nutzung der Marke erzielbar sind.[845]

  - Die Markenbewertung mit Hilfe von *Preisprämien und Einzahlungsüberschüssen* orientiert sich am Erfolgspotenzial von Marken. Im Rahmen dieser Ansätze errechnet sich der Wert einer Marke insbesondere als Produkt aus der Preisdifferenz zwischen einem teureren markierten und einem preiswerteren unmarkierten Produkt unter Berücksichtigung der Absatzmenge.[846]

  - Der Grundgedanke *kapitalmarktorientierter Ansätze* besteht darin, dass sich der Wert einer Marke im Börsenkurs des Unternehmens widerspiegelt.[847] Ausgehend von der Börsenkapitalisierung wird durch die Subtraktion zu Wiederbeschaffungskosten bewerteter materieller und sonstiger immaterieller Vermögenswerte der Markenwert retrograd ermittelt.[848]

- Demgegenüber wird im Rahmen *zweistufiger Bewertungsverfahren* zunächst die Markenkraft in Form eines nichtfinanziellen Werts ermittelt und anschließend in eine finanzielle Größe überführt:

  - Der *Ansatz von Interbrand* errechnet den Markenwert als Produkt aus dem durchschnittlichen Nettogewinn der Marke und dem Markenstärkeindex. Letzterer wird aus einer von Interbrand empirisch ermittelten S-Kurve abgelesen, der sieben durch

---

[844] Vgl. *Gathen*, Marken in Jahresabschluß und Lagebericht, S. 238 f.

[845] Vgl. *Günther/Kriegbaum*, Markencontrolling, S. 131 f.

[846] Vgl. *Heyd/Sanna*, Marken im Jahresabschluss, S. 18; *Günther/Kriegbaum*, Markencontrolling, S. 132.

[847] Vgl. *Heyd/Sanna*, Marken im Jahresabschluss, S. 18.

[848] Vgl. *Havenstein/Heiden*, Markenwertmessung, S. 1276 f.

Berater gewichtete Indikatorgruppen mit insgesamt 80 bis 100 einzelnen Merkmalen zugrunde liegen, die annahmegemäß als wertbestimmend angesehen werden.[849]

- Der *Nielson Brand Performancer* zeichnet sich durch einen direkten Bezug zur Konkurrenz aus.[850] In diesem Sinne basiert das Verfahren auf der Prämisse, dass in der Markenstärke der Anteil einer Marke am Ertragspotenzial des Markts zum Ausdruck kommt.[851] Um den auf eine spezifische Marke entfallenden Anteil am Ertragspotenzial zu ermitteln, wird auf Basis von vier Merkmalen zunächst ein relativer Markenstärkeindex gegenüber Konkurrenzmarken bestimmt. Das Ertragspotenzial als solches errechnet sich durch Rückgriff auf die geschätzten durchschnittlichen Umsatzrenditen des Marktes.

- Das *Indikatorenmodell von Sattler* zielt auf eine langfristige Prognose des Markenwerts ab.[852] Die Markenstärke wird hier als langfristiger Markennutzen interpretiert und basiert auf Einschätzungen von unternehmensexternen Experten im Sinne von Personen auf gehobenen Führungsebenen des Marketing. Die Umrechnung in einen monetären Wert erfolgt unter der Annahme eines linearen Zusammenhangs zwischen Markennutzen und Markenwert.

- Die Markenstärke im Rahmen des *Ansatzes von Bekmeier-Feuerhahn* wird insbesondere durch das bei Konsumenten vorhandene Markenwissen in Form der mit einer Marke verbundenen Assoziationen determiniert.[853] Die Berechnung des Markenwerts erfolgt durch Verknüpfung der Markenstärke mit dem auf die Markierung eines Produkts entfallenden Gewinnanteil.

Wenngleich auf eine detaillierte Darstellung der oben skizzierten Markenbewertungsansätze an dieser Stelle verzichtet wird, so dürfte dennoch unzweifelhaft sein, dass sich aus fundamental divergierenden Verfahren auch erheblich voneinander abweichende Markenwerte ergeben können.[854] So errechneten beispielsweise die Anbieter BBDO-Consulting, Semion und Interbrand für die Marke „Volkswagen" anhand unterschiedlicher Bewertungsansätze Markenwerte zwischen 7,3 Mrd. € und 18,4 Mrd. € für das Jahr 2000.[855] Der sich der

---

849 Vgl. *Günther/Kriegbaum*, Markencontrolling, S. 133; *Gathen*, Marken in Jahresabschluß und Lagebericht, S. 274 f.

850 Vgl. *Wirtz/Göttgens/Dunz*, Markenbewertung, S. 161.

851 Vgl. *Günther/Kriegbaum*, Markencontrolling, S. 134.

852 Vgl. *Günther/Kriegbaum*, Markencontrolling, S. 135.

853 Vgl. *Havenstein/Heiden*, Markenwertmessung, S. 1277.

854 Vgl. *Kranz*, Markenbewertung, S. 449.

855 Vgl. *Kranz*, Markenbewertung, S. 450.

Geschäftsleitung allein über die Methodenwahl eröffnende Gestaltungsspielraum wird ferner dahingehend ausgeweitet, als die externen Parameter der jeweiligen Verfahren ebenfalls Ansatzpunkte für bilanzpolitische Maßnahmen darstellen.[856]

Die sich im Rahmen der Neubewertung der identifizierbaren Vermögenswerte ergebenden Ermessensspielräume bemängelt auch *Hommel*. Seine Kritik zielt vor allem darauf, dass sich bei der Ermittlung des Fair Value grundsätzlich der Verkaufspreis und der Kaufpreis einer Position als Konkretisierung gleichberechtigt gegenüberstehen.[857] Als Beispiel wird in diesem Zusammenhang auf eine Spezialmaschine verwiesen, deren Anschaffungskosten bzw. Wiederbeschaffungskosten unmittelbar nach dem Erwerb bei 2 Mio. US$ liegen, während ein Veräußerungserlös aufgrund einer nachweislichen Unverkäuflichkeit praktisch nicht erzielbar ist. Dem von *Hommel* erweckten Eindruck, dass die Wahl einer dieser beiden signifikant voneinander abweichenden Wertansätze im Belieben der Geschäftsleitung stünde, ist dagegen in dieser pauschalen Form nicht zuzustimmen. So macht das FASB in SFAS 141 deutlich, dass eine Bewertung des Sachanlagevermögens solange zwingend zu aktuellen Wiederbeschaffungskosten zu erfolgen hat, solange eine betriebliche Nutzung vorliegt und dass ein Abweichen von dieser Bewertung lediglich bei Bestehen einer Verkaufsabsicht vorgesehen ist.[858] Wenngleich durch eine geschickte Argumentation seitens der Geschäftsleitung zumindest im Einzelfall eine zielgerichtete Kategorisierung der entsprechenden Vermögenswerte nicht ausgeschlossen werden kann, so dürfte ein derartiger bilanzpolitischer Gestaltungsspielraum im Kontext einer Spezialmaschine aufgrund des engen Produktionsbezugs wohl kaum als Regelfall anzusehen sein.[859]

Im Ergebnis bleibt gleichwohl festzuhalten, dass sich dem Management im Erwerbszeitpunkt zum Teil erhebliche bilanzpolitische Gestaltungsspielräume bei der Identifikation separat zu aktivierender immaterieller Vermögenswerte sowie bei der Neubewertung in Abhängigkeit von der jeweiligen Bilanzposition bieten. Diese Ermessenspielräume wirken sich jedoch nicht unbedingt negativ auf die Vermittlung entscheidungsnützlicher Informationen zum Zeitpunkt des Erwerbs aus: Zum einen spielt die Aufteilung des Unterschiedsbetrags zwischen Anschaffungskosten und Eigenkapital auf Buchwertbasis bei der Ermittlung des Perioden-

---

856 In diesem Sinne auch *Vater*, Fair Value, S. 663.

857 Vgl. *Hommel*, Goodwillbilanzierung, 1946.

858 Vgl. Gliederungspunkt 4.3.1.4.

859 Es ist in diesem Zusammenhang insbesondere nicht von einer Willkür in dem Ausmaß auszugehen, wie sie etwa im Kontext der Kategorisierung von Wertpapieren auf Grund ex ante oft überhaupt nicht nachprüfbarer Verwendungsabsichten seitens des Managements zu Recht kritisiert wird. Zur Kritik an der ermessensbehafteten Bewertung von Wertpapieren im Rechnungslegungssystem der US-GAAP vgl. etwa *Schildbach*, US-GAAP, S. 123 ff.; *Müller/Wulf*, Jahresabschlusspolitik, S. 2206.

gewinns keine Rolle, da die gesamten Anschaffungskosten unabhängig von ihrer Zusammensetzung grundsätzlich erfolgsneutral erfasst werden.[860] Zum anderen ist aber auch fraglich, ob die Informationsfunktion der Bilanz eingeschränkt wird. Geht man davon aus, dass ein Goodwill als Bilanzposition nicht separat, sondern nur in Verbindung mit den übrigen erworbenen Bilanzpositionen Cashflow-Potenziale aus der Unternehmenstransaktion aufzeigt, so ist auch hier die Zusammensetzung zum Zeitpunkt des Unternehmenserwerbs grundsätzlich irrelevant.

Im Hinblick auf die Folgebewertung ist diese Aussage gleichwohl nicht zu halten. Dass der Anreiz zur Ausnutzung bestehender bilanzpolitischer Gestaltungspotenziale bei der Abgrenzung und Quantifizierung separat zu erfassender Vermögenswerte im Rahmen des Impairment Only-Ansatzes zum Zeitpunkt des Unternehmenserwerbs enorm sein dürfte, ist offensichtlich: So bietet sich der Geschäftsleitung durch eine möglichst restriktive Handhabung der Ansatzkriterien sowie eine zurückhaltende Neubewertung die Gelegenheit zur Vermeidung zukünftiger planmäßiger Abschreibungen, die auf abnutzbare immaterielle Vermögenswerte mit einer bestimmbaren Nutzungsdauer bzw. auf aufgedeckte stille Reserven bei den übrigen Aktiva entfallen.[861]

Die geschilderte Problematik der ermessensbehafteten Identifikation und Bewertung von immateriellen Vermögenswerten tritt teilweise aber auch in der Postakquisitionsphase auf. Sollte nämlich in den Folgeperioden die erste Teststufe des Werthaltigkeitstests die Vermutung einer Wertminderung signalisieren, so wird die Höhe der außerplanmäßigen Abschreibung konzeptionell auf der Basis eines fiktiven Erwerbs der Berichtseinheit ermittelt.[862] Dementsprechend sind in diesen Fällen die einzelnen Vermögenswerte und Schulden der Berichtseinheit nicht nur neu zu bewerten, sondern die Einheit ist vielmehr auch dahingehend zu analysieren, ob zwischenzeitlich immaterielle Vermögenswerte erstellt wurden, die den Kriterien für einen separaten Ansatz genügen. Eingeschränkt werden die Ermessensspielräume jedoch durch das Stetigkeitsprinzip. So sind grundsätzlich nicht nur die entsprechenden Kategorisierungen der einzelnen Vermögenswerte, sondern vor allem auch die Methoden zur Ermittlung ihrer Fair Values im Zeitablauf beizubehalten.[863]

---

860 Gewinnwirkungen treten nur in dem äußerst seltenen Fall auf, dass sich ein negativer Goodwill nicht vollständig durch die Verminderung der abstockbaren Wertansätze der Aktiva ausgleichen lässt; vgl. Gliederungspunkt 4.5.1.

861 Vgl. auch *Dietrich*, Goodwillbilanzierung, S. 547.

862 Vgl. Gliederungspunkt 4.4.1.4.2.

863 Vgl. auch *Lüdenbach/Frowein*, Sicht der Rechnungslegungspraxis, S. 220.

5.2.1.3 Full Goodwill Method

Bleiben nach Durchführung eines Unternehmenszusammenschlusses Anteile an der Tochterunternehmung im Besitz von Minderheiten, so entsteht nach derzeitigem Status quo ein konzernbilanzieller Goodwill in Höhe der Differenz zwischen Anschaffungskosten der Mehrheitsbeteiligung und neu bewertetem anteiligen identifizierbaren Nettovermögen.[864] Der auf diese Weise entstandene Goodwill ist unter dem Gesichtspunkt der Verlässlichkeit folglich nicht anders als ein Goodwill aus dem Erwerb einer 100prozentigen Beteiligung einzuschätzen.

Sollte es dagegen zur Einführung der derzeit von FASB und IASB erwogenen Full Goodwill Method kommen, so würde sich der ausgewiesene Goodwill sowohl aus einer auf das Mutterunternehmen als auch aus einer auf die Minderheiten des Tochterunternehmens entfallenden Komponente zusammensetzen.[865] Um auf die Frage nach der Verlässlichkeit einer derartigen Vorgehensweise eine Antwort zu finden, ist wiederum zwischen den unterschiedlichen Varianten der Full Goodwill Method zu differenzieren:

Erfolgt die Ermittlung des Full Goodwill über eine Abschätzung des Gesamtunternehmenswerts der Tochter, so ergeben sich zweifelsfrei massive Ermessensspielräume, die zum einen im Wesentlichen denen bei der Bewertung von Berichtseinheiten entsprechen.[866] Zum anderen ist aber auch zu beachten, dass Minderheitenanteile in der Konzernbilanz grundsätzlich gesondert auszuweisen sind und es folglich in einer Nebenrechnung wiederum einer Aufteilung des Full Goodwill bedarf. Diese Separation könnte sich in den Fällen als äußerst komplexes Bewertungsproblem erweisen, in denen der vom Erwerber entrichtete Kaufpreis eine Kontrollprämie enthält und infolgedessen nicht mit dem prozentualen Anteil der Mutterunternehmung am ermittelten Unternehmensgesamtwert übereinstimmt.[867]

Die Full Goodwill Method wird aber auch in der Variante der Gross-Up Method, also einer reinen Hochrechnung um den prozentualen Anteil der Minderheiten, diskutiert. Wenngleich diese Version Einschränkungen unter Relevanzaspekten mit sich bringen könnte[868], ergeben sich aus dem Blickwinkel der Verlässlichkeit keine Nachteile: Es erfolgt lediglich eine problemlos nachvollziehbare rechentechnische Transformation einer Größe, die zuvor durch

---

864 Vgl. Gliederungspunkt 4.3.1.5.1.

865 Vgl. Gliederungspunkt 4.3.1.5.2.

866 Vgl. Gliederungspunkt 5.2.2.3.

867 *FASB*, June 4, 2003, S. 3 f.; *FASB*, March 17, 2003, S. 4.

868 Vgl. Gliederungspunkt 5.1.1.1.4.1.

Anschaffungsauszahlungen objektiviert wurde.[869] Insofern könnte es sich bei dieser Variante tatsächlich um die „pragmatic solution“[870] handeln, wie sie von Teilen des FASB präferiert wird.

Die von *Pellens/Basche/Sellhorn* aufgestellte Behauptung, dass mit der vom FASB erwogenen Full Goodwill Method „der *sichere* Boden der Pagatorik verlassen“ werde und sich „Nachprüfbarkeitsprobleme ... ähnlich [denen], die auch gegen die Aktivierung eines selbst geschaffenen (originären) Goodwills sprechen“[871], ergeben würden, ist jedenfalls in dieser pauschalen Form nicht zuzustimmen: Zutreffend ist zwar, dass ein Full Goodwill tatsächlich originäre Goodwill-Komponenten umfassen kann[872]; dass im Goodwill enthaltene Minderheitenanteile zwangsläufig mit umfangreichen Ermessensspielräumen verbunden seien, lässt sich in Anbetracht der derzeit in die Diskussion einbezogenen Gross-Up-Variante jedoch nicht nachvollziehen.

5.2.2 Folgebewertung des Goodwill

5.2.2.1 Strukturierung des Unternehmenszusammenschlusses und Goodwillallokation

5.2.2.1.1 Abgrenzung der Berichtseinheiten

Der Impairment Only-Ansatz des FASB ist dadurch charakterisiert, dass eine Folgebewertung des Goodwill auf der Ebene von Berichtseinheiten stattfindet.[873] Vor dem Hintergrund des im Gliederungspunkt 5.1.1.2.2.1 dargelegten erheblichen Einflusses des Zuschnitts von Berichtseinheiten auf die Folgebewertung des Goodwill stellt sich die Frage, ob die Abgrenzung der Unternehmensteile weitgehend ermessensfrei erfolgt oder ob sie dem Management nicht vielmehr umfangreiche Gestaltungsmöglichkeiten eröffnet. Dass der Anreiz zur Ausnutzung etwaiger Gestaltungsspielräume seitens des Managements enorm sein dürfte, liegt auf

---

869 Unter dem Gesichtspunkt der Verlässlichkeit ergeben sich damit konzeptionell keine Unterschiede zur Hochrechnung der auf Minderheitengesellschafter entfallenden stillen Reserven. Diesbezüglich urteilt *Schindler*, Ausgleichsposten, S. 595, zu Recht: „Demnach bedeutet die anteilige Hochrechnung der stillen Reserven zu den anderen Gesellschaftern – zumindest mittelbar – keinen Verstoß gegen das pagatorische Prinzip.“ Vgl. in diesem Sinne bspw. auch *Ordelheide*, Kapitalkonsolidierung, S. 274; *Kommission Rechnungswesen*, Konzernabschluß-Richtlinie, S. 273; *Lutter/Rimmelspacher*, Einheitstheorie, S. 488.

870 *FASB,* March 17, 2003, S. 4.

871 *Pellens/Basche/Sellhorn*, Full Goodwill Method, S. 4 (beide Zitate, Hervorhebung im ersten Zitat durch den Verf.). Vgl. auch *Pellens/Sellhorn*, Minderheitenproblematik, S. 408.

872 Vgl. *Ebeling*, Anteile fremder Gesellschafter, S. 333; jüngst auch *Teitler*, Minderheits-Goodwill, S. 629.

873 Vgl. Gliederungspunkt 4.4.1.2.1.

der Hand: Durch eine vergleichsweise umfassende Abgrenzung der Berichtseinheiten gelingt eine weitgehende Verrechnung eines gesunkenen derivativen Goodwill mit Wertsteigerungen in Form eines Zuwachses an originärem Goodwill und/oder der Bildung stiller Reserven sowie selbst erstellter immaterieller Werte, so dass sich die Wahrscheinlichkeit zur Vornahme einer Goodwillabschreibung verringert.[874] *Tump/Gross* sprechen in diesem Zusammenhang von „einem Risikoausgleich zwischen den einzelnen Einnahmequellen“[875]. Eine weitere Strategie mit Blick auf die Vermeidung zukünftiger Abschreibungen besteht darin, das erworbene Unternehmen in bereits beim Erwerber vorhandene Berichtseinheiten zu integrieren.[876] In diesen Fällen bildet die normalerweise erhebliche Differenz zwischen Buchwerten und Fair Values der im Zeitpunkt der Akquisition bereits beim Erwerber vorhandenen Berichtseinheiten einen Puffer für zukünftige Goodwillabschreibungen.

Ausgangspunkt für die Aufteilung des Unternehmens auf Berichtseinheiten stellen nach Maßgabe des FASB die Vorschriften zur Segmentberichterstattung gemäß SFAS 131 dar. Begründet wird der Rückgriff auf bereits vorhandene Berichtsstrukturen zum einen damit, dass den Bilanzaufstellern aus Kostengründen nicht die aufwändige Einrichtung einer gänzlich neuen Berichtsstruktur ausschließlich zum Zwecke der Goodwillbilanzierung zugemutet werden soll.[877] Zum anderen führt der Standardsetter aber auch an, dass er sich aufgrund von „concerns about inconsistent application“[878] gegen eine von der Segmentberichterstattung losgelöste Abgrenzung der Berichtseinheiten entschieden hat.

Diskussionswürdig erscheint daher zunächst, inwiefern der Management Approach als Grundkonzeption des US-amerikanischen Segment Reporting nach SFAS 131 überhaupt eine verlässliche Grundlage zur Bildung von Berichtseinheiten bietet.

Der Grundgedanke des Management Approach besteht darin, das für „interne Managementprozesse aufgestellte Berichterstattungs- und Controllingsystem als Basis für die Abbildung spezieller Sachverhalte in der externen Rechnungslegung“[879] heranzuziehen. Bezweckt wird folglich nicht eine generelle Konvergenz von externem und internem Rechnungswesen, sondern lediglich die Übernahme bestimmter interner Informationen als Basis zur externen

---

874 Vgl. im Kontext der Verlässlichkeit auch *Kahle*, Bilanzierung nach Belieben, S. 902.

875 *Tump/Gross*, M&A-Implikationen, S. 720. Vgl. auch *Pfeil/Vater*, kleine Unternehmensbewertung, S. 71; *Haring*, Goodwill-Bilanzierung gemäß SFAS 142, S. 57.

876 Vgl. z. B. *Pellens/Sellhorn*, Goodwill-Bilanzierung, S. 1685; *Dietrich*, Goodwillbilanzierung, S. 551.

877 Vgl. SFAS 142.B101 ff. Vgl. auch *Küting/Weber/Wirth*, Goodwillbilanzierung, S. 186; *Kümpel*, Bilanzierung des Goodwill, S. 17 f.

878 SFAS 142.B107. Vgl. *Küting/Weber/Wirth*, Goodwillbilanzierung, S. 186; *Kümpel*, Bilanzierung des Goodwill, S. 17 f.

879 *Benecke*, Management Approach, S. 55.

Berichterstattung.[880] Der Fokus auf die Sichtweise des Managements wird dabei vor allem bei solchen Informationen als geeigneter Lösungsansatz erachtet, bei denen eine Objektivierung nur schwerlich möglich ist, gleichzeitig aber von einer hohen Entscheidungsrelevanz für externe Adressaten auszugehen ist.[881]

Für die externe Segmentberichterstattung impliziert der Management Approach folglich eine Orientierung an der unternehmensindividuellen internen Organisations- und Berichterstattungsstruktur.[882] Obwohl eine Gliederung der internen Berichterstattung nach Produktbereichen oder geographischen Regionen als Regelfall anzusehen ist, schlägt sich auch jede beliebige hiervon abweichende Struktur in einer entsprechenden Gliederung der Segmente nieder.[883] Die sich hieraus faktisch ergebenden Gestaltungsmöglichkeiten der Segmentstrukturen sind für Rechnungslegungsadressaten allerdings nur „dann von Nutzen, wenn sie im Sinne der Erfüllung der Funktion der Segmentberichterstattung, einer entscheidungsrelevanten Einblickgewährung ... ausgeübt und nicht zur ‚Informationsverschleierung' missbraucht werden"[884]. Ein solcher Missbrauch kann vor allem darin bestehen, eine zusätzliche interne Berichtsebene speziell für Zwecke der externen Segmentberichterstattung zu schaffen und diese der tatsächlichen Organisations- und Steuerungsstruktur vorzuschalten.[885] Auf diese Weise wäre es beispielsweise problemlos möglich, ein tatsächlich nach Produktgruppen organisiertes Unternehmen im externen Segmentbericht als regional strukturiert darzustellen.[886]

In Anbetracht der mit dem Management Approach einhergehenden Freiheiten bei der Segmentabgrenzung erscheint es naheliegend, dass sich die Geschäftsleitung diese Spielräume auch im Rahmen des Zuschnitts von Berichtseinheiten zur Goodwillallokation zu Nutze macht. Fraglich ist jedoch, ob ein derartiges Vorgehen durch den auch bei Segmentberichterstattung einzuhaltenden Stetigkeitsgrundsatz eingeschränkt werden, wonach Ände-

---

880 Vgl. *Benecke*, Management Approach, S. 55.

881 Vgl. *Benecke*, Management Approach, S. 55; *Mujkanovic*, Fair Value, S. 40 ff.

882 Vgl SFAS 131.4; vgl. bspw. auch *Currle/Lutz*, Segmentberichterstattung, S. 261; *Ordelheide/Stubenrath*, Segmentberichterstattung, S. 389; *Böcking/Benecke*, Segmentberichterstattung, S. 97.

883 Vgl. *Pellens*, Internationale Rechnungslegung, S. 334.

884 *Haller/Park*, Management Approach, S. 65. Vgl. auch *Kahle*, Informationsversorgung, S. 102 f.

885 Vgl. *Haller/Permanschlager*, Anspruch und Wirklichkeit, S. 1417; vgl. auch *Fey/Mujkanovic*, Segmentberichterstattung, S. 266. In diesem Sinne stellt auch *Hacker*, Segmentberichterstattung, S. 195, fest, dass der Mangementansatz nur dann dem Grundsatz der Nachprüfbarkeit genügt, wenn „dem Abschlussprüfer diese internen Unterlagen, wie Organisationspläne oder Beschreibungen von Verantwortungsbereichen, tatsächlich zur Verfügung stehen".

886 Vgl. *Haller/Permanschlager*, Anspruch und Wirklichkeit, S. 1417.

rungen der Bilanzierungsvorschriften nur in Ausnahmefällen möglich sind.[887] Einen solchen Ausnahmefall stellt im Kontext des Management Approach zwangsläufig ein Wechsel der Organisation- und Führungsstruktur dar.[888] Die Wirkungslosigkeit des Stetigkeitsgrundsatzes zur Verhinderung bilanzpolitisch motivierter Maßnahmen im Kontext der Goodwillallokation liegt damit auf der Hand: Gibt es eine bessere Gelegenheit für die Neuordnung der Organisations- und Führungsstruktur als die Integration eines akquirierten Unternehmens in den Konzernverbund?

Ein operatives Segment im Sinne der Segmentberichterstattung nach SFAS 131 stellt allerdings nicht zwangsläufig eine Berichtseinheit dar. Vielmehr sehen die Vorschriften zur Goodwillbilanzierung eine weitere Untergliederung eines operativen Segments in Untereinheiten für den Fall vor, dass die Untereinheit ein eigenes Geschäftsfeld begründet, über ein separates internes Rechnungswesen verfügt sowie einer regelmäßigen Ergebniskontrolle unterliegt. Die herangezogenen Kriterien verdeutlichen wiederum die Orientierung am Management Approach und sind daher von der Geschäftsleitung grundsätzlich ebenso beeinflussbar wie der Zuschnitt der operativen Segmente. Dabei dürfte der Geschäftsleitung die Ausübung ihres Ermessensspielraums bei der Abgrenzung der Untereinheiten leicht fallen, muss sie doch eine vergleichsweise aufwändige und für den Rechnungslegungsadressaten erkennbare Umstrukturierung der externen Segmentberichterstattung aus Gründen der Goodwillbilanzierung nicht in Kauf nehmen.

Vor dem Hintergrund der ermessensbehafteten Abgrenzung der operativen Segmente sowie der Untereinheiten bleibt somit als Fazit festzuhalten, dass das Management „durch eine Veränderung der Organisationsstruktur ... jederzeit neue Berichtseinheiten schaffen, alte zum Verschwinden bringen oder umorganisieren“[889] kann und damit einen der entscheidenden Parameter des Impairment Only-Ansatzes weitestgehend unter seiner Kontrolle hat.

5.2.2.1.2 Zuordnung der erworbenen Vermögenswerte und Verbindlichkeiten

Im Anschluss an die berichtseinheitenbezogene Strukturierung sind die identifizierbaren Vermögenswerte und Schulden des erworbenen Unternehmens auf die einzelnen Einheiten aufzuteilen. In diesem Zusammenhang erweist sich unter dem Gesichtpunkt einer möglichst

887 Vgl. ausführlich *Küting/Pilhofer*, Segmentberichterstattung, S. 605 f.

888 Vgl. *Husmann*, Segmentberichterstattung, S. 820; *Pellens*, Internationale Rechnungslegung, S. 334; *Ordelheide/Stubenrath*, Segmentberichterstattung, S. 392.

889 *Hommel*, Goodwillbilanzierung, S. 1946; vgl. auch *Kahle*, Bilanzierung nach Belieben, S. 902; *Hitz/Kuhner*, Neuregelung zur Bilanzierung, S. 283. Vgl. auch *Pfeil/Vater*, Schlaraffenland, S. 262: „Es wird sich für ein kluges Management mit Sicherheit lohnen, die Abgrenzung mit (strategischer) Weitsicht durchzuführen.“

ermessensfreien Rechnungslegung insbesondere die Zuteilung von solchen Positionen als problematisch, die von mehreren Berichtseinheiten gleichzeitig genutzt werden.[890] Verbindliche Vorgaben werden seitens des FASB nämlich lediglich insofern gegeben, als die zur Anwendung kommende Aufteilungssystematik vernünftig, nachvollziehbar sowie konsistent angewendet werden sollte.[891] Die vom Standardsetter vorgeschlagene Aufteilung relativ zu den Fair Values der Berichtseinheiten oder relativ zu dem jeweils auf eine Einheit entfallenden Nutzen erscheint dagegen wenig hilfreich: Selbst wenn diese Empfehlung als verbindlich erklärt würde, so wäre sie aufgrund ihres Wahlrechtscharakters aus Verlässlichkeitserwägungen gleichwohl abzulehnen.

5.2.2.1.3 Aufteilung des Gesamtgoodwill

Die Aufteilung des Gesamtgoodwill aus einem spezifischen Unternehmenserwerb auf die einzelnen Berichtseinheiten soll nach SFAS 142 konzeptionell entsprechend der Erwerbsmethode erfolgen.[892] Die in diesem Zusammenhang seitens des FASB gewählte Formulierung „in concept" hat dazu geführt, dass weite Teile der Literatur den Verbindlichkeitsgrad einer derartigen Aufteilungssystematik als vergleichsweise niedrig einschätzen.

So wird zum Teil argumentiert, dass es sich lediglich um ein „Leitbild"[893] handle, welches durchaus durchbrochen werden könne.[894] Beispielsweise erachten *Küting/Weber/Wirth* aus Gründen der Wirtschaftlichkeit und Wesentlichkeit ein Abweichen in den Fällen für zulässig, in denen die Fair Values der erworbenen Teile der Berichtseinheiten nicht bereits im Vorfeld durch eine Unternehmensbewertung ermittelt worden sind.[895] Dagegen sprechen etwa *Hitz/Kuhner* oder *Alvarez/Biberacher* der vom FASB beschriebenen Aufteilungsmethodik auf Basis eines gedachten Erwerbsvorgangs jegliche Verbindlichkeit ab. Sie vertreten die Auffassung, dass grundsätzlich eine beliebige Methode gewählt werden darf, sofern diese nachvollziehbar und vernünftig sei sowie konsistent angewendet werde.[896] Eine vereinfachte Vorgehensweise könnte unter Umständen darin bestehen, den Goodwill entsprechend den Fair Values des jeweiligen identifizierbaren Nettovermögens der einzelnen Berichtseinheit

---

[890] Vgl. auch *Pfeil/Vater*, Schlaraffenland, S. 262.

[891] Vgl. Gliederungspunkt 4.4.1.2.2.

[892] Vgl. Gliederungspunkt 4.4.1.2.3.

[893] *Hitz/Kuhner*, Neuregelung zur Bilanzierung, S. 276.

[894] Vgl. bspw. *Küting/Weber/Wirth*, Goodwillbilanzierung, S. 187 f., *Alvarez/Biberacher*, Goodwill-Bilanzierung, S. 348; *Hitz/Kuhner*, Neuregelung zur Bilanzierung, S. 276.

[895] Vgl. *Küting/Weber/Wirth*, Goodwillbilanzierung, S. 188.

[896] Vgl. *Alvarez/Biberacher*, Goodwill-Bilanzierung, S. 348; *Hitz/Kuhner*, Neuregelung zur Bilanzierung, S. 276.

aufzuteilen.[897] Dass eine derartige Vereinfachung der Goodwill-Allokation zu signifikanten Unterschieden gegenüber einer Zuteilung analog zur Erwerbsmethode führen kann, sei im Folgenden an einem Beispiel verdeutlicht:

		01.01.2002				
		Eröffnungsbilanz	Variante 1		Variante 2	
		Y-AG	A*	B*	A*	B*
Aktiva	identifizierbares Vermögen	6.000	4.000	2.000	4.000	2.000
	Goodwill	1.000	400	600	667	333
	Σ	7.000	4.400	2.600	4.667	2.333
Passiva	Eigenkapital	2.500	1.400	1.100	1.667	833
	Fremdkapital	4.500	3.000	1.500	3.000	1.500
	Σ	7.000	4.400	2.600	4.667	2.333
identifizierbares Nettovermögen		1.500	1.000	500	1.000	500
Fair Value		2.500	1.400	1.100		

Abbildung 34: Beispiel zu den Auswirkungen unterschiedlicher Aufteilungsmethoden

Das hier skizzierte Beispiel basiert auf der im Gliederungspunkt 4.4.1.2.3 in Abbildung 18 vorgenommenen Illustration. Die konzeptionell entsprechend der Erwerbsmethode vorgenommene Zuordnung des Gesamtgoodwill aus dem Erwerb der Y-AG auf die Berichtseinheiten A und B ergab Teilgoodwills in Höhe von 400 T€ bzw. 600 T€ (Variante 1). Wird stattdessen eine Zuordnung relativ zu den jeweils auf die Berichtseinheiten entfallenden Summen der Fair Values der identifizierbaren Vermögenswerte abzüglich der Schulden vorgenommen (Variante 2), so ergibt sich für A* nunmehr ein Teilgoodwill in Höhe von 667 T€ (= 4.000 T€ / 6.000 T€ x 1.000 T€) und für B* ein Teilgoodwill von 333 T€ (= 2.000 T€ / 6.000 T€ x 1.000 T€).

Vor dem Hintergrund, dass die Aufteilungsmethodik im Zeitablauf grundsätzlich beizubehalten ist, bietet sich dem Management zumindest die Gelegenheit, die Wahlmöglichkeit im Rahmen der erstmaligen Bilanzierung eines Unternehmenserwerbs nach SFAS 141/142 gezielt einzusetzen. So könnte die Geschäftsführung auf Basis einer Aufteilung entsprechend dem identifizierbaren Nettovermögen solchen Berichtseinheiten vergleichsweise geringe Teilgoodwills zuordnen, die einen relativ hohen Anteil an nicht aktivierbaren immate-

[897] Vgl. *Küting/Weber/Wirth*, Goodwillbilanzierung, S. 188.

riellen Werten aufweisen. Je nach Strukturierung der übrigen Berichtseinheiten gelänge somit eine weitreichendere Immunisierung gegen zukünftige Goodwillabschreibungen.

Ob durch eine verbindliche Festlegung auf die Erwerbsmethode als Aufteilungsmaßstab tatsächlich die Beseitigung der Ermessensspielräume bei der Goodwill-Allokation gelänge, erscheint indes äußerst unwahrscheinlich. Grundsätzlich lassen nämlich die erheblichen Spielräume bei der Bewertung einzelner Berichtseinheiten ebenfalls eine zielgerichtete Beeinflussung der Höhe der einzelnen Teilgoodwills erwarten.[898]

Je nach Berücksichtigung von Synergieeffekten bei der Ermittlung der Fair Values der Berichtseinheiten dürften darüber hinaus Situationen eintreten, in denen es zu einem Abweichen der Summe der Teilgoodwills vom Gesamtgoodwill kommt.[899] Im Hinblick auf die hier verbleibende Differenz liegt es wiederum im Ermessen des Managements, ein beliebiges Verfahren zu wählen, das den wenig konkreten Anforderungen einer vernünftigen, nachvollziehbaren sowie konsistent angewendeten Methodik genügt.[900] Im Ergebnis kann die Allokation dieser Verbundeffekte aufgrund ihres Charakters letztendlich nur willkürlich erfolgen.

5.2.2.2 Prüfungszyklus und testauslösende Indikatoren

Die Regelungen zur Goodwillbilanzierung fordern vom Bilanzierenden unter anderem die Vornahme des Impairment-Tests bei Vorliegen bestimmter Anzeichen.[901] Der in SFAS 142 enthaltene Beispielkatalog testauslösender Indikatoren erweist sich jedoch als viel zu unspezifiziert, so dass „die Bewertung dieser Anlässe mehr oder weniger in Händen des Managements" liegt und es daher zu „erheblichem diskretionärem Handlungsspielraum"[902] kommt. So ist beispielsweise unklar, auf welche Ebene der Unternehmenshierarchie sich das Kriterium „A loss of key personnel" bezieht und wie hoch der relative Anteil der ausscheidenden gegenüber den verbleibenden Mitarbeitern sein muss.[903] Ebenfalls ermessenbehaftet ist darüber hinaus etwa auch der Indikator „unanticipated competition", da gerade durch das

---

898 Zu den Ermessenspielräumen im Rahmen der Bewertung von Berichtseinheiten vgl. Gliederungspunkt 5.2.2.3.

899 Zur Berücksichtigung von Synergieeffekten bei der Bewertung der Berichtseinheiten vgl. auch Gliederungspunkt 5.1.1.2.2.2.

900 Vgl. ausführlich 4.4.1.2.3.

901 Vgl. Gliederungspunkt 4.4.1.3.

902 *Pfeil/Vater*, Schlaraffenland, S. 264 (beide Zitate).

903 Vgl. *Pfeil/Vater*, Schlaraffenland, S. 264, die das Ausscheiden genau eines Mitglieds des Vorstands nicht als testauslösend erachten.

Abstellen auf subjektive Erwartungen des Managements eine Objektivierung nur schwerlich möglich sein dürfte.[904]

In Anbetracht der Tatsache, dass der Werthaltigkeitstest nicht nur fallweise, sondern grundsätzlich auch jährlich vorzunehmen ist, stellt sich die Frage, ob für die Geschäftsleitung überhaupt ein Anreiz besteht, durch die Verharmlosung der jeweiligen Situation eine fallweise Testauslösung bewusst zu vermeiden.

Ein solcher Anreiz besteht vor allem dann, wenn entsprechende Ereignisse zeitlich nach Vornahme des turnusgemäßen Werthaltigkeitstests, aber vor dem Ende des Geschäftsjahres auftreten. In diesen Fällen könnte das Verhalten des Managements darauf gerichtet sein, ein nicht durch Goodwillabschreibungen belastetes Ergebnis bis zum Bilanzstichtag „hinüber zu retten", um so beispielsweise noch in den Genuss einer hohen gewinnabhängigen Prämie zu kommen.[905] Unterstellt man, dass der Kapitalmarkt auf Gewinnveränderungen mit entsprechenden Kursanpassungen reagiert, so ist derselbe Effekt auch bei aktienkursorientierten Entlohnungssystemen zu erwarten.[906] Der Aussage von *Vater*, dass „der Goodwill durch entsprechende Ermessensspielräume bei den Indikatoren für den Werthaltigkeitstest *über lange Zeiträume* beibehalten werden kann"[907], ist vor dem Hintergrund des jährlichen Impairment-Tests dagegen nicht zuzustimmen.

Eine Maßnahme zur Abschwächung des beschriebenen Anreizes zur Unterlassung des Indikator-gestützten Werthaltigkeitstests könnte darin bestehen, den Unternehmen die Durchführung des jährlichen Tests verbindlich für einen Zeitraum kurz vor dem Bilanzstichtag, etwa für das vierte Quartal eines Geschäftsjahres, vorzuschreiben. Das Interesse an der Unterdrückung des fallweise vorzunehmenden Werthaltigkeitstests seitens der Geschäftsleitung dürfte damit dennoch nicht vollständig beseitigt sein. Sollten sich nämlich Anzeichen für eine potenzielle Wertminderung zu einem relativ frühen Zeitpunkt während der Abrechnungsperiode ergeben, so könnte das Management eine Unterlassung des Tests in der Hoffnung auf einen Zuwachs an originärem Goodwill bzw. stillen Reserven bis zum Bilanzstichtag erwägen. Dieses Problem ließe sich freilich erst durch die Einführung eines Wertaufholungsgebots bzw. der Aktivierung eines originären Goodwill vermeiden. Gleichwohl ist allerdings auch hier die umgekehrte Situation denkbar, in der die einzelnen Indikatoren von Seiten der

---

904 In diesem Sinne auch *Kirsch*, Schätzungen und Absichten, S. 1015 sowie *Küting/Dawo*, Bilanzpolitische Gestaltungspotenziale, S. 1211 f., die ermessensbehaftete Indikatoren als Auslöser für Werthaltigkeitstests im Rahmen von IAS 36 kritisieren.

905 Vgl. auch *Kahle*, Bilanzierung nach Belieben, S. 904.

906 Vgl. *Henselmann*, Böcke als Gärtner, S. 286 f.

907 *Vater*, M&A Accounting, S. 1848 (Hervorhebung durch den Verf.).

Geschäftsleitung bewusst restriktiv gehandhabt werden, um eine Immunisierung gegenüber zukünftigen Goodwillabschreibungen zu erreichen.[908]

Dass darüber hinaus selbst das FASB an der Praxistauglichkeit der in SFAS 142 enthaltenen Indikatorenliste Zweifel hegen könnte, ist an der Entstehungsgeschichte der Neuregelungen abzulesen. Während der überarbeitete Standardentwurf vom Februar 2001 einen ausschließlich fallweise durchzuführenden Werthaltigkeitstest enthielt, wurde der zusätzlich turnusmäßige Impairment-Test erst im Rahmen der endgültigen Standards zur Goodwillbilanzierung vorgesehen.[909]

5.2.2.3 Bestimmung der Fair Values von Berichtseinheiten auf Basis barwertorientierter Bewertungsverfahren

5.2.2.3.1 Vorüberlegungen

Eine der zentralen Größen im Rahmen des Goodwill Impairment-Tests stellt der Fair Value einer Berichtseinheit dar. Bedeutung kommt diesem Wert nicht nur bei der Aufteilung des Gesamtgoodwill aus einer Unternehmenstransaktion auf die einzelnen Berichtseinheiten im Erwerbszeitpunkt zu, sondern vor allem auch bei der Feststellung einer potenziellen Abwertungserfordernis auf der ersten Teststufe sowie der Quantifizierung des Abschreibungsbetrags im zweiten Schritt. Da Berichtseinheiten nur in den seltensten Fällen börsengehandelt sind und ein direkt beobachtbarer Fair Value damit normalerweise ausscheidet, stellt sich die Frage, inwieweit eine hinreichend verlässliche Ermittlung dieser Größe auf anderem Wege erfolgt.[910]

Zum Zeitpunkt des Unternehmenserwerbs bzw. der erstmaligen Anwendung von SFAS 142 eröffnet bereits das offen eingeräumte Wahlrecht bei der Entscheidung für ein bestimmtes Verfahren zur Ermittlung des synthetischen Fair Value erhebliche Freiräume zur bilanzpolitischen Gestaltung.[911] Zwar werden im Kontext der Bewertung von Berichtseinheiten barwertorientierte Kalküle als bevorzugte Ansätze herausgestellt, die Anwendung von Multiplikatorverfahren und weiteren nicht näher konkretisierten Modellen wird aber ausdrücklich für zulässig erklärt. Die einschränkende Bedingung, dass diese Verfahren „consistent with the

---

[908] Vgl. ausführlich Gliederungspunkt 5.2.3.

[909] Vgl. ED-SFAS (Revised) Goodwill, Par. 9.

[910] Vgl. Gliederungspunkt 4.4.1.5.

[911] Zur grundsätzlichen Problematik explizit eingeräumter Wahlrechte in der Rechnungslegung vgl. bspw. *Streim*, Wahlrechte, Spalte 2157; *Streim*, Wertaufholungsgebot, S. 674; *Streim/Leippe*, Neubewertung, S. 403 f.; *Engel-Ciric*, bilanzpolitische Spielräume, S. 780 f.

objective of measuring fair value"[912] sein sollten, d. h. ihnen insbesondere die Sicht externer Marktteilnehmer zugrunde zu liegen hat, dürfte die naturgemäß auftretenden verfahrensspezifischen Ergebnisdifferenzen kaum verhindern. In diesem Sinne betonen beispielsweise auch *Aigner/Holzer*, „dass es bereits durch die Wahl des Bewertungsverfahrens zu einer subjektiven Beeinflussung des Unternehmenswerts kommt"[913]. Im Einzelnen werden in der Literatur neben den in SFAS 142 explizit angeführten Bewertungsverfahren unter anderem

- (sonstige) Ertragswertverfahren,
- Options-Preis-Modelle,
- Matrix-Pricing-Modelle,
- Option Adjusted Spread Modelle sowie
- Verfahren der Fundamentalanalyse

als statthaft erachtet.[914] Da eine Analyse hinsichtlich der Verlässlichkeit sämtlicher hier angeführter Verfahren den Rahmen dieser Untersuchung sprengen würde, beschränken sich die Ausführungen im Weiteren auf die barwertorientierte Fair-Value-Ermittlung, da diese nach Auffassung des FASB das vorzugswürdige Verfahren zur Bewertung von Berichtseinheiten darstellt.[915]

5.2.2.3.2 Bestimmungsfaktoren der Barwertermittlung

Zur Bestimmung des Fair Value einer Berichtseinheit sind nach Maßgabe des FASB insbesondere Verfahren der Unternehmensbewertung in Form barwertorientierter Bewertungskalküle nach SFAC 7 heranzuziehen. Ansatzpunkte zur gezielten Ermessensausübung seitens des Managements ergeben sich damit zwangsläufig aus drei wesentlichen Bestimmungsfaktoren: Erstens sind die erwarteten Zahlungsströme zu bestimmen, zweitens ist eine Zerlegung des Prognosezeitraums vorzunehmen und drittens ein geeigneter Diskontierungszinssatz zu wählen. Grundsätzlich halten somit „auch alle Spielräume der Unternehmensbewertung Einzug in die periodische Rechnungslegung"[916].

---

912 SFAS 142.25.

913 *Aigner/Holzer*, Subjektivität der Unternehmensbewertung, S. 2230.

914 Vgl. *Teitler-Feinberg*, Bewertung von Goodwill, S. 333; *Pfeil/Vater*, Schlaraffenland, S. 263.

915 Vgl. Gliederungspunkt 4.4.1.5.2.1.

916 *Pfeil/Vater*, kleine Unternehmensbewertung, S. 72.

Die Frage, inwieweit die jeweiligen Bestimmungsfaktoren im Rahmen der Barwertermittlung Berücksichtigung finden, ist zunächst davon abhängig, auf welche der in SFAS 142 bzw. SFAC 7 enthaltenen Bewertungsmethoden zurückgegriffen wird. Da sich das FASB nicht eindeutig auf ein bestimmtes Verfahren festlegt und im Kontext des Expected Cash Flow-Ansatzes nebulös von einem „more effective measurement tool than the traditional approach in many situations“[917] spricht, eröffnen sich demnach bereits Gestaltungspotenziale aus der Verfahrenswahl.

Allerdings ist davon auszugehen, dass das Management aus Gründen der Praktikabilität im Regelfall auf den Expected Cash-Flow-Ansatz in Form der Risikozuschlagsmethode zurückgegreift.[918] Vor diesem Hintergrund soll im Folgenden zum einen untersucht werden, welche Ermessensspielräume im Detail bei der Festlegung der einzelnen Bestimmungsfaktoren entsprechend der Risikozuschlagsmethode nach SFAC 7 bzw. SFAS 142 auftreten. Zum anderen wird der Frage nachgegangen, inwieweit diesen Spielräumen zumindest dadurch entgegengewirkt wird, dass die Regelungen des FASB restriktive Vorgaben bei der Festlegung der einzelnen Einflussgrößen enthalten.

5.2.2.3.2.1 Bestimmung der erwarteten Zahlungsströme

Einer der in der Literatur geäußerten Hauptkritikpunkte am Impairment Only-Ansatz des FASB richtet sich gegen die ermessensbehaftete Bestimmung des Fair Value einer Berichtseinheit auf der Basis prognostizierter zukünftiger Zahlungsströme.[919] Unter der Annahme, dass der Expected Cash Flow-Ansatz in der Variante der Risikozuschlagsmethode zum Einsatz kommt, weist allein der erwartete Cashflow als Zähler der Barwertformel wiederum drei Freiheitsgerade auf, die Schätzungsspielräume seitens der Geschäftsleitung eröffnen und daher prinzipiell unter dem Aspekt der Verlässlichkeit problematisch erscheinen:

- Zum einen ist die zeitliche Struktur der erwarteten zukünftigen Einzahlungsüberschüsse zu berücksichtigen, d. h. es sind für jede Periode separat die erwarten Cashflows zu schätzen.
- Im Rahmen der Risikozuschlagsmethode werden Modalwerte herangezogen; periodenspezifisch sind demnach unterschiedlichen Umweltlagen jeweils individuelle Cashflow-Szenarien zuzuordenen.

---

917 SFAC 7.45; SFAS 142.E1.

918 Vgl. Gliederungspunkte 4.4.1.5.2.2, 4.4.1.5.2.3.

919 Vgl. etwa *Kahle*, Bilanzierung nach Belieben, S. 903.

- Zur Berechnung der jeweiligen Modalwerte sind ferner die unterschiedlichen Cashflow-Szenarien einer Periode mit ihren jeweiligen Eintrittswahrscheinlichkeiten zu gewichten.

Grundsätzlich entsprechen die angeführten Freiheitsgrade denen, die auch bei der Aufstellung eines internen Finanzplans entstehen. Fraglich ist jedoch, inwiefern das FASB in SFAS 142 bzw. SFAC 7 bestimmte Maßnahmen zur Objektivierung der prognostizierten Mittelzu- und Mittelabflüsse ergreift.

Gemäß SFAS 142 soll die Prognose der zukünftig erwarteten Einzahlungsüberschüsse „consistent with the objective of measuring fair value" sein. Die Schätzung der einzelnen Determinanten des erwarteten Cashflow sind folglich aus der *Sicht eines unternehmensexternen Marktteilnehmers* festzulegen, so dass eine Anpassung des internen Finanzplans an die Marktsicht erforderlich wird. Damit unterscheidet sich die Ermittlung des Fair Value einer Berichtseinheit prinzipiell von der Berechnung des Nutzungswerts einer zahlungsmittelgenerierenden Einheit nach IAS 36, in dem die Cashflow-Prognosen aus einer unternehmensspezifischen Perspektive vorzunehmen sind.

In der Literatur ist jedoch umstritten, ob die vom FASB vorgesehene Anpassung des internen Finanzplans an die Marktperspektive einen Beitrag zu einem höheren Maß an Verlässlichkeit leistet. So vertreten *Küting/Dawo* die Auffassung, dass die „Objektivierungswirkung ... weiter verstärkt [wird] durch die Konzeption des Nutzungswerts als betriebsindividuellem Wert"[920] und begründen ihre Sichtweise mit der ermessensbehafteten Anpassung interner Daten an die Marktperspektive. Die hinter dieser Argumentation stehende Annahme, dass „die Unternehmensleitung im Rahmen der internen Finanzplanung ihre Einschätzungen der zukünftigen Entwicklung unverfälscht wiedergibt"[921] und somit unternehmensinterne Größen als verlässlicher anzusehen sind, erweist sich allerdings als naiv. Vielmehr dürfte das Management zum einen dazu angereizt werden, analog zur Abgrenzung der Berichtseinheiten angepasste interne Cashflow-Abschätzungen ausschließlich aus Gründen der externen Berichterstattung vorzuhalten. Zum anderen besteht grundsätzlich auch die Gefahr, dass die Geschäftsleitung ihren Ermessensspielraum zur gezielten Beeinflussung der internen Daten im Hinblick auf ihre externe Verwendung nutzt. Im Ergebnis ist damit der unter anderem von *Starbatty* vertretenen Auffassung zuzustimmen, dass im Gegensatz zu den mit unternehmensspezifischen Größen verbundenen umfangreichen Gestaltungspotenzialen die „Ermitt-

---

920 *Küting/Dawo*, Bilanzpolitische Gestaltungspotenziale, S. 1212.

921 *Küting/Dawo*, Bilanzpolitische Gestaltungspotenziale, S. 1212.

lung eines hypothetischen Marktpreises ... weniger derartige Manipulationsmöglichkeiten zu[lässt]“[922]

Die offensichtlich zweckmäßige Basisentscheidung zugunsten der Sichtweise eines Marktteilnehmers verliert jedoch einen Großteil ihrer verlässlichkeitssteigernden Wirkung dadurch, dass sich das FASB im Kontext der Bewertung von Berichtseinheiten nicht dazu äußerst, welchen Standpunkt der fiktive externe Marktteilnehmer überhaupt einzunehmen hat.[923] Dementsprechend ist ungeklärt, ob bei der Abschätzung zukünftiger Cashflows *Verbundvorteile* zu berücksichtigen sind, die erst aus der Durchführung des Unternehmenszusammenschlusses resultieren: Wird eine strikte Stand Alone-Perspektive unterstellt, so fließen Synergien aus dem Konzernverbund nicht ein. Einzubeziehen sind diese dagegen immer dann, wenn ein Käufer unterstellt wird, der sich durch eine annähernd identische Unternehmensstruktur auszeichnet. In diesem Fall gleicht sich der hypothetische Marktpreis an den Nutzungswert an. In Anbetracht der derzeit in der Literatur vorherrschenden Meinungsverschiedenheit hinsichtlich der Berücksichtigung von Verbundvorteilen und ihrer oftmals erheblichen Bedeutung, ist folglich davon auszugehen, dass sich der Geschäftsleitung weitreichende Gestaltungsmöglichkeiten bei der Abschätzung zukünftig erwarteter Mittelzu- und Mittelabflüsse bieten.

Den bilanzpolitischen Gestaltungspotenzialen des Managements bei der Abschätzung zukünftiger Cashflows hätte das FASB jedoch nicht nur durch eine eindeutige Festlegung hinsichtlich der Behandlung von Synergieeffekten entgegen wirken können. So verzichtet der Standardsetter auch darauf, solche *zukünftig erwarteten Mittelzu- und Mittelabflüsse explizit von der Berücksichtigung bei der Fair Value-Ermittlung auszuschließen*, die in besonderem Maße auf nicht objektivierbaren Einschätzungen der Geschäftsleitung basieren. Aus Verlässlichkeitsaspekten erscheint es folglich zweckmäßig, beispielsweise Zahlungen in Verbindung mit noch nicht hinreichend konkretisierten Restrukturierungsmaßnahmen oder geplanten Erweiterungsinvestitionen grundsätzlich einem Einbeziehungsverbot zu unterwerfen. Im Gegensatz zu SFAC 7 bzw. SFAS 142 sehen beispielsweise die in IAS 36 enthaltenen Vorschriften zur Barwertermittlung eine derartige Restriktion vor.[924]

---

[922] *Hitz/Kuhner*, Grundsätze der Barwertermittlung, S. 893. In diesem Sinne auch *Kümmel*, Fair Value-Ermittlung mit Barwertkalkülen, S. 92.

[923] Vgl. ausführlich Gliederungspunkt 5.1.1.2.2.2.

[924] Vgl. IAS 36.44 ff. Zu den bei der Bestimmung des Nutzungswerts ausgeschlossenen Zahlungen vgl. ausführlich *Beyhs*, Impairment of Assets, S. 121 ff.

5.2.2.3.2.2 Zerlegung des Prognosezeitraums

Im Allgemeinen wird die Abschätzung zukünftig erwarteter Mittelzu- und Mittelabflüsse im Rahmen der Unternehmensbewertung dadurch vereinfacht, dass eine Zerlegung des Prognosezeitraums in zwei Abschnitte stattfindet.[925] Die erste Phase stellt den Detailplanungszeitraum dar und erstreckt sich bis zum Planungshorizont. Während im Detailplanungszeitraum Cashflow-Prognosen für jede einzelne Periode separat vorgenommen werden, erfolgt für die sich anschließende zweite Phase eine Vereinfachung dahingehend, dass Annahmen bezüglich der Entwicklung der erwarteten Cashflows im Zeitablauf getroffen werden.[926]

Da SFAC 7 keine Regelungen für eine Zerlegung des Prognosezeitraums enthält, eröffnen sich dem Management im Rahmen der Phasenbildung Ermessensspielräume. Diese bestehen insbesondere darin, dass je nach Argumentation der Geschäftsleitung für den Zeitraum nach dem Planungshorizont aus Vereinfachungsgründen eine entweder konstante Cashflows, konstant wachsende oder konstant abnehmende Cashflows unterstellt werden. Obwohl die erwarteten Einzahlungsüberschüsse nach dem Planungshorizont zwangsläufig einer stärkeren Diskontierung als die Cashflows des Detailprognosezeitraums unterliegen, so kommt dem Restwert (Terminal Value), d. h. dem Teil des Unternehmenswerts, der auf den Zeitraum nach dem Planungshorizont entfällt, insbesondere im Falle einer als unendlich angenommen Unternehmensdauer erhebliche Bedeutung zu.[927] So wurden beispielsweise auf der Grundlage eines acht Jahre umfassenden Detailplanungszeitraums für die marktreifen Unternehmen BMW bzw. RWE jeweils Anteile des Restwerts am Gesamtunternehmenswert von 71,92% bzw. 72,66% ermittelt.[928] Ein noch höherer Anteil des Restwerts am Unternehmenswert tritt insbesondere im Falle sog. Wachstumsunternehmen auf, bei denen im Detailplanungszeitraum zunächst hohe Investitionen getätigt werden müssen, die erst nach dem Planungshorizont zu entsprechenden Einzahlungsüberschüssen führen.[929] Vor diesem Hintergrund wird offensichtlich, dass bereits eine marginale Variation der unterstellten

---

925 Vgl. etwa *Hachmeister*, Discounted Cash Flow, S. 85. Gleichwohl wird teilweise aber auch eine weitergehende Zerlegung gefordert. So sah bspw. das Institut der Wirtschaftsprüfer (IDW) in der Stellungnahme HFA 2/1983 „Grundsätze zur Durchführung von Unternehmensbewertungen" eine Unterteilung in drei Phasen unterschiedlichen Detaillierungsgrads der Cashflow-Prognosen vor; vgl. *IDW*, Stellungnahme. Mit Veröffentlichung des IDW-Standards „Grundsätze zur Durchführung von Unternehmensbewertungen (IDW S 1)" im Jahre 2000 empfiehlt das IDW jedoch nunmehr die Anwendung des Zwei-Phasen-Modells; vgl. *IDW*, Grundsätze, Tz. 80 ff.

926 Vgl. *Moxter*, Unternehmensbewertung, S. 80.

927 Zum Restwert in der Unternehmensbewertung vgl. ausführlich *Henselmann*, Restwert.

928 Vgl. *Nowak*, Unternehmensbewertung, S. 83 f.

929 Vgl. *Nowak*, Unternehmensbewertung, S. 83; vgl. auch *Mandl/Rabel*, Unternehmensbewertung, S. 155 f. In diesen Fällen liegt der Anteil des Restwerts am Unternehmenswert oftmals über 100%.

Wachstumsrate einen vergleichsweise starken Einfluss auf die Höhe des Fair Value einer Berichtseinheit haben kann.[930]

Darüber hinaus dürften sich die Cashflow-Prognosen seitens der Geschäftsleitung aber auch durch eine gezielte *Festlegung des Planungshorizonts* beeinflussen lassen.[931] Derartige Auswirkungen sind in der Praxis vor allem dann zu beobachten, wenn für die zweite Phase extrem vorsichtige Cashflow-Schätzungen im Vergleich zum Detailplanungszeitraum unterstellt werden. Eine Verkürzung des Planungshorizonts führt in diesen Fällen zu einem Absinken des Unternehmenswerts.[932] Im Rahmen der Bewertung von Berichtseinheiten sollten in Anlehnung an *Teichmann* beispielsweise folgende Faktoren Berücksichtigung finden:[933]

- Zeitraum, innerhalb der das auf die Berichtseinheit entfallende Fremdkapital zurückgezahlt wird, mit dem der Erwerb der Teileinheit gegebenenfalls finanziert wurde;
- Zeitraum, innerhalb der die in der Berichtseinheit produzierten Güter abgesetzt werden;
- Zeitraum, über die sich die Ergebniswirkungen des Berichtseinheit einigermaßen sicher angeben lassen;
- (durchschnittliche) Dauer einer der Berichtseinheit zuzuordnenden Produktinnovation;
- (durchschnittliche) Dauer des Konjunkturzyklus.

In Anbetracht der Tatsache, dass die Dauerhaftigkeit der angeführten Faktoren in der Praxis nur in den seltensten Fällen ex ante zuverlässig ermittelbar ist, dürften sich argumentativ seitens des Bilanzierenden signifikant unterschiedlich lange Detailprognosezeiträume rechtfertigen lassen. Gestützt wird diese Erkenntnis ferner dadurch, dass in der Literatur bisweilen Detailplanungszeiträume zwischen drei und zwanzig Jahren gefordert werden.[934]

Den aus der Zerlegung des Prognosezeitraums resultierenden Gestaltungspotenzialen hätte das FASB aus Verlässlichkeitserwägungen zweckmäßigerweise zumindest mit Hilfe von Vorgaben hinsichtlich der Extrapolation von Cashflows für die Zeitspanne nach dem

---

930 Vgl. *Pfeil/Vater*, Goodwill, S. 588.

931 Vgl. *Heyd*, Fair Value-Bewertung, S. 281.

932 Vgl. *Mandl/Rabel*, Unternehmensbewertung, S. 157. Der Effekt ist als Ergebnis eines zu kurz gewählten Detailplanungszeitraums zu interpretieren: Obwohl für die ersten Perioden nach dem Planungshorizont noch Informationen über eine unstetige Entwicklung vergleichsweise hoher Cashflows vorliegen, wurde der Detailplanungszeitraum nicht ausgedehnt.

933 Vgl. *Teichmann*, Planungshorizont, S. 299; vgl. auch *Hachmeister*, Discounted Cash Flow, S. 85 f.

934 Vgl. *Hachmeister*, Discounted Cash Flow, S. 86 f.

Planungshorizont bzw. der Länge des Detailprognosezeitraums entgegenwirken sollen. So erscheint analog zur Bestimmung des Nutzungswerts gemäß dem IFRS-Standard IAS 36 eine Restriktion dahingehend zweckmäßig, die Wachstumsraten der Cashflows auf das langfristige Wachstum der Produkte, Branchen oder Länder zu begrenzen, mit denen die Berichtseinheit in Verbindung steht.[935] Zur Objektivierung hätte auch die in IAS 36 enthaltene Begrenzung des Detailplanungszeitraums beigetragen, der nach Maßgabe des IASB grundsätzlich fünf Perioden nicht überschreiten sollte.[936] IAS 36 schreibt darüber hinaus vor, nur in solchen Ausnahmefällen eine steigende Wachstumsrate im Rahmen des Restwerts zuzulassen, in denen die Geschäftsleitung anhand objektiver Daten etwa über einen Produktlebenszyklus ihre Vorgehensweise begründet.[937] Letztgenannte Limitierung dürfte im Kontext der Fair Value-Ermittlung von Unternehmensteilen allerdings kaum eine praktische Bedeutung haben, da bei der Berechnung des Restwerts typischerweise keine exponentiell zunehmenden Cashflows, sondern vielmehr eine konstante Wachstumsrate unterstellt wird.[938]

5.2.2.3.2.3 Ermittlung des Diskontierungssatzes

Im Rahmen des Expected Cash Flow-Ansatzes in Form der Risikozuschlagsmethode gemäß SFAC 7 ist ein Diskontierungssatz zu bestimmen, der sowohl einen risikofreien Zins als auch eine Risikoprämie für die mit der Berichtseinheit verbundene Unsicherheit der zukünftig erwarteten Einzahlungsüberschüsse verkörpert.[939]

Im Hinblick auf die Ermittlung des *risikolosen Zinssatzes* enthalten die Vorschriften des FASB abgesehen von dem Verweis darauf, dass dieser den „time value of money"[940] repräsentieren soll, keine näheren Angaben. Da in der Literatur unterschiedliche Vorschläge zu seiner Bestimmung unterbreitet werden, eröffnen sich der Geschäftsleitung bereits an dieser Stelle Ermessensspielräume.

---

935 Vgl. IAS 36.33.

936 Vgl. IAS 36.33, 35.

937 Vgl. IAS 36.36. Vgl. dazu auch *Baetge/Krolak/Thiele*, IAS 36, Rn. 52.

938 Vgl. bspw. *Baetge/Niemeyer/Kümmel*, DCF-Verfahren, S. 332.

939 Vgl. Gliederungspunkt 4.4.1.5.2.3.

940 SFAC 7.39c.

So ist zum einen nicht eindeutig geklärt, ob der risikolose Zinssatz auf der Basis kurzfristiger oder langfristiger Forderungen gegenüber Schuldnern erstklassiger Bonität zu ermitteln ist.[941] Werden beispielsweise Renditen kurzfristiger Staatsanleihen herangezogen, so kann nicht ausgeschlossen werden, dass vergleichsweise starke Volatilitäten infolge staatlicher Geldsteuerung auftreten.[942] Darüber hinaus stimmen langfristiger und kurzfristiger Zins nur im unrealistischen Fall einer flachen Zinsstruktur überein.[943] Finden Inflationserwartungen Berücksichtigung, so liegt ceteris paribus bei steigender Inflationserwartung eine normale Zinsstruktur vor, die sich durch einen im Vergleich zum kurzfristigen Zinssatz höheren langfristigen Zins auszeichnet.[944] Gleichwohl kann aber auch ein gegenteiliges Szenario einer inversen Zinsstruktur auftreten, in dem aufgrund sinkender Inflationserwartungen die Renditen langfristiger Anleihen unterhalb der Renditen kurzfristiger Anleihen liegen. Im Falle des Rückgriffs auf langfristige Zinssätze stellt sich darüber hinaus die Frage, ob auf aktuelle Renditen langfristiger Anleihen abzustellen ist, oder ob nicht vielmehr ein Durchschnittswert aus historischen Daten heranzuziehen ist.[945]

In der zentralen Frage der Ermittlung angemessener *Risikozuschläge* zum Diskontierungssatz enthält SFAC 7 ebenfalls keine verbindlichen Vorgaben.[946] Dementsprechend bietet sich dem Management zunächst die Möglichkeit einer subjektiven Schätzung des Risikozuschlags.[947]

Selbst unter der Annahme, dass auf eine rein subjektive Schätzung des Risikozuschlags verzichtet und stattdessen auf ein kapitalmarkttheoretisches Modell zurückgegriffen wird, darf hieraus keinesfalls auf eine objektive Ermittlung des Risikozuschlags geschlossen werden. Sollte in Übereinstimmung mit gängigen DCF-Verfahren und aufgrund des hohen Verbreitungsgrads in der Praxis auf das CAPM zurückgegriffen werden, so bieten sich der Geschäftsleitung dennoch erhebliche Ermessensspielräume bei der Festlegung der einzelnen Parameter des Risikozuschlags $z = \beta\,[\mu(r_m) - i_r]$.[948]

---

941 Vgl. *Mandl/Rabel*, Unternehmensbewertung, S. 293; *Hachmeister*, Discounted Cash Flow, S. 178 f. Gleichwohl wird mehrheitlich eine Laufzeitäquivalenz gefordert, so dass im Allgemeinen langfristige Zinssätze im Rahmen der DCF-Methoden Anwendung finden.

942 Vgl. *Hachmeister*, Discounted Cash Flow, S. 179.

943 Vgl. *Drukarczyk*, Unternehmensbewertung, S. 356; *Schmidt/Terberger*, Finanzierungstheorie, S. 94.

944 Vgl. *Hachmeister*, Discounted Cash Flow, S. 179.

945 Vgl. *Hachmeister*, Discounted Cash Flow, S. 179 f.

946 Vgl. auch *Hitz/Kuhner*, Grundsätze der Barwertermittlung, S. 899; vgl. auch *Focken*, Goodwill-Bilanzierung, S. 440. Vgl. Gliederungspunkt 4.4.1.5.2.3.

947 Vgl. *Kümmel*, Fair Value-Ermittlung mit Barwertkalkülen, S. 184.

948 Vgl. z. B. *Böcking/Nowak*, Typisierungsproblematik, S. 688; *Mandl/Rabel*, Unternehmensbewertung, S. 309. Vgl. Gliederungspunkt 4.4.1.5.2.3, insb. Fußnote 578.

Im Folgenden soll daher der Frage nachgegangen werden, inwieweit sich neben dem risikolosen Zinssatz i_r auch bei der Bestimmung der Rendite des Marktportefeuilles $\mu(r_m)$ sowie des Beta-Faktors β Möglichkeiten zur gezielten Einflussnahme bieten.

Ähnlich wie bei der Bestimmung des risikolosen Zinssatzes kann auch die Höhe der *Rendite des Marktportefeuilles* durch die Festlegung des Beobachtungszeitraumes beeinflusst werden. So lassen sich die zum Teil erheblichen Abweichungen zwischen Renditen auf der Basis unterschiedlich langer Beobachtungszeiträume vor allem drauf zurückführen, dass bei vergleichsweise kurzen Zeitspannen konjunkturelle Einflüsse stärker betont werden.[949] So ermittelten beispielsweise *Baetge/Krause* für die Jahre 1982 bis 1991 eine Marktrendite von 15,1%, während für den kürzeren Zeitraum 1987 bis 1991 aufgrund von Börsenturbulenzen in den Jahren 1987 und 1989 eine Rendite von lediglich 2,4% beobachtet wurde.[950]

Über die Festlegung des Beobachtungsintervalls hinaus kann auf die Höhe der Rendite des Marktportefeuilles aber auch dahingehend Einfluss genommen werden, dass der Berechnung entweder ein arithmetisches oder ein geometrisches Mittel zugrunde gelegt wird.[951] Den Einfluss des gewählten Verfahrens zur Durchschnittsbildung demonstriert etwa *Albrecht*, der für die Jahre 1957 bis 1990 eine arithmetisch gemittelte Marktrisikoprämie von 7,5% und ein geometrisches Mittel von 4,7% errechnet.[952]

Ansatzpunkte für eine gezielte Ermessensausübung der Geschäftsleitung bietet ferner die Wahl des spezifischen *Beta-Faktors* der Berichtseinheit als Maß für das systematische Risiko. Hier tritt zum einen das Problem auf, dass die Ermittlung von Beta-Faktoren im Allgemeinen durch eine Reihe von Parametern gesteuert werden kann:

- Beta-Faktoren werden mittels einer linearen Regression bestimmt. Die in diesem Zusammenhang festzulegende Intervalllänge hat einen erheblichen Einfluss auf das Ergebnis.[953] So zeigt beispielsweise *Frantzmann* für zweijährige Berechnungszeiträume, dass die Beta-Faktoren bei Verwendung vierwöchentlicher Renditen signifikant höher ausfallen als bei Rückgriff auf tägliche Renditen.[954]

---

949 Vgl. *Mandl/Rabel*, Unternehmensbewertung, S. 293.

950 Vgl. *Baetge/Krause*, Berücksichtigung des Risikos, S. 452. Vgl. auch *Böcking/Nowak*, Typisierungsproblematik, S. 688 f.

951 Vgl. *Nowak*, Unternehmensbewertung, S. 91.

952 Vgl. *Albrecht*, Marktrisikoprämie, S. 575.

953 Vgl. auch *Mandl/Rabel*, Unternehmensbewertung, S. 298.

954 Vgl. *Frantzmann*, Messung des Marktrisikos, S. 75.

- Darüber hinaus ist die Höhe von Beta-Faktoren auch durch die Festlegung des Berechnungszeitraums an sich beeinflussbar. In Abhängigkeit vom Börsenumfeld kann etwa eine geringfügige Ausdehnung des Zeitraums eine sprunghafte Änderung eines Beta-Faktors auslösen.[955]

- Der Höhe nach werden Beta-Faktoren ferner durch die ihnen zugrunde gelegten Börsenindizes beeinflusst. Zum Beispiel ermittelt *Nowak* für DaimlerChrysler im Jahre 1998 auf der Basis eines jeweils sechs Jahre umfassenden Berechnungszeitraums Beta-Faktoren von 1,091 (DAX-30), 1,188 (DAX-100), 1,071 (FAZ), 1,050 (Euro Stoxx 50) sowie 1,006 (Stoxx).[956]

Zum anderen ist zu beachten, dass sich Beta-Faktoren aus dem Marktzusammenhang ausschließlich für börsennotierte Unternehmen errechnen lassen.[957] Da jedoch gerade im Fall der Diversifizierung die Risikoklasse des Gesamtunternehmens nicht mit der einer Berichtseinheit übereinstimmt, wird eine Übernahme des Beta-Faktors auf die Ebene einer betrieblichen Teileinheit oftmals nicht in Frage kommen.[958] Um dennoch den Beta-Faktor einer Berichtseinheit zu ermitteln, ist auf sog. Analogieansätze zurückzugreifen, die einen Rückgriff auf Branchen-Betas oder Beta-Faktoren eines oder mehrerer Vergleichsunternehmen fordern. Die Identifikation eines geeigneten Vergleichsunternehmens bzw. der Branche als Hauptproblem der Analogieansätze dürfte jedoch zwangsläufig mit erheblichen Ermessensspielräumen verbunden sein.[959]

Vor dem Hintergrund der beschriebenen Gestaltungspotenziale bei der Festlegung des Diskontierungssatzes im Rahmen der Risikozuschlagsmethode würde es sich als vorteilhaft erweisen, zum einen eine Bindung des risikolosen Zinssatzes an aktuelle Renditen langfristiger Staatsanleihen des jeweiligen Landes mit einer spezifischen Laufzeit vorzuschreiben.[960] Eine solche Vorgehensweise würde seitens der Unternehmen freilich auf wenig Gegenliebe stoßen, müssten sie doch in Anbetracht des derzeit historisch niedrigen Zinsniveaus zukünftig ceteris paribus mit sinkenden Fair Values der Berichtseinheiten und damit mit einer höheren Wahrscheinlichkeit von Goodwillabschreibungen rechnen.[961]

---

955 Vgl. *Nowak*, Unternehmensbewertung, S. 94.

956 Vgl. *Nowak*, Unternehmensbewertung, S. 95.

957 Vgl. *Hachmeister*, Discounted Cash Flow, S. 195.

958 Vgl. *Mandl/Rabel*, Unternehmensbewertung, S. 302; *Nowak*, Unternehmensbewertung, S. 97.

959 Vgl. *Nowak*, Unternehmensbewertung, S. 100. Vgl. auch *Hachmeister*, Discounted Cash Flow, S. 196; *Gorny/Rosenbaum*, Risikozuschläge, S.488 f.

960 Vgl. *Pfeil/Vater*, Schlaraffenland, S. 263.

961 Vgl. *Küting/Weber/Wirth*, Goodwillabschreibung, S. 189.

Zum anderen könnte der Manipulationsanfälligkeit des Risikozuschlags dadurch entgegengewirkt werden, dass eine rein subjektive Bemessung grundsätzlich ausgeschlossen wird. Sollte sich das FASB des Weiteren für eine verbindliche Festlegung auf das CAPM entscheiden, so wäre es in Anbetracht der bestehenden Spielräume zweckmäßig, einzelne Parameter so weit wie möglich zu standardisieren. Dies könnte beispielsweise dadurch gelingen, dass der Standardsetter entweder direkt Beta-Faktoren und Marktrisikoprämien zur Verfügung stellt oder auf bestimmte Datensätze etablierter Börsendienste verweist.

5.2.2.3.3 Verbindlichkeitsgrad des SFAC 7

In Anbetracht der massiven Ermessensspielräume bei der Festlegung einzelner Bestimmungsfaktoren des Barwertkalküls stellt sich zwangsläufig die Frage nach den Hintergründen für die Unverbindlichkeit des SFAC 7. Zurückzuführen ist der beschriebene Mangel auf einen „Konstruktionsfehler"[962] des Rahmenkonzepts. Dieser besteht darin, dass die einzelnen SFAC zwei oftmals im Spannungsverhältnis zueinander stehenden Zielen gleichzeitig zu dienen haben. Zum Einsatz kommen sollen die Leitlinien des Rahmenwerks einerseits als Deduktionsbasis bei der Entwicklung zukünftiger Standards sowie im Kontext der Auslegung von Regelungslücken bei den einzelnen SFAS.[963] Andererseits wird von ihnen aber auch eine theoretische Rechtfertigung bereits bestehender Standards erwartet.[964] Um letzterer Aufgabe gerecht zu werden, kann das Rahmenkonzept aus normativer Sicht folglich nur einen Kompromiss darstellen.[965]

Darüber hinaus erwächst aus dem Verweis von SFAS 142 auf die im Rahmenwerk verankerten Grundsätze der Barwertermittlung ein weiteres Verlässlichkeitsproblem. Dieses besteht darin, dass die einzelnen SFAC grundsätzlich keine Bindungswirkung entfalten und ihnen selbst im Falle eines Verweises seitens einzelner SFAS lediglich der Charakter unverbindlicher Empfehlungen zukommt.[966] Im sog. House of GAAP sind sie auf der untersten Ebene angeordnet und daher auch nicht als Bestandteil der US-GAAP i. w. S. einzustufen.[967]

---

962 *Hitz/Kuhner*, Grundsätze der Barwertermittlung, S. 898.

963 Vgl. bspw. Vorwort zu SFAC 1.

964 Vgl. etwa *Miller*, Conceptual Framework, S. 71; *Pellens*, Internationale Rechnungslegung, S. 159; *Schildbach*, US-GAAP, S. 61 f.; *Preißler*, Prinzipienbasierung, S. 2389 f.

965 Vgl. *Hitz/Kuhner*, Grundsätze der Barwertermittlung, S. 898.

966 Vgl. auch *Schildbach*, Legitimation der US-GAAP, S. 195 f.; *Preißler*, Prinzipienbasierung, S. 2389 f.

967 In dem auf *Rubin* zurückgehenden House of GAAP werden die unterschiedlichen Quellen der US-GAAP ihrem jeweiligen Verbindlichkeitsgrad nach hierarchisch in verschiedene „Stockwerke" eingeordnet. Vgl. *Rubin*, House of GAAP, S. 123; *Kieso/Weygandt/Warfield*, Intermediate Accoun-

Die Erteilung eines uneingeschränkten Testats nach Rule 203 des Code of Professional Ethics des AICPA ist ebenfalls nicht an die Einhaltung der SFAC gebunden.[968]

Würde der Standardsetter den in den vorangegangenen Gliederungspunkten unterbreiteten Vorschlägen zur Standardisierung bestimmter Parameter des Barwertkalküls folgen, so müssten die entsprechenden Vorschriften zur Barwertermittlung zweckmäßigerweise aus den unverbindlichen Leitlinien des Framework herausgelöst und in SFAS 142 integriert und damit als verbindlich erklärt werden. Eine derartige Lösung mag zwar der in der Literatur geforderten Prinzipienbasierung zuwiderlaufen[969], einen Gewinn an Objektivität würde sie indes auf jeden Fall bedeuten.

5.2.2.3.4 Prognoseprüfung

Vor dem Hintergrund der mit einer barwertorientierten Ermittlung des Fair Value einer Berichtseinheit verbundenen erheblichen Ermessensspielräume stellt sich die Frage, inwieweit die oftmals im Kontext des Impairment Only-Ansatzes geforderte Erhärtung „weicher" Informationen durch das Testat eines Abschlussprüfers als realistisch anzusehen ist.[970]

Hoffnung auf eine Minimierung der bilanzpolitischen Gestaltungspotenziale bei der Abschätzung zukünftiger Cashflows durch die Geschäftsleitung weckt zunächst die Tatsache, dass in den letzten Jahren die Problematik der Prognoseprüfung auf nationaler wie internationaler Ebene erkannt wurde.[971] So veröffentlichten zum einen sowohl die International Federation of Accountants (IFAC) mit dem bisher noch nicht in deutsches Recht umgesetzten International Standard on Auditing (ISA) 810 „The Examination of Prospective Financial Information"[972] als auch das AICPA mit dem Statement of Auditing Standards (SAS) 421 „Auditing Fair Value Measurements and Disclosures" Prüfungsstandards, die Leitlinien zur Prüfung zukunftsbezogener Informationen bieten. In Deutschland wurden die Schwierigkeiten bei der Prüfung von Prognoseinformationen jüngst vom Arbeitskreis „Externe und Interne Überwa-

---

ting, S. 12 f.; *Pellens*, Internationale Rechnungslegung, S. 122 ff. Zur Hierarchie der US-GAAP-Quellen vgl. auch *Moehrle/Reynolds-Moehrle/Tomlinson*, Knowledge of GAAP.

968 Vgl. bspw. Vorwort zu SFAC 1.

969 Vgl. etwa *Streim/Bieker/Esser*, Fair Values, S. 471, die dem IASB vorwerfen, bislang im Rahmen des Fair Value-Accounting die Schaffung einer konzeptionellen Deduktionsbasis für zukünftige Standards versäumt zu haben.

970 Vgl. *Ruhnke*, Bilanzregeln; vgl. auch *Hitz/Kuhner*, Neuregelung zur Bilanzierung, S. 285; *Küting/Weber/Wirth*, Goodwillbilanzierung, S. 198; *Pellens/Sellhorn*, US-Goodwillbilanzierung, S. 114.

971 Vgl. *Streim/Bieker/Esser*, Fair Values, S. 474.

972 Zur Bindungswirkung der ISA gegenüber dem deutschen Berufsstand der Wirtschaftsprüfer vgl. *Ruhnke*, Bedeutung internationaler Prüfungsnormen, S. 238.

chung der Unternehmung" der Schmalenbach-Gesellschaft für Betriebswirtschaft e. V. mit der Herausgabe des Arbeitspapiers „Probleme der Prognoseprüfung" thematisiert.[973]

Ein Blick in die angeführten Publikationen offenbart jedoch, dass die enthaltenen Handlungsanweisungen viel zu allgemein gehalten sind, als dass sie zu einer nennenswerten Objektivierung der Einschätzungen der Geschäftsleitung führen.[974] So enthält etwa der speziell auf die Fair Value-Ermittlung ausgerichtete Prüfungsstandard SAS 421 hinsichtlich der Prognoseprüfung folgende Vorgaben:[975]

- Es ist zu prüfen, ob die bei der Fair Value-Bestimmung getroffenen Annahmen der Geschäftsleitung plausibel sind. In diesem Zusammenhang hat der Abschlussprüfer insbesondere einzuschätzen, ob die Annahmen realistisch sind und ob diese unter anderem mit dem allgemeinen wirtschaftlichen Umfeld, der speziellen wirtschaftlichen Situation des Unternehmens, den in früheren Perioden getroffenen Annahmen, den Erfahrungen der Vergangenheit zu vereinbaren sind.[976]

- Der Abschlussprüfer hat festzustellen, ob bei der Fair Value-Ermittlung ein geeignetes Bewertungskalkül herangezogen wurde. Konkretisiert wird diese Handlungsanweisung einzig dahingehend, als exemplarisch die Eignung von Barwertkalkülen bei solchen Start Up-Unternehmen in Frage gestellt wird, bei denen aufgrund noch nicht vorhandener Einzahlungsüberschüsse keine Extrapolation der zukünftig erwarteten Cashflows möglich ist.[977]

- Im Rahmen der Abschlussprüfung soll festgestellt werden, ob die Geschäftsleitung bei der Fair Value-Ermittlung auf relevante Informationen zurückgegriffen hat, soweit diese zum Bewertungsstichtag zur Verfügung standen. In diesem Zusammenhang wird allgemein unter anderem auf die Möglichkeit zur Verifizierung von Datenquellen verwiesen.[978]

Ebenso wenig greifbar sind auch die Ausführungen des Arbeitspapiers „Probleme der Prognoseprüfung". Zwar werden zutreffend „Bewertungsfragen im Zusammenhang mit Goodwill"

---

[973] Vgl. *Arbeitskreis Überwachung*, Prognoseprüfung.

[974] Vgl. *Streim/Bieker/Esser*, Fair Values, S. 474.

[975] Vgl. SAS 421.38. Vgl. auch *Streim/Bieker/Esser*, Fair Values, S. 474 f.

[976] Vgl. SAS 421.48.

[977] Vgl. SAS 421.50.

[978] Vgl. SAS 421.52.

als Prognosefeld für Jahresabschluss- und Konzernabschlussprüfungen identifiziert[979], hinsichtlich der Prüfungsinhalte enthält das Papier jedoch ausschließlich vage Vorgaben:[980]

- Prüfung der Prognostizierenden hinsichtlich ihrer Kompetenz,
- Würdigung der Prognoseargumente einschließlich einer Prüfung der Angemessenheit der verwendeten externen Daten und Indikatoren,
- Wahl des Prognoseverfahrens hinsichtlich Ordnungsmäßigkeit, Plausibilität und Angemessenheit;
- logische Haltbarkeit der Ableitung der Prognose aus dem Datenmaterial und den Gesetzesaussagen;
- Prüfung und Prognose anhand der Ist-Entwicklung.

Auch die in ISA 810 enthaltenen Bestimmungen hinsichtlich der durchzuführenden Prüfungshandlungen erweisen sich alles andere als präzise. So wird der Prüfer insbesondere angewiesen, folgende Faktoren zu berücksichtigen:[981]

- Wahrscheinlichkeit wesentlicher falscher Aussagen;
- bei früheren Aufträgen gewonnene Erkenntnisse;
- Prognosekompetenz der Geschäftsleitung;
- Ausmaß der Beeinflussung von Prognosen durch das Management;
- Angemessenheit und Verlässlichkeit der den Prognosen zugrunde liegenden Daten.

Als überaus problematisch erweist sich die Prognoseprüfung im Kontext der Fair Value-Bewertung von Berichtseinheiten vor allem dahingehend, als der Nachweis einer Manipulation im Falle einer ex post festzustellenden Abweichung des tatsächlichen Werts von der Einschätzung des Managements kaum erbracht werden kann.[982] So dürfte es im Regelfall unmöglich sein, eindeutig zwischen revidierten Annahmen infolge veränderter Umweltzu-

---

979 Vgl. *Arbeitskreis Überwachung*, Prognoseprüfung, Rz. 44.

980 Vgl. *Arbeitskreis Überwachung*, Prognoseprüfung, Rz. 42.

981 Vgl. ISA 810.17.

982 Vgl. auch *Starbatty*, Fair Value Accounting, S. 549 f. Zur Problematik derartiger ex post-Prüfungen vgl. insbesondere *Rückle*, Prognoseprüfung, S. 69.

stände oder eines im nachhinein höheren Informationsstandes einerseits und einer bewussten Täuschung durch die Geschäftsleitung andererseits zu differenzieren.

Im Ergebnis bleibt damit festzuhalten, dass der Abschlussprüfer den Unternehmenswert einer Berichtseinheit als Prognoseergebnis als solches zwangsläufig nicht verifizieren kann.[983] Sein Beitrag zur Objektivierung beschränkt sich letztlich darauf, die ohnehin in den Rechnungslegungsstandards geforderte konsistente Anwendung von Bewertungsmethoden zu gewährleisten sowie das Management daran zu hindern, offenkundig nicht plausible Annahmen der Fair Value-Ermittlung zugrunde zu legen.[984]

5.2.2.4 Übernahme von Vorjahreswerten

Ermessensspielräume auf der ersten Stufe des Werthaltigkeitstests eröffnen aber nicht nur die Wahl des Bewertungsverfahrens sowie die Festlegung der jeweils eingehenden Parameter. Darüber hinaus bestehen für die Geschäftsleitung bilanzpolitische Gestaltungsmöglichkeiten auch im Hinblick auf die in SFAS 142 enthaltene Vereinfachungsvorschrift, die dem Bilanzersteller unter bestimmten Bedingungen einen Verzicht auf eine erneute Bestimmung des Fair Value der Berichtseinheiten ermöglicht.[985]

Zum einen bietet bereits das an dieser Stelle eingeräumte offene Wahlrecht einen Gestaltungsspielraum. Zum anderen erweisen sich die drei kumulativ zu erfüllenden Voraussetzungen für eine Übernahme des Vorjahres-Fair Value alles andere als ermessensfrei. So dürfte letztlich die Einschätzung der Geschäftsleitung dafür ausschlaggebend sein, wann es zu einem „significant change", also einer wesentlichen Änderung in der Zusammensetzung der einzelnen Vermögenswerte und Schulden der Berichtseinheit seit der letzten Fair Value-Ermittlung gekommen ist. Darüber hinaus leistet auch das Abstellen auf die Wahrscheinlichkeit einer wertgeminderten Berichtseinheit auf Basis einer nicht näher erläuterten Analyse von „events that have occured and circumstances that have changed since the most recent fair value determination" kaum einen Beitrag zur Objektivierung der Vereinfachungsregel.

Ebenfalls als ermessensbehaftet anzusehen ist der nicht näher quantifizierte Verweis des FASB auf die „substantial margin", die bei der letztmaligen Bewertung zwischen dem höheren Fair Value und dem niedrigeren Buchwert der Berichtseinheit aufgetreten sein musste. Auf den ersten Blick erscheint es vorteilhaft, hier eine Prozentgrenze festzulegen. Damit

---

983 Vgl. *Ruhnke*, Unternehmensinformationen.

984 Vgl. *Ruhnke*, Unternehmensinformationen; *Arbeitskreis Überwachung*, Prognoseprüfung, Rz. 65; *Pellens/Sellhorn*, US-Goodwillbilanzierung, S. 114.

985 Vgl. SFAS 142.27; siehe auch Gliederungspunkt 4.4.1.4.1.

dürfte das Verlässlichkeitsproblem jedoch kaum gelöst sein: Die Geschäftsleitung wird angereizt, bereits im Vorjahr bei der Bestimmung des Fair Value einer Berichtseinheit dafür Sorge zu tragen, dass Fair Value und Buchwert der Einheit in einem so hohen Maße auseinanderfallen, dass im Folgejahr das Kriterium bereits erfüllt wird.

5.2.2.5 Implizite Aktivierung originärer Goodwillkomponenten, stiller Reserven sowie selbsterstellter immaterieller Vermögenswerte

Die Ausführungen zur bilanziellen Relevanz des Impairment Only-Ansatzes verdeutlichten, dass es unter Umständen zu einer Substitution von derivativen durch originäre Goodwillkomponenten kommen kann.[986] Wenngleich diese Vermengung unter dem Blickwinkel einer entscheidungsrelevanten Bilanz als zweckmäßig anzusehen ist, so sind aus Verlässlichkeitserwägungen gleichwohl erhebliche Bedenken zu erheben. In diesem Sinne kritisiert beispielsweise *Busse von Colbe* die Neuregelungen des FASB als „einen scharfen Bruch mit einem bisher nicht angezweifelten Grundsatz der Rechnungslegung“[987].

Der in diesem Zusammenhang entscheidende Unterschied zwischen originärem und derivativem Goodwill besteht darin, dass ausschließlich der erworbene Goodwill aus einer Markttransaktion in der Vergangenheit resultiert. Aus dem entrichteten Kaufpreis wird nach herrschender Meinung auf eine Objektivierung des Werts der erworbenen Unternehmung in einem solchen Maße geschlossen, das eine Aktivierung des derivativen Goodwill rechtfertigt.[988] Eine derartige Bestätigung durch Unternehmensexterne widerfährt dem originären Goodwill dagegen nicht. Soll dieser Wert berechnet werden, so bleibt nur die Möglichkeit des Rückgriffs auf einen potentiellen Marktpreis. Die mit seiner Ermittlung verbundenen umfangreichen Ermessensspielräume gleichen grundsätzlich denen bei der Bestimmung des Fair Value einer Berichtseinheit.[989] In diesem Sinne verweist etwa *Schmalenbach* darauf, dass „die besonderen Umstände der Nachprüfbarkeit und Schätzung es nahe legen, auf die Aktivierung dieses Postens zu verzichten“[990]. Aus Verlässlichkeitserwägungen wäre es daher geboten, diese Trennung grundsätzlich nicht nur im Rahmen der Bilanzierung des Goodwill zum Zeitpunkt des Unternehmenserwerbs, sondern auch in den Folgeperioden konsequent aufrechtzuerhalten.

---

[986] Vgl. Gliederungspunkt 5.1.1.2.1.2.

[987] *Busse von Colbe*, Bilanzierung des Firmenwerts, S. 877. In diesem Sinne bspw. auch *Arbeitskreis Immaterielle Werte*, Stellungnahme.

[988] Vgl. *Moxter*, Rechnungslegung, S. 25; *Arbeitsgruppe Normierung der Rechnungslegung*, Stellungnahme.

[989] Vgl. Gliederungspunkt 5.2.2.3.

[990] *Schmalenbach*, Dynamische Bilanz, S. 143.

SFAS 142 ermittelt den impliziten Fair Value des Goodwill als Differenz aus höherem Fair Value und niedrigerem neubewerteten identifizierbaren Nettovermögen der Berichtseinheit. Durch diese Restgrößenbetrachtung kann konzeptionell nur der gesamte Goodwill einer betrieblichen Untereinheit ermittelt werden. Die Frage, ob dieser letztlich aus einem Unternehmenserwerb hervorgegangen oder bereits beim Erwerber originär vorhanden gewesen bzw. erst durch in der Postakquisitionsphase getätigte Investitionen in nicht separat bilanzierungsfähige immaterielle Werte entstanden ist, kann eine derartige Vorgehensweise zwangsläufig nicht beantworten.[991]

Soll im Rahmen des Impairment Only-Ansatzes zumindest weitgehend eine Folgebewertung der tatsächlich im Rahmen einer Unternehmenstransaktion erworbenen Komponente des bilanziell ausgewiesenen Goodwill erfolgen, so kann dies nur auf dem Wege geschehen, dass der Substitutionseffekt von derivativen durch originäre Goodwillkomponenten so weit wie möglich unterbunden wird. Von Bedeutung ist in diesem Zusammenhang die Unternehmensebene, auf der der Impairment Only-Ansatz Anwendung findet:[992] Erfolgt der Werthaltigkeitstest auf einer niedrigen Ebene, d. h. bezogen auf eine im Vergleich zum Gesamtunternehmen kleine Einheit, so ist die Wahrscheinlichkeit der Verrechnung von derivativen mit zugewachsenen originären Bestandteilen vergleichsweise gering. Dies ist darauf zurückzuführen, dass eine Verrechnung ausschließlich mit originären Goodwillkomponenten derselben Einheit stattfinden kann. Der gleiche Effekt tritt auch dann auf, wenn das erworbene Unternehmen als isolierte Berichtseinheit fortgeführt und damit eine Verrechnung mit bereits beim Käufer vorhandenem originären Goodwill ausgeschlossen wird.

Unter Verlässlichkeitsaspekten ist die von SFAS 142 vorgesehene Folgebewertungskonzeption auf der Basis von Berichtseinheiten grundsätzlich zu begrüßen, da sie tendenziell zur Verringerung einer systematischen Verzerrung in Form einer Überbewertung des bilanziell ausgewiesenen Goodwill gegenüber der derivativen Goodwillkomponente beiträgt. Die hier angesprochene Problematik dürfte letztlich auch dafür ausschlaggebend gewesen sein, dass sich das FASB gegen die Implementierung des Impairment Only-Ansatzes auf der Ebene der Gesamtunternehmung entschieden hat. In diesem Sinne führen *Johnson/Petrone* zutreffend als Begründung an, „that reviewing purchased goodwill for impairment in the context of the acquirer as a whole would introduce too much extraneous 'noise' into the process“[993]. Wenngleich somit die richtige Basisentscheidung seitens des FASB getroffen wurde, ist dennoch die Beschränkung der Berichtseinheiten nach unten hin auf die Komponentenebene zu

---

991 Unter dem Aspekt der Verlässlichkeit kritisiert die Verrechnungsmöglichkeiten etwa *Kahle*, Bilanzierung nach Belieben, S. 902.

992 Vgl. Gliederungspunkt 5.1.1.2.2.1.

bemängeln. In diesem Zusammenhang erweisen sich die Regelungen nach IAS 36 insofern überlegen, als sie eine derartige Limitierung bei der Abgrenzung von zahlungsmittelgenerierenden Einheiten nicht beinhalten.[994]

Aus Verlässlichkeitserwägungen ist jedoch nicht nur die Substitution derivativer durch originäre Goodwillkomponenten als problematisch anzusehen. Zu kritisieren ist vielmehr auch die stillschweigende Aktivierung stiller Reserven bzw. selbsterstellter immaterieller Vermögenswerte, die analog zum originären Goodwill ebenfalls nicht durch eine Markttransaktion abgesichert ist. Im Gegensatz zu der letztlich auch durch eine noch so feine Untergliederung des Unternehmens in betriebliche Teileinheiten nicht vollständig möglichen Vermeidung der Aktivierung originärer Goodwillkomponenten könnte dieser Problematik jedoch durch eine einfache Modifikation des Impairment Only-Ansatzes gemäß SFAS 142 begegnet werden. Würde nämlich auf die Durchführung der ersten Teststufe verzichtet und grundsätzlich stets der implizite Fair Value des Goodwill errechnet werden, so fänden im bilanziell ausgewiesenen Goodwill weder selbsterstellte immaterielle Vermögenswerte noch stille Reserven Berücksichtigung. Die von *Pellens/Sellhorn* in diesem Kontext getroffene Aussage, dass es „sich wohl nur durch unternehmerische Interessenvertretung erklären [lässt], dass dem eigentlichen Niederstwerttest eine Teststufe vorgeschaltet wird, die bei Existenz originären Goodwills oder ‚nur' gesteigerter Zeitwerte von Vermögenswerten einen möglichen Wertverfall des erworbenen Firmenwerts bis zu einem gewissen Grad verschleiert"[995], ist dagegen in dieser pauschalen Form nicht zu halten. Richtig ist zwar, dass die zweite Teststufe gestiegene Zeitwerte im identifizierbaren Vermögen aus dem bilanzierten Goodwill herausrechnet – eine Identifikation originärer Goodwillkomponenten ist jedoch aufgrund der Berechnung des impliziten Fair Value des Goodwill als Residualgröße undenkbar.

Abschließend stellt sich die Frage, ob die Problematik der impliziten Aktivierung originärer Bestandteile des Goodwill konzeptionell durch ein Festhalten an der planmäßigen Abschreibung hätte vermieden werden können. Wird realistischerweise unterstellt, dass im Regelfall weder „Nutzungsdauer" noch Entwertungsverlauf des derivativen Goodwill bestimmbar sind, so entspricht der bilanziell ausgewiesene Goodwill in der Postakquisitionsphase allenfalls zufällig dem tatsächlichen Wert der derivativen Goodwillkomponente. Gänzlich ausgeschlossen wäre die Aktivierung originärer Goodwillkomponenten durch die planmäßige Abschreibung damit allenfalls langfristig, nämlich erst mit der Verrechnung der letzten Abschreibungsrate. Somit kommt letztlich als einzige Möglichkeit zur vollständigen Vermeidung der implizi-

---

993 *Johnson/Petrone*, Goodwill Amortization.

994 Vgl. Gliederungspunkt 5.1.1.2.2.1.

995 *Pellens/Sellhorn*, Minderheitenproblematik, S. 408.

ten Aktivierung des originären Goodwill nur eine Sofortabschreibung unmittelbar nach Durchführung des Unternehmenserwerbs in Betracht.[996]

5.2.3 Systematische Ausnutzung von Ermessensspielräumen

Die vorangegangenen Ausführungen haben gezeigt, dass zwar auch bei der Bilanzierung des Goodwill zum Zeitpunkt des Unternehmenserwerbs, aber vor allem im Rahmen der Folgebewertung entsprechend des Impairment Only-Ansatzes vielfältige Ermessensspielräume seitens des Managements auftreten. Dabei wäre es naiv anzunehmen, dass die Geschäftsleitung die sich eröffnenden bilanzpolitischen Gestaltungspotenziale nicht gezielt zu ihrem Vorteil ausnutzt und somit zu einer systematischen Verzerrung des bilanzierten Goodwill bzw. der Goodwillabschreibung einschließlich der Anhangangaben beiträgt. Mit einer derartigen Handlungsweise ist vor allem nicht nur dann zu rechnen, wenn ein Teil der Managemententlohnung in Form einer gewinnabhängigen Prämie erfolgt. Unterstellt man, dass der Kapitalmarkt auf Gewinnveränderungen mit entsprechenden Kursanpassungen reagiert, so ist derselbe Effekt grundsätzlich auch bei aktienkursorientierten Entlohnungssystemen zu erwarten.[997]

Die Problematik einer systematischen Verzerrung besteht insbesondere in Zeiten einer aus Unternehmenssicht wirtschaftlich ungünstigen Lage. In diesem Szenario wird das Management in der Regel durch entsprechende Anpassungsmaßnahmen versuchen, einem bereits eingetretenen oder erwarteten Ertragseinbruch entgegenzuwirken. Wird realistischerweise unterstellt, dass die Geschäftsleitung an der Wirksamkeit ihrer Handlungen nicht zweifelt, so wird auf der ersten Teststufe gegebenenfalls noch unbewusst ein vergleichsweise hoher Fair Value einer Berichtseinheit ermittelt, der den Erfolg der eingeleiteten Maßnahmen überbetont, das Risiko des Scheiterns aber nur unangemessen niedrig berücksichtigt.[998] „Das Unterlassen der Abschreibung des Geschäftswertes wird so zum Indikator für die Überzeugung des Managements, die Krise meistern zu können."[999] Sollte sich in den folgenden Abrechnungsperioden herausstellen, dass die Anpassungshandlungen entgegen den Erwartungen ihre Wirkung verfehlen und sich die wirtschaftliche Lage des Unternehmens weiter verschlechtert, so dürfte sich das Problem der Goodwillbilanzierung noch verschärfen. Zu der unterlassenen Abschreibung des vorangegangenen Jahres tritt der Wertberichti-

---

[996] In diesem Sinne auch *Siegel*, Bilanzierung, S. 750.

[997] Vgl. *Henselmann*, Böcke als Gärtner, S. 286 f.; *Kahle*, Bilanzierung nach Belieben, S. 904.

[998] Vgl. *Ordelheide*, Geschäftswert, S. 584; vgl. auch *Kahle*, Bilanzierung nach Belieben, S. 904; *Hitz/Kuhner*, Neuregelung zur Bilanzierung, S. 285.

[999] *Ordelheide*, Geschäftswert, S. 584.

gungsbedarf der laufenden Periode – und das in einer Situation, in der ein weiterer Ergebnisrückgang aufgrund der ohnehin schon ungünstigen Ertragslage denkbar ungelegen kommt.[1000] Folglich ist nicht auszuschließen, dass sich im Zeitablauf ein Berg unterlassener Abschreibungen auftürmt und die Geschäftsleitung in Sorge um ihren Arbeitsplatz insofern subjektiv rational handelt, als sie auf der Basis des letzten Fünkchens Hoffnung die zukünftige Ertragslage nunmehr bewusst schönfärbt. Vor dem Hintergrund dieser Problematik ist nach Auffassung von *Ordelheide* „eine planmäßige Abschreibung selbst dann geboten, wenn man den derivativen Geschäftswert nicht für einen abnutzbaren Vermögenswert hält“[1001].

Erscheint dagegen die Vornahme außerplanmäßiger Goodwillabschreibungen aufgrund erdrückender Umstände unumgänglich, so ist gleichwohl auch ein diametrales Verhalten denkbar. Dieses besteht darin, dass die Geschäftsleitung nach dem Motto „wenn schon – denn schon“ der Ermittlung des Fair Value einer Berichtseinheit eine übertrieben pessimistische Zukunftslage zugrunde legt bzw. stille Reserven und zwischenzeitlich selbsterstellte immaterielle Vermögenswerte möglichst umfassend bei der zweiten Teststufe berücksichtigt. Der auf diesem Wege ermittelte hohe Wertberichtigungsbedarf bzw. niedrige Wertansatz des Goodwill führt im Ergebnis zu einem „big bath“, das die Wahrscheinlichkeit bzw. die Höhe in den Folgeperioden vorzunehmender Goodwillabschreibungen ceteris paribus verringert.[1002] Der Anreiz zu einer derartigen Immunisierung dürfte vor allem im Falle eines Managementwechsels zum tragen kommen, da somit der zukünftige Erfolg der neuen Geschäftsleitung quasi vorprogrammiert wird.[1003]

Dass derartige Überlegungen keineswegs rein theoretischer Natur sind, zeigt etwa das Beispiel der Deutschen Telekom AG, die zeitgleich mit dem Wechsel des Vorstandsvorsitzenden im Jahre 2002 im Rahmen einer „strategischen Überprüfung“[1004] unter anderem mit einer Goodwillabschreibung in Höhe von 8,3 Mrd. € bei der Tochter T-Mobile USA nach

---

[1000] Vgl. *Ordelheide*, Geschäftswert, S. 584 f.

[1001] *Ordelheide*, Geschäftswert, S. 585.

[1002] Besondere Brisanz wurde der big-bath-Problematik in der Literatur ferner bei der erstmaligen Anwendung von SFAS 142 auf noch nicht vollständig planmäßig abgeschriebene Altbestände des derivativen Goodwill beigemessen, da hier ein Ausweis außerplanmäßiger Goodwillabschreibungen im außerordentlichen Ergebnis als „Cumulative effects of changes in accounting principles“ erfolgte. Vgl. Gliederungspunkt 4.5.3. Vgl. etwa *Pellens/Sellhorn*, US-Goodwillbilanzierung, S. 114; *Eberle*, Neue Standards, S. 190; *Kahle*, Bilanzierung nach Belieben, S. 904. Vgl. dazu auch die viel beachtete Rede des damaligen SEC-Vorsitzenden *Levitt*, Numbers Game, an der New York University im Jahre 1998.

[1003] In diesem Sinne beklagt auch *Ballwieser* die missbräuchliche Anwendung des Impairment Only-Ansatzes: „Die Unternehmen vermeiden Abschreibungen, solange es geht. Erst wenn es das wirtschaftliche Umfeld plausibel macht, wird alles auf einmal berichtigt“ (*Ballwieser*, zitiert nach *Döhle/Papendick*, Blendwerk, S. 134).

[1004] *Deutsche Telekom*, Geschäftsbericht 2002, S. 144.

eigenen Angaben „reinen Tisch gemacht [hat]“[1005]. Ein ähnliches „Großreinemachen“ durch einen neuen Konzernchef ließ sich auch beim US-Telekommunikationsanbieter Qwest Communications International Inc. im selben Jahr beobachten, bei dem es zu Abschreibungen auf den Goodwill von rund 24 Mrd. US$ kam.[1006] Den bisherigen Höhepunkt markiert in diesem Zusammenhang das Geschäftsjahr 2002 der AOL Time Warner Inc. So wies der US-Medienkonzern nicht nur im Quartalsbericht I/2002 überraschend eine außerplanmäßige Goodwillabschreibung in Höhe von 54,2 Mrd. US$ aus der erstmaligen Anwendung von SFAS 141/142 aus, sondern ermittelte im vierten Quartal darüber hinaus im Zuge des jährlich durchzuführenden Werthaltigkeitstests eine weitere Wertberichtigung über 45,5 Mrd. US$.[1007]

[1005] *Ricke*, zitiert nach *Frühbrodt*, Telekom. Vgl. auch *Döhle/Papendick*, Blendwerk, S. 130 ff.; *Pellens/Sellhorn*, Paradigmenwechsel.

[1006] *O. V.*, US-Telekomanbieter.

[1007] Vgl. *AOL Time Warner*, Annual Report, S. 75. Vgl. dazu auch *Döhle/Papendick*, Blendwerk, S. 134; *Kort*, AOL Time Warner; *Schürmann*, Bilanztrickser, S. 136 f.

Sechstes Kapitel

6 Ergebnis

Das Ziel dieser Untersuchung besteht in der Beantwortung der Frage, inwieweit die Regelungen zur Goodwillbilanzierung nach SFAS 141/142 die Vermittlung entscheidungsnützlicher Informationen gegenüber Kapitalgebern gewährleisten. Davon ist dann auszugehen, wenn die Regelungen des FASB sowohl dem Kriterium der Relevanz als auch dem Merkmal der Verlässlichkeit genügen.

Im vorangegangenen Kapitel wurde zunächst untersucht, inwieweit die Vorschriften dazu geeignet sind, einen Beitrag zur Vermittlung entscheidungsrelevanter Informationen anhand einer informativen Bilanz, des prognosegeeigneten Gewinns sowie des Konzepts der sonstigen Informationsvermittlung zu leisten.

Im Hinblick auf die *bilanzielle Entscheidungsrelevanz* zum Zeitpunkt des Unternehmenserwerbs lässt sich keine eindeutige Aussage dahingehend treffen, ob dem Wertansatz des Goodwill nach SFAS 141 in Verbindung mit dem neubewerteten identifizierbaren Nettovermögen zukünftig erwartete Einzahlungsüberschüsse des Akquisitionsobjekts in gleicher Höhe gegenüberstehen.[1008] Konzeptionell vermieden werden könnte die Problematik dadurch, dass der bilanziell ausgewiesene Goodwill nicht länger anhand des tatsächlich entrichteten Kaufpreises, sondern durch eine Orientierung am Ertragswert ermittelt wird. Die derzeit zur Diskussion stehende direkte Full Goodwill Method bzw. die Fresh-Start-Methode sehen eine solche Vorgehensweise vor.[1009] In letzter Konsequenz sollte eine informative Bilanz jedoch über sämtliche Cashflow-Potenziale der Unternehmensverbindung informieren und damit entgegen SFAS 141 nicht nur den derivativen, sondern – analog zur Fresh-Start-Methode – auch den originär beim Erwerber entstandenen Goodwill umfassen.[1010]

Bezüglich der Bewertung des Goodwill in der Postakquisitionsphase ist zu beachten, dass sich der Impairment Only-Ansatz gemäß SFAS 142 gegenüber einer planmäßigen Goodwillabschreibung zum einen in solchen Situationen als vorteilhaft erweist, in denen in Höhe des Rückgangs derivativer Goodwillkomponenten erfolgreich Ausgaben für die Selbsterstellung immaterieller Werte getätigt werden, die sich nicht in der Bilanz niederschlagen, aber dennoch zu einer Erhöhung des Unternehmenswerts führen. Es wird eine unter Relevanzge-

---

[1008] Vgl. Gliederungspunkt 5.1.1.1.3.

[1009] Vgl. Gliederungspunkte 5.1.1.1.4.1, 5.1.1.1.4.2.

[1010] Vgl. Gliederungspunkt 5.1.1.1.3.

sichtspunkten unzweckmäßige doppelte Aufwandserfassung vermieden.[1011] Zum anderen erscheint SFAS 142 auch in einem Szenario unterlassener Investitionen in selbst erstellte immaterielle Werte bzw. einer anhaltenden Verschlechterung von Zukunftsaussichten vorzugswürdig.[1012] In diesen Situationen, die durch einen immer weiter unter ihren Buchwert sinkenden Fair Value einer Berichtseinheit charakterisiert sind, erfasst der Impairment Only-Ansatz im Gegensatz zur planmäßigen Abschreibung die normalerweise unregelmäßig auftretende Wertminderung des Goodwill ceteris paribus zutreffend.

Dieser Positivbefund gilt allerdings nur unter der Prämisse, dass zwischenzeitlich weder stille Reserven noch selbsterstellte immaterielle Vermögenswerte entstanden sind. Hebt man diese realitätsferne Annahme auf, so wird über die zweite Teststufe der Wertansatz des Goodwill in einem hohen Umfang verringert, dem kein Rückgang der tatsächlich erwarteten Cashflow-Potenziale gegenübersteht.[1013] Diesbezüglich weist der Werthaltigkeitstest nach SFAS 142 einen Konstruktionsfehler auf: Dieser besteht darin, dass der Impairment Only-Ansatz des FASB nicht konsequent auf die Gewährleistung der Werthaltigkeit einer Berichtseinheit ausgerichtet ist, sondern den impliziten Fair Value des Goodwill durch einen fiktiven Neuerwerb der Teileinheit ermittelt. Folglich wäre diesbezüglich eine Übernahme der Impairment Only-Variante im IFRS-Rechnungslegungssystem wünschenswert, bei der gemäß IAS 36 auf die zweite Teststufe verzichtet wurde. Ferner sind aus der Relevanzperspektive insbesondere die strikt asymmetrische Konstruktion des Werthaltigkeitstests nach SFAS 142[1014], die unklare Berücksichtigung von Synergien[1015] sowie die nur auf einzelne Berichtseinheiten beschränkte Möglichkeit zur Verrechnung derivativer mit originären Goodwillkomponenten[1016] im Rahmen der Folgebewertung zu bemängeln.

Die im Rechnungslegungssystem der US-GAAP ebenfalls angestrebte Vermittlung entscheidungsrelevanter Informationen mit Hilfe einer *prognosegeeigneten Gewinngröße* gelingt durch den Impairment Only-Ansatz nicht.[1017] Dies ist darauf zurückzuführen, dass das idealerweise im Zeitablauf geglättete ordentliche Ergebnis durch den Ausweis der Goodwillabschreibungen durchbrochen wird. Selbst im Falle nachhaltig verschlechterter Ertragsaussichten weist der ordentliche Gewinn der aktuellen Periode keine Prognoseeignung hinsichtlich des Gewinns der Folgeperioden auf, da die Goodwillabschreibung grundsätzlich auch

---

[1011] Vgl. Gliederungspunkt 5.1.1.2.1.2.

[1012] Vgl. Gliederungspunkt 5.1.1.2.1.3.

[1013] Vgl. Gliederungspunkt 5.1.1.2.1.4.

[1014] Vgl. Gliederungspunkt 5.1.1.2.1.5.

[1015] Vgl. Gliederungspunkt 5.1.1.2.2.2.

[1016] Vgl. Gliederungspunkt 5.1.1.2.2.1.

[1017] Vgl. Gliederungspunkt 5.1.2.

zukünftig geplante Maßnahmen umfasst und sich in den Folgeperioden ceteris paribus nicht wiederholt. Insofern erscheint es zweckmäßig, Goodwillabschreibungen losgelöst von der prognosegeeigneten Gewinngröße grundsätzlich im außerordentlichen Ergebnis zu erfassen.

Im Hinblick auf das Konzept der *sonstigen Informationsvermittlung* erweisen sich die goodwillspezifischen Angabepflichten im Anhang zum Erwerbszeitpunkt unter anderem dahingehend als zweckmäßig, als sie Angaben zu den Entstehungsursachen eines erwerbsspezifischen Goodwill fordern.[1018] Eine derartige Beschreibung ermöglicht es dem Adressaten, eine Einschätzung hinsichtlich der zeitlichen Verteilung sowie der (Un-)Sicherheit des zukünftig erwarteten Zahlungsstroms aus einer Unternehmensakquisition vorzunehmen. Die gemäß SFAS 142 geforderten Anhangangaben im Rahmen der Folgebewertung sind zwar dahingehend zu begrüßen, dass sie für jede einzelne Goodwillabschreibung detaillierte Angaben verlangen. Idealerweise sollte das FASB jedoch im Gegensatz zum Status quo zum einen eine Aufschlüsselung der Angaben auf der Ebene von Berichtseinheiten vorsehen. Zum anderen sollte der Standardsetter die Bilanzaufsteller zur Veröffentlichung der jährlich ermittelten Fair Values der Einheiten – ergänzt um Informationen zur zeitlichen Struktur und (Un-)Sicherheit – verpflichten.

Als entscheidungsnützlich sind Informationen jedoch nur dann einzustufen, wenn sie ferner dem Kriterium der *Verlässlichkeit* genügen.

Im Zeitpunkt der Durchführung des Unternehmenserwerbs eröffnet SFAS 141 insbesondere Ermessenspielräume bei der Ermittlung des identifizierbaren Nettovermögens.[1019] Hier sind zum einen die Kriterien zur separaten Erfassung erworbener immaterieller Vermögenswerte zu kritisieren, da sie aufgrund ihrer vagen Formulierung teilweise keine eindeutige Kategorisierung zulassen. Zum anderen bieten sich der Geschäftsleitung erhebliche bilanzpolitische Gestaltungspotenziale bei der Neubewertung des identifizierbaren Nettovermögens. Anhand von Markenbewertungsverfahren wurde verdeutlicht, dass in Abhängigkeit vom jeweils gewählten Ansatz signifikante Bewertungsunterschiede auftreten können. Wenngleich der Stetigkeitsgrundsatz bei der Wahl der Bewertungsmethoden zu beachten ist, so kommt den angeführten Ermessensspielräumen unter Umständen auch bei der Folgebewertung Bedeutung zu, da auf der zweiten Stufe des Werthaltigkeitstests nach SFAS 142 ein Neuerwerb einer Berichtseinheit fingiert wird.

Neben der ermessensbehafteten Neubewertung einer Berichtseinheit auf der zweiten Teststufe eröffnen sich der Geschäftsleitung bei der Folgebewertung des Goodwill entsprechend

[1018] Vgl. Gliederungspunkt 5.1.3.

[1019] Vgl. Gliederungspunkt 5.2.1.2.

dem Impairment Only-Ansatz nach SFAS 142 zunächst umfangreiche Spielräume bei der Abgrenzung der Berichtseinheiten.[1020] Die in diesem Zusammenhang vom FASB geforderte Orientierung an den Regelungen zur Segmentberichterstattung ist als unzweckmäßig einzustufen, da sich der zugrunde liegende Management Approach als äußerst missbrauchsanfällig erweist und auch der Grundsatz der Segmentstetigkeit kaum eine objektivierende Wirkung erwarten lässt. Ermessensspielräume bietet neben der Zuordnung berichtseinheitenübergreifender Vermögenswerte vor allem die Allokation des Gesamtgoodwill auf die einzelnen Berichtseinheiten, da das FASB sich nicht eindeutig auf eine Zuordnungssystematik festlegt.[1021] Darüber hinaus eröffnen auch die Vorgaben hinsichtlich des Prüfungszyklus sowie der testauslösenden Indikatoren bilanzpolitisch Gestaltungspotenziale; in Anbetracht einer oftmals an das Jahresergebnis gekoppelten erfolgsorientierten Entlohnung erscheint es insbesondere angebracht, entgegen SFAS 142 die Durchführung des jährlichen Werthaltigkeitstests verbindlich für einen Zeitpunkt kurz vor dem Bilanzstichtag vorzuschreiben.[1022]

Unter Verlässlichkeitsaspekten erscheint ferner die Ermittlung des Fair Value einer Berichtseinheit als einer der entscheidenden Parameter im Rahmen des Werthaltigkeitstests nach SFAS 142 hochgradig problematisch. Abgesehen von dem wenig hilfreichen Verweis auf die einzunehmende Marktsicht liegt es letztlich im Ermessen des Managements, aus einer ganzen Reihe möglicher Bewertungskalküle ein bestimmtes Bewertungsverfahren auszuwählen.[1023] Selbst unter der Annahme, dass sich der Bilanzierende für den vom FASB empfohlenen Expected Cash Flow-Ansatz in Form der Risikozuschlagsmethode entscheidet, verbleiben weitreichende Möglichkeiten zur zielgerichteten Beeinflussung des Bewertungsergebnisses. Den sich hier ergebenden Freiheitsgraden hinsichtlich der Abschätzung zukünftiger Cashflows einschließlich einer Phasenbildung sowie der Festlegung eines Diskontierungssatzes wird weder durch eine Standardisierung bestimmter Parameter entgegengewirkt[1024], noch besteht angesichts der bestehenden Probleme bei der Prognoseprüfung Hoffnung auf eine hinreichende Objektivierung der Managementprognosen durch den Abschlussprüfer[1025].

Die mit der Bewertung von Berichtseinheiten einhergehenden Verlässlichkeitsdefizite lassen darüber hinaus zum einen den Schluss zu, dass die aus Relevanzgesichtspunkten vorzuzie-

---

[1020] Vgl. Gliederungspunkt 5.2.2.1.1.

[1021] Vgl. Gliederungspunkte 5.2.2.1.2, 5.2.2.1.3.

[1022] Vgl. Gliederungspunkte 5.2.2.2.

[1023] Vgl. Gliederungspunkt 5.2.2.3.1.

[1024] Vgl. Gliederungspunkt 5.2.2.3.2.

hende Kopplung des bilanziell ausgewiesenen Goodwill zum Erwerbszeitpunkt an den Ertragswert des Akquisitionsobjekts anstelle des Kaufpreises unzweckmäßig erscheint und insofern sowohl die direkte Full Goodwill Method als auch die Fresh-Start-Methode abzulehnen sind. Zum anderen wird aber auch deutlich, dass die implizite Aktivierung des originären Goodwill im Rahmen des Impairment Only-Ansatzes so weit wie möglich vermieden werden sollte.[1026] Obwohl das FASB mit der Folgebewertung des Goodwill auf der Ebene von Berichtseinheiten somit konzeptionell den zweckmäßigen Weg eingeschlagen hat, lassen sich die bestehenden Verrechnungsmöglichkeiten von originären mit derivativen Goodwillkomponenten dennoch durch eine noch feinere Untergliederung der Unternehmung weiter einschränken. Impulse könnten diesbezüglich von der Abgrenzung zahlungsmittelgenerierender Einheiten gemäß der IFRS-Vorschrift IAS 36 ausgehen, die eine Beschränkung auf die operativen Segmenten untergeordneten Untereinheiten nicht vorsieht. Die Problematik der stillschweigenden Aktivierung stiller Reserven sowie selbst erstellter immaterieller Vermögenswerte ließe sich indes vollständig durch den Verzicht auf die erste Stufe des Werthaltigkeitstests nach SFAS 142 vermeiden.

In Anbetracht der zahlreichen Verlässlichkeitsdefizite stellt sich zwangsläufig die Frage, ob es zu einer systematischen Ausnutzung der gewährten Ermessensspielräume durch die Geschäftsleitung kommt.[1027] Diesbezüglich dürfte vor allem der Anreiz bestehen, Goodwillabschreibungen zunächst so weit wie möglich zu vermeiden und erst bei Vorliegen aus Sicht der Geschäftsleitung günstiger Umstände – beispielsweise einem Wechsel der Geschäftsleitung – mittels eines hohen Abschreibungsbetrags eine Immunisierung gegenüber zukünftigen Abwertungen zu erreichen.

Das Ergebnis der vorliegenden Untersuchung fällt damit vor allem im Hinblick auf die Folgebewertung des Goodwill ernüchternd aus: Den marginalen Verbesserungen im Bereich der Entscheidungsrelevanz gegenüber der planmäßigen Goodwillabschreibung steht eine Fülle von Ermessensspielräumen des Impairment Only-Ansatzes entgegen. Es wird deutlich, dass das Ziel der Vermittlung entscheidungsnützlicher Informationen durch die Vorschriften zur Goodwillbilanzierung nach SFAS 141/142 im Rechnungslegungssystem der US-GAAP nicht erreicht wird. Diese Erkenntnis mag allerdings kaum überraschen, legte doch der Entstehungsprozess der Neuregelungen von Anfang an den Verdacht adressatenunfreundlicher Rechnungslegungsvorschriften nahe.

[1025] Vgl. Gliederungspunkt 5.2.2.3.4.

[1026] Vgl. Gliederungspunkt 5.2.2.5.

[1027] Vgl. Gliederungspunkt 5.2.3.

Vor diesem Hintergrund erweist sich der vom FASB vollzogene Übergang auf den Impairment Only-Ansatz als unzweckmäßig. Dem geringfügigen Nachteil im Bereich der Entscheidungsrelevanz, der bei einer Beibehaltung der verlässlicheren und gleichzeitig erheblich kostengünstigeren planmäßigen Goodwillabschreibung in Kauf genommen worden wäre, könnte vielmehr mit tatsächlich informativen zukunftsgerichteten Informationen auf der Basis alternativer Berichtsbestandteile begegnet werden.[1028] Diese sollten im Idealfall unmittelbar über die Entstehungsursachen eines originären Goodwill bzw. des Unternehmenswerts unabhängig von einer etwaig in der Vergangenheit durchgeführten Unternehmenstransaktion Auskunft geben und auf diese Weise den Kapitalgebern eine eigenständige Abschätzung zukünftig erwarteter Einzahlungsüberschüsse ermöglichen. Ansatzpunkte bieten hier Überlegungen zur Veröffentlichung prognosegeeigneter und nachprüfbarer Indikatoren[1029] sowie die in jüngster Zeit seitens der Literatur immer stärker geforderte umfassende Berichterstattung über immaterielle Werte beispielsweise in Form eines Intellectual Capital Statement[1030].

[1028] Eine diesbezügliche Trennung wird unter dem auf *Moxter*, Bilanzlehre, S. 67 f. zurückgehenden Begriff der „Abkopplungsthese" diskutiert. Dementsprechend ist zwischen objektiven Rechnungsinstrumenten einerseits und solchen Berichtsbestandteilen andererseits zu differenzieren, die zwar zwangsläufig weniger verlässlich sind, dafür aber einer umfassenden Informationsvermittlung dienen; vgl. auch *Hommel*, Bilanzierung immaterieller Anlagewerte, S. 10 ff.; *Streim*, Generalnorm, S. 403 f.

[1029] Vgl. *Streim*, Stellenwert des Lageberichts, S. 709 ff.; vgl. ferner *Streim/Bieker/Esser*, Fair Values, S. 478.

[1030] Vgl. etwa *Haller/Dietrich*, Intellectual Capital Bericht, S. 1046 ff.; *Maul/Menninger*, Intellctual Property Statement; *Küting/Ulrich*, Abbildung, S. 1002 ff.; *Arbeitskreis Immaterielle Werte*, Berichterstattung.

Literaturverzeichnis

Bücher und Zeitschriften

Aboody, David/Lev, Baruch: **R&D Productivity** In The Chemical Industry, New York University 2001, abrufbar unter: stern.nyu.edu/~chemical-industry.doc (Stand: 31.08.2004).

Ackermann, Günther: Das **Vorsichtsprinzip** in anderer Form, in: Der Betrieb, 54. Jg. (2001), Heft 32, S. I.

Aders, Christian/Wiedemann, Florian: **Brand Valuation**: Errechnen die bekannten Ansätze der Markenbewertung entscheidungsrelevante Markenwerte?, in: Finanz Betrieb, 3. Jg. (2001), S. 469 - 478.

ADS: Adler, Hans/Düring, Walter/Schmaltz, Kurt: Rechnungslegung und Prüfung der Unternehmen, 6. Aufl. in mehreren Teilbeiträgen, Teilband 1 bis 6, Stuttgart 1995 ff.

Aigner, Helmut/Holzer, Peter: Die **Subjektivität der Unternehmensbewertung**, in: Der Betrieb, 43. Jg. (1990), S. 2229 - 2232.

Akerlof, George A.: The **Market for "Lemons"**: Quality Uncertainty and the Market Mechanism, in: Quarterly Journal of Economics, Vol. 84 (1970), S. 488 - 500.

Albrecht, Thomas: Was wissen wir über die Höhe der **Marktrisikoprämie** bei Aktien? Überlegungen zur Ermittlung sinnvoller Eigenkapitalkosten im Rahmen von Shareholder-Value-Konzepten, in: Zeitschrift für Betriebswirtschaftliche Forschung und Praxis, 49. Jg. (1997), S. 567 - 580.

Altenburger, Otto: Erlaubt die **Bilanzrichtlinie** einen Verzicht auf die planmäßige Abschreibung des Goodwill?, in: Die Wirtschaftsprüfung, 55. Jg. (2002), S. 806 - 809.

Alvarez, Manuel/Biberacher, Johannes: **Goodwill-Bilanzierung** nach US-GAAP – Anforderungen an Unternehmenssteuerung und -berichterstattung, in: Der Betrieb, 57. Jg. (2002), S. 346 - 353.

AOL Time Warner: **Annual Report 2002**.

Arbeitsgruppe Normierung der Rechnungslegung (Arbeitsgruppe Normierung der Rechnungslegung der Wissenschaftlichen Kommission Rechnungslegung: ***Stellungnahme*** *Nr. 1):* Bilanzierung des Goodwill nach DRS 1a, abrufbar unter: http://www.wiwi.hu-berlin.de/rewe/, AG Normierung der Rechnungslegung (Stand: 31.08.2004).

Arbeitskreis DVFA (Arbeitskreis DVFA/Schmalenbach-Gesellschaft e. V.): Empfehlungen zur **Ermittlung prognosefähiger Ergebnisse**, in: Der Betrieb, 56. Jg. (2003), S. 1913 - 1917.

Arbeitskreis Immaterielle Werte (Arbeitskreis "Immaterielle Werte im Rechnungswesen" der Schmalenbach-Gesellschaft für Betriebswirtschaft e. V.): Freiwillige externe **Berichterstattung** über immaterielle Werte, in: Der Betrieb, 56. Jg. (2003), S. 1233 - 1237.

Arbeitskreis Immaterielle Werte (Arbeitskreis "Immaterielle Werte im Rechnungswesen" der Schmalenbach-Gesellschaft für Betriebswirtschaft e. V.): Kategorisierung und bilanzielle **Erfassung immaterieller Werte**, in: Der Betrieb, 54. Jg. (2001), S. 989 - 995.

Arbeitskreis Überwachung (Arbeitskreis "Externe und Interne Überwachung" der Schmalenbach-Gesellschaft für Betriebswirtschaft e. V.): Probleme der **Prognoseprüfung**, in: Der Betrieb, 56. Jg. (2003), S. 105 - 111.

Arnold, John/Egginton, Don/Kirkham, Linda u. a.: Goodwill and Other Intangibles: **Theoretical Considerations** and Policy Issues, London 1992.

Arrow, Kenneth J.: **Agency and the Market**, in: Arrow, Kenneth J./Intriligater, Michael (Hrsg.): Handbook of Mathematical Economics, North-Holland 1986, S. 1183 - 1195.

Arrow, Kenneth J.: The **Economics of Agency**, in: Pratt, John W./Zeckhauser, Richard J. (Hrsg.): Principals and Agents – The Structure of Business, Boston 1985, S. 37 - 51.

Auler, Wilhelm: Der **Unternehmungsmehr- und -minderwert** in der Bilanz, in: Zeitschrift für Betriebswirtschaft, 4. Jg. (1927), S. 653 - 659, 727 - 736, 839 - 850.

Ayers, Benjamin C./Lefanowicz, Craig E./Robinson, John R.: Do Firms Purchase the **Pooling Method**?, in: Review of Accounting Studies, Vol. 7, (2002), S. 5 - 32.

Ayers, Benjamin/Lefanowicz, Craig E./Robinson, John R.: The Financial Statement Effects of **Eliminating the Pooling-of-Interests Method** of Acquisition Accounting, in: Accounting Horizons, Vol. 14 (March 2000), S. 1 - 19.

Bachem, Georg: Der "negative Geschäftswert" – eine **Schimäre** als Steuersparmodell?, Replik auf Siegel/Bareis, BB 1993 S. 1477 bis 1485, in: Betriebs-Berater, 48. Jg. (1993), S. 1976 - 1978.

Bachem, Rolf G.: Zur **Diskussion um den negativen Geschäftswert**, in: Betriebs-Berater, 50. Jg. (1995), S. 350 - 353.

Baetge, Jörg/Kirsch, Hans-Jürgen/Thiele, Stefan: **Konzernbilanzen**, 6. Aufl., Düsseldorf 2002.

Baetge, Jörg/Krause, Clemens: Die **Berücksichtigung des Risikos** bei der Unternehmensbewertung - Eine empirisch gestützte Betrachtung des Kalkulationszinses, in: Zeitschrift für Betriebswirtschaftliche Forschung und Praxis, 46. Jg. (1994), S. 433 - 456.

Baetge, Jörg/Krolak, Thomas/Thiele, Stefan: **IAS 36**, in: Baetge, Jörg/Dörner, Dietrich/Kleekämper, Heinz/Wollmert, Peter/Kirsch, Hans-Jürgen (Hrsg.): Rechnungslegung nach International Accounting Standards (IAS) - Kommentar auf der Grundlage des deutschen Bilanzrechts, 2. Aufl., Stuttgart 2002.

Baetge, Jörg/Niemeyer, Kai/Kümmel, Jens: Darstellung der Discounted-Cashflow-Verfahren (**DCF-Verfahren**) mit Beispiel, in: Peemöller, Volker H. (Hrsg.): Praxishandbuch der Unternehmensbewertung, 2. Aufl., Herne u. a. 2002, S. 263 - 360.

Baetge, Jörg/Noelle, Jennifer: **Shareholder-Value Reporting** sowie Prognose- und Performancepublizität, in: Zeitschrift für kapitalmarktorientierte Rechnungslegung, 1. Jg. (2001), S. 174 - 180.

Baetge, Jörg/Roß, Heinz-Peter: Was bedeutet >>**fair presentation**<<?, in: Ballwieser, Wolfgang (Hrsg.): US-amerikanische Rechnungslegung – Grundlagen und Vergleiche mit deutschem Recht, 4. Aufl., Stuttgart 2000, S. 29 - 47.

Baetge, Jörg/Siefke, Kirsten/Siefke Michael: **IAS 22**, in: Baetge, Jörg/Dörner, Dietrich/Kleekämper, Heinz/Wollmert, Peter/Kirsch, Hans-Jürgen (Hrsg.): Rechnungslegung nach International Accounting Standards (IAS) – Kommentar auf der Grundlage des deutschen Bilanzrechts, 2. Aufl., Stuttgart 2002.

Baker, Richard E./Lembke, Valdean C./King, Thomas E.: Advanced **Financial Accounting**, 4. ed., Boston u. a. 1999.

Ballwieser, Wolfgang: **Aktuelle Aspekte** der Unternehmensbewertung, in: Die Wirtschaftsprüfung, 48. Jg. (1995), S. 119 - 129.

Ballwieser, Wolfgang: **Anforderungen des Kapitalmarkts** an Bilanzansatz- und Bilanzbewertungsregeln, in: Zeitschrift für kapitalmarktorientierte Rechnungslegung, 1. Jg. (2001), S. 160 - 164.

Ballwieser, Wolfgang: **Ertragswert**, in: Busse von Colbe, Walther/Pellens, Bernhard (Hrsg.): Lexikon des Rechnungswesens – Handbuch der Bilanzierung und Prüfung, der Erlös-, Finanz-, Investitions- und Kostenrechnung, 4. Aufl., München u. a. 1998, S. 237 - 240.

Ballwieser, Wolfgang: **Geschäftswert**, in: Busse von Colbe, Walther/Pellens, Bernhard (Hrsg.): Lexikon des Rechnungswesens – Handbuch der Bilanzierung und Prüfung, der Erlös-, Finanz-, Investitions- und Kostenrechnung, 4. Aufl., München u. a. 1998, S. 283 - 286.

Ballwieser, Wolfgang: **Rechnungslegung im Umbruch** - Entwicklungen, Ziele, Missverständnisse, in: Der Schweizer Treuhänder, 76. Jg. (2002), S. 295 - 304.

Ballwieser, Wolfgang: **Verbindungen** von Ertragswert- und Discounted-Cashflow-Verfahren, in: Peemöller, Volker H. (Hrsg.): Praxishandbuch der Unternehmensbewertung, 2. Aufl., Herne u. a. 2002, S. 360 - 373.

Ballwieser, Wolfgang: **Wertorientierte Unternehmensführung** – Grundlagen, in: Zeitschrift für Betriebswirtschaftliche Forschung, 52. Jg. (2000), S. 160 - 166.

Ballwieser, Wolfgang/Coenenberg, Adolf G./Schultze, Wolfgang: Erfolgsorientierte **Unternehmensbewertung**, in: Ballwieser, Wolfgang/Coenenberg, Adolf G./Wysocki, Klaus von (Hrsg.): Handwörterbuch der Rechnungslegung und Prüfung, 3. Aufl., Stuttgart 2002, Spalten 2412 - 2432.

Ballwieser, Wolfgang/Schmidt, Reinhard H.: **Unternehmensverfassung**, Unternehmensziele und Finanztheorie, in: Bohr, Kurt/Drukarczyk, Jochen/Drumm, Hans-Jürgen/Scherrer, Gerhard (Hrsg.): Unternehmungsverfassung als Problem der Betriebswirtschaftslehre, Wissenschaftliche Tagung des Verbands der Hochschullehrer für Betriebswirtschaftslehre, Berlin 1981, S. 645 - 682.

Ballwießer, Cornelia: Die handelsrechtliche **Konzernrechnungslegung** als Informationsinstrument – Eine Zweckmäßigkeitsanalyse, Frankfurt am Main u. a. 1997.

Barnea, Amir/Haugen, Robert A./Senbet, Lemma W.: Agency Problems and **Financial Contracting**, Engelwood Cliffs 1985.

Beams, Floyd A./Brozovsky, John A./Shoulders, Craig D.: **Advanced Accounting**, 7. ed., New York 2000.

Beaver, William H.: Financial reporting – **Accounting Revolution**, 3. ed., Englewood Cliffs 1998.

Becker, Enno: Handkommentar der Reichssteuergesetze (Delikts- und Verkehrssteuern), Das **Einkommensteuergesetz** vom 10. August 1925, Band II, 1. Teil, §§ 1 - 18, Stuttgart 1928.

Becker, Gernot: US-GAAP – Der **Königsweg**, in: Das Wirtschaftsstudium, 31. Jg. (2002), S. 488 - 492.

Benecke, Birka: Internationale Rechnungslegung und **Management Approach**, Bilanzierung derivativer Finanzinstrumente und Segmentberichterstattung, Wiesbaden 2000.

Beresford, Dennis R.: Congress Looks at Accounting for **Business Combinations**, in: Accounting Horizons, Vol. 15 (2001), S. 73 - 86.

Beyhs, Oliver: **Impairment of Assets** nach International Accounting Standards – Anwendungshinweise und Zweckmäßigkeitsanalyse, Frankfurt am Main u. a. 2002.

Bieker, Marcus/Esser, Maik: Der **Impairment-Only-Ansatz** des IASB: Goodwillbilanzierung nach IFRS 3 „Business Combinations", in: Steuern und Bilanzen, 6. Jg. (2004), S. 449 - 458.

Bieker, Marcus/Esser, Maik: **Goodwill-Bilanzierung** nach ED 3 „Business Combinations", in: Zeitschrift für kapitalmarktorientierte Rechnungslegung, 3. Jg. (2003), S. 75 - 84.

Black, Bernard S.: The First International **Merger Wave** (And The Fifth and Last U.S. Wave), in: University of Miami Law Review, 54. Jg. (2000), S. 799 - 818.

Bloom, Robert: An **Analysis** of Statement of Financial Accounting Concepts No. 7 – Using Cash Flow Information and Present Value in Accounting Measurements, in: National Public Accountant, Vol. 46 (May 2001), S. 17 - 19.

Böcking, Hans-Joachim/Benecke, Birka: Neue Vorschriften zur **Segmentberichterstattung** nach IAS und US-GAAP unter dem Aspekt des Business Reporting, in: Die Wirtschaftsprüfung, 51. Jg. (1998), S. 92 - 107.

Böcking, Hans-Joachim/Dietz, Stefanie/Kiefer, Marcus: **Discontinuing Operations** – Ein Vergleich der Behandlung einzustellender Geschäftsbereiche im Jahresabschluss nach IAS und US-GAAP, in: Die Wirtschaftsprüfung, 54. Jg. (2001), S. 373 - 387.

Böcking, Hans-Joachim/Klein, Gabriele/Lopatta, Kerstin: **Internationale Entwicklungen** bei der Bilanzierung von Unternehmenszusammenschlüssen – Die Abschaffung der Pooling of Interests-Methode als Hinwendung zu einer kapitalmarktorientierten Rechnungslegung?, in: Zeitschrift für kapitalmarktorientierte Rechnungslegung, Beilage Nr. 1 zu Heft 1 Finanz Betrieb, 3. Jg. (2001), S. 17 - 25.

Böcking, Hans-Joachim/Nowak, Karsten: Der Beitrag der Discounted Cash Flow-Verfahren zur Lösung der **Typisierungsproblematik** bei Unternehmensbewertungen – Eine Warnung vor einer "naiven" Übertragung modelltheoretischer Erkenntnisse auf die Bewertungspraxis, in: Der Betrieb, 53. Jg. (1998), S. 685 - 690.

Bond, Stephen R./Cummins, Jason G.: The Stock Market and Investment in the New Economy: Some Tangible Facts and **Intangible Fictions**, in: Brookings Papers on Economic Activity 2000, (1), S. 61 - 124, abrufbar unter: http://www.nber.org/ ~confer/2000/efcosi00/bond.pdf (Stand: 31.08.2004).

Bosworth, Derek/Rogers, Mark: **Research and Development**, Intangible Assets and the Performance of Large Australien Companies, Melbourne Institute Working Paper No. 2/98, abrufbar unter: http://www.ecom.unimelb.edu.au/iaesrwww/home.html. (Stand: 31.08.2004)

Böventer, Edwin von/Illing, Gerhard/Bauer, Antonia: Einführung in die **Mikroökonomie**, 9. Aufl., München u. a. 1997.

Brakensiek, Sonja/Hütten, Christoph: **Gliederung von Bilanz und GuV** in einem befreienden Konzernabschluß, in: Betriebs-Berater, 54. Jg. (1999), S. 1108 - 1109.

Brakensiek, Sonja/Küting, Karl: **Special Purpose Entities** in der US-amerikanischen Rechnungslegung, in: Steuern und Bilanzen, 4. Jg. (2002), S. 209 - 215.

Brauman, Peter J.: A glimpse into **SFAC´s no. 7**, in: Pennsylvania CPA Journal, 71 (2000) 3, S. 16 - 21.

Brealey, Richard A./Myers, Stewart C.: Principles of **Corporate Finance**, 7.ed., Boston u. a. 2003.

Breidert, Ulrike: Grundsätze ordnungsgemäßer **Abschreibungen** auf abnutzbare Anlagegegenstände, Düsseldorf 1994.

Broda, Björn M.: Alternative Ansätze zur **Messung** des intellektuellen Kapitals – Traditionelles Rechnungswesen hierfür wenig geeignet, in: Der Schweizer Treuhänder, 77. Jg. (2003), S. 729 - 740.

Brotte, Jörg: US-amerikanische und deutsche **Geschäftsberichte**. Notwendigkeit, Regulierung und Praxis jahresabschlußergänzender Informationen, Wiesbaden 1997.

Brücks, Michael/Wiederhold, Philipp: **Exposure Draft 3** "Business Combinations" des IASB – Darstellung der wesentlichen Unterschiede zu den bestehenden Regelungen, in: Zeitschrift für kapitalmarktorientierte Rechnungslegung, 3. Jg. (2003), S. 21 - 29.

Brücks, Michael/Wiederhold, Philipp: **IFRS 3** Business Combinations – Darstellung der neuen Regelungen des IASB und Vergleich mit SFAS 141 und SFAS 142, in: Zeitschrift für kapitalmarktorientierte Rechnungslegung, 4. Jg. (2004), S. 177 - 185.

Brüggerhoff, Jürgen: **C**apital **A**sset **P**ricing **M**odel, in: Busse von Colbe, Walther/Pellens, Bernhard (Hrsg.): Lexikon des Rechnungswesens – Handbuch der Bilanzierung und Prüfung, der Erlös-, Finanz-, Investitions- und Kostenrechnung, 4. Aufl., München u. a. 1998, S. 157 - 159.

Brühl, Volker: Mergers & Acquisitions – **Trends** und Strategien, in: Finanz Betrieb, 5. Jg. (2003), S. 23 - 27.

Bruns, Hans-Georg: **Möglichkeiten und Grenzen** der Pooling-of-interests-Methode - Erfahrungen im DaimlerChrysler-Konzern, in: Küting, Karlheinz/Weber, Claus-Peter (Hrsg.): Wertorientierte Konzernführung, Stuttgart 2000, S. 91 - 117.

Bucher, Markus H./Boller, Claudio/Wildberger, Thomas: **Unternehmenszusammenschlüsse nach IFRS** in der Praxis – Anwendungsbeispiele IFRS – Exposure Draft 3 "Business Combinations", in: Der Schweizer Treuhänder, 77. Jg. (2003), S. 247 - 252.

Buchheim, Regine/Gröner, Susanne: Anwendungsbereich der **IAS-Verordnung** an der Schnittstelle zu deutschem und zu EU-Bilanzrecht, in: Betriebs-Berater, 58. Jg. (2003), S. 953 - 955.

Busse von Colbe, Walther: Berücksichtigung von **Synergien versus Stand-alone-Prinzip** bei der Unternehmensbewertung, in: Zeitschrift für Unternehmens- und Gesellschaftsrecht, 22. Jg. (1994), S. 595 - 609.

Busse von Colbe, Walther: **Bilanzierung des Goodwill** – FASB bläst zum Rückzug, in: Betriebs-Berater, 56. Jg. (2001), Heft 9, S. I.

Busse von Colbe, Walther: Der **Zukunftserfolgswert**, Wiesbaden 1957.

Busse von Colbe, Walther: **Geschäfts- oder Firmenwert**, in: Ballwieser, Wolfgang/Coenenberg, Adolf G./Wysocki, Klaus von (Hrsg.): Handwörterbuch der Rechnungslegung und Prüfung, 3. Aufl., Stuttgart 2002, Spalten 884 - 889.

Busse von Colbe, Walther: Ist die **Bilanzierung des Firmenwerts** nach dem Nonamortization-Impairment-Ansatz des SFAS Entwurfs von 2001 mit § 292a HGB vereinbar?, in: Der Betrieb, 54. Jg. (2001), S. 877 - 879.

Busse von Colbe, Walther: Kleine Reform der Konzernrechnungslegung durch das **TransPuG** – Ein weiterer Schritt zur Internationalisierung der Rechnungslegung, in: Betriebs-Berater, 57. Jg. (2002), S. 1583 - 1588.

Busse von Colbe, Walther/Ordelheide, Dieter/Gebhardt, Günther u. a.: **Konzernabschlüsse**, 7. Aufl., Wiesbaden 2003.

Catlett, George R./Olson, Norman O.: Accounting for **Goodwill**, New York 1968.

Chauvin, Keith W./Hirschey, Mark: **Goodwill**, Profitability, and the Market Value of the Firm, in: Journal of Accounting and Public Policy, Vol. 13 (1994), S. 159 - 180.

Christian, Cal/Hillison, William: **Pooling**: Should We Care if the FASB Kills It?, in: The Journal of Corporate Accounting & Finance, Vol. 11 (2000), S. 53 - 58.

Coenenberg, Adolf G.: Beurteilungskriterien unternehmensexterner **Informationssysteme**, in: Grochla, Erwin/Szyperski, Norbert (Hrsg.): Management-Informationssysteme, Wiesbaden 1971, S. 735 - 759

Coenenberg, Adolf G.: **Jahresabschluss** und Jahresabschlussanalyse, 19. Aufl., Stuttgart 2003.

Coenenberg, Adolf G./Sautter, Michael T.: Strategische und finanzielle **Bewertung von Unternehmensakquisitionen**, in: Die Betriebswirtschaft, 48. Jg. (1988), S. 691 - 710.

Coenenberg, Adolf/Schultze, Wolfgang: Das **Multiplikatorverfahren** in der Unternehmensbewertung: Konzeption und Kritik, in: Finanz Betrieb, 4. Jg. (2002), S. 697 - 703.

Cunningham, Michael E.: **Push-Down Accounting** – Pros and Cons, in: Journal of Accountancy, Vol. 175 (June 1984), S. 72 - 77.

Currle, Michael/Lutz, Bernd: **Segmentberichterstattung**, Konzepte, Rechtsgrundlagen und Anforderungen an die Praxis, in: bilanz & buchhaltung, 46 Jg. (2000), S. 259 - 267.

Daum, Jürgen H.: **Intangible Assets** oder die Kunst, Mehrwert zu schaffen, Bonn 2002.

Davis, Maria K.: US-GAAP: Rechnungslegung für **immaterielle Vermögensgegenstände** nach Verabschiedung der FASB Standards 141 und 142, in: Der Betrieb, 55. Jg. (2002), S. 697 - 701.

Decker, Rolf O. A.: Eine **Principal-Agenten-theoretische Betrachtung** von Eigner-Manager-Konflikten in der Kommanditgesellschaft auf Aktien und in der Aktiengesellschaft, Bergisch Gladbach u. a. 1994.

Deubner: Peter: Die **Aktivierung** und Abschreibung des Geschäftswerts in der Steuerbilanz, Köln 1971.

Deutsche Telekom: **Geschäftsbericht 2002**.

Dexheimer, Sigrid: **Gewinngliederungsgrundsätze** im internationalen Vergleich: HGB, US-GAAP und IAS, in: Betriebs-Berater, 57. Jg. (2002), S. 451 - 457.

Dicksee, Lawrence R./Tillyard, Frank: **Goodwill** and its treatment in accounts, 4. Aufl., London 1920.

Dietrich, Clemens: **Goodwillbilanzierung** nach SFAS 142, in: Steuer und Wirtschaft International, 11. Jg. (2001), S. 545 - 552.

Döhle, Patricia/Papendick, Ulrich: Die **Blendwerk** AG, in: manager magazin, 33. Jg. (2003), Heft 5, S. 128 - 138.

Doralt, Werner: Der **Firmenwert** in der Handels- und Steuerbilanz, Berlin 1976.

Drukarczyk, Jochen: **Unternehmensbewertung**, 4. Aufl., München 2003.

Duhr, Andreas: Grundsätze ordnungsmäßiger **Geschäftswertberichterstattung**: Berichtspflichten durch Bilanzierung und Erläuterung nach HGB und US-GAAP, in: Zeitschrift für Betriebswirtschaft, 73. Jg. (2003), S. 963 - 988.

Dyckman, Thomas R./Dukes, Roland E./Davis, Charles J.: **Intermediate Accounting**, 4. ed., Boston u. a. 1998.

Ebeling, Ralf Michael: Die zweckmäßige Abbildung der **Anteile fremder Gesellschafter** im Konzernabschluß nach deutschem HGB, in: Die Betriebswirtschaft, 55. Jg. (1995), S. 323 - 346.

Eberle, Reto: **Neue Standards** zur Bilanzierung von Goodwill - Konzeptionelle Analyse von FAS No. 141 und FAS No. 142 und Vergleich mit IAS 22 und IAS 38, in: Der Schweizer Treuhänder, 76. Jg. (2002), S. 184 - 190, 305 - 312.

Eccle, Robert G./Lanes, Kersten L./Wilson, Thomas C.: **Akquisitionen** – Häufig viel zu teuer bezahlt, in: Harvard Business manager, (2000) 2, S. 80 - 90.

Edvinsson, Leif/Brünig, Gisela: Aktivposten **Wissenskapital**, Unsichtbare Werte bilanzierbar machen, Wiesbaden 2000.

Edvinsson, Leiff/Malone, Michael S.: **Intellectual Capital**, New York 1997.

Eilers, Stephan: **Steuerliche Strukturierung** der Transaktionen, in: Picot, Gerhard (Hrsg.): Handbuch Mergers & Acquisitions, 2. Aufl. Stuttgart 2002, S. 69 - 111.

Ellrott, Helmut/Schmidt-Wendt, Dietrich: **§ 255**, in: Budde, Wolfgang Dieter/Clemm, Hermann/Ellrott, Helmut u. a. (Hrsg.): Beck´scher Bilanz-Kommentar, 4. Aufl., München 1999, S. 584 - 698.

Elschen, Rainer: Gegenstand und Anwendungsmöglichkeiten der **Agency-Theorie**, in: Zeitschrift für Betriebswirtschaftliche Forschung, 43. Jg. (1991), S. 1002 - 1012.

Elschen, Rainer: **Principal-Agent**, in: Busse von Colbe, Walther/Pellens, Bernhard (Hrsg.): Lexikon des Rechnungswesens - Handbuch der Bilanzierung und Prüfung, der Erlös-, Finanz-, Investitions- und Kostenrechnung, 4. Aufl., München u. a. 1998, S. 557 - 560.

Engel-Ciric, Dejan: Einschränkung der Aussagekraft des Jahresabschlusses nach IAS durch **bilanzpolitische Spielräume**, in: Deutsches Steuerrecht, 40. Jg. (2002), S. 780 - 784.

Erlei, Mathias/Leschke, Martin/Sauerland, Dirk: Neue **Institutionenökonomik**, Stuttgart 1999.

Ernst & Young: FASB Statements No. 141, Business Combinations, and No. 142, Goodwill and Other Intangible Assets - **A Summary**, July 2001.

Ernsting, Ingo: Zur **Bilanzierung eines negativen Geschäfts- oder Firmenwerts** nach Handels- und Steuerrecht, in: Die Wirtschaftsprüfung, 51. Jg. (1998), S. 405 - 421.

Eschen, Erik: Der Erfolg von **Mergers & Acquisitions** – Unternehmenszusammenschlüsse aus der Sicht des ressourcenbasierten Ansatzes, Wiesbaden 2002.

Esser, Maik/Hackenberger, Jens: **Bilanzierung immaterieller Vermögenswerte** des Anlagevermögens nach IFRS und US-GAAP, in: Zeitschrift für kapitalmarktorientierte Rechnungslegung, 4. Jg. (2004), S. 402 - 414.

Eustace, Clark: The **Intangible Economy Impact** and Policy Issues, Report of the High Level Expert Group on the Intangible Economy, Europäische Commission 2000, abrufbar unter: http://www.europa.eu.int/comm/enterprise/services/business_services/documents/studies/intangible_economy_hleg_report.pdf (Stand: 31.08.2004).

Ewert, Ralf: **Anlegerschutz**, in: Busse von Colbe, Walther/Pellens, Bernhard (Hrsg.): Lexikon des Rechnungswesens - Handbuch der Bilanzierung und Prüfung, der Erlös-, Finanz-, Investitions- und Kostenrechnung, 4. Aufl., München u. a. 1998, S. 45 - 48.

Ewert, Ralf: Rechnungslegung, Gläubigerschutz und **Agency-Probleme**, Wiesbaden 1986.

Ewert, Ralf: The **Financial Theory of Agency** as a Tool for an Analysis of Problems in External Accounting, in: Bamberg, Günter/Spremann, Klaus (Hrsg.): Agency Theory, Information and Incentives, Heidelberg 1987, S. 281 - 309.

Ewert, Ralf/Wagenhofer, Alfred: Rechnungslegung und **Kennzahlen** für das wertorientierte Management, in: Wagenhofer, Alfred/Hrebicek, Gerhard (Hrsg.): Wertorientiertes Management – Konzepte und Umsetzungen zur Unternehmenswertsteigerung, Stuttgart 2000, S. 3 - 64.

Feldhoff, Michael: Die **Regulierung der Rechnungslegung** – Eine systematische Darstellung der Grundlagen mit einer Anwendung auf die Frage der Publizität, Frankfurt am Main u. a. 1992.

Fey, Gerd/Mujkanovic, Robin: **Segmentberichterstattung** im internationalen Vergleich, Analyse der aktuellen FASB- und IASC-Bestimmungen, in: Die Betriebswirtschaft, 59. Jg. (1999), S. 261 - 275.

Fischer, Gabriele/Sommer, Christiane: **Schluckbeschwerden**, in: brand eins, 3. Jg. (2001), Heft 9.

Fischer, Paul M./Taylor, William J./Cheng, Rita H.: **Advanced Accounting**, 8. ed., Mason u. a. 2002.

Fladt, Guido/Feige, Peter: Der **Exposure Draft 3** "Business Combinations" des IASB – Konvergenz mit den US-GAAP?, in: Die Wirtschaftsprüfung, 56. Jg. (2003), S. 249 - 262.

Focken, Elke: Reporting Unit vs. Cash-Generating Unit - Auf dem Weg zu einer harmonisierten **Goodwill-Bilanzierung**, in: Recht der Internationalen Wirtschaft, 49. Jg. (2003), S. 437 - 444.

Förschle, Gerhardt/Hoffmann, Karl: **§ 309**, in: Budde, Wolfgang Dieter/Clemm, Hermann/Ellrott, Helmut u. a. (Hrsg.): Beck´scher Bilanz-Kommentar, 4. Aufl., München 1999, S. 1598 - 1611.

Foster, John M./Upton, Wayne S.: **Measuring Fair Value**, in: FASB (Hrsg.): Understanding the Issue, June 2001, Vol. 3, Series 1.

Franke, Günter/Hax, Herbert: **Finanzwirtschaft** des Unternehmens und Kapitalmarkt, 5. Aufl., Berlin u. a. 2003.

Franken, Lars: Gläubigerschutz durch Rechnungslegung nach **US-GAAP** – eine ökonomische Analyse, Frankfurt am Main u. a. 2001.

Frantzmann, Hans-Jörg: Zur **Messung des Marktrisikos** deutscher Aktien, in: Zeitschrift für Betriebswirtschaftliche Forschung, 42. Jg. (1990), S. 67 - 83.

Fritsch, Michael/Wein, Thomas/Ewers, Hans-Jürgen: **Marktversagen** und Wirtschaftspolitik – Mikroökonomische Grundlagen staatlichen Handelns, 5. Aufl., München 2003.

Frowein, Nils/Lüdenbach, Norbert: Das Sum-of-the-parts-Problem beim Goodwill Impairment Test – Marktbewertung als Programm oder **Ideologie**, in: Zeitschrift für kapitalmarktorientierte Rechnungslegung, 3. Jg. (2003), S. 261 - 266.

Frowein, Nils/Lüdenbach, Norbert: Der **Goodwill-Impairment-Test** aus Sicht der Bewertungspraxis, in: Finanz Betrieb, 5. Jg. (2003), S. 65 - 72.

Frühbrodt, Lutz: Reiner Tisch bei der **Telekom**, in: Die Welt vom 27.12.2002.

G4+1 (Group of Standard Setters): G4+1 position paper: **Recommendations** for Achieving Convergence on the Methods of Accounting for Business Combinations, London 1998.

Gall, Constantin M.: Unternehmensbewertung für Bilanzierungszwecke – Die Bilanzierung und **Bewertung des Goodwill** nach US-GAAP SFAS 141 und 142 von Business Combinations, Aachen 2003.

Gathen, Andreas von der: **Marken in Jahresabschluß und Lagebericht**, Frankfurt am Main 1999.

Gaughan, Patrick A.: Mergers, **Acquisitions** and Corporate Restructurings, 3. Aufl., New York 2002.

Geiger, Andreas: **Interpretation des negativen Geschäftswerts** im Rahmen einer ökonomischen Analyse, in: Der Betrieb, 49. Jg. (1996), S. 1533 - 1535.

Gießler, Oliver S.: **Der negative Geschäftswert** – Bilanzielle Anerkennung und Behandlung, in: Der Betrieb, 49. Jg. (1996), S. 1759 - 1765.

Gillenkirch, Robert: Gestaltung optimaler **Anreizverträge** – Motivation, Risikoverhalten und beschränkte Haftung, Wiesbaden 1997.

Glieder, Harald: Geldflussrechnung, **Segmentberichterstattung** und Gewinn pro Aktie – US-GAAP, IAS und HGB im Vergleich, Hamburg 1999.

Göbel, Stefan: **§ 255** HGB, in: Hofbauer, Max/Kupsch, Peter (Hrsg.): Bonner Handbuch der Rechnungslegung, 2. Aufl., 22. Erg.-Lfg. (November 2001).

Gorny, Christian/Rosenbaum, Dirk: Zur Verwendung kapitalmarktbasierter **Risikozuschläge** in phasenorientierten Unternehmensbewertungsmodellen, in: Finanz Betrieb, 4. Jg. (2002), S. 486 - 489.

Gräber, Herrmann: Die handelsrechtliche **Geschäftswertbilanzierung** im Blickfeld des Abschlußprüfers, Würzburg 1981.

Gramm, Phil: **Statement** at Hearing On Accounting Standards for Corporate Mergers, Senate Banking Committee Press Release vom 02.03.2000, abrufbar unter: http://www.senate.gov/~banking/pre100/0302pol.htm, (Stand: 31.08.2004).

Grünberger, David/Grünberger, Herbert: **Business Combinations** (Phase II): Richtungsweisende Beschlüsse des IASB, in: Steuern und Bilanzen, 5. Jg. (2003), S. 218 - 220.

Grünberger, David/Grünberger, Herbert: **IAS und US-GAAP** 2002/2003 – ein systematischer Praxis-Leitfaden, Herne 2002.

Günther, Thomas/Kriegbaum, Catharina: Methoden zur Markenbewertung – Ein Ausgangspunkt für das **Markencontrolling**, in: Controlling, 13. Jg. (2001), S. 129 - 137.

Hachmeister, Dirk: Der **Discounted Cash Flow** als Maß der Unternehmenswertsteigerung, 4. Aufl., Frankfurt am Main u. a. 1995.

Hachmeister, Dirk: Die **Abbildung der Finanzierung** im Rahmen verschiedener Discounted Cash Flow-Verfahren, in: Zeitschrift für Betriebswirtschaftliche Forschung, 48. Jg. (1996), S. 251 - 277.

Hachmeister, Dirk: **Performancemaße**, erfolgsorientierte, in: Küpper, Hans-Ulrich/Wagenhofer, Alfred (Hrsg.): Handwörterbuch Unternehmensrechnung und Controlling, 4. Aufl., Stuttgart 2002, Spalten 1385 - 1395.

Hacker, Bernd: **Segmentberichterstattung** – Eine ökonomische Analyse, Frankfurt am Main u. a. 2002.

Haigh, David: **Brand Valuation** – Understanding, Exploiting and Communicating brand values, London 1998.

Hail, Luzi: Pooling of Interests als **Alternative** zum Purchase Accounting?, in: Der Schweizer Treuhänder, 73. Jg. (1999), S. 701 - 712.

Hain, Thorsten: **Restrukturierungsaufwendungen** in der Rechnungslegung nach HGB, IAS und US GAAP – Grundsätze für die Rechnungslegung von geplanten Beendigungen und Einschränkungen von Geschäftstätigkeiten in Deutschland im Vergleich zu den Grundsätzen des IASC und zu den Grundsätzen in den USA, Düsseldorf 2000.

Haller, Axel: Die Grundlagen der externen **Rechnungslegung** in den USA, 4. Aufl., Stuttgart 1994.

Haller, Axel: **IAS 14**, in: Baetge, Jörg/Dörner, Dietrich/Kleekämper, Heinz/Wollmert, Peter/Kirsch, Hans-Jürgen (Hrsg.): Rechnungslegung nach International Accounting Standards (IAS) - Kommentar auf der Grundlage des deutschen Bilanzrechts, 2. Aufl., Stuttgart 2002.

Haller, Axel: **Immaterielle Vermögenswerte** – Wesentliche Herausforderung für die Zukunft der Unternehmensrechnung, in: Moeller, Hans Peter (Hrsg.): Rechnungswesen als Instrument für Führungsentscheidungen: Festschrift für Prof. Dr. Dr. h.c. Adolf G. Coenenberg zum 60. Geburtstag, Stuttgart 1998, S. 561 - 596.

Haller, Axel: **USA,** in: Busse von Colbe, Walther/Pellens, Bernhard (Hrsg.): Lexikon des Rechnungswesens - Handbuch der Bilanzierung und Prüfung, der Erlös-, Finanz-, Investitions- und Kostenrechnung, 4. Aufl., München u. a. 1998, S. 716 - 719.

Haller, Axel: Wesentliche **Ziele** und Merkmale US-amerikanischer Rechnungslegung, in: Ballwieser, Wolfgang (Hrsg.): US-amerikanische Rechnungslegung – Grundlagen und Vergleiche mit deutschem Recht, 4. Aufl., Stuttgart 2000, S. 1 - 27.

Haller, Axel/Dietrich, Ralph: Abbildung von F&E im Rahmen des nicht-finanziellen SEC-Reporting – Ableitung von **Informationsanforderungen** zum Zwecke der Entscheidungsnützlichkeit, in: Horváth, Péter/Möller, Klaus (Hrsg.): Intangibles in der Unternehmenssteuerung – Strategien und Instrumente zur Wertsteigerung des immateriellen Kapitals, München 2004, S. 293 - 316.

Haller, Axel/Dietrich, Ralph: **Intellectual Capital Bericht** als Teil des Lageberichts, in: Der Betrieb, 54. Jg. (2001), S. 1045 - 1052.

Haller, Axel/Park, Peter: Segmentberichterstattung auf Basis des **"Management Approach"** – Inhalt und Konsequenzen, in: Kostenrechnungspraxis, Sonderheft (1999) 3, S. 59 - 66.

Haller, Axel/Permanschlager, Dominik: **Anspruch und Wirklichkeit** der Segmentberichterstattung nach US-GAAP, in: Betriebs-Berater, 57. Jg. (2002), S. 1411 - 1417.

Haring, Nikolai: Analyse bilanzpolitischer Spielräume des Impairment-only-Approach der **Goodwill-Bilanzierung gemäß SFAS 142** unter Beachtung empirischer Ergebnisse, in: Zeitschrift für Recht und Rechnungswesen, 12. Jg. (2002), S. 55 - 60.

Haring, Nikolai: **Der Impairment-only-Approach** der Goodwill-Bilanzierung gemäß FASB Statement No. 142, in: Recht und Rechnungswesen aktuell – Österreichische Zeitschrift für Recht und Rechnungswesen, 4. Jg. (2001), S. 369 - 374.

Hartmann-Wendels, Thomas: **Signalling-Ansätze**, in: Busse von Colbe, Walther/Pellens, Bernhard (Hrsg.): Lexikon des Rechnungswesens – Handbuch der Bilanzierung und Prüfung, der Erlös-, Finanz-, Investitions- und Kostenrechnung, 4. Aufl., München u. a. 1998, S. 644 - 646.

Hauschildt, Jürgen: **Gewinn**, in: Busse von Colbe, Walther/Pellens, Bernhard (Hrsg.): Lexikon des Rechnungswesens – Handbuch der Bilanzierung und Prüfung, der Erlös-, Finanz-, Investitions- und Kostenrechnung, 4. Aufl., München u. a. 1998, S. 288 - 290.

Havenstein, Moritz/Heiden, Matthias: **Markenwertmessung** im betrieblichen Rechnungswesen – Entscheidungshilfe oder Sorgenkind?, in: Betriebs-Berater, 58. Jg. (2003), S. 1272 - 1277.

Hayn, Sven/Graf Waldersee, Georg: IAS/**US-GAAP**/HGB im Vergleich – Synoptische Darstellung für den Einzel- und Konzernabschluss, 3. Aufl., Stuttgart 2002.

Hebertinger, Martin: **Substanzwert**, in: Ballwieser, Wolfgang/Coenenberg, Adolf/ Wysocki, Klaus von (Hrsg.): Handwörterbuch der Rechnungslegung und Prüfung, 4. Aufl., Stuttgart 2003.

Henning, Steven L./Lewis, Barry L./Shaw, Wayne H.: Valuation of the Components of **Purchased Goodwill**, in: Journal of Accounting Research, Vol 38 (Autumn 2000) 2, S. 375 - 386.

Henselmann, Klaus: **Böcke als Gärtner**? – Vorgeschichte und Stand von DRS 1a, in: Steuern und Bilanzen, 4. Jg. (2002), S. 283 - 287.

Henselmann, Klaus: Der **Restwert** in der Unternehmensbewertung – eine „Kleinigkeit", in: Finanz Betrieb, 2. Jg. (2000), S. 151 - 157.

Herde, Raimund W./Thiell, Claudius: **M&A** – Abwärtstrend des vergangenen Jahres setzt sich fort, in: Mergers & Acquisitions Review, 3. Jg. (2002), S. 328 - 331.

Herring, Hartwell C.: **Business Combinations** & International Accounting, New York u. a. 2003.

Heyd, Reinhard: **Fair-Value-Bewertung** von Intangibles sowie die bilanzielle Behandlung des Goodwill im Rahmen von Business Combinations, in: Horváth, Péter/Möller, Klaus (Hrsg.): Intangibles in der Unternehmenssteuerung – Strategien und Instrumente zur Wertsteigerung des immateriellen Kapitals, München 2004, S. 269 - 291.

Heyd, Reinhard/Sanna, Maria G.: **Marken im Jahresabschluss** nach US-GAAP und IAS, in: bilanz & buchhaltung, 49. Jg. (2003), S. 15 - 22.

Hitz, Jörg-Markus/Kuhner, Christoph: Die **Neuregelung zur Bilanzierung** des derivativen Goodwill nach SFAS 141 und 142 auf dem Prüfstand, in: Die Wirtschaftsprüfung, 55. Jg. (2002), S. 273 - 287.

Hitz, Jörg-Markus/Kuhner, Christoph: Erweiterung des US-amerikanischen conceptual framework um **Grundsätze der Barwertermittlung** – Inhalt und Bedeutung des Statement of Financial Accounting Concepts No. 7, in: Die Wirtschaftsprüfung, 53. Jg. (2000), S. 889 - 902.

Holley, Charles L./Spede, Esward C./Chester Michael C.: The **Push-Down Accounting Controversy**, in: Management Accounting, Vol. 68 (Januar 1987), S. 39 - 43.

Holmström, Bengt R.: **Moral Hazard** and Observability, in: Bell Journal of Economics, Vol. 10 (1979), S. 74 - 91.

Hommel, Michael: **Bilanzierung immaterieller Anlagewerte**, Stuttgart 1998.

Hommel, Michael: **Bilanzierung von Goodwill** und Badwill im internationalen Vergleich, in: Recht der Internationalen Wirtschaft, 47 Jg. (2001), S. 801 - 809.

Hommel, Michael: Neue **Goodwillbilanzierung** – das FASB auf dem Weg zur entobjektivierten Bilanz?, in: Betriebs-Berater, 56. Jg. (2001), S. 1943 - 1949.

Hoyle, Joe B./Schaefer, Thomas F./Doupnik, Timothy S.: **Advanced Accounting**, Boston u. a. 1998.

Hughes, Hugh P.: Goodwill in Accounting: A **History** of the Issues and Problems, Atlanta 1982.

Husmann, Rainer: Würdigung der **Segmentberichterstattung** nach dem Mangement Approach auf der Basis der deutschen Bilanzierungspraxis, in: Die Wirtschaftsprüfung, 51. Jg. (1998), S. 816 - 823.

Hütten, Christoph/Lorson, Peter: Überlegungen zur neuen **Goodwillbilanzierung** nach SFAS 142 aus Controlling-Perspektive - Eine Ergänzung zu Küting/Weber/Wirth: Die neue Goodwillbilanzierung nach SFAS 142, in: Zeitschrift für kapitalmarktorientierte Rechnungslegung, 2. Jg. (2002), S. 25 - 33.

Jansen, Stephan A.: **Mergers & Acquisitions:** Unternehmensakquisitionen und -kooperationen – eine strategische, organisatorische und kapitalmarkttheoretische Einführung, 4. Aufl., Wiesbaden 2001.

Jansen, Stephan A.: Trends, Tools, Thesen und empirische Tests zum **Integrationsmanagement** bei Unternehmenszusammenschlüssen, in: Picot, Gerhard (Hrsg.): Handbuch Mergers & Acquisitions, 2. Aufl., Stuttgart 2002, S. 505 - 539.

Jennings, Ross /Robinson, John/Thompson, Robert B. u. a.: The relation between accounting **goodwill numbers** and equity values, in: Journal of Business Finance & Accounting, Vol. 23 (1996), S. 513 - 533.

Jensen, Michael C.: **Organization Theory** and Methodology, in: Accounting Review, Vol. 58 (1983), S. 319 - 339.

Jensen, Michael C./Meckling, William H.: **Theory of the Firm** – Managerial Behaviour, Agency Costs and Ownership Structure, in: Journal of Financial Economics, Vol. 3 (1976), S. 305 - 360.

Jensen, Michael C./Smith, Clifford W. jr.: **Stockholder**, Manager, and Creditor Interests – Applications of Agency-theory, in: Altman, Edward I./Subrahmanyam, Marti (Hrsg.): Recent Advances in Corporate Finance, Homewood 1985, S. 93 - 131.

Jeter, Debra C./Chaney, Paul K.: **Advanced Accounting,** New York u. a. 2001.

Johnson, Todd L./Petrone, Kimberley R.: Commentary: Is **Goodwill** an Asset?, in: Accounting Horizons, Vol. 12 (1998) No. 3, S. 293 - 303.

Johnson, Todd L./Petrone, Kimberley R.: **Tale of two standards**, in: Accountancy, November 2001, S. 100 - 101.

Johnson, Todd L./Petrone, Kimberley R.: Why did the Board Change its Mind on **Goodwill Amortization**?, Financial Accounting Standards Board Viewpoints.

Johnson, Todd L./Petrone, Kimberley R.: Why Eliminate the **Pooling Method**?, Financial Accounting Standards Board Viewpoints.

Johnson, Todd L./Yokley, Bryan D.: **Special Report** – Issues Associated with the FASB Project on Business Combinations, in: Financial Accounting Series, No. 174-A (1997).

Kahle, Holger: Die neue Goodwill-Bilanzierung nach US-GAAP – **Bilanzierung nach Belieben**?, in: Steuern und Bilanzen, 3. Jg. (2002), S. 849 - 858, 900 - 905.

Kahle, Holger: **Informationsversorgung** des Kapitalmarkts über internationale Rechnungslegungsstandards, in: Zeitschrift für kapitalmarktorientierte Rechnungslegung, 2. Jg. (2002), S. 95 - 107.

Kahle, Holger/Thiele, Stefan/Kahling, Dieter: **§ 255**, in: Baetge, Jörg/Kirsch, Hans-Jürgen, Thiele, Stefan (Hrsg.): Bilanzrecht Kommentar – Handelsrecht mit Steuerrecht und den Regelungen des IASB, Bonn 2002.

Kählert, Steiner: **Stellungnahme** zu E-DRS 1a vom 11.12.2001, abrufbar unter: http://www.standardsetter.de/drsc/docs/comments/001a/k_s.html, (Stand: 31.08.2004.)

Kahling, Dieter: **§ 309**, in: Baetge, Jörg/Kirsch, Hans-Jürgen, Thiele, Stefan (Hrsg.): Bilanzrecht Kommentar – Handelsrecht mit Steuerrecht und den Regelungen des IASB, Bonn 2002.

Kasperzak, Rainer/Krag, Joachim/Wiedenhofer, Marco: Konzepte zur Erfassung und Abbildung von **Intellectual Capital**, in: Deutsches Steuerrecht, 39. Jg. (2001), S. 1494 - 1500.

Keitz, Isabel von: **Immaterielle Güter** in der Rechnungslegung – Grundsätze für den Ansatz von immateriellen Gütern in Deutschland im Vergleich zu den Grundsätzen in den USA und nach IAS, Düsseldorf 1997.

Kengelbach, Jens/Grand, Hans le/Roos, Alexander: Erfolg von **M&A-Transaktionen** in Downturns – Empirische Untersuchung der pro Jahr größten US-Transaktionen seit 1975, in: Finanz Betrieb, 5. Jg. (2003), S. 72 - 78.

Ketz, J. Edward: A **Critical Look** at the New Purchase Accounting for M&A Transactions, in: The Journal of Corporate Accounting & Finance, Vol. 13 (2002) 2, S. 61 - 64.

Ketz, J. Edward: **Pooling versus Purchase**: Let's Compromise, in: The Journal of Corporate Accounting & Finance, Vol. 12 (2001) 3, S. 77 - 84.

Kieso, Donald/Weygandt, Jerry J./Warfield, Terry D.: **Intermediate Accounting**, 11. ed., New York u. a. 2004.

King, Alfred M.: Applying New **M&A Accounting Rules**, in: Strategic Finance, Vol. 83 (2001) No. 5, S. 33 - 37.

Kirsch, Hanno: **Schätzungen und Absichten** des Management als wesentliche Einflußgrößen der internationalen Rechnungslegung, in: Betrieb und Wirtschaft, 11. Jg. (2002), S. 1013 - 1019.

Kirsch, Hans-Jürgen: Die **Equity-Methode** im Konzernabschluß – der Charakter der deutschen Regelungen vor dem Hintergrund der internationalen Entwicklung, Düsseldorf 1990.

Klein, Ladislava: **Kapitalgeberschutz** durch tschechische Rechnungslegungsvorschriften – Eine ökonomische Analyse unter besonderer Berücksichtigung kapitalmarktstruktureller Entwicklungen, Frankfurt am Main u. a. 1998.

Kleindiek, Detlef: Neue **Goodwill-Bilanzierung** nach US-GAAP und europäisches Bilanzrecht – Stellungnahme zum DRS 1a, in: Betriebs-Berater, 56. Jg. (2001), S. 2572 - 2577.

Knop, Wolfgang/Küting, Karlheinz: **§ 255** HGB, in: Küting, Karlheinz/Weber, Claus-Peter (Hrsg.): Handbuch der Rechnungslegung – Kommentar zur Bilanzierung und Prüfung, Band Ia, 4. Aufl., Stuttgart 1995.

Kolbe, Kurt: **Theorie und Praxis** des Gesamtwertes und Geschäftswertes der Unternehmung, 3. Aufl., Düsseldorf 1967.

Kommission Rechnungswesen (Kommission Rechnungswesen im Verband der Hochschullehrer für Betriebswirtschaft e. V.): Stellungnahme zur Umsetzung der 7. EG-Richtlinie (**Konzernabschluß-Richtlinie**), in: Die Betriebswirtschaft, 45. Jg. (1985), S. 267 - 277.

Kort, Katharina: **AOL Time Warner**: 99 Milliarden Miese, in: Handelsblatt v. 31.01. /01.02.2003, Nr. 22, S. 11.

Kosiol, Erich: **Bilanzreform** und Einheitsbilanz, 2. Aufl., Berlin u. a. 1949.

Kosiol, Erich: **Pagatorische Bilanz**, Berlin 1976.

KPMG: Accounting for business combinations, goodwill and intangible assets - An **Analysis** of FASB Statements 141 and 142, 2001.

Krämling, Markus: Der **Goodwill** aus der Kapitalkonsolidierung – Bestandsaufnahme der Bilanzierungspraxis und deren Relevanz für die Aktienbewertung, Frankfurt am Main u. a. 1998.

Kranz, Marcel: **Markenbewertung** – Bestandsaufnahme und kritische Würdigung, in: Meffert, Heribert/Burmann, Christoph/Koers, Martin (Hrsg.): Markenmanagement, Wiesbaden 2002, S. 429 - 458.

Kraus-Grünewald, Marion: Gibt es einen objektiven Unternehmenswert? – Zur besonderen **Problematik der Preisfindung** bei Unternehmenstransaktionen, in: Betriebs-Berater, 50. Jg. (1995), S. 1839 - 1844.

Krawitz, Norbert: Die **Problematik des Richtlinieneinklangs** bei der Goodwill-Abschreibung – Stellungnahme zum Entwurf eines Deutschen Rechnungslegungs Standards Nr 1a, in: Deutsches Steuerrecht, 40. Jg. (2002), S. 145 - 148.

Krawitz, Norbert/Klotzbach, Daniela: Anwendungsvoraussetzungen und Aussagefähigkeit der **Fresh-Start-Methode** bei der Bilanzierung von Unternehmenszusammenschlüssen, in: Die Wirtschaftsprüfung, 53. Jg. (2000), S. 1164 - 1180.

Krolak, Thomas: Die bilanzielle Behandlung des aus der **Kapitalkonsolidierung** resultierenden Geschäfts- oder Firmenwertes nach HGB, U.S. GAAP und IAS, Düsseldorf 2000.

Kuhlewind, Andreas: Die amerikanische **Ergebnisrechnung** – Ausweis des Unternehmenserfolgs im Abschluß nach US-GAAP, in: Ballwieser, Wolfgang (Hrsg.): US-amerikanische Rechnungslegung – Grundlagen und Vergleiche mit deutschem Recht, 4. Aufl., Stuttgart 2000, S. 283 - 328.

Kuhlewind, Andreas-M.: Grundlagen der **Bilanzrechtstheorie** in den USA, Frankfurt u. a. 1996.

Kümmel, Jens: Grundsätze für die **Fair Value-Ermittlung mit Barwertkalkülen** – Eine Untersuchung auf der Grundlage des Statement of Financial Accounting Concepts No. 7, Düsseldorf 2002.

Kümpel, Thomas: Die **Bilanzierung des Goodwill** nach SFAS 142, Darstellung und kritische Würdigung im Kontext des europäischen und deutschen Bilanzrechts, in: Der Betriebswirt, 44. Jg. (2002), S. 15 - 23.

Küppers, Christoph: Der **Firmenwert** in Handels- und Steuerbilanz nach Inkrafttreten des Bilanzrichtlinien-Gesetzes – Rechtsnatur und bilanzpolitische Spielräume, in: Der Betrieb, 39. Jg. (1986), S. 1633 - 1639.

Küting, Karlheinz: **Bilanzanalyse** am Neuen Markt, in: Weber, Claus-Peter/Küting, Karlheinz (Hrsg.): Vom Financial Accounting zum Business Reporting - Kapitalmarktorientierte Rechnungslegung und integrierte Unternehmenssteuerung, Stuttgart 2002, S. 101 - 146.

Küting, Karlheinz: Der Geschäfts- oder Firmenwert aus der Kapitalkonsolidierung – Eine **Bestandsaufnahme in Theorie und Praxis**, in: Forster, Karl-Heinz/Grunewald, Barbara/Lutter, Marcus u. a. (Hrsg.): Aktien- und Bilanzrecht, Festschrift für Bruno Kropff, Düsseldorf 1997, S. 447 - 471.

Küting, Karlheinz/Dawo, Sascha/Wirth, Johannes: **Konzeption der außerplanmäßigen Abschreibungen** im Reformprojekt des IASB, in: Zeitschrift für kapitalmarktorientierte Rechnungslegung, 3. Jg. (2003), S. 177 - 190.

Küting, Karlheinz/Dawo, Sascha: Anwendungsfälle der **fair value-Bewertung** bei nicht finanziellen Vermögenswerten im Rahmen der International Reporting Standards (IFRS), in: Zeitschrift für kapitalmarktorientierte Rechnungslegung, 3. Jg. (2003), S. 228 - 241.

Küting, Karlheinz/Dawo, Sascha: **Bilanzpolitische Gestaltungspotenziale** im Rahmen der International Financial Reporting Standards (IFRS), in: Steuern und Bilanzen, 4. Jg. (2002), S. 1205 - 1213.

Küting, Karlheinz/Dürr, Ulrike: "**Intangibles**" in der deutschen Bilanzierungspraxis, in: Steuern und Bilanzen, 4. Jg. (2003), S. 1 - 5.

Küting, Karlheinz/Gattung, Andreas/Wirth, Johannes: Zeitpunkt der erstmaligen **Aussetzung der planmäßigen Abschreibung** des Geschäfts- oder Firmenwerts nach IFRS 3, in: Zeitschrift für kapitalmarktorientierte Rechnungslegung, 4. Jg. (2004), S. 247 - 249.

Küting, Karlheinz/Harth, Hans-Jörg: Die **Behandlung einer negativen Aufrechnungsdifferenz** im Rahmen der Purchase-Methode nach APB 16 und nach IAS 22 – Vergleich und beispielhafte Darstellung, in: Die Wirtschaftsprüfung, 52. Jg. (1999), S. 489 - 500.

Küting, Karlheinz/Harth, Hans-Jörg: Vergleich der **Kapitalkonsolidierung** nach HGB, US-GAAP und IAS, in: Betriebs-Berater, 54. Jg. (1999), S. 1370 - 1377, 1424 - 1428.

Küting, Karlheinz/Koch, Christian: Der **Goodwill** in der deutschen Bilanzierungspraxis, in: Steuern und Bilanzen, 5. Jg. (2003), S. 49 - 54.

Küting, Karlheinz/Müller, Wolfgang/Pilhofer, Jochen: \`**Reverse Acquisitions**\` als Anwendungsfall einer \`Reverse Consolidation\` bei der Erstellung von Konzernabschlüssen nach US-GAAP und IAS – ein Leitbild für die deutsche Rechnungslegung?, in: Die Wirtschaftsprüfung, 53. Jg. (2000), S. 257 - 269.

Küting, Karlheinz/Pilhofer, Jochen: Die neuen Vorschriften zur **Segmentberichterstattung** nach US-GAAP - Schließung der Regelungslücke in § 279 Abs. 1 HGB durch Adaption internationaler Standards?, in: Deutsches Steuerrecht, 37. Jg. (1999), S. 559 - 564, 603 - 608.

Küting, Karlheinz/Ulrich, Andreas: **Abbildung** und Steuerung immaterieller Vermögensgegenstände – Werttreiber im normativen Zwangskorsett, in: Deutsches Steuerrecht, 39. Jg. (2001), S. 953 - 960, 1000 - 1003.

Küting, Karlheinz/Weber, Claus-Peter: Der **Konzernabschluß** – Lehrbuch und Fallstudie zur Praxis der Konzernrechnungslegung, 7. Aufl., Stuttgart 2001.

Küting, Karlheinz/Weber, Claus-Peter: Der Konzernabschluss – Lehrbuch zur Praxis der **Konzernrechnungslegung**, 8. Aufl., Stuttgart 2003.

Küting, Karlheinz/Weber, Claus-Peter/Wirth, Johannes: Die neue **Goodwillbilanzierung** nach SFAS 142 – Ist der Weg frei für eine neue Aquisitionswelle?, in: Zeitschrift für kapitalmarktorientierte Rechnungslegung, 1. Jg. (2001), S. 185 - 198.

Küting, Karlheinz/Weber, Claus-Peter/Wirth, Johannes: **Goodwill und immaterielle Vermögenswerte im Übergang** auf die Anwendung des SFAS 142, in: Zeitschrift für kapitalmarktorientierte Rechnungslegung, 2. Jg. (2002), S. 57 - 66.

Küting, Karlheinz/Wirth, Johannes: Bilanzierung von Unternehmenszusammenschlüssen nach **IFRS 3**, in: Zeitschrift für kapitalmarktorientierte Rechnungslegung, 4. Jg. (2004), S. 167 - 177.

Küting, Karlheinz/Wirth, Johannes: Die **Kapitalkonsolidierung** im Spiegel der Bilanzwelten HGB – IAS/IFRS – US-GAAP, in: Deutsches Steuerrecht, 41. Jg. (2003), S. 475 - 484, 522 - 528.

Küting, Karlheinz/Wirth, Johannes: Internationale Konzernrechnungslegung: **Anschaffungskosten** von Beteiligungen an voll zu konsolidierenden Unternehmen, in: Betriebs-Berater, 56. Jg. (2001), S. 1190 - 1197.

Labhart, Peter A./Volkart, Rudolf: **Reflektierung von immateriellen Aktiven** in der Rechnungslegung - Relevanz von Intangibles als Bewertungsgrößen, in: Der Schweizer Treuhänder, 75. Jg. (2001), S. 1155 - 1162.

Lachnit, L./Ammann, H./Müller, St./Wulf, I: Geschäfts- oder Firmenwert als Problem der **Konzernabschlußanalyse**, in: Die Wirtschaftsprüfung, 52. Jg. (1999), S. 677 - 688.

Leake, P. D.: **Commercial Goodwill** – Its History, Value, And Treatment in Accounts, London 1921.

Leippe, Britta: Die **Bilanzierung von Leasinggeschäften** nach deutschem Handelsrecht und US-GAAP, Frankfurt am Main u. a. 2002.

Leuz, Christian: Rechnungslegung und **Kreditfinanzierung** – Zum Zusammenhang von Ausschüttungsbegrenzung, bilanzieller Gewinnermittlung und vorsichtiger Rechnungslegung, Frankfurt am Main u. a. 1996.

Lev, Baruch: Intangibles at a **Crossroads**, in: Horváth, Péter/Möller, Klaus (Hrsg.): Intangibles in der Unternehmenssteuerung – Strategien und Instrumente zur Wertsteigerung des immateriellen Kapitals, München 2004, S. 3 - 14.

Lev, Baruch: **Intangibles** – Management, Measurement and Reporting, Washington, D. C. 2001.

Levitt, Arthur: Spielen mit Zahlen - "The **Numbers Game**", in: Der Betrieb, 51. Jg. (1998), S. 2544 - 2547, abrufbar im Original unter: http://www.sec.gov/news/speech/speecharchive/1998/spch220.txt (Stand: 31.08.2004).

Lewicki, Bernhard: Die **Behandlung des Firmenwerts** im Konzernabschluss auf Basis des HGB sowie nach U.S.GAAP und IAS, in: bilanz & buchhaltung, 48. Jg. (2002), S. 56 - 62.

Löbel, Georg: Der ideelle **Geschäftswert** vom betriebswirtschaftlichen, handelsrechtlichen und steuerrechtlichen Standpunkt, Frankfurt am Main 1933.

Lorson, Peter C./Heiden, Matthias: Intellectual Capital Statement und **Goodwill-Impairment** – "Internationale" Impulse zur Unternehmenswertorientierung?, in: Seicht, Gerhard (Hrsg.): Jahrbuch für Controlling und Rechnungswesen, Wien 2002, S. 369 - 403.

Lucks, Kai/Meckl, Reinhard: Internationale **Mergers & Acquisitions** – Der prozessorientierte Ansatz, Berlin u. a. 2002.

Lüdenbach, Norbert/Frowein, Nils: Der Goodwill-Impairment-Test aus **Sicht der Rechnungslegungspraxis**, in: Der Betrieb, 56. Jg. (2003), S. 217 - 223.

Lüdenbach, Norbert/Schulz, Roland: **Unternehmensbewertung** für Bilanzierungszwecke – Neue Herausforderung für den Berufsstand durch den impairment-Ansatz von FAS 142?, in: Die Wirtschaftsprüfung, 55. Jg. (2002), S. 489 - 499.

Ludz, Christoph: Der neue **Firmenwert** des Bilanzrichtlinien-Gesetzes – Eine Untersuchung zur Feststellung des Einflusses des Bilanzrichtlinien-Gesetzes auf die Behandlung des Firmenwertes in der Handelsbilanz sowie die damit verbundenen bilanzpolitischen Möglichkeiten und die bilanzpolitische Bedeutung des Firmenwertes, Frankfurt am Main u. a. 1997.

Lutter, Bernd/Rimmelspacher, Dirk: **Einheitstheorie** und Kapitalkonsolidierung – mehr Konflikt als Konsens?, in: Der Betrieb, 45. Jg. (1992), S. 485 - 491.

Mandl, Gerwald: Können die DCF-Verfahren die an die Unternehmensbewertung gestellten Anforderungen besser erfüllen als das **Ertragswertverfahren**?, in: Egger, Anton (Hrsg.): Unternehmensbewertung – quo vadis?, Beiträge zur Entwicklung der Unternehmensbewertung, Wien 1999, S. 41 - 64.

Mandl, Gerwald/Rabel, Klaus: **Unternehmensbewertung**, Wien/Frankfurt 1997.

Mard, Michael J./Hitchner, James R./Hyden, Steven u. a.: **Valuation** for Financial Reporting, Inatangible Assets, Goodwill, and Impairment Analysis, SFAS 141 and 142, New York 2002.

Martiensen, Jörn: **Institutionenökonomik**, München 2000.

Maul, Karl-Heinz; Menninger, Jutta: Das "**Intellectual Property Statement**" - eine notwendige Ergänzung des Jahresabschlusses, in: Der Betrieb, 54. Jg. (2001), S. 529 - 533.

Meek, Gary K.: **Vereinigte Staaten** von America, in: Haller, Axel/Raffournier, Walton, (Hrsg.): Unternehmenspublizität im internationalen Wettbewerb, Stuttgart 2000, S. 153 - 203.

Meeting, David T./Luecke, Randall W.: **Asset Impairment and Disposal**, in: Journal of Accountancy, Vol. 193 (March 2002), S. 49 - 60.

Meeting, Davis T./Luecke, Randall/Garceau, Linda: Future **Cash Flow Measurements**, in: Journal of Accountancy, Vol. 192 (October 2001), S. 57 - 67.

Meinhövel, Harald: Defizite der **Principal-Agent-Theorie**, Lohmar 1999.

Meyer, Claus: Gesetz zur weiteren Reform des Aktien- und Bilanzrechts, zu Transparenz und Publizität (**TransPuG**), in: Betrieb und Rechnungswesen: Buchführung, Bilanz, Kostenrechnung, (2002), Fach 15, S. 1321 - 1330.

Meyer, Conrad/Hail, Luzi: **Pooling of Interests** vs. Purchase Accounting – Kontroverse Erfassung von Unternehmensverbindungen im Konzernabschluß, Seicht, Gerhard (Hrsg.): Jahrbuch für Controlling und Rechnungswesen, Wien 2000, S. 183 - 208.

Meyer, Hartwig: Der **Geschäfts- oder Fimenwert** im Unternehmenskaufvertrag – Ein Beispiel bilanzpolitischer Möglichkeiten und Grenzen beim Unternehmenskauf, Hamburg 1991.

Miller, Merton H./Rock, Kevin: **Dividend Policy** under Asymmetric Information, in: The Journal of Finance, Vol. 40 (1985), S. 1031 - 1051.

Miller, Paul B. W.: The **Conceptual Framework** – Myths and Realities, in: Journal of Accountancy, Vol. 186 (October 1998), S. 53 - 61.

Miller, Paul B. W./Redding, Rodney/Bahnson, Paul R.: The FASB. The People, the **Process**, and the Politics, 4. ed., Burr Ridge u. a. 1998.

Moehrle, Stephen R./Reynolds-Moehrle, Jennifer A./Tomlinson, Wilbur L.: Is there a Gap in Your **Knowledge of GAAP**, in: Financial Analysts Journal, Vol. 58 (2002) Issue 5, S. 43 - 48.

Möhrle, Martin: Bilanzierung des derivativen Geschäftswertes im Lichte der **Investitionstheorie**, Hamburg 1999.

Möhrle, Martin: **Ökonomische Interpretation** und bilanzielle Behandlung eines negativen derivativen Geschäftswertes, in: Deutsches Steuerrecht, 37. Jg. (1999), S. 1414 - 1420.

Möller, Hans Peter/Hüfner, Bernd: Zur **Bedeutung der Rechnungslegung** für den deutschen Aktienmarkt – Begründung, Messprobleme und Erkenntnisse empirischer Forschung, Paper zur Veranstaltung Finanzmarkt Deutschland: Forschung und Praxis im Dialog, abrufbar unter: www.ikf-cfs.de/papers/moeller_heuf_dfg2001 0215.pdf (Stand: 31.08.2004).

Moser, Ulrich/Auge-Dickhut, Stefanie: Unternehmensbewertung: Zum Zusammenhang zwischen **Vergleichsverfahren** und DCF-Verfahren, in: Finanz Betrieb, 5. Jg. (2003), S. 213 - 223.

Mouritsen, Jan/Bukh, Per N. D./Larsen, Heine T.: **Intellectual Capital**, in: Küpper, Hans-Ulrich/Wagenhofer, Alfred (Hrsg.): Handwörterbuch Unternehmensrechnung und Controlling, 4. Aufl., Stuttgart 2002, Spalten 768 - 777.

Moxter, Adolf: Besitzen IAS-konforme Jahres- und Konzernabschlüsse im Hinblick auf die Unternehmens- und Konzernsteuerung Vorteile gegenüber den **Rechnungslegungstraditionen** im EWR?, in: Altenburger, Otto A./Janeschk, Otto/Müller, Heinrich (Hrsg.): Fortschritte im Rechnungswesen – Vorschläge für Weiterentwicklungen im Dienste der Unternehmens- und Konzernsteuerung durch Unternehmensorgane und Eigentümer, 2. Aufl., Wiesbaden 2000, S. 497 - 505.

Moxter, Adolf: **Bilanzlehre**, Bd. II: Einführung in das neue Bilanzrecht, 3. Aufl., Wiesbaden 1986.

Moxter, Adolf: Bilanzrechtliche Probleme beim **Geschäfts- oder Firmenwert**, in: Bierich, Marcus/Hommelhoff, Peter/Kropff, Bruno (Hrsg.): Festschrift für Johannes Semler zum 70. Geburtstag am 28. April 1993 – Unternehmen und Unternehmensführung im Recht, Berlin u. a. 1993, S. 853 - 861.

Moxter, Adolf: Deutscher **Standardisierungsrat auf Irrwegen**, in: Betriebs-Berater, 56. Jg. (2001) 50, S. I.

Moxter, Adolf: Die **Geschäftswertbilanzierung** in der Rechtssprechung des Bundesfinanzhofs und nach EG-Bilanzrecht, in: Betriebs-Berater, 34. Jg. (1979), S. 741 - 747.

Moxter, Adolf: Grundsätze ordnungmäßiger **Bilanzierung** und Stand der Bilanztheorie, in: Schmalenbachs Zeitschrift für betriebswirtschaftliche Forschung, 18. Jg. (1966), S. 29 - 58.

Moxter, Adolf: Grundsätze ordnungsgemäßer **Rechnungslegung**, Düsseldorf 2003.

Moxter, Adolf: Grundsätze ordnungsmäßiger **Unternehmensbewertung**, 2. Aufl., Wiesbaden 1983.

Moxter, Adolf: **Rechnungslegungsmythen**, in: Betriebs-Berater, 55. Jg. (2000), S. 2143 - 2149.

Muff, Marc: Kapitalkonsolidierung nach der **Fresh-Start-Methode**, Mainz 2002.

Mujkanovic, Robin: Der derivative **Geschäftswert** im handelsrechtlichen Jahresabschluß – Charakter und Auswirkungen in der Gewinn- und Verlustrechnung, in: Betriebs-Berater, 49. Jg. (1994), S. 894 - 898.

Mujkanovic, Robin: **Fair Value** im Financial Statement nach International Accounting Standards, Stuttgart 2002.

Müller, Stefan/Wulf, Inge: **Jahresabschlusspolitik** nach HGB, IAS und US-GAAP, in: Betriebs-Berater, 56. Jg. (2001), S. 2206 - 2213.

Müller-Dahl, Frank: Die **Bilanzierung des Goodwill** – betriebswirtschaftlich sowie handels- und steuerrechtlich unter Berücksichtigung des Vorentwurfs eines Bilanzrichtlinien-Gesetzes, in: Betriebs-Berater, 36. Jg. (1981), S. 274 - 283.

Müller-Stewens, Günter: Akquisitionen und der **Markt für Unternehmenskontrolle**, in: Student Business Review, 1. Jg. (2000), S. 12 - 17.

Müller-Stewens, Günter: **Catching the right wave**, in: European Business Forum: Should we control the urge to merge?, Issue 4 (2000), S. 6 - 7.

Müller-Stewens, Günter/Spickers, Jürgen/Deiss, Christian: **Mergers & Acquisitions** – Markttendenzen und Beraterprofile, Stuttgart 1999.

Münstermann, Hans: **Firmenwert**, in: Seischab, Hans/Schwantag, Karl (Hrsg.): Handwörterbuch der Betriebswirtschaft, Bd. 2, 3. Aufl., Stuttgart 1958, Spalten 1953 - 1958.

Munter, Paul: **Business Combinations** Project Nears Completion, in: The Journal of Corporate Accounting & Finance, Vol. 12 (2001) 5, S. 77 - 84.

Musgrave, Richard A./Musgrave, Peggy B./Kullmer, Lore: Die öffentlichen Finanzen in **Theorie und Praxis**, Band 1, 6. Aufl., Tübingen 1998.

Nestler, Anke/Thuy, Michael: **Verfahren zur Bewertung** von Reporting Units im Rahmen des Goodwill-Impairmenttests nach SFAS 142, in: Zeitschrift für kapitalmarktorientierte Rechnungslegung, 2. Jg. (2002), S. 169 - 179.

Neus, Werner: Einführung in die **Betriebswirtschaftslehre** aus institutionenökonomischer Sicht, 3. Aufl., Tübingen 2003.

Neuss, Werner: Ökonomische Agency-Theorie und **Kapitalmarktgleichgewicht**, Wiesbaden 1989.

Niehus, Rudolf J./Thyll, Alfred: **Konzernabschluß** nach US-GAAP – Grundlagen und Gegenüberstellung nach deutschen Vorschriften, 2. Aufl., Stuttgart 2000.

Nowak, Karsten: Marktorientierte **Unternehmensbewertung** – Discounted Cash-Flow, Realoption, Economic Value Added und der Direct Comparison Approach, 2. Aufl., Wiesbaden 2003.

O. V.: **Merger Mania** `99: Groß, größer, am größten, in: Das Wirtschaftsstudium, 28. Jg. (1999), S. 1563 - 1564.

O. V.: Mergers ohne Ende – **Größenwahn oder Notwendigkeit**?, in: Das Wirtschaftsstudium, 29. Jg. (1999) , S. 19 - 20.

O. V.: The 100 **Top Brands**, in: Business Week v. 4. August 2003, S. 72 - 78.

O. V.: **US-Telekomanbieter** bereinigt Bilanzen, in: Handelsblatt vom 30.10.2002.

Ordelheide, Dieter: **Kapitalkonsolidierung** nach der Erwerbsmethode – Zur Umsetzung der 7. EG-Richtlinie in deutsches Recht, in: Die Wirtschaftsprüfung, 37. Jg. (1984), S. 237 - 245, 270 - 274.

Ordelheide, Dieter: Kapitalmarktorientierte Bilanzregeln für den **Geschäftswert** – HGB, IAS und US-GAAP, in: Forster, Karl-Heinz/Grunewald, Barbara/Lutter, Marcus/Semler, Johannes (Hrsg.): Aktien- und Bilanzrecht – Festschrift für Bruno Kropff, Düsseldorf 1997, S. 571 - 589.

Ordelheide, Dieter/Stubenrath, Michael: **Segmentberichterstattung**: US-GAAP im Vergleich mit HGB/DRS, in: Ballwieser, Wolfgang (Hrsg.): US-amerikanische Rechnungslegung, Grundlagen und Vergleiche mit deutschem Recht, 4. Aufl., Stuttgart 2000.

Ossadnik, Wolfgang: Zur **Diskussion um den „negativen Geschäftswert"**, in: Betriebs-Berater, 49. Jg. (1994), S. 747 - 752.

Pacter, Paul: Consolidations: An **Overview** of the FASB DM, in: Bloom, Robert/Elgers, Pieter T. (Hrsg.): Issues in Accounting Policy, Fort Worth u. a. 1995, S. 283 - 290.

Pahler, Arnold J./Mori, Joseph E.: **Advanced Accounting** – Concepts and Practice, 7. ed., Fort Worth u. a. 2000.

Peemöller, Volker H./Bömelburg, Peter/Denkmann, Andreas: Unternehmensbewertung in Deutschland - Eine **empirische Erhebung**, in: Die Wirtschaftsprüfung, 47. Jg. (1994), S. 741 - 749.

Peemöller, Volker H./Geiger, Thomas: Unternehmenserwerbe im Konzernabschluss nach **DRS 4**, in: Steuern und Bilanzen, 3. Jg. (2001), S. 281 - 291.

Peemöller, Volker H./Kunowski, Stefan: **Ertragswertverfahren** nach IDW, in: Peemöller, Volker H. (Hrsg.): Praxishandbuch der Unternehmensbewertung, 2. Aufl., Herne u. a. 2002, S. 199 - 261.

Peffekoven, Frank P.: Geht die **Reform der Kapitalkonsolidierung** in eine falsche Richtung?, in: Die Wirtschaftsprüfung, 54. Jg. (2001), S. 187 - 204.

Peffekoven, Frank P.: **Pooling-of-Interests Methode**: besser als ihr Ruf, Forschungspapier Nr. 1. (2001) des Instituts für Controlling und Unternehmensrechnung.

Peffekoven, Frank P.: **Wahlrechtsproblematik** der Konzernrechnungslegung, Wiesbaden 1997.

Pejic, Philip/Buschhüter, Michael: Ende der planmäßigen **Goodwill-Abschreibung?** – Überblick über den Standardentwurf des FASB: Business Combinations and Intangible Assets – Accounting for Goodwill, in: Die Kapitalorientierte Rechnungslegung, 1. Jg. (2001), S. 107 - 112

Pellens, Bernard: **Aktionärsschutz** im Konzern – Empirische und theoretische Analyse der Reformvorschläge der Konzernverfassung, Wiesbaden 1994.

Pellens, Bernhard: **Internationale Rechnungslegung**, 4. Aufl. Stuttgart 2001.

Pellens, Bernhard/Basche, Kerstin/Sellhorn, Thorsten: **Full Goodwill Method** – Renaissance der reinen Einheitstheorie in der Konzernbilanzierung?, in: Zeitschrift für kapitalmarktorientierte Rechnungslegung, 3. Jg. (2003), S. 1 - 4.

Pellens, Bernard/Gassen, Joachim: Die **Bereitstellung von Rechnungslegungssystemen** – Eine Aufgabe des Staates oder des Marktes?, in: Möller, Hans Peter/Schmidt, Franz (Hrsg.): Rechnungswesen als Instrument für Führungsentscheidungen – Festschrift für Adolf G. Coenenberg zum 60. Geburtstag, Stuttgart 1998, S. 633 - 650.

Pellens, Bernhard/Fülbier, Rolf Uwe: **Differenzierung der Rechnungslegungsregulierung** nach Börsenzulassung, in: Zeitschrift für Unternehmens- und Gesellschaftsrecht, 28. Jg. (2000), S. 572 - 593.

Pellens, Bernhard/Fülbier, Rolf U.: **Immaterielle Vermögensgegenstände** in der internen und externen Unternehmensrechnung, in: Küting, Karlheinz/Weber, Claus-Peter (Hrsg.): Wertorientierte Konzernführung, Kapitalmarktorientierte Rechnungslegung und integrierte Unternehmenssteuerung, Stuttgart 2000, S. 119 - 155.

Pellens, Bernhard/Sellhorn, Thorsten: **Goodwill-Bilanzierung** nach SFAS 141 und 142 für deutsche Unternehmen, in: Der Betrieb, 54. Jg. (2001), S. 1681 - 1689.

Pellens, Bernhard/Sellhorn, Thorsten: Kapitalkonsolidierung nach der **Fresh-Start-Methode**, in: Betriebs-Berater, 56. Jg. (2001), S. 2125 - 2132.

Pellens, Bernhard/Sellhorn, Thorsten: **Minderheitenproblematik** beim Goodwill Impairment Test nach geplanten IFRS und geltenden US-GAAP, in: Der Betrieb, 56. Jg. (2003), S. 401 - 408.

Pellens, Bernhard/Sellhorn, Thorsten: Neue Goodwill-Bilanzierung nach US-GAAP – Der **Impairment-Only Approach** des FASB, in: Der Betrieb, 54. Jg. (2001), S. 713 - 720.

Pellens, Bernhard/Sellhorn, Thorsten: Neue **US-Goodwillbilanzierung** steht deutschen Unternehmen nun offen – DRS 1a vom Bundesministerium der Justiz bekannt gemacht, in: Zeitschrift für kapitalmarktorientierte Rechnungslegung, 2. Jg. (2002), S. 113 - 114.

Pellens, Bernhard/Sellhorn, Thorsten: **Paradigmenwechsel** in der Firmenwert-Bilanzierung, in: Frankfurter Allgemeine Zeitung, v. 16.12.2002.

Pellens, Bernhard/Sellhorn, Thorsten/Streckenbach, Jana: Neue Abgrenzungskriterien für den Konsolidierungskreis - Zur Bilanzierung **Zweckgesellschaften** nach FIN 46, in: Zeitschrift für kapitalmarktorientierte Rechnungslegung, 3. Jg. (2003), S. 191 - 194.

Pfeil, Oliver P./Vater, Hendrik J.: "Die **kleine Unternehmensbewertung**" oder die neuen Vorschriften zur Goodwill- und Intangible-Bilanzierung nach SFAS No. 141 und SFAS No. 142, in: Zeitschrift für kapitalmarktorientierte Rechnungslegung, 2. Jg. (2002), S. 66 - 81.

Pfeil, Oliver P./Vater, Hendrik J.: Neues über **Goodwill** und immaterielle Werte, in: Der Schweizer Treuhänder, 76. Jg. (2002), S. 585 - 590, 665 - 672.

Pfeil, Oliver P./Vater, Hendrik J.: SFAS No. 142: "**Schlaraffenland**" bilanzpolitischer Möglichkeiten? – Eine Analyse aus der Sicht eines Finanzanalysten, in: Mergers & Acquisitions Review, 3. Jg. (2002), S. 261 - 265.

Pickhardt, Natalie: Die **Bilanzierung des negativen Geschäfts- oder Firmenwerts** in Handels- und Steuerbilanz, in: Deutsches Steuerrecht, 35. Jg. (1997), S. 1095 - 1100.

Picot, Gerhard: Wirtschaftliche und wirtschaftsrechtliche Aspekte bei der Planung der **Mergers & Acquisitions**, in: Picot, Gerhard (Hrsg.): Handbuch Mergers & Acquisitions – Planung, Durchführung, Integration, Stuttgart 2002, S. 3 - 37.

Preißler, Gerald: „**Prinzipienbasierung**" der IAS?, in: Der Betrieb, 55. Jg. (2002), S. 2389 - 2395.

PricewaterhouseCoopers/Günther, Thomas: **Immaterielle Werte** und andere weiche Faktoren in der Unternehmensberichtserstattung - eine Bestandsaufnahme, Frankfurt am Main 2003.

Protzek, Herbert: Der **Impairment Only-Ansatz** – Wider der Vernunft, in: Zeitschrift für kapitalmarktorientierte Rechnungslegung, 3. Jg. (2003), S. 495 - 502.

Pusecker, Dagmar/Schruff, Lothar: Anschaffungswertprinzip und **„negativer Geschäftswert"**, in: Betriebs-Berater, 51. Jg. (1996), S. 735 - 742.

Reither, Cheri L: What are the Best and the **Worst Accounting Standards**?, in: Accounting Horizons, Vol. 12 (September 1998), S. 283 - 292.

Richter, Michael: Die **Bewertung des Goodwill** nach SFAS No. 141 und SFAS No. 142 – Eine kritische Würdigung des impairment only-Ansatzes, Düsseldorf 2004.

Ross, Stephen A.: The **Economic Theory of Agency** – The Principal´s Problem, in: The American Economic Review, Vol. 63 (1973), S. 134 - 139.

Rubin, Steve: The **House of GAAP**, in: Journal of Accountancy, Vol. 157 (June 1984), S. 122 - 129.

Rückle, Dieter: Externe Prognose und **Prognoseprüfung**, in: Der Bertrieb, 35. Jg. (1984), S. 57 - 69.

Ruhnke, Klaus: **Bedeutung internationaler Prüfungsnormen** für die Erbringung von Prüfungsdienstleistungen auf nationaler Ebene, in: Der Betrieb, 52. Jg. (1999), S. 237 - 244.

Ruhnke, Klaus: Glaubwürdige **Unternehmensinformationen**: Quo Vadis?, in: Der Betrieb, 56. Jg. (2003) 13, S. i.

Ruhnke, Klaus: Neue **Bilanzregeln** stellen Prüfer vor kaum lösbare Aufgaben, in: Handelsblatt v. 20.1.2003, Nr. 16, Seite 21.

Russenberger, Arnold: **Goodwill**, Zürich 1946.

Samuelson, Paul A./Nordhaus, William D.: **Economics**, 15. ed., New York u. a. 1995.

Sattler, Henrik: Praxis von **Markenbewertung und Markenmanagement** in deutschen Unternehmen, 2. Aufl., Frankfurt am Main 2001.

Schäfer, Hans-Bernd/Ott, Claus: **Lehrbuch** der ökonomischen Analyse des Zivilrechts, 3. Aufl., Berlin u. a. 2000.

Scheiber, Helga: **Goodwill im internationalen Vergleich**: HGB - US-GAAP - IAS, Marburg 2001.

Schenk, Gerald: **Konzernbildung**, Interessenkonflikte und ökonomische Effizienz, – Ansätze zur Theorie des Konzerns und ihre Relevanz für rechtspolitische Schlußfolgerungen, Frankfurt am Main u a. 1997.

Scherrer, Gerhard: **Grundlagen** der US-amerikanischen Konzernrechnungslegung, in: Ballwieser, Wolfgang (Hrsg.): US-amerikanische Rechnungslegung – Grundlagen und Vergleiche mit dem deutschen Recht, 4. Aufl., Stuttgart 2000, S. 329 - 378.

Scherrer, Gerhard: **Konzernrechnungslegung**, München 1994.

Schildbach, Thomas: **Analyse des betrieblichen Rechnungswesens** aus der Sicht der Unternehmungsbeteiligten – dargestellt am Beispiel der Aktiengesellschaft, Wiesbaden 1975.

Schildbach, Thomas: Anmerkungen zu den neuen **Konzernrechnungslegungsvorschriften**, in: Die Betriebswirtschaft, 47. Jg. (1987), S. 391 - 400.

Schildbach, Thomas: Der Konzernabschluß als **Ausschüttungsbemessungsgrundlage** (Teil 1), in: Die Wirtschaftsprüfung, 45. Jg. (1993), S. 53 - 63.

Schildbach, Thomas: Der **Konzernabschluß** nach HGB, IAS und US-GAAP, 6. Aufl. München 2001.

Schildbach, Thomas: **Rechnungslegung** nach US-GAAP: Hoffnung und Wirklichkeit, in: Betriebs-Berater, 54. Jg. (1999), S. 359 - 365, 411 - 415.

Schildbach, Thomas: Reichweite, Eigenschaften und **Legitimation der US-GAAP**: Vor überzogenen Erwartungen wird gewarnt!, in: Steuern und Bilanzen, 2. Jg. (2000), S. 192 - 201.

Schildbach, Thomas: **US-GAAP** – Amerikanische Rechnungslegung und ihre Grundlagen, 2. Aufl., München 2002.

Schildbach, Thomas: **Zeitwertbilanzierung** in USA und nach IAS, in: Zeitschrift für Betriebswirtschaftliche Forschung Praxis, 40. Jg. (1998), S. 480 - 492.

Schildbach, Thomas: Zur **Eignung des ökonomischen Gewinns** im Rahmen der Rechnungslegung von Aktiengesellschaften, Die Wirtschaftsprüfung, 25. Jg. (1972), S. 40 - 42.

Schindler, Joachim: Der **Ausgleichsposten** für die Anteile anderer Gesellschafter nach § 307 HGB, in: Die Wirtschaftsprüfung, 39. Jg. (1986), S. 588 - 596.

Schmalenbach, Eugen: **Dynamische Bilanz**, 13. Aufl., Köln u. a. 1962.

Schmidt, Andreas: Immaterielle Vermögenswerte als **Werttreiber** der Unternehmen, in: Küting, Karlheinz/Weber, Claus-Peter (Hrsg.): Vom Financial Reporting zum Business Reporting, Stuttgart 2002, S. 295 - 318.

Schmidt, Ingo M.: **Bilanzierung des Goodwills** im internationalen Vergleich – Eine kritische Analyse, Wiesbaden 2002.

Schmidt, Reinhard H.: **Grundformen der Finanzierung** – Eine Anwendung des neo-institutionalistischen Ansatzes der Finanzierungstheorie, in: Kredit und Kapital, 14. Jg. (1981), S. 186 - 221.

Schmidt, Reinhard H./Terberger, Eva: Grundzüge der Investitions- und **Finanzierungstheorie**, 4. Aufl., Wiesbaden 1997.

Schmidbauer, Rainer: Der deutsche **Rechnungslegungsstandard Nr. 4** zur Bilanzierung von Unternehmenserwerben im Konzernabschluß – Vergleich mit den bestehenden handelsrechtlichen sowie internationalen Vorschriften und Analyse seiner Bindungswirkung, in: Deutsches Steuerrecht, 39. Jg. (2001), S. 365 - 372.

Schneider, Dieter: Betriebswirtschaftslehre, Bd. 3: **Theorie der Unternehmung**, München 1997.

Schneider, Dieter: **Investition**, Finanzierung und Besteuerung, 7. Aufl., Wiesbaden 1992.

Schönwandt, Detlev: **Bilanzunwahrheit** – Abschreibungsfehler, Buchführungssünden und die dadurch Geschädigten sowie die Berechnung von Firmenwert, Good will, Patentwert usw. in Auseinandersetzungsbilanzen, Berlin 1909.

Schuhmann, Helmut: **Ausgewählte Fragen** des Firmen-/Geschäftswerts, in: Die steuerliche Betriebsprüfung, 34. Jg. (1994), S. 50 - 58.

Schürmann, Christoph: Die **Bilanztrickser** – Wie Unternehmen ihre Zahlen frisieren und den Anleger täuschen, Franfurt am Main 2003.

Scott, William R.: Financial **Accounting Theory**, New Jersey 1997.

Seibert, Ulrich: Das Transparenz- und Publizitätsgesetz (**TransPuG**) – Materialiensammlung, München 2003.

Sellhorn, Thorsten: Ansätze zur bilanziellen Behandlung des **Goodwill** im Rahmen einer kapitalmarktorientierten Rechnungslegung, in: Der Betrieb, 53. Jg. (2000), S. 885 - 892.

Sellhorn, Thorsten: Goodwill Impairment – An Empirical Investigation of **Write-Offs under SFAS 142**, Frankfurt am Main u. a. 2004.

Semler, Franz-Jörg: Der **Unternehmens- und Beteiligungskaufvertrag**, in: Hölters, Wolfgang (Hrsg.): Handbuch des Unternehmens- und Beteiligungskaufs – Grundfragen, Bewertung, Finanzierung, Steuerrecht, Arbeitsrecht, Vertragsrecht, Kartellrecht, Börsenrecht, Vertragsbeispiele, 5. Aufl., Köln 2002.

Semler, Johannes: Die wirtschaftliche Bedeutung von **Unternehmensübernahmen**, in: Semler, Johannes/Volhard, Rüdiger (Hrsg.): Arbeitshandbuch für Unternehmensübernahmen, Band: 1. Unternehmensübernahme, Vorbereitung, Durchführung, Folgen, ausgewählte Drittländer, München 2001, S. 3 - 38.

Seppelfricke, Peter: **Multiplikatorverfahren** bei der Aktien- und Unternehmensbewertung, in: Finanz Betrieb, 1. Jg. (1999), S. 300 - 307.

Shapiro, Carl/Varian, Hal: **Information Rules**, Harvard Business School Press, Boston 1999.

Sieben, Günter: Der **Substanzwert** der Unternehmung, Wiesbaden 1963.

Sieben, Günter/Maltry, Helmut: Der **Substanzwert** der Unternehmung, in: Peemöller, Volker H. (Hrsg.): Praxishandbuch der Unternehmensbewertung, 2. Aufl., Herne u. a. 2002, S. 375 - 399.

Siegel, Theodor/Bareis, Peter: **Zum „negativen Geschäftswert“** in Realität und Bilanz, in: Betriebs-Berater, 49. Jg. (1994), S. 317 - 322.

Siegel, Theodor: Zur unsinnigen **Bilanzierung** eines zufälligen Teils des unbekannten originären Geschäftswerts nach DRS 1a – Widerspruch zum Beitrag von Zimmermann, DB 2002 S. 385 -, in: Der Betrieb, 55. Jg. (2002), S. 749 - 751.

Simon, Stephan: **Pooling** und Verschmelzung – Harmonisierung der Rechnungslegung durch IAS 22 "Business Combinations", Bern 1997.

Smith, Geoffrey/Stanton, Patricia: **Goodwill** Hunting – An Examination of the Nature and Accounting Treatment of Goodwill, Working Paper – Congress of the European Accounting Association in May 1999, University of Newcastle.

Smithers, Andrew/Wright, Stephen: **Valuing** Wall Street – Protecting Wealth in Turbulent Markets, New York u. a. 2000.

Söffing, Günter: Der Geschäfts- oder **Firmenwert**, in: Knobbe-Keuk, Brigitte u. a. (Hrsg.): Handels- und Steuerrecht, Festschrift für Georg Döllerer, Düsseldorf 1988, S. 593 - 614.

Sohmen, Egon: **Allokationstheorie** und Wirtschaftspolitik, 2. Aufl., Tübingen 1992.

Spence, Michael: **Job Market Signaling**, in: Quarterly Journal of Economics, Vol. 87 (1973), S. 355 - 374.

Stanke, Cornelia: Entscheidungskonsequenzen der **Rechnungslegung bei Unternehmenszusammenschlüssen**, Frankfurt am Main u. a. 2003.

Stapf, Anton: **Immaterielle Anlagewerte** und aktive Rechnungsabgrenzungsposten – Ihre gegenseitige Abgrenzung und Behandlung in Handels- und Steuerbilanz, Würzburg 1968.

Starbatty, Nikolaus: **Fair Value Accounting** gemäß Statement of Financial Accounting Concept No. 7, in: Die Wirtschaftsprüfung, 54. Jg. (2001), S. 543 - 558.

Statistisches Bundesamt: Statistisches **Jahrbuch 2003** – Für die Bundesrepublik Deutschland, Wiesbaden 2003.

Statistisches Bundesamt: Statistisches **Jahrbuch 1991** – Für das vereinte Deutschland, Wiesbaden 1991.

Stauber, Jürgen/Ketterle, Tobias: **Goodwill-Bilanzierung** nach US-GAAP - Die neuen Vorschriften des FASB im Vergleich - Auswirkungen für börsennotierte Schweizer Unternehmen, in: Der Schweizer Treuhänder, 75. Jg. (2001), S. 955 - 966.

Stewart, Thomas A.: Der vierte **Produktionsfaktor** – Wachstum und Wettbewerbsvorteile durch Wissensmanagement, München u. a. 1998.

Stoi, Roman: Management und Controlling von **Intangibles** auf Basis der immateriellen Werttreiber des Unternehmens, in: Horváth, Péter/Möller, Klaus (Hrsg.): Intangibles in der Unternehmenssteuerung – Strategien und Instrumente zur Wertsteigerung des immateriellen Kapitals, München 2004, S. 187 - 201.

Streim, Hannes: Das **Wertaufholungsgebot** – Eine zweckmäßige handelsrechtliche Schutzvorschrift, in: Die Wirtschaftsprüfung, 36. Jg. (1983), S. 671 - 683.

Streim, Hannes: Der **Informationsgehalt** des Human Resource Accounting. Zur Problematik der Erfassung und des Ausweises menschlicher Ressourcen im betriebswirtschaftlichen Rechnungswesen, unveröffentlichte Habilitationsschrift, Gießen 1976.

Streim, Hannes: Die **Generalnorm** des § 264 Abs. 2 HGB – Eine kritische Analyse, in: Ballwieser, Wolfgang/Böcking, Hans-Joachim/Drukarczyk, Jochen/Schmidt, Reinhard H. (Hrsg.): Bilanzrecht und Kapitalmarkt – Festschrift zum 65. Geburtstag von Adolf Moxter, Düsseldorf 1994, S. 391 - 406.

Streim, Hannes: Die **Vermittlung von entscheidungsnützlichen Informationen** durch Bilanz und GuV – Ein nicht einlösbares Versprechen der internationalen Standardsetter, in: Zeitschrift für Betriebswirtschaftliche Forschung und Praxis, 52. Jg. (2000), S. 111 - 131.

Streim, Hannes: **Fluktuationskosten** und ihre Ermittlung, in: Zeitschrift für Betriebswirtschaftliche Forschung und Praxis, 34. Jg. (1982), S. 128 - 146.

Streim, Hannes: **Grundzüge** der handels- und steuerrechtlichen Bilanzierung, Stuttgart 1988.

Streim, Hannes: **International Accounting Standards**, in: Hofbauer, Max/Kupsch, Peter (Hrsg.): Bonner Handbuch Rechnungslegung, Bonn 2002, Fach 5.

Streim, Hannes: **Internationalisierung von Gewinnermittlungsregeln** zum Zwecke der Informationsvermittlung – zur Konzeptionslosigkeit der Fortentwicklung der Rechnungslegung, in: Meffert, Heribert/Krawitz, Norbert (Hrsg.): Unternehmensrechnung und Besteuerung. Grundfragen und Entwicklungen, Festschrift für Dietrich Börner zum 65. Geburtstag, Wiesbaden 1998, S. 323 - 343.

Streim, Hannes: **Wahlrechte**, in: Chmielewicz, Klaus/Schweitzer, Marcell (Hrsg.): Handwörterbuch des Rechnungswesens, 3. Aufl., Stuttgart 1993, Sp. 2151 - 2160.

Streim, Hannes: Zum **Stellenwert des Lageberichts** im System der handelsrechtlichen Rechnungslegung, in: Elschen, Rainer/Siegel, Theodor/Wagner, Franz W. (Hrsg.): Unternehmenstheorie und Besteuerung – Festschrift zum 60. Geburtstag von Dieter Schneider, Wiesbaden 1995, S. 703 - 721.

Streim, Hannes/Bieker, Marcus/Esser, Maik: Der schleichende Abschied von der Ausschüttungsbilanz – Grundsätzliche Überlegungen zum Inhalt einer **Informationsbilanz**, in: Dirrigl, Hans/Wellisch, Dietmar/Wenger, Ekkehard (Hrsg.): Steuern, Rechnungslegung und Kapitalmarkt – Festschrift für Franz W. Wagner zum 60. Geburtstag, Wiesbaden 2004, S. 229 - 244.

Streim, Hannes/Bieker, Marcus/Esser, Maik: Vermittlung entscheidungsnützlicher Informationen durch **Fair Values** - Sackgasse oder Licht am Horizont?, in: Zeitschrift für Betriebswirtschaftliche Forschung und Praxis, 55. Jg. (2003), S. 457 - 479.

Streim, Hannes/Bieker, Marcus/Leippe, Britta: **Anmerkungen zur theoretischen Fundierung der Rechnungslegung** nach International Accounting Standards, in: Schmidt, Hartmut/Ketzel, Eberhart/Prigge, Stefan (Hrsg.): Wolfgang Stützel – Moderne Konzepte für Finanzmärkte, Beschäftigung und Wirtschaftsverfassung, Tübingen 2001, S. 177 - 206.

Streim, Hannes/Esser, Maik: Rechnungslegung nach IAS/IFRS – Ein geeignetes Instrument zur **Informationsvermittlung**?, in: Steuern und Bilanzen, 5. Jg. (2003), S. 836 - 840.

Streim, Hannes/Leippe, Britta: **Neubewertung** nach International Accounting Standards – Darstellung, Anwendungsprobleme und kritische Analyse, in: Seicht, Gerhard (Hrsg.): Jahrbuch für Controlling und Rechnungswesen 2001, Wien 2001, S. 373 - 411.

Süchting, Joachim: **Finanzmanagement** – Theorie und Politik der Unternehmensfinanzierung, 6. Aufl., Wiesbaden 1995.

Sürken, Silke: **Abgrenzung der wirtschaftlichen Einheit** nach US-GAAP – Neuere Entwicklungen und Vergleich mit den deutschen Vorschriften, Frankfurt am Main u. a. 1999.

Take, Felix: Der **Geschäfts- oder Firmenwert**, Köln 1938.

Teichmann, Heinz: Der optimale **Planungshorizont**, in: Zeitschrift für Betriebswirtschaft, 45. Jg. (1975), S. 295 - 312.

Teitler, Evelyn: Die aktuelle Frage: "Soll die Aktivierung des **Minderheits-Goodwills** erlaubt werden?", in: Der Schweizer Treuhänder, 77. Jg. (2003), S. 629 - 630.

Teitler-Feinberg, Evelyn: Neue **Bewertung von Goodwill** und anderen immateriellen Aktiven - Neue Bewertung nach US-GAAP - Stand des Projektes des FASB, in: Der Schweizer Treuhänder, 75. Jg. (2001), S. 331 - 338.

Telkamp, Heinz-Jürgen/Bruns, Carsten: **Pooling-of-interests-Methode** versus Fresh-Start-Methode – ein Vergleich, in: Die Wirtschaftsprüfung, 53. Jg. (2000), S. 744 - 749.

Terberger, Eva: **Neo-institutionalistische Ansätze:** Entstehung und Wandel – Anspruch und Wirklichkeit, Wiesbaden 1994.

Tobin, James: A General **Equilibrium Approach** To Monetary Theory, in: Money, Credit, and Banking, Vol. 1, February 1969, S. 15 - 29.

Tobin, James: Monetary Policies and the Economy: The **Transmission Mechanism**, in: Southern Economic Journal, Vol. 44 (January 1978) No. 3, S. 421 - 431.

Tomaszewski, Claude: **Discounted-Cash-Flow-Ansatz** in der Unternehmensbewertung, in: Busse von Colbe, Walther/Pellens, Bernhard (Hrsg.): Lexikon des Rechnungswesens – Handbuch der Bilanzierung und Prüfung, der Erlös-, Finanz-, Investitions- und Kostenrechnung, 4. Aufl., München u. a. 1998, S. 183 - 184.

Trott, Edward W./Upton, Wayne S.: **Expected Cash Flows**, in: FASB (Hrsg.): Understanding the Issue, May 2001, Vol. 1, Series 1.

Tump, Ansgar/Gross, Oliver: **M&A-Implikationen** des neuen FASB Exposure Draft "Business Combinations and Intangible Assets", in: Mergers and Acquisitions Review, 2. Jg. (2001), S. 316 - 323.

Vater, Hendrik: **Fair Value** – des Rätsels Lösung?, in: Betrieb und Rechnungswesen: Buchführung, Bilanz, Kostenrechnung, (2002), Fach 20, S. 655 - 664.

Vater, Hendrik: **M&A Accounting** – Abschaffung des Pooling of Interests?, in: Der Betrieb, 54. Jg. (2001), S. 1841 - 1848.

Wagenhofer, Alfred: **Share Holder Value-Konzept**, in: Busse von Colbe, Walther/Pellens, Bernhard (Hrsg.): Lexikon des Rechnungswesens – Handbuch der Bilanzierung und Prüfung, der Erlös-, Finanz-, Investitions- und Kostenrechnung, 4. Aufl., München u. a. 1998, S. 642 - 644.

Wagenhofer, Alfred/Ewert, Ralf: Externe **Unternehmensrechnung**, Berlin u. a. 2003.

Wagner, Franz W./Schomaker, Helmut: Die **Abschreibung des Firmenwertes** in Handels- und Steuerbilanz nach der Reform des Bilanzrechts, in: Der Betrieb, 40. Jg. (1987) , S. 1365 - 1372.

Wagner, Franz W.: Zur **Informations- und Ausschüttungsbemessungsfunktion** des Jahresabschlusses auf einem organisierten Kapitalmarkt, in: Zeitschrift für Betriebswirtschaftliche Forschung, 34. Jg. (1982), S. 749 - 771.

Wagner, Franz: Der **Firmenwert** in der Steuerbilanz – Ein ertragswertorientiertes Abschreibungsverfahren, in: Die Wirtschaftsprüfung, 35. Jg. (1980), S. 477 - 486.

Walter, John R.: Pooling or Purchase: A **Merger Mystery**, in: Federal Reserve Bank of Richmond Economic Quarterly, Vol. 85 (1999), S. 27 - 46.

Weber, Claus-Peter: **Intangibles** und Steuerung, in: Küting, Karlheinz/Weber, Claus-Peter (Hrsg.): Vom Financial Reporting zum Business Reporting, Stuttgart 2002, S. 319 - 339.

Wetzel, Daniel: Rettung für das **Rechnungswesen**, in: Die Welt vom 29.06.2001.

Willens, Robert: A Guide to the Tax **Impact of FASB´s New Rules** on Accounting for Business Combinations, Journal Of Taxation, Vol. 96 (2002) Issue 2, S. 79 - 92.

Wilson, Arlette C./Heitger, Dan: Running the Annual **Tests for Impairment** of Aquisition Goodwill, in: Mergers & Aquisitions, 36. Vol. (2001) Issue 11, S. 38 - 40.

Winnefeld, Robert: **Bilanz-Handbuch** – Handels- und Steuerbilanz, rechtsformspezifisches Bilanzrecht, bilanzielle Sonderfragen, IAS/US-GAAP, 3. Aufl., München 2002.

Wirtz, Bernd W./Göttgens, Olaf/Dunz, Markus: Ansätze zur **Markenbewertung**, in: der markt, 40. Jg. (2001), S. 159 - 167.

Wöhe, Günter: Zur **Bilanzierung** und Bewertung des Firmenwertes, in: Steuer und Wirtschaft, 57. Jg. (1980), S. 89 - 108.

Wulf, Inge: **Stille Reserven** im Jahresabschluss nach US-GAAP und IAS – Möglichkeiten ihrer Berücksichtigung im Rahmen der Unternehmensanalyse, Wiesbaden 2001.

Wüstemann, Jens/Duhr, Andreas: **Geschäftswertbilanzierung** nach dem Exposure Draft 3 des IASB – Entobjektivierung auf den Spuren des FASB?, in: Betriebs-Berater, 58. Jg. (2003), S. 247 - 253.

Yang, Ju Mei: **Goodwill** and other intangibles, New York 1978.

Zeff, Stephan A.: "Political" **Lobbying** on Proposed Standards: A Challenge to the IASB, in: Accounting Horizons, Vol. 16 (March 2002) 1, S. 43 - 54.

Zeitler, Franz-Christoph: Der **Firmenwert** und verwandte immaterielle Wirtschaftsgüter in der Bilanz, in: Deutsches Steuerrecht, 26. Jg. (1988), S. 303 - 308.

Ziehms, Heiko: **Geplante Änderungen** bei der Bilanzierung des Goodwill nach US-GAAP, in: Internationale Wirtschaftsbriefe, Nr. 14 v. 25.7.2001, S. 1129 - 1132.

Zimmermann, Jochen: **Objektivierte originäre Geschäftswerte** als Informationsträger in der Konzernbilanz – Anmerkungen zum Beitrag von Siegel, DB 2002, S. 749, in: Der Betrieb, 55. Jg. (2002), S. 751 - 753.

Zimmermann, Jochen: **Widersprüchliche Signale** des DSR zur Goodwillbilanzierung?, in: Der Betrieb, 55. Jg. (2002), S. 385 - 390.

Zumstein, Klaus: Neue Faktoren der **Unternehmensbewertung**, in: Die Unternehmung, 20. Jg. (1966), S. 42 - 46.

Zwingmann, Lorenz: Der **Geschäfts- und Firmenwert** sowie der Unterschiedsbetrag aus der Kapitalkonsolidierung im Konzernabschluß, in: Betriebs-Berater, 49. Jg. (1994), S. 2314 - 2318.

Zwirner, Christian/Wohlgemuth, Frank: Vergangenheitsorientierung vs. **Prognosefähigkeit**: Das Konzernrechnungswesen im neuen Jahrtausend - Resümee der 5. Fachtagung: Das Rechnungswesen im Konzern, in: Steuern und Bilanzen, 2. Jg. (2000), Heft 2, S. 83 - 88.

EU-Richtlinien

4. **Richtlinie** des Rates vom 25.7.1978 aufgrund von Art. 54 Abs. 3 Buchst. g) des Vertrages über den Jahresabschluß von Gesellschaften bestimmter Rechtsformen, **78/660/EWG**, in: Amtsblatt der Europäischen Gemeinschaften, L222, 14.8.1978, S. 11 ff.

7. **Richtlinie** des Rates der Europäischen Gemeinschaften v. 13.6.1983 aufgrund von Art. 54 Abs. 3 Buchst. g) des Vertrages über den konsolidierten Abschluß von Gesellschaften bestimmter Rechtsformen, **83/349/EWG**, in: Amtsblatt der Europäischen Gemeinschaften, L193, 18.7.1983, S. 1 ff.

Verordnung (EG) Nr. 1606/2002 des Europäischen Parlaments und des Rates betreffend die Anwendung internationaler Rechnungslegungsstandards v. 19.7.2002, in: Amtsblatt der Europäischen Gemeinschaften, L 243, 11.9.2002, S. 1 ff.

Gesetze

StSenkG: Gesetz zur Senkung der Steuersätze und zur Reform der Unternehmensbesteuerung (Steuersenkungsgesetz), in: Bundesgesetzblatt I 2000, S. 1433 ff.

TransPuG: Gesetz zur weiteren Reform des Aktien- und Bilanzrechts, zu Transparenz und Publizität (Transparenz- und Publizitätsgesetz) v. 19.7.2002, in: Bundesgesetzblatt I 2002, S. 2681 ff.

Urteile

BFH-Entscheidung v. 02.05.1961 - I 33/60 S, in: BFHE 73, S. 267.

BFH-Entscheidung v. 19.05.1981 - IV R 41/78, in: BStBl. II 1981, S. 730.

BFH-Entscheidung v. 21.04.1994 - IV R 70/72, in: BStBl. II 1994, S. 745.

BFH-Entscheidung v. 12.12.1996 – IV R 77/93, in: Die Wirtschaftsprüfung, 53. Jg. (1998), S. 65 f.

RFH-Entscheidung v. 29.07.1931, RFHE 29, S. 224.

Standards

AICPA

Issues Paper „Push Down" Accounting, October 30, New York 1979.

SAS 421: Auditing Fair Value Measurements and Disclosures, New York 2003.

APB

Opinion 17: Intangible Assets, New York 1970.

Opinion 16: Business Combination, New York 1970.

Opinion 18: The Equity Method of Accounting for Investments in Common Stocks, New York 1971.

AIN-APB 16: Business Combinations: Accounting Interpretations of APB Opinion No. 16, New York 1973.

DSR

DRS 4: Unternehmenserwerbe im Konzernabschluss, Berlin 2000.

DRS 1a: Befreiender Konzernabschluss nach § 292a HGB – Konzernabschluss nach US-GAAP: Goodwill und andere immaterielle Vermögenswerte des Anlagevermögens, Berlin 2002.

FASB

SFAC 1: Objectives of Financial Reporting by Business Enterprises, Stamfort (Connecticut) 1978.

SFAC 2: Qualitative Characteristics of Accounting Information, Stamfort (Connecticut) 1980.

SFAC 5: Recognition and Measurement in Financial Statements of Business Enterprises, Stamfort (Connecticut) 1985.

SFAC 6: Elements of Financial Statements (a replacement of FASB Concepts Statement No. 3), Stamfort (Connecticut) 1985.

SFAC 7: Using Cash Flow Information and Present Value in Accounting Measurements, Norwalk (Connecticut) 2000.

SFAS 2: Accounting for Research and Development Costs, Stamford (Connecticut) 1974.

SFAS 87: Employers' Accounting for Pensions, Stamfort (Connecticut) 1985.

SFAS 106: Employers' Accounting for Postretirement Benefits Other Than Pensions, Norwalk (Connecticut) 1990.

SFAS 121: Accounting for the Impairment of Long-Lived Assets and for Long-Lived Assets to be Disposed Of, Norwalk (Connecticut) 1995.

SFAS 128: Earnings per Share, Norwalk (Connecticut) 1997.

SFAS 131: Disclosures about Segments of an Enterprise and Related Information, Norwalk (Connecticut) 1997.

SFAS 141: Business Combinations, Norwalk (Connecticut) 2001.

SFAS 142: Goodwill and Other Intangible Assets, Norwalk (Connecticut) 2001.

SFAS 144: Accounting for the Impairment or Disposal of Long-Lived Assets, Norwalk (Connecticut) 2001.

ED-SFAS: Consolidated Financial Statements: **Policy and Procedures**, Norwalk (Connecticut) 1995.

ED-SFAS: **Business Combinations** and Intangible Assets, Norwalk (Connecticut) 1999.

ED-SFAS (Revised): Business Combinations and Intangible Assets – Accounting for **Goodwill**, Norwalk (Connecticut) 2001.

Project Summary: Business Combinations: Purchase Method Procedures (Stand: 01.08.2003), abgerufen am 05.08.2003 unter: http://www.fasb.org/project/bc_purchmethod.shtml.

EITF Topic No. 98-3: Determining Whether a Nonmonetary Transaction Involves Receipts of Productive Assets or of a Business, Norwalk (Connecticut) 1998.

EITF Topic No. D-101: Clarification of Reporting Unit Guidance in Paragraph 30 of FASB Statement No. 142.

EITF Flash Report November 14-15, 2001 Meeting.

FASB, Board-Meeting March 17, 2003, abgerufen am 05.08.2003 unter: http://www.fasb.org/project/bc_purchmethod.shtml.

FASB, Board-Meeting June 4, 2003, abgerufen am 05.08.2003 unter: http://www.fasb.org/project/bc_purchmethod.shtml.

FASB, Board-Meeting July 9, 2003, abgerufen am 05.08.2003 unter: http://www.fasb.org/project/bc_purchmethod.shtml.

IASB/IASC

IAS 14: Segment Reporting, revised, London 2000.

IAS 22: Business Combinations, revised, London 1998.

IAS 36 (1998): Impairment of Assets, revised, London 1998.

IAS 36: Impairment of Assets, revised, London 2004

IAS 38 (1998): Intangible Assets, revised, London 1998.

IAS 38: Intangible Assets, revised, London 2004.

IFRS 3: Business Combinations, London 2004.

ED 3: Exposure Draft 3 Business Combinations, London 2002.

ED of revised IAS 36: Exposure Draft of revised IAS 36, London 2002.

ED of revised IAS 38: Exposure Draft of revised IAS 38, London 2002.

G4+1 Position Paper: **Recommendations** for Achieving Convergence on the Methods of Accounting for Business Combinations, London 1998.

IASB: **Update July 2003** – Board Decision on International Financial Reporting Standards.

IASB: Business Combinations (**Phase II**) – Application of the Purchase Method, Project Update (revised July 2003).

IDW

IDW (Institut der Wirtschaftsprüfer): **Grundsätze** zur Durchführung von Unternehmensbewertungen (IDW S 1), in: IDW-Fachnachrichten, (2000), S. 415 - 441.

IDW (Institut der Wirtschaftsprüfer): **Stellungnahme** HFA 2/1983: Grundsätze zur Durchführung von Unternehmensbewertungen, in: Die Wirtschaftsprüfung, 46. Jg. (1983), S. 468 - 480.

IFAC

ISA 810: The Examination of Prospective Financial Information, in: Wirtschaftsprüferkammer (Hrsg.): International standards on auditing, 3. Aufl., Stuttgart 2003.

BETRIEBSWIRTSCHAFTLICHE STUDIEN
RECHNUNGS- UND FINANZWESEN, ORGANISATION UND INSTITUTION

Die Herausgeber wollen in dieser Schriftenreihe Forschungsarbeiten aus dem Rechnungswesen, dem Finanzwesen, der Organisation und der institutionellen Betriebswirtschaftslehre zusammenfassen. Über den Kreis der eigenen Schüler hinaus soll originellen betriebswirtschaftlichen Arbeiten auf diesem Gebiet eine größere Verbreitung ermöglicht werden. Jüngere Wissenschaftler werden gebeten, ihre Arbeiten, insbesondere auch Dissertationen, an die Herausgeber einzusenden.

Band 1 Joachim Hartle: Möglichkeiten der Entobjektivierung der Bilanz - Eine ökonomische Analyse. 1984.

Band 2 Peter Wachendorff: Alternative Vertragsgestaltung bei öffentlichen Aufträgen - Eine ökonomische Analyse. 1984.

Band 3 Doris Zimmermann: Schmalenbachs Aktivierungsgrundsätze. 1985.

Band 4 Elke Michaelis: Organisation unternehmerischer Aufgaben - Transaktionskosten als Beurteilungskriterium. 1985.

Band 5 Arno Schuppert: Die Überwachung betrieblicher Routinetätigkeiten. Ein Erklärungs-Entscheidungsmodell. 1985.

Band 6 Bonaventura Lehertshuber: Unternehmensvertragsrecht und Konzernhandelsbilanz. 1986.

Band 7 Joachim Schindler: Kapitalkonsolidierung nach dem Bilanzrichtlinien-Gesetz. 1986.

Band 8 Gerhard R. Schell: Die Ertragsermittlung für Bankbewertungen. 1988.

Band 9 Ulrich Hein: Analyse der Neubewertungsverfahren im belgischen und französischen Bilanzrecht. 1988.

Band 10 Rainer Leuthier: Das Interdependenzproblem bei der Unternehmensbewertung. 1988.

Band 11 Dieter Pfaff: Gewinnverwendungsregelungen als Instrument zur Lösung von Agency-Problemen. Ein Beitrag zur Diskussion um die Reformierung der Ausschüttungskompetenz in Aktiengesellschaften. 1989.

Band 12 Christian Debus: Haftungsregelungen im Konzernrecht. Eine ökonomische Analyse. 1990.

Band 13 Ralph Otte: Konzernabschlüsse im öffentlichen Bereich. Notwendigkeit und Zwecke konsolidierter Jahresabschlüsse von Gebietskörperschaften dargestellt am Beispiel der Bundesverwaltung der Bundesrepublik Deutschland. 1990.

Band 14 Rüdiger Zaczyk: Interdisziplinarität im Bilanzrecht. Rechtsfindung im Spannungsfeld zwischen Betriebswirtschaftslehre und dogmatischer Rechtswissenschaft. 1991.

Band 15 Oliver Fliess: Konzernabschluß in Großbritannien – Grundlagen, Stufenkonzeption und Kapitalkonsolidierung. 1991.

Band 16 Joachim Faß: Konzernierung und konsolidierte Rechnungslegung. Eine Analyse der Eignung des Konzernabschlusses als Informationsinstrument und als Grundlage der Ausschüttungsbemessung konzernverbundener Unternehmen. 1992.

Band 17 Michael Feldhoff: Die Regulierung der Rechnungslegung. Eine systematische Darstellung der Grundlagen mit einer Anwendung auf die Frage der Publizität. 1992.

Band 18 Uwe Jüttner: GoB-System, Einzelbewertungsgrundsatz und Imparitätsprinzip. 1993.

Band 19 Ralf Häger: Das Publizitätsverhalten mittelgroßer Kapitalgesellschaften. 1993.

Band 20 Jutta Menninger: Financial Futures und deren bilanzielle Behandlung. 1993.

Band 21 Stefan Lange: Die Kompatibilität von Abschlußprüfung und Beratung. Eine ökonomische Analyse. 1994.

Band 22 Hans Klaus: Gesellschafterfremdfinanzierung und Eigenkapitalersatzrecht bei der Aktiengesellschaft und der GmbH. 1994.

Band 23 Vera Marcelle Krisement: Ansätze zur Messung des Harmonisierungs- und Standardisierungsgrades der externen Rechnungslegung. 1994.

Band 24 Helmut Schmid: Leveraged Management Buy-Out. Begriff, Gestaltungen, optimale Kapitalstruktur und ökonomische Bewertung. 1994.

Band 25 Carsten Carstensen: Vermögensverwaltung, Vermögenserhaltung und Rechnungslegung gemeinnütziger Stiftungen. 1994. 2., unveränderte Auflage 1996.

Band 26 Dirk Hachmeister: Der Discounted Cash Flow als Maß der Unternehmenswertsteigerung. 1995. 2., durchgesehene Auflage 1998. 3., korrigierte Auflage 1999. 4., durchgesehene Auflage 2000.

Band 27 Christine E. Lauer: Interdependenzen zwischen Gewinnermittlungsverfahren, Risiken sowie Aktivitätsniveau und Berichtsverhalten des Managers. Eine ökonomische Analyse. 1995.

Band 28 Ulrich Becker: Das Überleben multinationaler Unternehmungen. Generierung und Transfer von Wissen im internationalen Wettbewerb. 1996.

Band 29 Torsten Ganske: Mitbestimmung, Property-Rights-Ansatz und Transaktionskostentheorie. Eine ökonomische Analyse. 1996.

Band 30 Angelika Thies: Rückstellungen als Problem der wirtschaftlichen Betrachtungsweise. 1996.

Band 31 Hans Peter Willert: Das französische Konzernbilanzrecht. Vergleichende Analyse zum deutschen Recht im Hinblick auf die Konzernbilanzzwecke und deren Grundkonzeption. 1996.

Band 32 Christian Leuz: Rechnungslegung und Kreditfinanzierung. Zum Zusammenhang von Ausschüttungsbegrenzung, bilanzieller Gewinnermittlung und vorsichtiger Rechnungslegung. 1996.

Band 33 Gerald Schenk: Konzernbildung, Interessenkonflikte und ökonomische Effizienz. Ansätze zur Theorie des Konzerns und ihre Relevanz für rechtspolitische Schlußfolgerungen. 1997.

Band 34 Johannes G. Schmidt: Unternehmensbewertung mit Hilfe strategischer Erfolgsfaktoren. 1997.

Band 35 Cornelia Ballwießer: Die handelsrechtliche Konzernrechnungslegung als Informationsinstrument. Eine Zweckmäßigkeitsanalyse. 1997.

Band 36 Bert Böttcher: Eigenkapitalausstattung und Rechnungslegung. US-amerikanische und deutsche Unternehmen im Vergleich. 1997.

Band 37 Andreas-Markus Kuhlewind: Grundlagen einer Bilanzrechtstheorie in den USA. 1997.

Band 38 Maximilian Jung: Zum Konzept der Wesentlichkeit bei Jahresabschlußerstellung und -prüfung. Eine theoretische Untersuchung. 1997.

Band 39 Mathias Babel: Ansatz und Bewertung von Nutzungsrechten. 1997.

Band 40 Georg Hax: Informationsintermediation durch Finanzanalysten. Eine ökonomische Analyse. 1998.

Band 41 Georg Schultze: Der spin-off als Konzernspaltungsform. 1998.

Band 42 Christian Aders: Unternehmensbewertung bei Preisinstabilität und Inflation. 1998.

Band 43 Thomas Schröer: Das Realisationsprinzip in Deutschland und Großbritannien. Eine systematische Untersuchung und ihre Anwendung auf langfristige Auftragsfertigung und Währungsumrechnung. 1998.

Band 44 Anne d'Arcy: Gibt es eine anglo-amerikanische oder eine kontinentaleuropäische Rechnungslegung? Klassen nationaler Rechnungslegungssysteme zwischen Politik und statistischer Überprüfbarkeit. 1999.

Band 45 Christian Back: Richtlinienkonforme Interpretation des Handelsbilanzrechts. Abstrakte Vorgehensweise und konkrete Anwendung am Beispiel des EuGH-Urteils vom 27. Juni 1996. 1999.

Band 46 Cornelia Flury: Gewinnerläuterungsprinzipien. 1999.

Band 47 Hanne Böckem: Die Durchsetzung von Rechnungslegungsstandards. Eine kapitalmarktorientierte Untersuchung. 2000.

Band 48 Jens Kengelbach: Unternehmensbewertung bei internationalen Transaktionen. 2000.

Band 49 Ursula Schäffeler: Latente Steuern nach US-GAAP für deutsche Unternehmen. 2000.

Band 50 Rainer Doll: Wahrnehmung und Signalisierung von Prüfungsqualität. 2000.

Band 51 Brigitte Strasser: Informationsasymmetrien bei Unternehmensakquisitionen. 2000.

Band 52 Lars Franken: Gläubigerschutz durch Rechnungslegung nach US-GAAP. Eine ökonomische Analyse. 2001.

Band 53 Oliver Bärtl: Wertorientierte Unternehmenssteuerung. Zum Zusammenhang von Kapitalmarkt, externer und interner Rechnungslegung. 2001.

Band 54 Gabi Ebbers: A Comparative Analysis of Regulatory Strategies in Accounting and their Impact on Corporate Compliance. 2001.

Band 55 Mark Währisch: The Evolution of International Accounting Systems. Accounting System Adoptions by Firms from a Network Perspective. 2001.

Band 56 Jakob Schröder: F&E-Bilanzierung als Einflußfaktor der F&E-Freudigkeit. 2001.

Band 57 Martin Hebertinger: Wertsteigerungsmaße – Eine kritische Analyse. 2002.

Band 58 Rainer Zensen: Die Bewertung von deutschen Universalbanken unter Berücksichtigung rechtsformspezifischer Besonderheiten. 2002.

Band 59 Oliver Beyhs: Impairment of Assets nach International Accounting Standards. Anwendungshinweise und Zweckmäßigkeitsanalyse. 2002.

Band 60 Britta Leippe: Die Bilanzierung von Leasinggeschäften nach deutschem Handelsrecht und US-GAAP. Darstellung und Zweckmäßigkeitsanalyse. 2002.

Band 61 Christian Heitmann: Beurteilung der Bestandsfestigkeit von Unternehmen mit Neuro-Fuzzy. 2002.

Band 62 Bernd Hacker: Segmentberichterstattung – Eine ökonomische Analyse. 2002.

Band 63 Jörg Hoffmann: Das DRSC und die Regulierung der Rechnungslegung. Eine ökonomische Analyse. 2003.

Band 64 Cornelia Stanke: Entscheidungskonsequenzen der Rechnungslegung bei Unternehmenszusammenschlüssen. 2003.

Band 65 Peter Gampenrieder: Squeeze-out. Rechtsvergleich, empirischer Befund und ökonomische Analyse. 2004.

Band 66 Tim Laas: Steuerung internationaler Konzerne. Eine integrierte Betrachtung von Wert und Risiko. 2004.

Band 67 Michael Dobler: Risikoberichterstattung. Eine ökonomische Analyse. 2004.

Band 68 Martina Bentele: Immaterielle Vermögenswerte in der Unternehmensberichterstattung. 2004.

Band 69 Maik Esser: Goodwillbilanzierung nach SFAS 141/142. Eine ökonomische Analyse. 2005.

www.peterlang.de

MIX
Papier | Fördert gute Waldnutzung
FSC® C083411

Kolibri 360 GmbH
Ferdinand-Jühlke-Straße 7
99095 Erfurt, Deutschland
produktsicherheit@kolibri360.de

Druck:
CPI Druckdienstleistungen GmbH
im Auftrag der
Kolibri 360 GmbH
Ferdinand-Jühlke-Str. 7
99095 Erfurt